内容提要

《当代西方教育新思潮研究》是国家重点图书出版规划项目《比较教育文库》之一。本书从宏观的视角，全面总结和论述了能够体现当代西方教育总体性特征的十种思潮，包括基于现代化理论的背景而进行研究的教育现代化思潮和依附教育思潮、与依附教育思潮有共同渊源的西方新马克思主义教育思潮、受西方马克思主义思想和社会批判理论等深刻影响的女性主义教育思潮和女性主义教师教育思潮、风靡当代西方的新保守（自由）主义教育思潮、与新保守（自由）主义教育思潮具有相同思想旨趣的学券制理论和教育选择思潮、民族主义教育思潮、多元文化教育思潮以及教育全球化思潮。本书系统阐发了各种教育思潮兴起的背景因素、思想理论渊源、基本理论观点和重要影响，并对各种思潮进行了深刻评析和解读；既反映了各种教育思潮的相对独立性，又揭示了有些思潮在思想脉络上具有的一定内在逻辑联系、思潮间的同源性，还展现了西方教育思想理论的复杂性和差异性。作为第一部研究当代西方教育新思潮的学术专著，本书具有重要的理论价值和现实意义，为我国的教育思想研究和教育改革发展提供了重要参考和借鉴。

“十一五”国家重点图书出版规划项目

比较教育文库

总　　主　　编：顾明远

副 总 主 编：魏运华　吕　达

执行副总主编：刘立德　邹海燕

比较教育文库

当代西方教育新思潮研究

Dangdai Xifang Jiaoyu Xinsichao Yanjiu

朱旭东　主编

人民教育出版社
·北京·

图书在版编目（CIP）数据

当代西方教育新思潮研究/朱旭东主编. —北京：人民教育出版社，2014.11

（比较教育文库）

“十一五”国家重点图书出版规划项目

ISBN 978-7-107-23239-8

Ⅰ. ①当… Ⅱ. ①朱… Ⅲ. ①教育思想—研究—西方国家—现代 Ⅳ. ①G40-095

中国版本图书馆 CIP 数据核字（2013）第 056887 号

人民教育出版社 出版发行

网址：http://www.pep.com.cn

保定市中画美凯印刷有限公司印装　全国新华书店经销

2014 年11月第 1 版　2014年12月第 1 次印刷

开本：787 毫米×1 092 毫米　1/16　印张：34

字数：456 千字　　印数：0 001～3 000 册

定价：61.20 元

如发现印、装质量问题，影响阅读，请与本社出版科联系调换

（联系地址：北京市海淀区中关村南大街 17 号院 1 号楼　邮编：100081）

《比较教育文库》

出版前言

人民教育出版社对外国教育、比较教育学科教材和图书的编辑出版工作一贯十分重视。早在20世纪70年代末、80年代初我国刚刚改革开放之际，人民教育出版社就编辑出版了《外国教育丛书》(共三十余册)，其中《六国教育概况》《二十国教育概况》《中小学教学理论与实践》等书，曾产生很大的影响。那套丛书虽然只初步介绍了国外教育的一些概况和经验，但是在多年闭关自守尤其是十年动乱，我们对国外教育孤陋寡闻的情况下，起到了瞭望世界教育的窗口作用，令人耳目一新。新华社曾向国外报道过那套丛书，认为它是我国对外开放政策体现在教育出版物方面的一个有力例证。虽然外国教育不等同于比较教育，但是二者确有密不可分的联系。可以说，编辑出版《外国教育丛书》，实为党的十一届三中全会后教育出版界对外开放、面向世界的先河，也是我国新时期比较教育学的滥觞之一。

“九五”期间，人民教育出版社又策划编辑出版了一套《比较教育丛书》(共10册)，由中国教育学会比较教育研究会理事长顾明远教授亲自担任总主编。丛书系统总结了20世纪80年代以来中外教育改革与发展的新经验，对于推动我国的教育改革与发展、促进我国比较教育学科建设起到了积极作用；同时它向世界展示了中国比较教育界的研究成果，扩大了我国教育发展经验的国际影响。丛书出版后在社会上得到了普遍好评，荣获第一届全国优秀教育图书奖，其中的若干本还同时获得了由不同主办单位颁发的省部级奖和其他奖，圆满地实现了编辑出版的预定目的。

“十五”期间，《比较教育丛书》续编为《比较教育书系》，它分为两个既相互联系、又相互独立的系列：《比较教育论丛》和《比较教育译丛》。《比较教育论丛》是由我国的专家学者们撰写的比较教育专著。《比较教育译丛》则精选了国外著名专家撰写的在国际上有影响的著作，作者都是在国际上享有盛誉的学者，有的还是比较教育发展史上的一代宗师，他们的著作是每个从事教育科学工作尤其是从事比较教育研究的人士必读的，相信读者通过研究与鉴别，能从中吸取有益的学术营养。

比较教育是教育科学的重要分支学科，也是一个研究领域，要比一门学科领域大得多；它同时还是一个国际教育论坛，它的对象是教育的整个领域。由于它兼有研究领域和国际教育论坛的特点，所以承担着不同于其他任何学科的独特的任务。可以说，比较教育研究的触角伸向教育学科的各个领域和分支，它的研究范围是非常广阔的。比较教育又是一门最贴近现实的学科，最能体现时代的气息；尤其在教育呈现出国际化趋势的条件下，比较教育研究更是大有可为；在这一领域内还有许多工作可做，故比较教育具有良好的发展前景。因此，我们深感有必要把编辑出版比较教育相关著作的工作在“十一五”期间继续下去，拓宽比较教育研究的领域，加大研究的深度和力度。

《比较教育文库》已获准列为“十一五”国家重点图书出版规划项目。我社继续特聘中国教育学会会长、著名比较教育专家顾明远教授担任丛书总主编。这套丛书内容涉及宏观的教育研究、教育改革的专题研究、教育理论和教育思想的研究，以及比较教育学科本身的理论研究等方面。

《比较教育文库》是人民教育出版社在“十一五”期间奉献给我国教育工作者的一份礼物。谨向各位作者和一切关心、支持这套丛书的同志们，致以衷心的感谢。《文库》中或有不足和缺点，欢迎广大读者批评指正。

人民教育出版社
2009年1月18日

目录

前言

当代西方社会发生了巨大变化，新思想、新理论、新思潮层出不穷，教育思潮受其影响也表现出千姿百态、千变万化、各领风骚的多样化局面。要对所有的教育新思潮都研究一番并非易事，如果从教育内在的各部门去建构教育思想、理论、思潮的话，可以有高等教育思想、教育哲学思想、教育社会学思想、教育经济学理论、教育文化人类学思想、教育管理思想、教育技术学思想、教育史学理论、教育心理学思想、教育政策学思想、道德教育思想、比较教育理论、幼儿教育思想、教师教育思想、课程理论、教学理论、科学教育思想……不一而足，显然这不是本书要研究的维度。本书试图超越这种部门的研究维度，进入一个宏观的、普遍性的、能够体现总体性特征的研究领域，于是确立了十种思潮。

教育现代化思潮、依附教育思潮主要基于现代化理论的背景而研究。自改革开放以来，在我国现代化研究始终是一个显学领域，现代教育、现代教育制度、现代学校制度、现代大学制度、现代教师教育制度……都可以视为现代化研究在教育领域的折射，包括教育现代化，但令人惋惜的是，更多的研究都在揭示“是什么”的问题。这固然有其合理性，因为现实迫切要求我们回答这个在实践中有用的问题，但与现代化研究领域形成鲜明对比的是，教育现代化的思想、理论、思潮研究却并不多见，仅有的研究也是现代化理论家在阐述现代化问题时提到了教育，从而构建出教育现代化的思想，包括本研究中的英格尔斯（Alex Inkeles）的教育现代化思想。为此，本书基于中国当前现实的教育现代化实践需要，我们选择了美国教育学者巴茨（R. F. Butts）和现代化理论家英格尔斯作为构建教育现代化思潮的重要来源，对他们的教育现代化思想进行了阐述。从巴茨的教育现代化思想中，一方面可以看到他基于现代化理论，并把教育纳入到西方文明进程中去认识，构建出西方教育现代化的历史脉络，对影响教育现代化的因素，如民族国家的政治独立、现代化过程中的社会危机、人文社会科学学术研究等进行了研究，从而为其构建现代性内涵奠定了基础。在他看来，现代性有六个要素，包括民族国家权力发展、启蒙知识、宗教自由威力、民主平等威力、工业城市化的磁力、大众教育信念等。重要的是，他根据这种现代性的理解归纳出了教育现代性的五种特征，它们分别是世俗化和科学化、实用性和职业、分化与多样化、教育参与的扩大化、教育教学的成绩取向和学习取向之间的矛盾心理。不过需要指出的是，巴茨毕竟是一个西方教育现代化论者，在他的思想中不可避免地存在西方中心主义的思想因素，因为在他看来，教育是随着西方文明向非西方国家的传播而影响非西方世界的。不过，这不影响巴茨作为一个教育史学家在对美国教育现代化研究中提出的三维结构的分析框架所具有的历史地位，因为这个分析框架给予我们理解教育现代化，尤其是美国教育现代化的内核——公立教育的建立和发展提供了一种极具启发意义的理论视角。本书还对英格尔斯和史密斯（D. H. Smith）的发展中国家的个人现代性研究进行了解释，这种解释对于我们理解教育现代化，尤其是发展中国家的教育现代化也同样具有理论意义，鉴于内容的复杂，这里不多作介绍。

学术界在发展理论研究中通常会把现代化理论之后的发展理论称为依附理论。我们也遵循这种思路，虽然这并不一定合适，而且有机械之嫌，但在当代西方教育新思潮中，依附教育思潮确实发挥着巨大的影响力，尤其对教育的发展研究方面。20世纪60—70年代伴随着第三世界国家在国际舞台上的崛起，围绕国际教育领域内的不平等关系、第三世界教育体制的非殖民化运动以及教育国际合作运动对第三世界国家教育的影响等主题，在一部分拉丁美洲的结构主义者和欧美新马克思主义者中间掀起了依附教育思潮，这一教育思潮借鉴依附理论和教育再生产理论，着重揭示国际范围内教育控制与依附的不平等实质，一度成为与主流的教育现代化理论相抗衡的发展教育思潮。

与依附教育思潮有共同渊源的新马克思主义教育思潮，在当代也随着西方发达国家的经济、文化和社会向后工业社会转变以及经济的全球化发展，随着民族国家的权力遭到威胁以及曾经用于控制国家经济命脉的权力的削弱，在传统的教育观念受到怀疑后西方国家对教育进行了重建的基础上对西方发达国家的教育进行了分析，认为当代西方发达国家的教育重建主要是强调社会的稳定和控制，强调文化同一性和文化同化，教育对经济、民主发挥重要作用，在西方新马克思主义看来，当代教育重建是受新右翼的意识形态所控制，自由市场、选择、分权、绩效、标准等意识形态支配着当代西方发达国家的教育重建。

当代西方教育思想形成过程中受到西方马克思主义思想、社会批判理论、文化研究等的深刻影响，其中女性主义、女权主义、社会性别等成为当代教育新思潮一股强劲的力量，本书将用两部分，即女性主义教育思潮和女性主义教师教育思潮进行剖析，较全面地揭示女性主义思想在教育思想领域，甚至在实践中的影响。在女性主义教育思潮中还对大学中的妇女学进行了探讨，大学中妇女学课程的设立成为女性主义教育思潮的一个不可分割的部分，妇女学作为一门学科或专业在西方国家的高等教育中占据了越来越重要的地位。在女性主义教师教育思潮研究中，基于对西方女性主义理论在教育领域的影响以及西方教师教育中社会性别问题的研究，详细阐述了女性主义对西方教师教育研究的影响，社会性别成为教师教育研究新的分析范畴，由此发现了女教师及其在学校中的地位、境遇、职业身份认同，分析了教师教育中的性别偏见和性别刻板印象，重要的是，教师教育研究新的方法和方法论的提出，以聆听和反思作为方法在教师教育研究中的新的应用；事实上，从女性主义产生之日起就对西方教师教育实践产生了重大影响，提出了在面对社会性别问题时教师教育该做什么的重大问题。

新保守（自由）主义是当代风靡西方的主流意

识形态，它渗透进社会的各个领域，正如前述新马克思主义教育思想所提出那样，在教育领域曾经占据着主导地位。本书鉴于新保守（自由）主义教育思潮在英国的重要表现，主要探讨英国新保守（自由）主义教育思潮，从思潮产生的社会背景、思想渊源详细分析了这种思潮的主要内容，从教育中的“新保守主义”和教育中的“新自由主义”两个维度进行了阐述，重点介绍了哈耶克（F. A. Hayek）的教育思想，阐述了基础教育、教育与国家的关系、教育与平等、高等教育与学术自由、教育与等级秩序等方面的思想。新保守（自由）主义教育思潮对英国教育改革产生了深远的影响，无论是实行国家统一课程、采用国家统一测试、推行文化右翼纲领、提供多样化选择机会，还是推动教育的私有化、建立直接拨款学校，都受到了这种思潮的影响。这种思潮还为布莱尔主义奠定了思想基础，从而为布莱尔政府的教育改革提供了思想指导，“第三条道路”成为新保守（自由）主义思潮的延续，在教育上提出了提高基础教育的标准、推行“教育行动区”计划、重视教育培训和倡导终身学习、重视高等教育在发展知识经济中的作用等思想和政策。

与新保守（自由）主义教育思潮具有相同思想旨趣的，是学券制度理论和教育选择理论对当代西方国家的教育产生了巨大影响。本书在对学券理论研究及基本概念梳理的基础上重点阐述了学券制理论。与学券制理论相关的重点概念有教育选择、教育私有化、择校等。学券制本身还是一个实践问题，它有其产生的历史背景和发展路程。在讨论学券制的实践中涉及财政上的学券数额、家长是否能够增补学券金额、学券是否含交通费以及相关的管理和信息等问题。就学券制理论本身而言，教育供给方式的转变，也就是教育供给者的转变是其核心问题，围绕着这个问题人们展开了争论，从而形成了学券制的理论，如学券制的经济学理论（涉及市场竞争、消费者主权自由）、学券制的社会学理论、学券制的政治学理论。针对这些理论，人们也对学券制理论提出了质疑。教育选择理论是当代西方国家教育领域广泛传播的一种理论，本书对此进行了探讨，并提出了教育选择理论的基本架构，包括教育选择的本质和内容、教育选择的原则、教育选择的类型、教育选择的方式、教育选择的形式、教育选择的目的以及教育选择的直接理论基础，那就是经济学中的消费者主权理论。以此为背景，课题还对我国中小学入学政策进行了思考并提出了建议。

从教育现代化思潮、依附教育思潮，到新马克思主义教育思潮、女性主义教育思潮，在思想脉络上具有某种程度的内在逻辑性，而新保守（自由）主义教育思潮、学券制理论和教育选择理论在思想旨趣上具有同源性，它们要么对西方教育变革提出批判和重建，要么直接为西方国家教育改革和实践提供理论依据，它们对当代西方教育所产生的影响是深刻的、巨大的。然后当代社会还受到另一种思潮的冲击，从民族主义思潮、多元文化主义思潮到全球化理论，都对西方当代社会产生重要影响，同时在教育领域也体现了相应的思想品格，民族主义教育思潮、多元文化教育思潮、全球化教育思潮都是这种思想的直接反映。西方国家的民族主义由来已久，在当代出现了新民族主义。西方学者自从20世纪初就开始探讨民族主义与教育的关系问题。本书在对民族主义和民族主义研究的宏观认识基础上指明了当代民族主义与教育研究的事实，重点介绍了蕾斯纳（E. H. Reisner）、布鲁巴赫（J. S. Brubacher）的民族主义教育思想。而民族主义从来都是比较教育研究的一种理论范式，因此从范式的角度梳理了民族主义在比较教育研究中的历史演进，从而说明民族主义教育思潮的表现方式。民族主义既是一种研究范式，又是一种思想表现形式，它渗透在西方教育的各个领域。与民族主义教育思潮相对的，同时又广泛存在于西方国家的多元文化教育思潮已经成为不可回避的一种重要思潮，可以认为，民族国家通过民族主义的自恰性而坚持民族的同一性，秉持民族认同感，在教育上赋予其不可推卸的重要责任，教育要为民族主义做出贡献，然后与西方的殖民主义历程伴随而来的多元文化主义成为西方政治正确性的一个标尺。本书以美国多元文化教育思潮为重点，详细阐述了多元文化教育在美国的实践和理论上的发展历程。多元文化教育对于比较教育研究而言，既是一个重要的研究内容，又是一种研究范式，与文化相对主义研究范式关联密切。长期以来多元文化教育是比较教育研究的一个重点领域，本书对此作了评价。在此基础上，课题论述了美国多元文化教育的发展历程，并把这个历程划分为三个时期。美国多元文化教育研究领域产生许多概念和一些基本问题，如文化、多元文化主义、多元文化教育、熔炉、同化、差异性、多样性、文化认同、民族群体、少数族群、教育平等、教育公正等，都有其特殊的含义。在本书中，美国多元文化教育的基本问题包括方法、维度、课程建构方法和设计原则、教学与学习方式、教师培养以及相关的政策等。在本书看来，美国多元文化教育具有深厚的思想理念基础，如文化人类学思想、文化价值哲学、新教伦理学、共和政治学等，为此本书对美国多元文化教育思想理念基础进行了反思，提出了平等要素、和谐要素、开放要素等，同时也指明了美国多元文化教育面临的挑战和机遇。

民族主义、多元文化主义都属于民族国家内部要解决的问题，但当民族国家遇到全球化问题的时候，民族主义、多元文化主义与全球化展开了竞争或斗争，它们之间已经形成彼此相关的共同体，因此本书在民族主义教育思潮和多元文化教育思潮的基础上对教育全球化思潮进行研究，从整体上把握当代西方教育思想所面临的困境。事实上西方民族国家一方面是全球化的始作俑者，另一方面又受到全球化的挑战，全球化俨然成为一把双刃剑，在这把双刃剑面前，西方民族国家试图调整社会各领域（包括教育）的政策。本书通过对全球化和全球化理论的阐述，详细解析了全球化教育思潮的来龙去脉，并提出了教育与全球化思潮的三种理论取向，它们是新自由（保守）主义的教育全球化思想、倡导全球多元化的教育后现代主义和教育多元文化主义、批判认识全球化的变革论。本书还从全球层面的教育研究和教育改革、全球化对民族国家和地区教育的影响、全球化对各国教育体制内部各个层次的影响三个方面确立了教育与全球化思潮的研究维度和主要研究问题，其中许多问题与前面研究的新保守（自由）主义思潮、学券制理论和教育选择理论、多元文化主义教育思潮的主要议题是相关的，从而我们可以找到本课题研究的这些当代西方教育新思潮之间的内在逻辑一致性或者说问题的相关性。

本书是团结合作的结果，各位作者根据各自的研究背景对感兴趣的思潮进行了研究。由于当代西方教育思潮的复杂性和差异性，本书没有在风格上进行统一规定，因此可以看到每个部分都各具特色，这种特色呈现出本书内容的开放性、多样性。

本书编写的主持人是北京师范大学的朱旭东教授，第一章由中央民族大学李剑副教授撰写，第二章由中国工程院延建林研究员撰写，第三章由南京师范大学乐先莲副教授撰写，第四章由上海市教育科学研究院占盛丽副研究员撰写，第五章由北京师范大学刘静博士撰写，第六章由湖南师范大学易红郡教授撰写，第七章由香港花旗银行李占鹰博士撰写，第八章由北京师范大学朱旭东教授撰写，第九章由首都师范大学杜刚博士撰写，第十章由新加坡国立教育学院蒋衡博士撰写。

朱旭东

2014年8月1日

第一章
教育现代化思潮

现代国家和非现代国家的差异，就是教育的差异（R. F. Butts，1973）。第二次世界大战以后，随着一些民族国家的纷纷独立和知识经济在现代人的生活领域的全方位降临，经济全球化所带来的全球贫富差距越发地明显。各民族国家尤其是后发外生型国家，都在力图通过发展教育来培养具有一定现代性的个人，以增强综合国力，赶超早发内生型国家，缩小发展中国家与发达国家之间的差距。因此，教育现代化研究与教育现代性研究就成为各国学者关注的焦点。由于各国之间存在着社会历史条件和文化的差异，因而各自进行的教育现代化与教育现代性的研究也就存在着巨大的差异。本章着重对具有代表性的西方教育现代化与教育现代性研究理论进行述评，通过与我国的相关研究进行比较，以期从中得到启迪。

改革开放以来，我国对教育现代性的研究虽然几乎是空白，但对教育现代化的研究则取得了前所未有的成就。在决策和实践的层面上，自邓小平同志高瞻远瞩地指出教育的“三个面向”以来，全国各地掀起了轰轰烈烈的教育现代化运动。在理论层面上，不仅有以罗荣渠先生为代表的一些学者的现代化研究对我国教育现代化研究的推动，也有以顾明远先生为代表的一些教育家在教育的观念、目标、内容、方法、结构、装备、管理、师资等方面的现代化研究。就教育现代化的概念来说，比较典型的有“功能说”、“状态说”、“过程说”和“综合说”四种。“功能说”认为，教育现代化本质在于以推进现代经济增长的核心目标为使命，其核心就是促进现代经济的增长，因而教育现代化本质特性的最重要表现是使教育发展服从并适应现代经济发展，为现代经济服务。① “状态说”认为，教育现代化是可持续发展的重要组成部分，是一个国家教育发展的较高的水平状态，是对传统教育的超越，其核心是人的现代化。② “过程说”认为，教育现代化“是指与教育形态的变迁相伴的教育现代性不断增长的历史过程。教育形态的变迁是指教育的各个层面的变化、演进过程，主要是指教育结构（行政管理体制、学校结构、课程结构等）分化和教育功能增生、改变的过程”③。“综合说”的观点，较之上述三种观点更加全面，尤其是在微观层面上，更加注重现代教育对人才培养的途径。顾明远认为，“所谓现代教育，就是建立在先进科学技术基础上的，与生产劳动相结合的，能够满足全民学习需要的教育活动”④，而“现代生产本身要求人的全面发展，这就需要把教育和生产劳动结合起来。这是现代生产的自然规律，也是现代教育的普遍规律”⑤。教育要面向现代化就是教育要为社会主义现代化服务，教育要面向中国的现代化，就要为当前中国的经济

---

① 参见冯增俊：《论教育现代化的基本概念》，《教育研究》1999 年第 3 期。

② 参见王铁军著：《教育现代化论纲》，南京师范大学出版社 1999 年版，第 11、29—32 页。

③ 褚宏启著：《教育现代化的路径》，教育科学出版社 2000 年版，第 8 页。

④ 顾明远：《关于教育现代化的几个问题》，《中国教育学刊》1997 年第 3 期。

⑤ 顾明远：《现代生产与现代教育》，《知识百科》1981 年第 5 期。

服务，为社会主义市场经济体制的建立和完善培养人才。①

就教育现代化的特征来说，分别有以下三种观点：一是张人杰所认为的现代教育的民主化、多元化、人本化、科技化和国际化；② 二是褚宏启所认为的教育的世俗化、国家化、科层化、理性化、民主化、专业化、科学化和福利化；③ 三是顾明远所认为的现代教育的终身性和全时空性、生产性和社会性、个性和创造性、多样性、变革性、国际性和开放性、科学性和法制性及其受教育者的广泛性和平等性等。教育的终身性是指由于在现代社会中传统行业的不断消失、新行业不断产生，这种变革要求人们不断地学习，活到老、学到老，也要求教育为社会的每个成员在他们需要的时候给他们提供学习的机会。教育的全时空性是指教育已经不仅限于学校，而且来自家庭和社会，学校教育、家庭教育和社会教育需要结合起来。现代教育的生产性和社会性是指现代教育要与生产劳动相结合，走出象牙之塔，为经济发展服务，为社会发展服务。现代教育的个性和创造性是指教育所促进的人的发展既有共性也有个性，而个性的核心是创造性，只有不拘一格地培养创造性人才，才能真正实现教育发展的全面性。现代教育的多样性是指现代教育目标的多样化和复杂性，教育结构、教育内容和教育方法的多样化。现代教育的变革性是指现代教育要不断地适应现代社会变革的需要，尤其是教育技术在教育中的应用必然引起教育革命。现代教育的国际性和开放性是指现代教育要面向世界和面向未来。现代教育的科学性是指现代教育要以科学研究为基础，而不是凭感性经验。现代教育的法制性是指现代教育要在科学论证的基础上具有法律的规定性，表现出法治大于人治的理性。现代教育的广泛性和平等性是指现代社会要普及义务教育

---

① 参见顾明远：《进一步认识“三个面向”的深远意义，培养跨世纪人才》，载《我的教育探索》，教育科学出版社 1998 年版，第 135、137、199 页；原载中国教育学会编：《三个面向与深化教育改革》，上海教育出版社 1994 年版。

② 参见王铁军著：《教育现代化论纲》，南京师范大学出版社 1999 年版，第 27 页。

③ 参见褚宏启著：《教育现代化的路径》，教育科学出版社 2000 年版，第 9 页。

和实现高等教育大众化，因为实现教育现代化，首先要建立一个满足广大人民群众需要的教育体系。①

总之，我国的教育现代化研究，虽然在宏观层面上取得了一定的成就，但对微观层面上的教育现代性缺乏系统的研究。仅从我国教育现代化的历程和作为教育现代化之核心的个人现代性研究来说，与国外的相关研究相比，就存在着很大的差距，缺乏深入性。本章参照其他现代化和现代性理论，着重对巴茨（R. F. Butts）在宏观上关于教育现代化的研究成果和英格尔斯（A. Inkeles）在微观上关于个人现代性的研究成果进行述评。

第一节　巴茨的教育现代化思想

巴茨在1955年出版并于1973年再版的《西方的教育：文明历史中的一个形成性章节》一书中，以宏大的历史角度，展现教育的历史和当今文明危机的深刻的历史性根源，这涉及教育与文明进程的关系、西方文明形成中的教育、西方现代教育的全盛时期、西方教育的传播与传统社会现代化的关系。下面仅就历史的变化因素、现代化的内涵、现代性的内涵、东西方教育的鸿沟、教育现代性的特征、美国教育现代性的意识形态和宽口径的入学制度七个主题来加以述评。

一、巴茨的现代化论

（一）历史的变化因素

现代性因历史流变而生。巴茨认为，有三个组群的历史变化因素，要求重新审视教育的历史：首先是第二次世界大战以后诸多国家的政治独立及其影响，其次是20世纪60年代大量涌现的社会危机及其影响，最后是20世纪60年代标志着人文社会科学学术

① 参见顾明远：《关于教育现代化的几个问题》，《中国教育学刊》1997年第3期。

研究的新概念主题。

1. 诸多国家的政治独立及其影响

第二次世界大战以后，随着一些民族国家在政治上的纷纷独立，世界局势有了很大改观，但是，全球的贫富差距给现代生活带来的惊惧，仍不亚于一国之内奴役与被奴役所带来的危险。这种贫富差距所表现出的现代国家和非现代国家的差异，就是教育的差异。因此，新型国家都把教育看成是实现现代化的主要源泉之一。自然而然地，这些国家把目光投向了发达国家教育现代化过程中早期的经验，想从中有所借鉴，因为教育在社会形成、增进传统力量与稳定性和加速社会变化与现代化过程中起着重要作用。①

2. 大量涌现的社会危机及其影响

伴随着20世纪60年代发生的一系列历史事件，现代社会涌现出诸多危机，这要求人们重新审视教育的历史。人们不禁要问，教育何以致使世界人口中的一半迅速成为现代人，而另一半却滞留在传统社会。工业化和技术在提高了人类的生活水准的同时，也给全球带来了环境危机，威胁着城市里居住的人们。作为所有文明中心的城市，在成为现代性核心的同时，也开始成为致使现代文明枯萎的细菌场，结果是出现了城市化和城内外贫富差距拉大等现象。巴茨认为，出现此类现象的原因之一是由于教育的缺失。他还认为，20世纪50年代以来由于美国充当世界警察和由之引起的战争，使美国梦的主要原则和对大众教育的努力遭到挫折。20世纪60年代的美国校园暴力一反伴随西方文明一同成长的500年的大学传统。由此，人们逐渐对传统文明中的和现代社会中的教育的目的有了新的认识：为政府、军事和工业资产阶级做准备，技术领域和学术学科领域的智能专业化，认证服务于福利社会的公共职业能力，这样的教育目的导致人们对学校教育产生质疑，

---

① 参见 R. Freeman Butts，*The Education of the West：a Formative Chapter in the History of Civilization*，McGraw-Hill，1955，1973，p. ix。

因而需要对人类历史中的教育进程进行细致的和长期的考察。①

3. 人文社会科学学术研究的新概念主题

进入20世纪60年代，要求人们重新审视教育历史的流变因素还包括人文社会科学学术研究的新概念主题。在这些主题中最重要的是呼唤人们逐渐拓宽视野、放眼全球，对世界范围的社会变革进行历史刻写。这就意味着美国的教育历史不能局限于本土，而应以全球的视角，通过比较的途径，走向国际教育合作。这种国际与比较教育研究的努力要涉及两个方面：一是考古学家、人类学家和历史学家的共同努力。他们对世界各地在社会发展的史前阶段向城市文明转换过程中的规范性与特殊性进行了研究。二是社会学家、经济学家、政治学家和历史学家做出的努力。他们对在传统文明向社会与文化的现代形式挺进过程中社会流变的同一性和显著差异性进行了研究。因此，巴茨把教育在西方传统文明的形成和世界文明转型为现代性的过程中所起的作用作为他研究的主题。②

总之，巴茨通过对上述三个组群的历史变化因素的分析，着重指出了促使传统社会向现代性嬗变的因素是社会权力由宗教向国家的转移、世俗性启蒙、工业化城市的磁力、对大众教育的虔信和东西方教育的鸿沟。

(二) 现代化的内涵

一般说来，专家学者以政治学、经济学和社会学的观点来研究现代化，而现代性作为现代化的结晶则多是从个人和文化的角度加以研究，因此，现代化与现代性二者息息相关。巴茨同意威斯康星大学的社会学家艾尔德（J. Elder）关于现代性的本质的定义与世俗教育相对应的观点，因而，巴茨的现代化的概念主要强调三点：（1）科学知识与技术工具；（2）现代化的社会不仅进行社会、政治和经济上的自我组织，而且赋予被组织的教育以一种策

---

①② 参见 R. Freeman Butts，*The Education of the West：a Formative Chapter in the History of Civilization*，McGraw-Hill，1955，1973，pp. xi-xii、xii-xiv。

略性的角色，在知识的生产与传播中起作用；（3）在西方世界扩张的过程中，教育同政治、经济、技术和宗教一样，也是一个关键的因素。① 由此可见，巴茨对教育现代化的研究是与现代性分不开的。我们首先来看一看到底什么是现代化。

巴茨引用了布莱克（C. E. Black）对现代化的定义，即："现代化是历史性演进的制度借以适用于迅速流变功能的过程，这些功能反映出人类知识的空前增长，允许人类对其环境进行控制，并与科学革命相伴而生。"② 这种"过程说"具有一定的代表性。在1960年日本箱根国际学术研讨会上，欧美和日本的学者为现代化的内涵确定了公认的八项标准：（1）人口相对高度地集中在城市，城市日益成为社会生活的中心；（2）较高程度地使用非生物能源，商品流通和服务设施的增长；（3）社会成员相互交往密度大，并广泛参与经济和政治事务；（4）公社性和世袭性集团普遍瓦解，并由此在社会中造成更大的个人社会流动性和更加多样化的个人活动领域；（5）通过个人对其环境的世俗性和日益科学的选择，文化知识得到广泛普及；（6）存在着一个不断扩展并充满渗透性的大众传媒系统；（7）存在着宏大规模的制度，并且科层管理组织在其中不断成长；（8）在国家单元控制之下的大量人口不断趋向统一，而在国际单元控制之下的相互影响在日益增长。③ 另外，美国现代化研究专家英格尔斯（Alex Inkeles）围绕生活质量这一核心，在20世纪70年代初提出了十项现代化社会指标，后来成为国际上较为通用的指标。这十大指标是：（1）人均国民生产总值3 000美元以上；（2）农业产值在国民生产总值中所占的比重不超过12%—

---

① 参见 R. Freeman Butts, *The Education of the West: a Formative Chapter in the History of Civilization*, McGraw-Hill, 1955, 1973, pp. 297-298。

② C. E. Black, *The Dynamics of Modernization: a Study in Comparative History*, Garper & Row, 1966, p. 7, transferred from R. Freeman Butts, *The Education of the West: a Formative Chapter in the History of Civilization*, McGraw-Hill, 1955, 1973, p. 298.

③ 参见 C. Black, *Comparative Modernization: a Reader*, the Free Press, 1976。

15%；（3）服务业产值在国民生产总值中所占的比重超过 45%；（4）非农业就业人口在总就业人口中所占的比例超过 70%；（5）有文化的人口在总人口中所占的比例超过 80%；（6）青年适龄年龄组中上大学的人数比例超过 10%—15%；（7）平均每名医生负担的人口为1 000人以下；（8）平均预期寿命在 70 岁以上；（9）城市人口占总人口比例超过 50%；（10）人口自然增长率为 1%以下。

但是，无论是箱根的"八项标准"还是英格尔斯的"十项指标"，都是在说 20 世纪 70 年代以前的现代化，有的学者把这一时期的现代化称为"第一次现代化"，因为，"对于主要发达国家，第一次现代化大致经历二百年（1763—1970 年），第二次现代化将大致经历一百年（1971—2100 年）"①。箱根的"八项标准"和英格尔斯的"十项指标"对处在现代化进程不同发展阶段的不同民族国家来说，具有不同的意义。对发展中国家来说，上述标准或指标仍具有实际意义，但对发达国家来说却未必，因为 20 世纪 70 年代以后的发达国家经历着第二次现代化，并且其现代化的内涵受其现代性的内涵所决定。因此，我们下面探讨的主题是巴茨所认为的现代性，并与安东尼·吉登斯等人所认为的现代性同在宏观层面上进行参照，而英格尔斯所认为的个人现代性的微观探讨将在稍后进行。

（三）现代性的内涵

巴茨对现代性的研究是宏观的。他认为现代性有六种构成要素：（1）民族国家权力的发展；（2）启蒙知识（尤其是科学知识和实用知识）的威力；（3）宗教自由的威力；（4）民主平民的威力；（5）工业城市化的磁力；（6）对大众教育的信念。这种宏观的研究角度与吉登斯等著名学者的现代性研究角度是相同的。吉登斯认

① 何传启：《第二次现代化理论——兼谈世界现代化研究的三个新热点》，载北京大学世界现代化进程研究中心主编：《现代化研究》（第一辑），商务印书馆 2002 年版，第 159 页。

为，现代性指的是17世纪以来出现于欧洲的社会生活方式与组织方式，是现代社会或工业文明的缩略语，它涉及对世界的一系列态度和想法、复杂的经济制度（特别是工业生产和市场经济）和一系列的政治制度（包括民族国家和民主），而现代性的出现首先是一种现代经济秩序，即资本主义经济秩序的创立，现代社会还涉及独具特色的国家和组织，而这一切主要取决于信息的构成。①

吉登斯的现代性理论具有非线性和非进化、社会关系的矛盾统一性、制度维度多样性、非后现代性、动力机制化等特点。与悲观论和怀疑论者相反，吉登斯的现代性观点是乐观的。吉登斯认为，现代化的特点是非线性和非进化的，就像物理科学中射流膨胀、沿杆爬升和无管虹吸等效应一样，现代化中的现代性具有混沌的、耗散的和流变的社会物理特性。吉登斯认为，现代社会具有社会关系的矛盾统一性，例如，风险与信任、危险与安全、非地域化与再嵌入、亲密与非个性、专业化与知识再占有、隐私与卷入等；现代社会具有制度维度的多样性，例如，资本主义的市场运作、工业主义的自然发展观、军事力量的存在和监督机制对信息社会的控制。但是，吉登斯认为，现代社会还没有进入像有些后现代主义者所宣扬的后现代社会，因为后现代性的标志是超越资本主义的，即超越匮乏型体系；是超越工业主义的，即技术的人道化；是超越军事主义的，即非军事化；是超越监督主义的，即有公民的多层次的民主参与。现代社会具有动力机制化的特点，即现代性具有三种动力机制：时空分离、抽离化机制和制度反思性。② 所谓时空分离，是指“彼”处正在发生或“彼”时已经发生的事情可通过先进的信息传媒技术拉近到“此”处或“此”时，几乎完全不受时间或空间的影响。吉登斯认为，时间空间的这种伸

① ［英］安东尼·吉登斯、克里斯多弗·皮尔森著，尹宏毅译：《现代性——吉登斯访谈录》，新华出版社2001年版，第69—71页。

② 参见［英］安东尼·吉登斯著，赵旭东等译：《现代性与自我认同》，生活·读书·新知三联书店1998年版，第22页。

延与分离，是理解现代性的关键之一。由于时空的延伸和分离，便产生脱域现象。而所谓脱域，即抽离化机制，指的是从相互作用的地域性的关联和从对时空无限的跨越而被重建的关系之中把社会关系提取出来，这包括专家系统和象征标志。譬如，世界异地“此”、“彼”两处课堂可通过遥感卫星和计算机联网同时应用专家系统，从而打破地域特殊性的局限，“此”、“彼”两处在同一时间上达到统一，与此同时，时间与空间得到分离。所谓制度反思性，是指“定期地把知识应用到社会生活的情境上，并把这作为制度组织和转型中的一种建构要素”①。

哈贝马斯也主要是在宏观上研究现代性。他既不否定现代性的方式多样性，也不否定现代性的价值多样性，因为普遍主义要求每个民族国家及其个人对各种可能性作自主而负责的选择。这就是哈贝马斯所谓“未完成的现代性”。但哈贝马斯认为，生活世界与系统之间的分化是现代性的基本特征，也许这也是吉登斯所说的一种断裂，但是，生活世界与系统之间的冲突才是现代性危机的根源。现代性危机体现了由经济和政治两大支柱支撑的系统，凌驾于生活世界之上，从而导致生活世界被非交往力量侵蚀的生活世界所殖民。这意味着权力在市场和国家之间转换，排斥着主体之间的相互理解；意味着钱与权凌驾于主体之上，钱主形式和权主形式替代了民主形式，而现代化意味着一个社会释放合理的生活世界潜能，用于塑造社会的结构。在资本主义早期，社会结构相对保持着平衡。“在系统内部，国家和市场之间保持相对平衡，市场是由私人契约维持的自我调节的交换领域，国家以强制力量为后盾维持社会的秩序。在生活世界领域，私人的家庭伦理生活与道德、法律的公共领域之间保持平衡。但是，随着资本主义社会合理化进一步发展，这种平衡关系逐渐被打破，强制性的权力越来越凌驾于市场和生活世界之上，劳动领域的异化和经济

① ［英］安东尼·吉登斯著，赵旭东等译：《现代性与自我认同》，生活·读书·新知三联书店1998年版，第22页。

的剥削造成的生活世界的危机，日益让位于系统的扩张所导致生活世界的异化，正是晚期资本主义社会的特征。”①

可见，虽然巴茨和吉登斯及哈贝马斯都在宏观上研究现代性，但又存在着差异。宏观研究的相同之处是他们的研究集中在政治、经济和社会领域，差异是指巴茨研究的现代性属于第一现代性，而吉登斯和哈贝马斯等人研究的现代性是第二现代性，两次现代性的特征比较，可见表 1-1。

表 1-1　两次现代性的比较②

领域	主要特征	
	第一现代性	第二现代性
政治	民主化、法制化、科层化	知识化、国际化、平权化、分散化
经济	工业化、专业化、规模化	知识化、信息化、全球化、智能化
社会	城市化、福利化、流动化、分化、传媒化	知识化、网络化、创新化、社区化
个人	开放性、参与性、独立性、平等性	创新、合作、学习化、个性化
文化	宗教世俗化、观念理性化、经济主义、普及初中等教育	文化多样化、文化产业化、自然主义、普及高等教育

上述两次现代性的主要特征大都表现着其正面，而这枚硬币的反面却深刻地反映在现代性的断裂之中。吉登斯认为，现代性的主体特征是断裂，即非延续性。③ 我们认为，这种断裂表现为传统与现代的对抗、文化的冲突和现代性自身的分裂。

1. 传统与现代的对抗

识别传统与现代对抗的明显要素有：现代性高速流变、全球

① 汪行福著：《走出时代的困境——哈贝马斯对现代的反思》，上海社会科学院出版社 2000 年版，第 266 页。

② 参见何传启：《第二次现代化理论——兼谈世界现代化研究的三个新热点》，载北京大学世界现代化进程研究中心主编：《现代化研究》（第一辑），商务印书馆 2002 年版，第 149、161 页。

③ 参见［英］安东尼·吉登斯著，田禾译：《现代性的后果》，译林出版社 2000 年版，第 2 页。

化蔓延、现代制度的秉性。① 现代性高速流变得逞的明显方面是技术方面②，这造成了大量工人的结构性失业。全球化有好处，但也有其“罪恶”，最明显的是：结构性失业、作为政治经济动力的有组织劳动受到侵蚀、社会排斥、国内（尤其国际）贫富差距的加大和城市暴力及恐怖主义。需仔细分析私有化、选择和教育体制的去中心化等驱动教育政策形成的“蜂语”，因为民主形式的存活与公立教育在其中的角色岌岌可危！国家对教育机会和平等的承诺衰败，或简单地、巨大地转向市场、私有化和选择模型，把公众看成是花钱买教育的消费者③，即现代制度的秉性使劳动产品和雇佣劳动本身完全商品化④。全球化的蔓延致使中国社会生态景观出现严重断裂。全球化受到新自由主义观念的深刻理解，国际组织把这种观念化为现实，尤其带来评价、资助、评估、标准、师资培训、课程、教学和测验等特殊政策；民族国家在所有事务上的自治在受侵蚀，包括教育决策；面对这样的压力，需要对地方性的反映进行更多的研究，以捍卫对垒于纯市场机制的公立教育。⑤

2. 文化冲突

识别文化冲突的明显要素有道德视野的褪色、工具理性的猖獗、自由的丧失。⑥ 道德视野的褪色要归因于狭隘的个人主义，即个人失去了其行为中的更大社会和宇宙视野，志失高远，不再感到有以死相趋的东西，人们缺少对他人及社会的关心，只顾其个人生活。⑦工具理性的猖獗是指，人们为追求效益最大化和最佳收支比率，在计算最经济地将手段应用于目的时，把所凭靠的合理性⑧肆意地放大。自由的丧失是指个体在参与力衰减和作为媒介的横向联合体萎缩的情况下，个体公民无能为力地独自面对奉行现

①②④ 参见［英］安东尼·吉登斯著，田禾译：《现代性的后果》，译林出版社 2000 年版，第 5、5、5—6 页。

③⑤ 参见 Nicholas C. Burbules and Carlos Alberto Torres，*Globalization and Education：Critical Perspectives*，Routledge，2000，p. 17。

⑥⑦⑧ 参见［加］查尔斯·泰勒著，程炼译：《现代性之隐忧》，中央编译出版社 2001 年版，第 12、4—5、5 页。

代温和专制主义的、巨大的官僚国家，从而疏离了公共领域，不能作出作为公民的选择，减少了公民共同体作为一个社会的自由度，丧失了公民的尊严和政治自由①。

3. 现代性自身的分裂

识别现代性自身分裂的明显要素有理性与感性的对垒、怀疑与乐观的纠葛、普世性与民族性的失和。② 理性与感性的对垒源于古希腊理性主义和基督教精神都内含的主客体二元分裂，具体表现为理性主义和非理性主义的信仰冲突。乐观与怀疑的纠葛源自乐观主义与怀疑主义的矛盾。美学现代性因人固有的偏好不同，而受感情哲学、理论哲学和实践哲学的不同反作用。普世性与民族性的失和源自物质、情感、精神三方的极致。人类与自然宇宙的关系当然需要和谐，人类认识自然、征服自然，更需顺应自然。世人在认识自然时，崇尚理性，在征服自然时，唯技术独尊、唯我中心，在人与自然、人与人、民族与民族的关系上走极端。

总之，现代性研究涉及宏观与微观的角度以及研究的学科领域。仅从宏观来说，又涉及不同历史时期的不同现代性及其正反两方面的作用，尤其针对其负面作用来说，现代教育应努力克服现代性断裂对现代人所产生的影响。

（四）东西方教育的鸿沟

随着世界现代化进程的加快和现代化重心的转移，教育作为决定民族国家现代化程度的基础因素在东西方之间产生了巨大差异。影响世界现代化进程加快和现代化重心转移的因素体现在政治和经济两方面。在政治上，到第一次世界大战结束，西方国家汇聚其组织和技术能力，在各个层面上加强了它们已经攫取的社会权力，占取了世界传统社会的优势，加快了经济和社会的转型，

① 参见［加］查尔斯·泰勒著，程炼译：《现代性之隐忧》，中央编译出版社 2001 年版，第 11—12 页。

② ［美］马泰·卡林内斯库著，顾爱彬、李瑞华译：《现代性的五副面孔——现代主义、先锋派、颓废、媚俗艺术、后现代主义》，商务印书馆 2002 年版，第 343 页。

而1850年以后的其他国家却在为有效的政治行动而极力地巩固它们的现代化领导权，因为，政治现代性意味着更加有效的政治权力汇聚、更广泛的政治参与、文化世俗化或政治制度化。① 在经济上，决定民族国家经济发展水平的工业化肇始于英国，英国在工业革命的第一阶段（1770—1870）中以老大自居，宣称自己是一个"日不落帝国"，但在工业革命的第二阶段（1870—1914）② 丧失了领袖地位。随着各西方国家的竞相争锋，1870年以后，世界现代化的工业化重心发生了转移。1870年，德国的工业产量占世界工业总产量的13.2%，而英国却高达31.8%，但是到了1914年，英国工业产量所占的比例已下降到14%，而德国的产量却得到了充分的增长，升至为14.3%。③ 其间，美国工业总产值在1860年至1894年间增长4倍，从世界第四位跃居第一，因此，美国在工业革命第二阶段（1870—1914）中取代英国而成为领跑者，之所以这样说是因为工业革命的第二阶段也以大量生产技术的发展为特点。虽然此时期德国在科学领域领先，但大量生产技术的两种主要方法（标准件和装配线）却是在美国发展起来的。④这是因为美国把科学研究和理论探索应用于技术领域和诸如银行、公司和专业化官僚机构的管理之中，因此，工业化的增进得自于有效管理和在电力、化工及科学知识的其他领域的推动，而教育、技术和工业的联结是决定美国、德国超越英国的决定性因素。⑤在这种联结的决定性因素中，教育是最基础的，因为各民族国家现代化程度的高低主要取决于经济发展水平，而经济发展要以教育为基础。换言之，教育的差异决定着各民族国家现代化程度的高低，在现代

---

①⑤ 参见 R. Freeman Butts，*The Education of the West：a Formative Chapter in the History of Civiliaztion*，McGraw-Hill，1955，1973，pp. 329-330、p. 330。

② 以1870年为界，是因为1870年以后的工业教育受到科学的影响。参见［美］L. S. 斯塔夫里阿诺斯著，吴象婴、梁赤民译：《全球通史——1500年以后的世界》，上海社会科学院出版社1992年版，第292页。

③④ 参见［美］L. S. 斯塔夫里阿诺斯著，吴象婴、梁赤民译：《全球通史——1500年以后的世界》，上海社会科学院出版社1992年版，第579、293页。

化程度不同的国家之间存在着教育的鸿沟或说巨大的差距。巴茨根据哈比森和梅耶斯（Harbison & Myers，1964）对75个国家的不同教育发展水平的总结来说明这种差距。哈比森和梅耶斯根据年龄组（中学15—19岁、大学20—24岁）入学水平的算术总标量来确定教育发展水平（如表1-2所示）。

表1-2　20世纪50年代世界各国或地区教育发展的四种水平

						水平四：发达	
						美国	261.3
						新西兰	147.3
						澳大利亚	137.7
				水平三：半发达		荷兰	133.7
				挪威	73.8	比利时	123.6
				乌拉圭	69.8	英国	121.6
				捷克斯洛伐克	68.9	日本	111.4
		水平二：小量发达		波兰	66.5	法国	107.8
		伊拉克	31.2	南斯拉夫	60.3	加拿大	101.6
		秘鲁	30.2	意大利	56.8	苏联	92.9
		土耳其	27.2	韩国	55.0	芬兰	88.7
水平一：欠发达		牙买加	26.8	匈牙利	53.9	西德	85.8
苏丹	7.5	巴基斯坦	25.2	智利	51.2	以色列	84.9
乌干达	5.5	厄瓜多尔	24.4	希腊	48.5	阿根廷	82.0
塞内加尔	5.5	黎巴嫩	24.3	中国台湾地区	48.4	瑞典	79.2
海地	5.3	马来西亚	23.6	委内瑞拉	47.7	丹麦	77.1
尼日利亚	5.0	加纳	23.2	哥斯达黎加	47.3		
肯尼亚	4.7	乌拉圭	22.7	葡萄牙	40.8		
利比里亚	4.1	哥伦比亚	22.6	埃及	40.1		
刚果	3.6	巴西	20.9	南非	40.0		
罗得西亚	2.9	中国大陆	19.5	西班牙	39.6		
象牙海岸	2.6	伊朗	17.3	古巴	35.5		
坦噶尼喀	2.2	突尼斯	15.2	印度	35.2		
沙特阿拉伯	1.9	玻利维亚		泰国	35.1		
阿富汗	1.9	多米尼加	14.8	墨西哥	33.0		
索马里	1.6	缅甸	14.2				
尼亚萨兰	1.2	利比亚	10.8				
埃塞俄比亚	0.7	印度尼西亚	10.7				
尼日尔	0.3	危地马拉	10.7				

文献来源：*Education，Manpower，and Economic Growth：Strategies of Human Resource Development*，McGraw-Hill，NewYork，1964，pp. 45-48.

差别是显而易见的。一般来说，现代化开始得越早的国家，其现代化的程度越高（但英国、苏联、日本和以色列是例外。英国因保守而退化，故不排列第一，苏联和日本最能向西方国家借鉴，1948年建国以来的以色列，其高领导层几乎都受过西方的教育）。比教育发展中的差别更重要的是发达国家与发展中国家之间的教育鸿沟。发达国家的教育经费投入较大，其国民生产总值增长的速率也较大；反之，发展中国家的教育经费投入较小，其国民生产总值增长的速率也较小。巴茨还指出，本迪克（R. Bendix）的辩论是对的：先发内生型国家的现代化致使其与后发外生型国家的现代化鸿沟加大，这反而促使后发外生型国家把理念的、技术的和社会制度的传播作为修补其与先发内生型国家的现代化鸿沟的手段，因为教育的现代化不仅仅是社会的国家化、工业化或民主化，关键的是要依赖知识分子和受过良好教育的政府官员的作用，依赖知识的增进和教育在大众中的传播。巴茨认为，最有影响力的西方国家的教育模式相对来说几乎是没有的，然而，发源于英国、法国、德国和美国的教育制度和教育理念，尽管实际存在着许多不同，却成为1 700年以来的现代历史阶段最公认的参照系。这或是因为这些教育制度和教育理念曾经最广泛地移植到世界各地，或是因为这些教育制度和教育理念被类似的国度认为对推进现代化进程格外有效，因而最具有模仿价值。但这并非说该历史阶段内欧洲的其他西方国家和随后的东方大国的教育影响不广泛或不重要，而只是说现代化的诸动力要素的奇妙结合已经在西方四国达到了社会权力的巅峰。①

（五）教育现代性的特征

巴茨选取了处于西方核心地带的先发内生型现代化国家在18、19世纪攫取社会权力的七种主要方式，即构成现代化动力体系的七种要素：民族主义、世俗主义、科学主义与理性、民主主义、工

---

① 参见 R. Freeman Butts，*The Education of the West*：*a Formative Chapter in the History of Civilization*，McGraw-Hill，1955，1973，pp. 298-299。

业主义与城市化、教育普及化和西方主义。① 巴茨通过对这七种现代化动力要素进行详尽的历史分析，得出了教育现代性的五种特征：世俗化与科学化、实用性与专业化、分化与多样化、教育参与的扩大化、教育教学的成绩取向与学习取向之间的矛盾心理。世俗和科学的混合因素在现代教育形成的过程中扮演着重要角色，并且造就了西方教育的亚非精英。②而实用性和专业化是现代人群体形成的两个重要因素。③教育参与的扩大化是指，为更多的人提供更多的教育，直到教育的普及以及高度组织的、大量的、可协调的现代教育制度的形成。大众参与教育是社会现代性和教育现代性的一个标记。具有讽刺意义的是，虽然公平是一种理想，但让发展中国家作为尚方宝剑的是教育，并逐渐演变为从西方移植过来的精英教育，而不是西方民主中最好的东西。④教育教学的成绩取向和学习取向之间的矛盾心理是指，现代教育制度的提倡者相信，大众教育既可以对他们所期望达到的那种社会具有形成性影响，又能使学习者成为他所要成为的那种人。如何在大众教育体制下，在成就取向与学习取向两种教育教学之间达到平衡，造成了现代教育的持续不断的紧张。在社会的一面，现代教育制度应使大众具有流动性，以使国家福利得到增进，经济发展得到善助，政治社会化得到加强，综合国力得到增长，进而个人的生活稳定、安全和利益都得到保障。因此，社会应是学习型的社会，以使个人获得对社会做出贡献的能力。所以，现代教育制度的主要功能就是认证的功能。在个人的一面，对大众教育中的众多个人能力的测评，成了大众谋职就业的手段，而这些职业在以前是对大众封闭的、为少数地位优越的精英虚位以待的。任何一个现代化进程中的国家都要面对一枚硬币矛盾的两面，而这种矛盾又是社会与个人的强劲的驱动力，因为它一方面使教育制度服务于其

①②③④　参见 R. Freeman Butts，*The Education of the West：a Formative Chapter in the History of Civilization*，McGraw-Hill，1955，1973，p. 300、p. 542、p. 546、p. 542。

管理者所设定的成就目标，另一方面又使教育服务于学习者的个人目标。① 巴茨还认为，帝国主义、现代化和世界主义三方缠绕在一起而形成的现代帝国主义，对现代教育的影响非常巨大。②东方帝国站在“防御性现代化”的立场从西方借鉴了许多东西，它们重视科学、技术和教育。③

（六）美国教育现代性的意识形态

巴茨认为，在教育控制中存在着的现代性问题是不可忽视的，因为美国的教育现代化的过程并非一条平坦的大道，在通向教育现代性的路途中，对传统的现代性挑战时而涉及实验科学的方法和理论的假设，时而涉及社会科学的方法和新决策的视野，但 20 世纪教育现代性的方向是明确的：世俗化与科学化、实用性与专业化、知识的差异化与专门化，对人类行为的实验研究。④

与此同时，渗透在教育现代性方向中的实用主义哲学思想和行为主义心理学理念也是明确的。美国的实用主义哲学的源头是唯实主义，其鼻祖富兰克林从一开始就强调效用原则。由唯实主义发展而来的实用主义，其真正开创者当属皮尔士，他强调任何有机体都必须发展适合于满足自己需要的行为习惯，强调科学和一切知识的有利性。实用主义的集大成者是詹姆士，他认为凡对生活有益、有实际兑现价值的东西，便夺取了客观物质世界的地位。实用主义的发展者杜威创建了工具主义的实用主义。他把效用当成事物的尺度，认为真理就是效用，而效用就是衡量一个观念或假设是否为真理的尺度。可见，杜威的实用主义对教育现代性形成的影响是巨大的。正如赫尔巴特所说，教育的两支翅膀是哲学和心理学。美国 20 世纪前半叶的实验心理学对教育现代性形成的影响也是巨大的。20 世纪初，行为主义心理学、即“刺激—反应”（S—R）心理学说盛行美国，由于具体主张和侧重不同，又

①②③④ 参见 R. Freeman Butts，*The Education of the West：a Formative Chapter in the History of Civilization*，McGraw-Hill，1955，1973，pp. 324-328、p. 516、p. 520、p. 471。

形成联结主义、行为主义和新行为主义等几个分支。桑代克通过“迷笼”实验揭示了动物由各种联结形成学习过程的奥秘，以此用“S—R”联结代替观念联想，将联结概念推广到人类心理，形成联结主义心理学体系。同时，他认为人性是先天形成的情境或刺激与反应间的联结，是教育的起点，教育旨在保持或消除某些联结，改变或引导另一些联结。这一关于学习效果迁移说，成为由桑代克所创始的教育心理学体系的重要内容。20世纪20—30年代，由于受桑代克联结主义心理学的影响，把科学方法应用于教育学研究的实用途径是盛行美国的测量运动。现代科学认为，任何存在物都以某种量的形式存在，因而都可以被测量，此时期大多数学校的成绩测验就是这种科学测量的广泛表现。有些人相信，IQ测验可以分出智力水平的等级和不同种族的能力差异。然而，现代性是与主要种族或民族的遗传能力相伴随的，尽管由于文化发展的多样性而有所不同。人们普遍认为，整合的社会更具现代性。行为主义心理学家和实验科学的检验者更具有现代性倾向。① 行为主义的真正开创者华生认为，桑代克的联结主义是心灵主义的，而心灵主义必然涉及“心灵标准”的问题。“心灵标准”在当时被分为结构的标准和机能的标准。心灵的结构标准是指，如果动物具有足够复杂的神经结构，可以说它们具有心灵。心灵的机能标准是指，学习作为一种人的行为，是一种生物体机能的表现，反映着心灵的存在。新行为主义心理学在坚持研究有机体行为的前提下，反对华生派无视有机体的内部过程的心理观，为“S—R”联结增加中间变量，即把“S—R”变为“S—O—R”，要求把对有机体外部行为的理解推至对心理活动的理解，其主要代表人物斯金纳强调研究有机体内部活动的必要性和归纳法的科学性。他的操作性条件反射及强化原理、教学机器和程序教学对西方教育产生了重大影响。但杜威认为斯金纳的“S—O—R”中的中介变量

---

① 参见 R. Freeman Butts，*The Education of the West：a Formative Chapter in the History of Civilization*，McGraw-Hill，1955，1973，pp. 473-474。

是空洞的，因而提倡在实质上是在本能活动的“做中学”，因为“做中学”将适合一个人的大部分需要和大部分人的基本需要。虽然杜威的“做中学”具有生物进化论的色彩，但“做中学”以人所拥有的四种基本本能为心理基础和动力，从人的心理本质上弥补了斯金纳“中介变量”空洞的不足，进而为教育的现代性提供了人性化的基础。

对美国教育现代性富有实质性的驱动是进步主义、实用主义、实验主义和行为主义，而这些“主义”又受到了新人文主义者的诋毁。新人文主义更强调科学、技术、职业、专业等研究以及实际经验和作为学生有效学习手段的自由和兴趣。他们认为学习的明显作用不是实用的和道德的，而是智力的；学校机构是学术的圣地，而不是公共服务站，不是职业训练场，不是政府或工业官僚的生产线。从裴斯泰洛齐及其追随者的实物教学，直到20世纪60年代新自然主义者的“开放”教育，人文主义的教育改革家们都极力反对学校过多地强调顺从、死记硬背、虚假竞争、不相关的教学内容和权威者对刻板成绩的期望，因为这些非自然也非人性化的东西扼杀了儿童的自发性、好奇心、创造性和独特性。人文主义的教育改革家们认为，教育的主要诱因是兴趣、关心、需要和学习者的经验，因为这些东西会使学校充满快乐、兴奋、生机、趣味性、创造性、相关性、实用性和个性化。现代教育要对个体学生的需要和大学学习的更广泛意义予以注意，要给予学生更加整合的学习方法，为参与现代生活作准备。因为面对和平中的现代化民族国家，现代教育应整合文化的和专业化的目标，以使受教育者产生新的视野来适应新的世界，并对获得一个公正、自由和平等的社会而负起责任。我们这个世界更是现代的，但上述的责任是推脱不掉的。①

① 参见 R. Freeman Butts，*The Education of the West：a Formative Chapter in the History of Civilization*，McGraw-Hill，1955，1973，pp. 474-476、p. 479。

（七）宽口径的入学制度

本章之所以把宽口径的入学制度也列为一个探讨的话题，是因为在我国相对于现代性的素质教育无时无刻地不与应试教育矛盾着，而美国宽口径入学制度的经验，可为我们解决这一矛盾提供一些借鉴，尽管这还不能从根本上解决此矛盾。

巴茨认为，对考试的强调，导致学生只追求高薪职业的倾向，结果是忽视了西方教育中的学习取向。只有当宽口径的入学制度得以组织化时，学习取向的观念才能成为主流。20 世纪 60 年代以后，大多数国家都以此为教育现代性的模型。巴茨认为，根据波尔斯（Bowles）的定义宽口径的入学制度具有以下八个特征：（1）小学教育普及化：不用参加选拔考试而有近 95％的小学毕业生升入初中；（2）中等教育大众化：有近 90％的年龄组入学并有 50％或以上的学生完成学业；（3）大多数中学生学习通识教育的普通课程，至少到 14 岁，然后开始分流；（4）有指导和咨询服务的计划来帮助学生升学、就业和毕业；（5）成绩测量多样化，毕业时不再有为升学所必需的资格考试；（6）不同课程有不同的多样化的弹性标准，以量体裁衣、培养不同能力的学习取向的模式，取代有限的入学取向的模式；（7）大学自主招生，有 15％以上的年龄组能够升入大学；（8）高等教育多样化，尤其是技术教育和教师教育从中等升格为高等，并且学习取向的理念是学生课程选择的原动力。①

巴茨认为，继学习取向之后，教育现代化的又一标志是研究型学习。因此，“点燃型”的普通教师比“填鸭式”顶级大师更重要。高水平的研究能力和研究意识会增进学习取向的和社会取向的教育。同时，巴茨还对现代教育的发展前景进行了展望，他认为，国际教育和世界教育体制是教育文明的必然选择，因为每个人都有两个国家，一个是他的祖国，另一个是地球这颗行星。②

---

①② 参见 R. Freeman Butts，*The Education of the West*：*a Formative Chapter in the History of Civilization*，McGraw-Hill，1955，1973，p. 558、pp. 560-568。

二、巴茨关于美国公立教育的研究

巴茨在 1978 年出版的《美国的公立教育：从美国革命到三分法的改革》一书中，分别以美国革命的承诺、公立教育学区的创建、现代化的压力、改革的三分法为主题，论述美国公立教育的形成及其内涵。下面就美国公立教育的三维结构和对自由、平等和共同体的追求等主题来加以述评。

（一）美国公立教育的三维结构

巴茨认为，美国文明中的三个基本主题是民主政治共同体的公认价值主张、元件性的多元主义和世界范围的现代化进程，而美国公立教育在这三个文明主题的基础之上形成其三维结构。巴茨认为，民主政治共同体存在于自由、平等、公正和为公益而尽义务的立宪理想之中，与此同时，美国是一个充满宗教、语言、文化、民族和种族、地区之多样性的社会，对这个社会的不同组成部分给予特殊认同和一致的是多元性的忠诚，而二百多年来一直推动所有西方世界走向国家中心化、大众参与、工业化、城市化和世俗化的是长期的、世界范围的现代化进程。①

巴茨还认为，19 世纪中叶，获得长足发展的美国公立教育奉行自由、普及和公共之原则，而初等公立学校则把这些原则付诸实践。巴茨相信，美国公立教育的发展可用一个三维结构表示（图 1-1），因为这三方面的构成要素在美国生活中是基本的和持续的。

这三方面的构成要素是：对具有凝聚力和统一力量的民主政治共同体的目标的承诺，赋予不同的社会阶层和集团以认同和一致的多元主义忠诚，把 19 世纪所有西方文明社会中的动力因素聚集起来的长期现代化过程。②当对统一或一致的承诺非常强烈时，

---

①② 参见 R. F. Butts，*Public Education in the United States—from Revolution to Reform*，New York：Holt，Rinehart and Winston，1978，p. vi、p. 68。

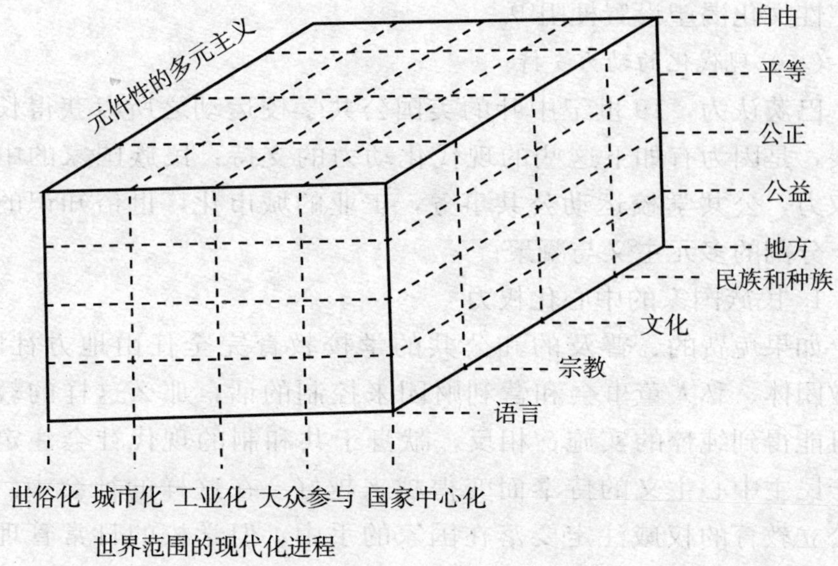

图 1-1 美国公立教育的三维结构①

公共学校运动则被看成是一种追求为民主政治共同体而立宪和树立权威的安全保障。当过于强调强迫接受僵化的信念和行为时，公共学校则走向一种徒劳的一致和对自然差异的抑制。当多元主义忠诚或宗教或种族划分变得强烈时，所形成的趋势是不同的社会阶层和集团建立自己的私立学校或让公立学校体系适应于自己的差异和特色。②而现代化的压力，时而强调美国革命所承诺一致性和合法权的动力，时而倾向于削弱这些动力的基础，时而又要求多元主义的终结或加以夸大。因此，现代化进程具有双刃性：具有设计社会组织新形式的创造性，也具有针对由多元主义所标榜的传统组织机构的破坏性。一般而论，现代化趋势的压力倾向于增进公共学校运动所宣扬的价值，反之亦然。所存在的危险在于：促使教育具有公共属性和现代性的驱动力，一方面会铰断民主政治共同体的立宪性一致目标，或另一方面会为多元性集团的

①② 参见 R. F. Butts，*Public Education in the United States—from Revolution to Reform*，New York：Holt，Rinehart and Winston，1978，p. 69、pp. 68-69。

立宪性文化渴望设置梗阻①。

（二）现代化的动力支持

巴茨认为，19 世纪中叶的美国公共学校运动之所以获得长足发展，是因为有如下这些的现代化动力的支持：民族国家的中心化权力，公共学校运动公共事务，工业的城市化，世俗知识的影响，分割的多元主义与凝聚。

1. 民族国家的中心化权力

如果免费的、普及的和公共的学校教育完全任由地方社团、宗教团体、私人董事会和营利财团来控制的话，那么这样的教育不可能得到纯粹的实施；相反，献身于共和制的现代社会注定要由于民主中心主义的侍奉而变得越来越好。在这样的社会中，控制公立教育的权威注定要落在国家的手中，但学校的日常管理要由地方政府来负责。②

2. 公共学校运动公共事务

美国 19 世纪上半叶的战争骚乱和疆域扩张加重了提高选民教育水平的必要性。局部利益如此根深蒂固、政治统一体全然不同，以至于只有一种民族国家政治共同体的意识，才能存储和谐。在现代化过程中，公共学校运动既从公共学校运动中获益，又能加速大众参与的进程。在美国内战以前的三四十年里，民主党人士和具有民主倾向的共和党人士都是一些政治现代化的推进者，因为与他们息息相关的不仅有政治进程中的民主参与、所有自由人的选举权的延展、社会经济事务中的机会均等，他们还与对大众教育与实用教育的信仰息息相关。更有趣的是，辉格党人也对大众的和实用的教育信仰备至，因为他们声称大众的和实用的教育是对公共教育的特殊祝福。③

---

①②③　参见 R. F. Butts, *Public Education in the United States—from Revolution to Reform*, New York: Holt, Rinehart and Winston, 1978, pp. 69-70、p. 84、pp. 88-89。

3. 工业的城市化

城市化的加速提出了严峻的考验，应该设计出一种既有政治意识形态所说的应然状态，又有涌现的城市所决意的或然状态的公共学校体系，因为在19世纪中期的美国不仅面临着疆域的开拓，而且城市增长的速率是空前的，从而其现代化进程的速度是压倒一切的，尤其在东部和中西部地区。这就要求政府进行一番有组织的、规范的、持续的、可信赖的、专业化的和合作化的努力，因而也要求个人的努力和包括学校在内的各个政府部门要受到公共的控制。①

4. 世俗知识的影响

当现代社会在其最广泛的问题解决的意义上采纳科学方法或受其影响时，现代社会的整个文化基调变得更加富有分析性、理性和实证性。因此，美国的教育也就变得更加具有科学性、实用性、差异性、多样性、技术性和专业性。当现代化的动力要素不仅在政治和经济的发展中聚集，而且在知识领域和文化领域聚集的时候，为了比较，这些变化是尤为值得关注的。②世俗化影响的一个最重要的方面是对家庭的影响。由于儿童变得比以前更加自由和独立，所以教师、教育改革者和家长都要一改过去对儿童的传统态度，代之以一种新的态度，例如责任心、合理化、关爱和激励等。③

5. 分割的多元主义与凝聚

分割的多元主义包括宗教多样性、种族隔离主义和地方主义权力等因素，但趋势是非激进的民族同化。在美国19世纪中期，影响美国公立教育的敏感性和不稳定性的因素，在宗教上表现为政教分离的法律基础的巩固、新教派别之间的竞争和罗马天主教信徒的移民数量增长的影响④，而追求民主的美国总能在尊重大多

①②③④ 参见 R. F. Butts, *Public Education in the United States—from Revolution to Reform*, New York: Holt, Rinehart and Winston, 1978, pp. 95-97、p. 103、p. 104、p. 117。

数人民意志的基础上，通过立法来化解这些不稳定性因素；在同一时期，影响美国公立教育的敏感性和不稳定性的因素，在民族多样性上表现为民族的差异、恐惧和敌意，而作为大熔炉的美国总能实现在宗教、种族和民族性基础上的文化价值共享和民族认同感①；并且在政治共同体、现代化、分割的多元主义形成的基础上，美国人民推敲出初等学校的基础，即自由、普及、公共、义务和世俗②。

因此，经过对现代化动力的支持因素的分析，巴茨认为，公立教育的本义存在于现代化的顶层框架之中。现代化具有正反两面的双刃性，而公立教育的框架具有普遍意义上的现代化、多元主义和民主价值之三维。此三维要素促成教育内部更大的一致性，而这种三维结构的其他方面刺激差异性的产生③。

（三）追求自由

美国在建国之初就强调自由、平等和民主的原则。20世纪中期，民族沙文主义、民族主义、商业武断和宗教独裁主义的浪潮一浪高过一浪，席卷国家机关和国会。这些动力因素成功地诱发了为保护家长、儿童和教师的公民自由而发起的抵抗运动，并成功地重申了个人自由与公共自由、多样性、多元主义、差异与异议的价值观。④

巴茨研究的自由有私人自由和公共自由两种。私人自由内在于个人，因而不受国家的侵犯或否定。一般来说，家长及其子女对这种自由的追求，基于这样一个基础，即每个人都有权利尊严地和安全地生存在这个社会中进而有权作为个人和文化成员或宗教成员，在不受国家或其他社会团体在行动和信仰的强迫与政治高压的前提下，追求自我完满或自我实现。一般来说，为防范学校或政府在行动和信仰上的强迫与政治高压，来自各个方面的争

---

①②③④ 参见 R. F. Butts, *Public Education in the United States—from Revolution to Reform*, New York: Holt, Rinehart and Winston, 1978, p. 126、pp. 70-78、p. 165、p. 271。

论，常常集中在以下的自由方面：不受强制地使用或利用私人财产、个人和财产安全、隐私和一般性的运动。① 公共自由内在于民主政治共同体的福利之中，因而自由国家有义务积极地加以保护和增进，无论公共自由是受到社会多数派的威胁还是受到少数派的威胁。一般来说，教师及其学生对这种自由的追求，基于这样一个基础，即有能力作为教师、学习者和公民的每个人都有权利获得机会说、读、教、学、讨论和出版，而不受国家或其他社会团体在行动和信仰上的强迫与政治高压。通常情况下，在第一和第五修正案（直到第十四修正案）中增加的师生学术自由的诉求是用来保证师生双方有能力进行自主选择，并自由地达到基于理性的目的、完成学术目标和实现有效而可靠知识的教与学。自由是公立教育所追求的最高目标。这种对教育自由的追求，不仅遭遇到来自个人和集团的强有力的反对，而且有时也遭遇到家长私人自由的诉求，因为个人和集团看到了现存政治经济秩序中的危险，而家长想要控制孩子受教育的方向，因而公立教育经常处于两者之间而左右为难。②公立教育应当对公共自由有促进作用，对这种角色的追求在 20 世纪中期呈现两种主要形式，一是教会与国家的关系，二是教师和学习者的学术自由。③尽管这种追求在从 20 世纪 20—70 年代期间得到了广泛的增进，但在这一历史舞台上的主角却是私人自由；除了要求家长、儿童和教师的个人权利之外，还一致要求寻求私人自由，尤其是寻求平等的文化和民族的多元主义的呼声持续不断。学校越是成功地培育了私人自由，它们在保证他者平等权利方面就越是有可能不成功，反之亦然。④

（四）追求平等

“人生而平等”是早在《独立宣言》中就已经提出的原则，追求平等是美国自立国以来的“美国梦”中的第二项本质追求。巴

①②③④ 参见 R. F. Butts，*Public Education in the United States—from Revolution to Reform*，New York：Holt，Rinehart and Winston，1978，p. 272、p. 272、pp. 285-286、pp. 312-313。

茨认为，20世纪中期，席卷美国教育领域的又一巨大浪潮是为寻求“美国梦”信仰中的平等而掀起的教育改革运动。由于平等在原则上被人们所接受，而在实践中却长时期遭到否定，所以表现在民族信条中的平等开始赢得越来越多的关注，结果导致在改革运动中的教育成为改革成功的秘诀。在本质上这意味着教育体制自身的改革。唯其如此，对少数民族的教育机会均等才有可能实现；唯其如此，穷人、妇女和残障者才有可能通过使他们克服经济、政治和社会的不利，对付种族主义、种族歧视和种族隔离，而达到补救。① 对平等的追求占据了20世纪60年代的教育舞台的中心，而自由权利组织和少数民族组织、女权运动组织又把追求平等置于风口浪尖。这些组织先是诉诸法庭，然后是要求司法部门和政府机构利用其权力，把国家教育机构列入这场教育改革运动之中。能证明教育机会均等的事例是美国从20世纪20—70年代中等和高等学校入学率的大幅度提高。②当然，教育的量并非就是涉及教育机会均等的唯一问题，教育的质也是教育机会均等的重要方面。教育在质上的提高是迎合现代化的高要求。首先，与任何欠发达国家10%—30%的非文盲率相比，美国的非文盲率超过98%，但这不必然表明现代工业社会有效发挥作用的质量。其次，在20世纪20年代，初步摆脱文盲状态的人非常充足，能够满足非技术工种的需求，然而到了1945年前后，只有30%的工作能够吸纳这些初步摆脱文盲状态的人，到了20世纪70年代，非技术工种就只剩下5%或10%了，基本的脱盲不再能够满足日益广泛的工种需求了。最后，更重要的是，对学力功能的充分性和对学力的积极性的需求，能使公民同步于并参与复杂现代社会的政治、社交和文化活动。当然，读、写、算基本技能的缺乏是争论的基本话题，但更加清楚的是，那些由于种族、民族或经济盘剥而蒙受不公平待遇的人，会在受教育年限和入学权利等方面受到限制，因

①② 参见 R. F. Butts，*Public Education in the United States—from Revolution to Reform*，New York：Holt，Rinehart and Winston，1978，p. 317、p. 318。

而他们的发展会受到这些特殊障碍的影响。因此，在白人的脱盲率几近99%的同时，非白人的脱盲率却不达90%。即使在种族歧视现象不是最严重的时期，也有相当大比例的非白人工人因上述的障碍而被拒绝在技术工种接纳的基本水准以下，更不用说参与政治的和文化的公民生活了。因此，当非技术工种趋于衰减时，脱盲就显得更加重要。① 除了现代化需求的巨大增长这个因素以外，追求平等还受到不同地区现代化程度的不同和外来移民及性别等因素的影响，因为机会的均等和条件的均等是对立的。

（五）追求共同体

美国的创建者声称，民主的政治共同体是社会融合的基本要素，这种政治共同体要以自由、平等和公正为基础，达到这种共同体的最适宜的手段是通过公立教育，而不是私立教育。到了20世纪60—70年代，美国人终于认识到，多元共同体和公民共同体能够最适当地给予教育目标尤其是公立教育以合法性，因而多元主义和公民主义就是公立教育目标实现的两条途径。②美国是个“大熔炉”，其国民来自世界各地，多人种、多文化、多元主义是很自然的，关键在于学校教育的融合作用。多元主义寻求为在许多多样化社会中的教育进行道德控制和立法，因为这样的社会有助于个人和团体在宗教、种族、民族、文化或地方融合和统一等基础上的团结。多元主义者认识到了多样性中的和这种多元主义联合中的正面价值，因此，他们把这些正面价值看成是由教育（包括学校教育）所环绕的共同体的本质。③尽管“文化多元主义”起源于20世纪早期，但到了20世纪60年代，这个术语才突然间成为最流行的专业语汇。它不仅盛行于不同批评家的思想中，而且也是公立教育的知己。仅有三例可举：新的种族划分的代表们，新保守主义和新左翼政治哲学的代表们，教育哲学和教育决策的

①②③ 参见R. F. Butts，*Public Education in the United States—from Revolution to Reform*，New York：Holt，Rinehart and Winston，1978，pp. 320-321、pp. 364-367、p. 367。

各类批评家。①

与此相参照，公民主义寻求为在民主的、公民的共同体或政治共同体中的教育进行道德控制和立法，因为公民主义者认为公立教育具有特殊的责任，公立教育是在价值增值、知识增长和参与技能的增强的过程中的积极动因。这种公民性参与是出于民主政治共同体保持和改善的需要，是出于对自由、平等和公正加以巩固的需要，是出于大众赞成和独立宣言、宪法以及人权法案之承诺的需要。这些价值观由于为多元联合的多样性提供保护，因而被所有的多元主义所认同，否则，私人主义、争论和冲突就会给社会的任何势力集团带来威胁。②

美国教育起源于欧洲，但又不同于欧洲。在美国教育摆脱欧洲教育传统而成为一种具有美国特色的教育的过程中，除了实用主义和多元主义的基础之外，另一重要基础就是民主主义。民主主义是指在教育对象方面打破阶级性和等级性，将教育推广到一般民众身上，是公民主义的直接基础。关于公民主义，巴茨指出现代科技和工业化已经创造了一个杜威所认为的“大社会”，这个大社会能够成为一个大的共同体，这个大的共同体不是简单的物理的和技能的共同体，而是一个以公共生活为特征的共同体。而这种公共生活又具有道德、情感、智力和意识等方面的可持续性，并非仅仅大量聚集的集体行动就构成这个共同体。杜威认为，民主的一般性社会意识是由智力和教育所养成，在这个意义上说，共同体的本质在于对公共生活的清醒意识所构成民主的理念。个体自由和社会平等必须在共同体的动力关系中因同时具有而相互结合。做到这一点的手段就是通过把一种有组织的、清晰的“共和”加以复活和激发。杜威认为，人的行为必然对他人产生结果，对这些结果的理解导致控制活动的并发性努力，以便保护某些结果。这些结果分出私人的和公共的两类：仅仅影响自己直接投身

---

①② 参见 R. F. Butts，*Public Education in the United States：from Revolution to Reform*，New York：Holt，Rinehart and Winston，1978，p. 368、pp. 367-368。

于事务的个人的那些结果是私人的，而影响他人的结果是公共的。规范这些间接结果的努力和对他人福利的关心，就是“共和”的领域。①

每个公民都具有双重属性：作为私人的个人和作为公共的判官，而代议制民主的本质在于公共的利益大于私人的利益，因此，公立教育的公民性角色既存在于自由主义者的心中，也存在于保守主义者的心中。自由主义者要满足完全不同的集团进行流动的需要，从而力主新的社会的、政治的和经济的改革，保守主义者要满足社会融合的需要，从而力主传统的保持和避免异域的威胁，如大批外来移民、激进的军事运动、热战、冷战等。因此，二者都要求有立法保障的公民性教育的作用。公立教育的追求平等的正义性角色由两个基本原则所决定，一是人人都有在公共社会体系中最大限度地拓展其基本自由的权利；二是社会和经济的不平等必须加以制度性安排，以最小的优势导致最大的利益，并且这种不平等必须在机会公平均等的条件下配属到对所有人公开的职位上，因为公共的公民共同体优先于个人的职位，而公共的公民共同体必须以作为公立教育的最高权力的公民正义原则为基础。②

第二节　英格尔斯和史密斯的现代性思想

微观的个人现代性研究决定着宏观的现代化研究，因为如同英格尔斯所认为的那样，完善的现代制度以及伴随而来的指导大纲、管理守则，本身是一些空的躯壳，如果一个国家的人民缺乏一种能赋予这些制度以真实生命力的广泛的现代心理基础，如果执行和运用着这些现代制度的人，自身还没有从心理、思想、态度和行为方式上都经历一个现代化的转变，失败和畸形发展的悲剧是不可避免的。从后发外生型国家的现代化过程来看，现代性

①② 参见 R. F. Butts，*Public Education in the United States：from Revolution to Reform*，New York：Holt，Rinehart and Winston，1978，p. 381、p. 394。

体现着发展中国家为缩小与发达国家间的贫富差距的社会理想，这种理想影响着后发外生型国家的社会变迁，改变着后发外生型国家人民的态度、价值观和行为。英格尔斯和史密斯（D. H. Smith）对印度、以色列、阿根廷等六个国家进行访谈，收集6 000多个样本，1974 年将研究成果以“现代性的形成：六个发展中国家的个体变化”为题出版，曾被学术界广泛接受。该研究凭依逻辑理性的正规议事和凭依感觉、愿望等感性进行科学分析的隐性议事，来研究个人现代性的度量、个人现代化的背景和原因、个人现代性的行为表现和个人现代化的社会意义。① 他们的正规议事是指通过参照组对比、部分相关、多元回归、变量分析和路径分析等实验科学的研究与分析，而其隐性议事是指通过动机分析方法，把个体置于国家发展研究的中心，挑战个性发展在六岁前最重要的心理假设，证明社会结构精微方面的固有理念和强劲机构组织会给个体带来同样的变化，质疑现代化的获得只能依靠通灵人才的这种假设的合法性。②

一、个人现代性的度量

英格尔斯和史密斯提出了一个个人现代性综合度量模型（OM Scale），来度量个人通过理论与实践而形成的现代性。他们通过建构综合度量模型、分析个人现代化的背景和原因、个人现代性的行为表现和个人现代化的社会意义，来对个人现代性进行度量。

（一）综合度量模型的建构

个人现代性涉及个体对世界充满流变的经验、接受正规教育的机会、以终身学习来应对世界加速流变的期望和所处社会环境的前提条件，因此，经验、教育、学习和环境是决定个人现代性形成的四个因素。英格尔斯和史密斯首先确定综合度量模型的基本要素，然后把对态度、价值观和行为的度量作为“依赖型”变量，

---

①② 参见 Alex Inkeles and David H. Smith，*Becoming Modern*：*Individual Change in Six Developing Countries*，Harvard University Press，1974，p. 8、pp. 6-12。

把对诸如在校学习的社会背景和社会经验的度量作为“独立型”变量。他们认为，个人通过其特殊的生活经验，尤其是工作经验，而获得其现代性，个人现代性是个人素质的复杂体或综合体，其中充当一定的社会角色而进行政治参与是这个综合体中的重要因素。① 英格尔斯和史密斯用综合度量模型，度量个人通过把理论应用于实践而形成的经验来获得现代性，尤其是工作经验，其中包括社会性和政治性参与的经验。②实际上，按照斯腾伯格的观点，经验也是一种智力，例如，高级技术工人在长期的经验中所获得的智慧，是刚刚毕业参加工作的大学生或研究生所不能比拟的。斯腾伯格提出的智力三元理论为英格尔斯的经验现代性提供了证明。斯腾伯格提出的三元智力，包括情境智力、经验智力和成分智力，具有由具体形象思维向抽象逻辑思维过渡并加以累积的层阶性质，其中，经验智力是情境智力和成分智力二者联通的不可缺少的智力领域。斯腾伯格认为，智力发生于个体的内部世界，而作用于外部世界，两个世界的连通是通过经验来完成的，即经验对智力的形成具有角色调节的作用。斯腾伯格给处于智力中阶的经验智力下的定义是：满足处理各种新颖任务及情境需要的能力和信息加工自动化的能力。

（二）个人现代化的背景和原因

英格尔斯和史密斯认为，个人在态度和价值观上的变化决定着个人现代性的定义，态度和价值观上的变化是伴随着个人参与经济和政治的行为的变化，这些行为上的变化又对民族国家的现代化予以赋值和支持，③而教育能强有力地改变个人的态度、价值观和行为，是个人未来生活经验的基础，所以，教育效益的高低决定着个人现代化的程度，个体因受正规的学校教育而更加具有现代性。在学校接受教育是个人现代化最重要的背景，尤其在发展中国家，因为教育是对现代态度、现代价值观和现代行为进行

①②③ 参见 Alex Inkeles and David H. Smith，*Becoming Modern*：*Individual Change in Six Developing Countries*，Harvard University Press，1974，p. 100、p. 312。

谆谆教诲的最强有力的手段之一。教育要为个人以后的生活经验打基础，所以，教育效益的高低决定着个人现代化的程度。教育的效益要依据学习的机制，而学习的机制包括范例化、奖惩、模型化和普遍化。儿童在学校习得的关于计划的知识，阐明了范例化的过程。通过范例化，非个人的规则或普遍性实践的社会组织特征内化于个人。学生也许没有关于计划的直接知识，但是很容易觉察到计划的影响渗透到他们日常学习之中，当然计划的原则可以通过奖惩而直接贯穿在教诲之中。模型化是指儿童把在重要的、有影响力的人物身上观察到的行为、感觉和思维，经过模仿而融入到自己的思想和行为之中，可见模型化与范例化不同。当个体对一种特殊关系或绩效中令人满意的经验感到快慰，并因此而相信他在其他背景下也能获得相对的成功时，就会出现普遍化。因为他掌握了一两项专门技术，于是他就逐渐相信他获得技术的普遍性能力，因为他解决了一些问题，于是他就逐渐地对自己解决其他问题具有信心。通过普遍化，会形成一种突出的个人效能通感。学生们不仅获得知识信息和流利语言表达能力，而且还习得价值观念、态度、不同的时间感、与个人发展及国家未来高度相关的行为表现方式和强烈的个人及其社会效能感。简言之，由于个体接受了更加正规的学校教育，他们的个人品质决定性地更加具有现代性。①

（三）个人现代性的行为表现

教育效益的高低受到范例化、模型化和普遍化等学习机制的制约，其中认知的灵活性是重要的因素，而文化背景、社会环境和传媒的大众化程度也决定着个人现代性的形成。因此，英格尔斯和史密斯按与现代性的相关程度的大小来确定个人现代性绩效的决定性变量，它们分别是：受教育程度、媒体影响、消费品拥有量、职业类型、工厂经历的年限、技能级别、十五岁以后在城市里

① 参见 Alex Inkeles and David H. Smith，*Becoming Modern*：*Individual Change in Six Developing Countries*，Harvard University Press，1974，pp. 140-143。

的年限、家庭与学校联结的现代性、年龄和工厂现代性。① 这些独立型变量是通过对六个发展中国家的调查而赋值的，其中教育、职业经验和媒体影响是决定个人现代性形成的最重要因素。英格尔斯的研究发现，个人的大众媒介接触与个人的现代性，呈有规则的和显著的相关，并对个人现代性有实质性的独立贡献。在观念上比较现代的人，愿意积极地同各种信息来源保持亲密接触，无论是现代的信息来源还是传统的信息来源。但在评价和接受信息时，在观念上比较现代的人对新的大众传播工具更加信任。

英格尔斯和史密斯指出，现代人具有以下四方面的主要特征：现代人是一个有知识的参与型公民；他具有突出的个人效能感；他在对个人事务而作出决策时具有在与传统影响源的关系中的高独立性和高度自治；他具有针对新经验和新理念的准备性，即具有相对开放的头脑和认知的灵活性。②但英格尔斯和史密斯也指出，关于个人现代化最重要的事情不是促使个人现代性形成的因素或主要特征，而是个人现代性形成的方式。③ 在英格尔斯和史密斯看来，个人现代性形成的方式，如果按其重要性的大小排序的话，前三项分别是教育、职业经验和媒体影响。可见，教育在个人现代性的增强与扩展上是最重要的变量和促使个人现代性形成的最重要的方式。

（四）个人现代化的社会意义

既然个人现代性的确定由个人的态度、价值观和行为方面的变化所决定，而行为现代性决定民族国家的现代化，因此，英格尔斯和史密斯指出，在政治的和公民的活动领域，现代人在方方面面都是一个他所在社会更加积极参与的、有兴味和有学识的公民，一个由学校、报刊和工厂等现代制度所锻造的公民，一个对更加现代的经济部门所生产的商品有所知晓的人，一个具有更加

①②③ 参见 Alex Inkeles and David H. Smith，*Becoming Modern*：*Individual Change in Six Developing Countries*，Harvard University Press，1974，p. 260、p. 290、p. 264。

现代的态度、价值观和行为以支持现代制度和促进社会整体现代化的人，一个把行为现代化看得比态度现代化和价值观现代化更重要的人。正因如此，一个民族国家要想成为现代国家，就必须拥有现代制度、效能政府、效率生产和得当的社会服务。①

英格尔斯和史密斯认为，这些现代制度要成功地发挥其功能，就要严密地有赖于个人赋予其工作以某种特殊个人素质的有用性。这些新型制度所需要的人，具有下面一些特征：他们在没有持续的和近距离的监督的情况下，能够自愿地承担责任和履行义务；他们在共同的协作中表现出相互信任和自信，尽管这种协作超越了接受直接监督的情境；他们为达到更大型组织的目标而能够服从结社或教派的特殊利益；他们在阐释规则时既有灵活性又有想象力；他们能够显示出对下属情感的同情性考虑和观念的开放性及其他潜在的贡献。②

经济学家用国民生产总值的术语来定义现代性，政治家用执政效能制度的术语来定义现代性，而英格尔斯和史密斯却坚持认为，被引入的快速经济增长和效能政治制度，如果不在具有现代素质的大众中广泛传播的话，将不可能长期而持续地发展。在当代世界的现有条件下，个人现代性的素质并非一种奢侈，而是一种必需。这些素质并非一种得自制度现代化的边缘利润，而是这些制度获得长期成功的一个前提条件。现代人素质的大众化广泛传播并非伴随于社会发展的进程，而是民族国家自身发展的本质。③

总之，国家的现代化取决于个人的现代性，即认知力、公民参与力、自治力、独立性、开放性、灵活性和效能感等，因为民族国家要想成为现代国家，就必须由具有现代性的个人作为支持，所以，我们把发展中国家的个人，为了支持国家现代化所必须具

①②③ 参见 Alex Inkeles and David H. Smith，*Becoming Modern：Individual Change in Six Developing Countries*，Harvard University Press，1974，pp. 312-313、p. 314、pp. 315-316。

备的现代性，称为“必要的个人现代性”。

二、英格尔斯关于国际视野中的个人现代性研究

如果说英格尔斯和史密斯在1974年出版的《现代性的形成：六个发展中国家的个体变化》一书中所研究的个人现代性，只是针对发展中国家的个人来说，还不具有广泛的世界意义的话，那么英格尔斯在1983年出版的《个人现代性的探索》一书中所研究的个人现代性则具有国际眼光和世界意义，因为在该书中所研究的现代性不仅仅是发展中国家的或仅仅是西方发达国家的，而是在全球范围内具有普遍意义的世界现代性。该研究在以前研究成果的基础上，运用分析模型、话语主题模型和行为检测模型的三维方法来研究个人现代化，包括个人现代性的种族差异和国度差异、家庭与家族、调适与参与和个人现代性的未来等主题。下面仅就个人现代性研究的三维模型、个人现代性的转换与未来、转换的个人现代性的内涵这三个主题来评述英格尔斯关于国际的个人现代性研究。

（一）个人现代性研究的三维模型

英格尔斯运用话语主题、行为检测和分析的三维模型来研究国际视野中的个人现代性。英格尔斯的话语主题模型主要覆盖10个领域：家族与家庭、女权、出生率控制、宗教、老年人、政治、信息传媒、消费、社会分层和心灵调试。① 而他的行为检测模型主要涉及11个方面：政治活动、家庭行为、消费行为、知识测验、媒体信息检测、相对词检测、身心失调检测、句子完型测验、会晤者的级别、督导者的级别和工厂记录。②通过话语主题的论证和行为检测的验证，他在其分析模型中得出个人现代性的九要素：（1）适切性和开放性，即乐于接受新经验和对创新与流变敞开胸怀；（2）渐增性和豁达性，即个人对即时环境内外的大量问题拥有自己的见

---

①② 参见 Alex Inkeles，*Exploring Individual Modernity*，New York：Columbia University Press，1983，pp. 40-48、p. 35。

解，并对他人态度和不同意见有深刻的认识和给予肯定评价；（3）守时惜时，即注重现在和未来，办事讲究效率；（4）效能感，即对自立和与人协作的能力充满信心，以应对各层次的挑战；（5）计划性，即相信把计划作为处理公务和个人生活的手段；（6）信任感，即相信监督中的合理合法社会及其尽义务、负责任的成员；（7）正义感（尤其针对技术技能），即现代组织的核心原则是按对组织的贡献成比例地进行奖赏分配；（8）有抱负、受教育和再学习，即有志气，愿意接受更高级的正规教育，并为填补学科领域空白和解决人类的问题而再学习；（9）尊重性，即体谅他人的尊严并尊重他人，尤其是保护针对弱势群体的尊严。① 简言之，发达国家的个人现代性的主要特征是：适切性和开放性、渐增性和豁达性、守时惜时、效能感、计划性、信任感、正义感、求知性、尊重性。因为这现代性的九个要素是国际视野中发达国家的个人现代性，所以我们称之为“达成的个人现代性”。

（二）个人现代性的转换与未来

英格尔斯认为，不足以证明宗教是导致现代性形成的动力因素，而可以证明导致现代性形成的强有力因素是教育、工厂的工作和大众传媒，② 因为现代化制度对个体的呈现是教育、工厂、城市和大众媒体。英格尔斯在 OM 模型的基础上建构了一个个人现代性的国际度量模型（IM Scale），并采用匹配调适和回归分析的方法对个人现代性的国度差异进行比较研究。英格尔斯认为，在对个人现代性水平的预测过程中，国民性并不产生统计学意义上的国与国之间的重大差异，③ 但在促进个人现代性的形成上，国民性的重要程度仅次于受教育年限和工厂经历的年限的重要程度，在七种决定个人现代性的主要变量（其他四种变量分别是：媒体影响、消费品拥有量、出生在城市/乡村和年龄）中位居第三。因此，英格尔斯认为，个人心理现代性的决定性因素是由教育和职

①②③ 参见 Alex Inkeles, *Exploring Individual Modernity*, New York: Columbia University Press, 1983, pp. 36-39、p. 163、p. 273、p. 172。

业所决定的个人社会地位，而不是文化差异。为使国民性在决定个人现代性的作用更加清晰，英格尔斯又采用协方差分析的方法，来对比国民性和教育及媒体影响的重要程度。①

英格尔斯认为，个人现代性的国度差异，对应着制度发展中的七种结构性转换：（1）普通人所接受的正规教育得到普及，并在人生纵向上延续得更长；（2）大众媒体的实质性扩展和极大地增长得到展现；（3）工业化的实现，尤其是技术化水平的提升；（4）农业和食品生产的机械化和工业化的实现；（5）向城区和郊区的大量移民；（6）基础科学研究，尤其是应用科学研究的扩展与高水平的保持；（7）公共服务的巨大增长。②在这些结构性转换的过程中，个人现代性有七个核心要素：（1）对新经验的开放性；（2）维护从传统和权威中分离出来的独立性；（3）相信科学和医药的效能，并摒弃面对生活困难的被动性与宿命主义；（4）具有接受高层次教育的雄心；（5）守时并且对未来事物的规划感兴趣；（6）积极参与社区事务和地方政治；（7）对新闻穷追不舍，关心国内外大事。③英格尔斯还提到了中国现代性模型中比较微弱而应该重点强调的三个因素：个人主义、反极权主义和平等主义。他指出，中国经济和社会的加速发展所创设的环境，强烈地刺激着个人现代性的增长，因此不能仅仅强调教育和职业因素对个人现代的影响。论及个人现代性的优劣，英格尔斯指出，个人现代性被公认为是优于传统主义的，因为这种判断适合于个人的开放意识、认知的灵活性和对弱者情感的尊敬；但涉及个人效能、对科学的笃信和对技术创新的兴趣，无论老少的许多人却持有保留意见，因为这些要素是灾难的温床和导致毁灭的发动机。④

个人现代性的面向未来，主要表现为心理现代性。英格尔斯认为，心理现代性是一个复杂的、多层面、多维度的综合体；尽管在所有社会及其所有层面都能找到这种综合体，但它趋向于更集

①②③④　参见 Alex Inkeles，*Exploring Individual Modernity*，New York：Columbia University Press，1983，p. 176、p. 311、p. 101、p. 322。

中在经济较发达国家；在经济较发达的社会，使个人更加具有现代性的制度动力更加集中，例如，学校、工厂和企业、大众传媒、城市和大众市场。如果个人现代性主要依赖于人们居其中的社会文化结构的本质、依赖于这些系统中的经验传播，那么，为解读个人现代性的未来，就必须预测社会的未来。① 英格尔斯指出，人类潜在的大灾难（诸如核毁灭和窒息死）、经济发展迟滞和全球贫富差距等都会导致全球的规范与调适，从而会调动经济动力和激发善良的政治愿望，进而导致民主政党体制的盛行、人民的自由运动的发生，尤其是人们理念的变化，最终促使个人现代性的加强。激进的和自由的梦想形成许多关于我们未来社会制度结构的一般性假设。

总之，这种现代性，无论是体现在发展中国家的个人身上，还是体现在发达国家的个人身上，都具有面向未来的转换性，即个人现代性的国度差异和面向未来，都表现出其转换性，所以，我们把这种现代性称为“转换的个人现代性”，包括开放性、独立性、效能感、认知力、计划性、守时与惜时和公民参与力七个要素。

（三）转换的个人现代性的内涵

上述的转换的个人现代性分别具有其哲学、心理学、经济学、政治学和社会学等学科领域的内涵，因为作为具有现代性的个人，其本身就是“八面玲珑”的。当今任何一个国家，如果它的国民不经历这样一种心理上和人格上向现代性的转变，而是盲目地学习外国的经验，大事小事都靠外国的援助、国外的先进技术和民主制度的引进，就不能成功地使其从一个落后的或说发展中的国家跨入自身拥有可持续发展潜力的现代化国家的行列。在现代人的人生的任何阶段，特别是在成年的早期和中期，人们不能不、也不得不经历非常重要的个人现代性的流变，有些是极为深刻的实

① 参见 Alex Inkeles, *Exploring Individual Modernity*, New York: Columbia University Press, 1983, p. 308。

质性改变。制度固然能在相当程度上决定和改变现代个人的本性，但决定个人特征的社会制度，也必须由人来创造，人改变世界和世界改变人是矛盾统一进程中的两个方面。生活是对经验的阅历，是时间之流内化于人的结晶，它促使人们不断地由传统转向现代化。人所在的现代化的各个行业，具有改变人的特殊能力，可以使人在心理、态度、价值观和行为上从传统逐渐走向现代，成为具有开放性、独立性、公民性、参与力、认知力、计划性、效能感和守时惜时等现代性的个人。

1. 开放性

无论是乐于接受新经验，还是关心国内外大事，都表现出现代人面向未来的开放性，体现出一种先行于自身的存在。“先行于自身的存在，说得更充分一些，就是：在已经在世的存在中先行于自身。”① 这种开放性基于人的本质，而人的本质主要涉及人类意识和人的社会属性。单就人类意识来说，人类意识的觉醒是人本质的初显，因为“标志着人的本质的在生物圈中最早出现的事件，既不是某种解剖学特征的发展，也不是某种技能的获得；这个历史性的事件，是人类意识的觉醒”②。在人类生产力发展水平不足以消解大自然的不可抗力的情况下，人类逐渐积淀下了对时间的感性体验和诸多心理潜质，其中包括海德格尔存在主义哲学所主要述说的畏与忧和人的历史性自我理解。海德格尔认为，畏属于人生存的基本形态，“畏之所畏者就是在世本身”③。由于生产力水平的限制，人在与自然进行抗争的过程中时刻摆脱不掉畏，即使在“天人合一”的理念中也潜伏着畏。在人的现代化的过程中，畏是创造性自我和自觉生命的一个有益瞬间，如果全部取消

①③［德］马丁·海德格尔著，陈嘉映、王庆节译：《存在与时间》，生活·读书·新知三联书店 1987 年版，第 232、225 页。

②［英］阿诺德·汤因比著，徐波等译：《人类与大地母亲——一部叙事体世界历史》，上海人民出版社 2001 年版，第 19 页。

畏，人就会丧失自我①。所以，畏作为主体性的酵母，通过在自我意识中发挥核心作用而决定人的内在本质。畏而生忧，即畏决定着人始终要为突破自身的有限性，为了自己的生存而忧。畏和忧生成时间的整体性，即生成含有过去、现在和未来的历史性。赫拉克利特把过去和现在对立统一于同一条河流，伯格森用纯粹绵延把过去和现在统合成为一个有机整体，其中存在着相互渗透和无区分的继起。海德格尔把未来纳入到这个纯粹绵延之中，并规定了未来的优先性。未来之所以优先，是因为在历史并未离我们远去的同时，未来已经提前到达。未来之所以已经提前到达，是因为死的本能②提前触摸生的本能。如果说生的本能决定了人与自然和人际关系，那么，死的本能则决定了人与未来的关系。生的本能决定着人本质的现实社会性，而死的本能则决定着人本质的未来的历史性。无论之于个人还是之于民族国家，在时间的整体性之中，都需要让未来优先于过去，把生命向未来开放。

2. 独立性与公民参与力

英格尔斯所研究的现代性强调两个要素，一是那些正在经历现代化转型的人除了担当各种固定的、可归属的角色之外，他们还担当着大量与开放性和信息化相关的其他角色；二是他们的归属不再受地域的限制，即现代人的共同体具有超越时空的性质，他们具有更加现代的自我意识，其主体性相应地增加，而所谓主体性增加是指人们摆脱钱权系统的控制，从中解放出来，开辟更为广阔的生活世界的活动领域，不断地增加自己的自由度，从而引出反思性、探索性、建构性和参与力的提高。独立性要以主体性为基础，而黑格尔发现，主体性乃是现代的原则，自我意识的

---

① 参见［德］费迪南·费尔曼著，李健鸣译：《生命哲学》，华夏出版社 2000 年版，第 172 页。

② 弗洛伊德认为，人有生的本能和死的本能。其中，死的本能表现为："自我为了求得生存，为了对付焦虑，尤其是对待来自死的本能的危险，便力图通过改变本能的对象选择来转移危险。"——参见张传开、章忠民著：《弗洛伊德精神分析学述评》，南京大学出版社 1987 年版，第 124 页。

明证性和理性的目的性是主体性的前提。既然人具有面向未来的开放性，那么，人也就具有从传统文化和权威政治中分离出来的独立性。从传统和权威中独立出来是为了突破内外在的局限，而这种突破又是为了更加积极有效地参与社区事务和地方政治，因为人的本质不仅涉及人类意识，还涉及人的社会属性。社会属性的产生始见于人类从树上移居到地面后的团结。这种团结是突破局限的结果，因为“我们的祖先从栖身的树上下到比较危险的地面后生存了下来，据此我们可以推测，那时他们已经是一种社会性动物，至少是通过这种习性的改变而成为了社会性动物。在地面上，单个的人很容易遭到食肉动物的捕食，当时我们的祖先如果不团结在一起，就敌不过他们的对手”①。恩格斯认为，在与自然作斗争的过程中，猿转变为人的决定性的一步，是猿的渐渐直立行走，接着便是手获得了自由；随着手的发展，猿人逐渐扩大了自己的眼界，不断地发现了对象性存在的新属性；劳动的发展必然促进社会成员的团结，因为劳动使互助协作的场合增多，并且人人都清楚地意识到互助协作的益处；“一句话，这些正在形成中的人，已经到了彼此之间有些什么非说不可的地步了”②。随着语言的产生，猿质变为人，即人的体脑和精神都得以产生，人类初步的生产关系得以结成，然后才有了经济基础和上层建筑，所以，“人的本质并不是单个人所固有的抽象物。在其现实性上，它是一切社会关系的总和”③。社会性存在，说得更充分一些，就是在社会关系中显现自身，而最重要的社会关系是人与国家的关系，在这种关系中，人表现出公民性，越是现代化国家，这种公民性就越明显。工具主义国家观认为，“国家是为人民服务的工具，人

---

① ［英］阿诺德·汤因比著，徐波等译：《人类与大地母亲——一部叙事体世界历史》，上海人民出版社 2001 年版，第 20 页。

② ［德］恩格斯著：《自然辩证法》，参见《马克思恩格斯选集》第 3 卷，人民出版社 1972 年版，第 510—511 页。

③ ［德］马克思著：《关于费尔巴哈的提纲》，参见《马克思恩格斯选集》第 1 卷，人民出版社 1972 年版，第 18 页。

民高于国家，使人为国家服务是政治上的败坏现象”①。若以国家为目的，人则为国民；若以人本为目的，人才是公民。先有个人，然后个人创造出了共同体。国家首先是人民的共同体，是人民契约的产物，只有当人民把国家看成是民族意志、阶级意志和社会意志的代言人时，人民才真正成为公民。在人民共和国家，国家是人民意志的最高代表，而平等、自由和博爱是公民灵魂的集中体现。更为严重的是，法律专制政体下的官僚机构体现着昔日君主的意志，“一切有权力的人都容易滥用权力，这是万古不易的一条经验。有权力的人们使用权力一直到遇有界限的地方为止”②。只有在社会契约（包括利益集团契约、利益阶层契约和阵营阶级契约）的基础上，通过立法和教育才能改变这一切。

3. 认知力与计划性

现代人之所以具有接受高层次教育的雄心，一方面是因为人具有“天行健，君子以自强不息”的内在精神，另一方面是因为现代人具有较强认知力的可能。认知力体现于动态的程序性知识之中，而动态的程序性知识对应于我们惯常所说的“能力”，包括动作技能、策略技能和智慧技能。动作技能以视觉—空间智能和身体—动觉智能为心智基础，主要是指个体肌肉运动的敏捷、精确、量力、流畅地反应和执行的能力，具有粗放—精细、共时—历时、闭路—开路三个维度。策略技能是个体对操作任务的计划和监控的能力，其实质是程序性知识支配学生自身学习、记忆和思维的过程，并改善和提高认知效率，其要素主要包括注意、编码、提取和迁移。智慧技能则主要包括辨别、概念、规则和问题解决，其中的问题解决能力是人类智能的最高表现。其中，策略技能处处体现着现代人所具有的计划性。例如，有意注意是指对客体进行目标选择并对自己的认知资源进行分配的一种策略技能，包括选择

① 邹永贤等著：《现代西方国家学说》，福建人民出版社 1993 年版，第 428 页。

② ［法］孟德斯鸠著，张雁深译：《论法的精神》上册，商务印书馆 1982 年版，第 154 页。

性注意和分配性注意；再如，编码是在思维的作用下对众多的信息加以组织的信息加工技能，包括多向性和和单向性两种思维编码；又如，提取是指从记忆中提取信息的一种策略技能，包括单元提取、主题词提取和层阶提取等。陈述性知识经过记忆、编码而形成联结，而有效的联结可导致有效的提取，而迁移是指个体对图式进行移植或穿越空间和对认知结构进行转换的技能。知识结构和认知结构的内容按照一定的规则和经历一定的过程而重新组织，实现迁移。总之，在陈述性知识与程序性知识的结合过程中，人有目的地、有计划地使用策略技能等认知力，来表现人认识世界、改变世界和顺应世界的计划性。

4. 效能感与守时惜时

现代人相信科学的效能，并且因为科学技术的爆炸性增长和科技应用与实际生活时间间隔的缩短而产生时间的紧迫感。因有紧迫感和摒弃面对生活困难的被动性与宿命主义而守时惜时。以物理科学为例（见图 1-2），科学技术的发现与应用之间的间隔的缩短，使民族国家及其个人都有国家意义和生命意义上的紧迫感。

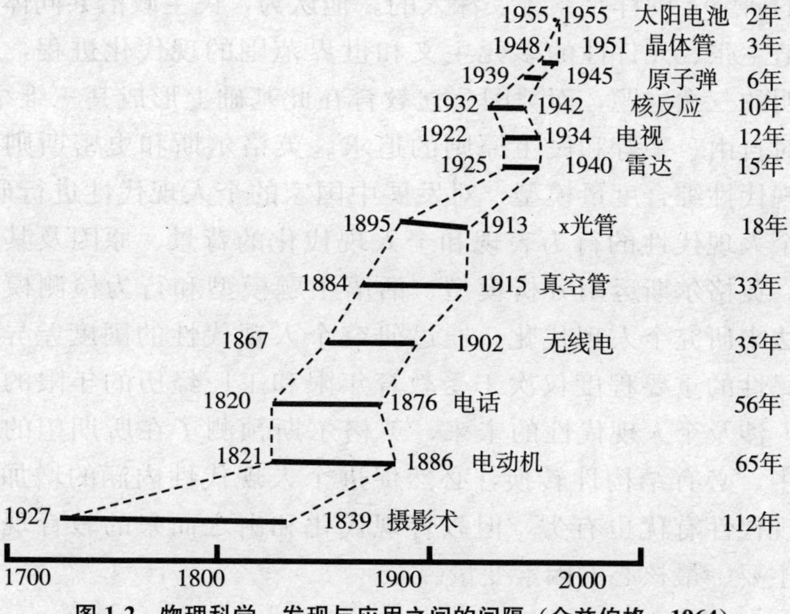

图 1-2　物理科学：发现与应用之间的间隔（金兹伯格，1964）

综上所述，我国的教育现代化研究，在宏观上是取得了一定的成就的。邓小平同志提出的“三个面向”，为中国的现代教育指明方向。顾明远先生定义的现代教育概念，强调科学技术的基础、教劳结合的途径，全民的教育对象和为经济服务的重心。但以历史的角度和在微观的许多方面，缺乏系统的、深入的研究。以巴茨和英格尔斯为代表西方学者对教育现代化和个人现代性的研究，可为我们所借鉴。巴茨研究西方教育现代化的历程，从历史的变化因素着手，通过对第二次世界大战后许多国家获得政治独立的史实进行分析，指出国家的差异就是教育的差异，因而新兴国家都把教育看成是实现现代化的主要源泉之一，通过对大量涌现的社会危机及其影响进行分析，指出传统的教育目的和学校教育受到质疑。巴茨强调了现代化概念的三个要点，挑明了现代化的鸿沟，因而后发外生型国家把理念的、技术的和社会制度的传播作为修补其与先发内生型国家的现代化鸿沟的手段。巴茨总结了现代化动力体系的要素、教育现代性的特征和美国教育现代性的意识形态——实用主义哲学和行为主义心理学。巴茨关于美国公立教育的研究，同样是系统、深入的。他认为，民主政治共同体的公认价值主张、元件性的多元主义和世界范围的现代化进程，是美国文明的三大主题，而美国公立教育在此基础上形成其三维结构，包括对自由、平等和民主原则的追求。英格尔斯和史密斯则采用个人现代性综合度量模型，对发展中国家的个人现代性进行研究，涉及个人现代性的行为表现和个人现代化的背景、原因及其社会意义。英格尔斯运用分析模型、话语主题模型和行为检测模型三维方法来研究个人现代化，通过研究个人现代性的国度差异，指出国民性的重要程度仅次于受教育年限和工厂经历的年限的重要程度。涉及个人现代性的未来，英格尔斯预测了在所期望的制度发展中，必有结构性转换，必然促进个人现代性内涵的增加，而个人现代性有优也有劣，但教育现代化和由之而来的教育现代性是最主要、最核心的因素变量。

第二章
依附教育思潮

20世纪60—70年代，伴随着第三世界国家在国际舞台上的崛起，围绕国际教育领域内的不平等关系、第三世界教育体制的非殖民化运动以及教育国际合作运动对第三世界国家教育的影响等主题，在一部分拉丁美洲的结构主义者和欧美新马克思主义者中间掀起一种依附教育思潮。这一教育思潮借鉴依附理论和教育再生产理论，着重揭示国际范围内教育控制与依附的不平等实质，一度成为与主流的现代化教育理论相抗衡的发展教育思潮。

第一节　依附教育思潮兴起的时代背景

任何一种理论思潮的出现，都是以回答那个时代面临的问题为前提的；每一种思潮的背后，都折射着那个时代社会的变化与要求。20世纪60—70年代，在风起云涌的民族解放运动的鼓舞下，第三世界——那些挣脱殖民统治枷锁而获得独立的发展中国家，开始向第二次世界大战以后建立起来的，由西方工业化国家尤其是美国主导的自由国际秩序发起冲击。这些国家不仅在过去有着相似的殖民经历，而且在现在和未来都面临着建立和巩固统一的民族国家、发展民族经济、改变贫穷落后面貌、实现现代化发展的历史任务。同时，它们在国际范围内还积极追求国际政治平等，对国际事务决策的影响以及传播自己对世界事务的看法等广泛的目标。与此对应，工业化国家也开始作出积极的反应。美国凭借战后敛集的巨大经济军事实力，不断干预国际事务，通过政治涉入、经济援助、文化渗透等手段加紧对第三世界的控制，以维持其国际霸主地位；英法等老牌资本主义国家也不甘丧失旧的殖民利益，努力扩大各自对前殖民地的影响。而苏联为了寻求与美国争霸的资本，也积极向第三世界国家进行干预和渗透。于是，以控制与反控制、剥削与反剥削、掠夺与反掠夺为特征的工业化国家与第三世界国家之间的关系（南北关系），成为时代的主题，并纳入了国际社会科学研究的视域，一些教育学者对此也表现出了浓厚的兴趣。

如果说 20 世纪 60—70 年代整个世界政治经济格局的变动凸显出南北关系的主题，只是为具有世界眼光的教育学者导出了一个研究方向的话，那么，同时期全球教育发展的现实便为这些学者敲定了研究题目。确切地讲，第二次世界大战后教育国际化现象的出现与第三世界国家发展独立自主的教育体系之间的张力，在一定程度上促成了依附教育思潮的抬头。

第二次世界大战以后，世界教育发展逐渐开始呈现出一体化趋同的倾向。人们对教育的看法在趋向一致：教育作为一项基本人权在联合国《人权宣言》的教育条款中得到进一步确认；教育作为提高人力资源、发展经济建设的有效途径，在现代化理论和人力资源理论中也得到经典的阐释；各国政府尤其是战后新兴的民族国家政府，努力把发展教育作为开展社会变革、建设民族国家、消除贫困、缩短与发达的工业化国家差距的救世良药，并为此投入了极大的财力和热情。同时，一些国际组织，如联合国教科文组织、世界银行等，也通过贷款和技术援助，为第三世界国家的教育发展推波助澜。于是，源自欧洲并在美国等发达国家发展成熟的现代教育体系开始在全球范围内建立并巩固起来；同样诞生于欧洲的现代科学体系也逐渐成为主导性的教育内容进入各国的教科书中；国际范围内的教育交流与合作活动增进了彼此间教育的相互联系，国际性教育组织与机构的发展在促成这种教育一体化方面发挥着积极的作用。在这种背景下，第三世界国家在发展教育过程中，与其说是在创造自己的教育体制，不如说是在向某种教育模式靠拢更为贴切。于是殖民时期在这些国家建立的教育体系，不但没有随着殖民国家军队的撤离而衰落，反而得到长足的发展。

然而，这种西式的、外来的教育模式并没有像它们的理论家和实践者所鼓吹的那样，给第三世界带来美妙奇迹，反而给第三世界国家造成了许多意想不到的麻烦：伴随急剧增长的就学人口而增长的教育开支，使得本来就疲备不堪的经济雪上加霜，有的国家在这一时期教育经费竟达到国家预算的15%；与之形成鲜明对照的是教育成果微不足道：培养中小学生的必要年限因为留级率和辍学率极高而不断延长，导致教育内部效益低下；普及化进程中出现严重的地区不平衡，农村大大落后于城市；女孩的入学率和毕业率低；教师训练不足和收入低；以人文教育为主的教育内容与社会实践脱节，使得毕业的学生难以找到工作，而社会许多工作岗位人才缺乏。外来的教育事实上与当地实际需求存在很大的脱节，“这种教育几乎在各方面造成严重的后果，坑害了绝大部分学生，国家本身也因此遭受到了损失”①。于是在这种背景下，人们开始重新对第二次世界大战后的教育发展进行反省：第三世界教育为什么会陷入如此困境？第三世界教育今后迈向何方？一些学者认为，“相对于‘作为发展的教育’以及将西方教育看成是救原初民于无知和贫穷中的力量的观念，应该存在另一种解释的范式”，基于这种范式，“就可以全面理解，那种大批量生产创新

① ［法］加斯东·米亚拉雷、［法］让·维亚尔主编，张人杰等译：《世界教育史(1945年至今)》，上海译文出版社1991年版，第77页。

的、训练有素的、自动的个人的西式教育的失败，并不是失败，只不过是资本主义社会里学校教育殖民化功能的直接后果”。① 在这种信念的支持下，这部分学者开始尝试借用新马克思主义的学说，从不同于第二次世界大战后兴起的现代化理论和人力资源理论的视角，即第三世界国家与发达的工业化国家在国际教育格局中不平等关系，提出他们的解释。

第二节 依附教育思潮的理论渊源

作为现代化教育思潮的反动而出现的依附教育思潮，就其学缘谱系而言，直接源自同时期从拉美国家诞生的依附理论和从欧洲兴起的新马克思主义的教育再生产理论②，而这两种理论都可以在卡尔·马克思那里找到起点。

马克思和恩格斯在《共产党宣言》中指出：“正像它（指资产阶级，引者注）是农村从属于城市一样，它使未开化和半开化的国家从属于文明的国家，使农民的民族从属于资产阶级的民族，使东方从属于西方。”③ 在这段话中，马克思最早提及了后来依附理论中使用的“依附”概念④，但是马克思和恩格斯关注的主要是西方发达国家的资本主义自身的发展，所以对“依附”的思想并没有在国际范围内深入探讨。列宁继承了马克思的思想，并且开始关注落后国家的发展，他在《帝国主义：资本主义发展的最高阶段》一文中，借用霍布森（John Atkinson Hobson，1858—

① Martin Carnoy，Education as Cultural Imperialism：A Reply，*Comparative Education Review*，1975，19（2）.

② 参见龚放：《从属理论：一种值得重视的教育思潮》，《高教研究与探索》1994年第2期。

③ 《马克思恩格斯选集》第1卷，人民出版社1995年版，第276—277页。

④ 在拉丁语系中，“依附”这个概念的德文表述是dpendenze、西班牙文表述是dependencia、英文表述是dependency，都源于拉丁文表述，在中文中则有“依附”、“依赖”、“从属”等不同译法。

1940）的观点，提出欧洲资本主义在其最高阶段——帝国主义时期，开始在非欧洲殖民地进行新的资本输出，造成剥削和压迫的国际化，结果殖民地的人民代替欧洲不断壮大的工人阶级成为新的被压迫无产阶级，而整个世界也日益分裂成占少数的、剥削别人、压迫别人的民族和占多数的、殖民地的、被剥削的民族，从而使"依附"的思想迈出了国际化的步伐。

20世纪60年代，由于第二次世界大战以后兴起的现代化理论在第三世界国家的实践中遭遇尴尬，一部分不满于现代化发展解释的拉美学者以及后来的部分非洲、北美学者，开始重新将目光投向马克思主义，而且与经典马克思主义不同，他们站在落后的、非西方的、被压迫民族的立场上提出探讨第三世界国家发展的依附理论。当然，把这些学者的观点统称为"理论"，实在是勉为其难。因为，这些学者内部之间观点的差异，甚至比他们与别的流派的学者之间的差异还要大，而且学者们的看法也在不断修正。一般来讲，依附理论在其形成与发展中有三种基本派别：第一种，是关于资本主义低度发展（underdevelopment）的理论，这一派也被称为依附论的激进派，代表人物有弗兰克（A. G. Frank）、多斯桑托斯（Theotonio Dos Santos）、阿明（Samir Amin）等。他们主张在资本主义的发展中，一些国家的经济发展左右着另一些国家经济的发展，这些国家间关系就表现为依附关系。居于支配地位的国家的发展和处于依附地位国家的低度发展是一个硬币的两个面，在这种情况下，依附对于后者来说只能是经济停滞和社会萧条。要改变这种现状，必须进行彻底的社会变革。第二种，是关于资本主义不发展的理论，也称作结构主义依附论流派，代表人物有劳尔·普雷维什（Rual Prebisch）、奥斯瓦尔多·桑克尔（Osvaldo Sunkel）、塞尔索·富尔塔多（Celso Furtado）等。这一派学者认为在现有的以"中心—外围"为特征的不平等的国际分工条件下，处于"外围"地位的国家的工业化是难以实现的。在外部国际分工和内部结构性障碍的双重制约下，外围国家的资本主义难以像"中心"国家那样取得发展，补救的措施就是外围国家在一定程度上与中心国家脱钩，实施进口替代发展战略。第三种，是关于依附条件下发展的理论，也称作依附发展论或依附中间派，代表人物有费尔南多·卡多索（Fernando Henrique Cardoso）、法莱托（Enzo Faleto）等。这一派接受依附的现实，并将依附作为一种概念和分析工具，探讨在依附条件下外围国家发展资本主义的可能。这一派在解释外围国家低度发展时，注重探讨经济发展过程中的政治意义，并且辩证地从中心和外围两者之间的关系和外围国家内部特征两方面找原因，“力图根据特定的和具体的情况对由此产生的经济、政治和社会变化做出解释”①。

尽管不同的依附论学者会阐释不同的观点，但是，他们共同研究的目的在于“要说明各个经济的、社会的发展阶段相异的社会，彼此之间有何联系，以及说明发展中国家经济低度发展的原因，和资本主义的生产制度为何在外围国家中失败的理由；共同的研究取向主要在于“试图说明不同社会结构的整体性”，并重点“关注各种国际关系（经济的、政治的、文化的等关系）对依赖国内部的社会结构影响”。在具体分析过程中，他们共同反对西方现代化学者按照“传统—现代”的二分模式，从发展中国家内部寻找其不发达原因的做法，建构起“中心—外围”的分析模式，主要从发展中国家外部环境探寻其低度发展原因。“这种观念试图提供全球性观点，这是其他社会科学望尘莫及的。”② 正是在这个意义上，依附理论冲破了传统的社会学、经济学学科界限，开始冲击整个国际社会科学的其他领域，教育当然也未能幸免。依附理论的分析方法和核心概念，如“中心—外围”、“依附”等被引进了发

① ［巴西］雅克·维洛索：《从属论和教育：是再生还是阴谋?》，《教育展望》，中文版 1985 年第 6 期。

② Rama，G. W，Dependency Theory and Education，in Husen，Torsten and T. Postlethwaite Neville（eds.），*The International Encyclopedia of Education*，Pergamon Press，1985，pp. 1360-1367；参见 G. W. 拉马：《附庸论与教育》，摘自［瑞典］T. 胡森、［德］T. N. 波斯尔思韦特主编：《国际教育百科全书》，贵州教育出版社 1990 年版，第 76—84 页。

展教育研究中，从而掀起了教育领域中的依附思潮。

依附教育思潮不仅仅从依附理论那里找到了基本的衣钵，而且具体到在教育领域内分析依附现象时，借用了20世纪60年代兴起的新马克西主义教育思潮的一些基本观点。

新马克思主义教育思潮在建构理论过程中，汲取了马克思“简单再生产”的理论和葛兰西（Antonio Gramasci，1891—1937）国家“霸权”（hegemony，也译为领导权）的思想。马克思在《资本论》中指出：“不管生产过程的社会形式怎样，它必须是连续不断的，或者说，必须是周而复始地经过同样一些阶段。……因此，每一个社会生产过程，从经常的联系和它不断更新来看，同时也就是再生产过程。……它不仅生产商品，不仅生产剩余价值，而且还生产和再生产资本关系本身：一方面是资本家，另一方面是雇佣工人。”① 马克思从经济学角度论述了资本主义生产力和生产关系的再生产，葛兰西则从意识形态领域入手分析了国家“霸权”的再生产。葛兰西认为，“国家是披上了甲胄的领导权（霸权引者注）”②，是“统治阶级所用来不仅辩护维持其统治，而且设法赢得被它统治的那些人的积极同意的实践活动和理论活动的整个复合体”③，这种“霸权”则可以通过“所谓的私人组织，如教堂、商业组织（和）学校”④ 得到再生。马克思和葛兰西的思想，在后来的教育再生产理论学者那里得到详细的阐释与论证。一般说来，教育再生产理论可以分成三个流派。一是以阿尔都塞（Louis Althusser）、鲍莱斯（Samuel Bowles）和盖蒂斯（Herbert Gintis）为代表的经济再生产教育理论。他们将教育中的社会关系与经济制度中的社会关系对应起来，认为资本主义的学校教育是资本主义社会关系和阶级结构再生产的直接机构。二是以皮埃尔·布迪

① 马克思著：《资本论》第1卷，人民出版社1975年版，第621—634页。

②③ 车树实著：《马克思主义教育思想史初编》，广西教育出版社1990年版，第396页。

④ Thomas Clayton，Beyond Mystification：Reconnecting Word-System Theory for Comparative Education，*Comparative Education Review*，1998，42（4）.

厄（Pierre Bourdieu）为代表的文化再生产教育理论。他们认为学校并不直接再生产资本主义生产方式，而是作为一种"文化再生产"机构，通过知识、语言、课程等形式的"符号暴力行为"，证明"统治阶级文化资本"的合法性并使之得到再生产的同时，贬低、弱化或同化被统治阶级的文化，从而间接使资本主义社会再生产得以延续。三是以迈克尔·阿普尔（Michael Apple）为代表的霸权国家再生产教育理论。他们关注资产阶级国家在教育再生产中的作用，认为学校是国家机器的一部分，在国家的干预、控制下，实现资本主义社会经济秩序、文化秩序和统治阶级意识形态的再生产。①

上述三种教育再生产流派，只是各自关注焦点不同而已，就其本质来看，他们都将学校教育看作统治阶级的知识之翼，通过对同一社会结构中教育与经济、文化、政治之间关系的分析，揭示了制度化的学校教育对占统治地位的经济秩序、文化资本和意识形态的再生产作用。这一点给依附教育学者以极大的启示，他们将国家内部的教育再生产功能延伸到不同国家之间，尤其是发达的工业化国家和第三世界国家之间，探讨它们在教育制度、模式、内容及相应价值观念等方面的相互关系和作用。

在承袭依附理论的分析框架、核心概念以及借鉴教育再生产理论观点的基础上，教育依附思潮的学者开始着手解释关于第三世界国家和发达工业化国家间教育关系、第三世界教育发展的时代命题。

第三节　依附教育思潮的主要观点

一般来说，正统的依附理论学者是不屑于关注教育领域中的依

① 参见 Henry A. Giroux，Theories of Reproduction and Resistance in the New Sociology of Education：A Critical Analysis，*Harvard Education Review*，1983，53(3)。

附现象的，他们的着眼点主要放在社会经济领域，对于他们来说，依附关系的实质是经济依附，其他一切关系都是派生的，如果国际经济制度没有彻底的改革，教育制度和其他下位制度一样，都是没有独立发展可能的。但是对于教育学者来说，他们坚信依附的现象无孔不入，他们希望在自己基本的研究阵地——教育领域中将这种依附现象阐释清楚。从 20 世纪 60—70 年代开始，这些教育学者对依附现象做了不同角度的论述，包括马丁·卡诺伊（Martin Carnoy）、加尔通（Johann Galtung）、菲利普·阿尔特巴赫（P. G. Altbach）、盖伊·凯利（G. P. Kelly）、沃斯屯（Keith Waston）、马兹鲁伊（Ali A. Mazrui）、阿诺夫（R. F. Arnove）、保罗·弗莱雷（Paulo Freire）等。这些学者的主要观点可以作如下归纳。

一、中心—外围（center-periphery）：国际教育不平等的基本格局

依附教育思潮从依附理论那里继承的主要的财产就是“中心—外围”的分析框架。这种分析框架，最早是由阿根廷著名经济学家劳尔·普雷维什在 1949 年为联合国拉丁美洲经济委员会（the Economic Commission for Latin America）起草的经济报告中使用的。在这份报告中，普雷维什用“中心—外围”的关系来形容当时不平等的国际贸易体系。“中心”是指西方先进工业化资本主义国家，“外围”是指融入资本主义国际贸易体系的发展中国家。那些暂时没有纳入到中心外围国际贸易体系的国家，如当时的社会主义国家，称作“外围以外”的国家。在普雷维什看来，中心—外围的划分标准基本上是经济导向的，在技术、资金、市场等方面中心都占据主导地位，外围则处在从属地位，这种不平等的国际贸易体系不利于外围国家的工业化发展。普雷维什提出这一分析框架时，正值西方学者鼓吹的现代化风行之时，所以他的这一框架在当时没有能够引起足够重视。不过，普列维什为后来者提供了两笔丰富的财富：一是关于国家经济体系不平等的中心外围结构的理论前提；二是在国际经济框架中阐述观点，并由此推导出重

要的政策的开放性方法。①

到20世纪60年代依附理论初现端倪时，普雷维什的分析思路重新被一部分激进的拉美学者拾捡。弗兰克（1966）就是其中的一位，他用"宗主—卫星"取代"中心—外围"来表述拉美社会低度发展的结构性特征：

> 因此，这类宗主—卫星关系并不局限于帝国或国际一级而是渗透和构成了拉丁美洲各殖民地和各国的经济、政治和社会生活。正如殖民地首府和国家首都及其出口区变成世界体系伊比利亚（以后则是其他）宗主中心的卫星一样，这种卫星对于内地的生产地区和居民来说，就立即成为一个殖民地宗主中心，后来成了全国性宗主中心。此外，各省的省会本身因此也是本国宗主中心的卫星—并通过后者而成为世界宗主中心的本地卫星——它反过来又是省的中心，周围有它自己的本地区的卫星轨道。②

在这里我们可以看到，弗兰克走得要比普雷维什远。如果说在普雷维什的眼里，"中心—外围"只是两个彼此连接的圆环的话，那么，在弗兰克的头脑里，"宗主—卫星"则构成了"从欧洲或美国的宗主中心直到拉丁美洲最遥远的边区村落"这样一条环环相扣的剥削链条。

从历史与地缘意义上考察，普雷维什和弗兰克的"中心—外围"或"宗主—卫星"分析框架，都是基于拉丁美洲特定的殖民社会演进历史及其现实国际关系中所处的地位而抽绎出来的。进入70年代，"中心—外围"的分析框架开始走出拉美，非洲学者阿明就是把这一分析框架进一步拓展的作者之一。他将"中心—外围"的框架从时间上追溯到前资本主义社会，从空间上延伸到全球资

---

① 参见［美］杰拉尔德·迈耶、［美］达德利·西尔斯主编，谭崇台等译：《发展经济学的先驱》，经济科学出版社1988年版，第195页。

② ［德］安德烈·冈德·弗兰克：《不发达的发展》，载［美］查尔斯·K. 威尔伯主编，高铦、徐壮飞等译：《发达与不发达问题的政治经济学》，中国社会科学出版社1984年版，第148页。

本主义经济体系。他认为，前资本主义时期，世界上存在着多个纳贡形态的“中心”（如埃及、印度、中国）以及围绕各自中心而形成的一系列奴隶制、封建制和贸易的“外围”（如地中海、欧洲、非洲、日本等）；进入资本主义时期，“年轻的中心”开始崛起，先是英国，然后是欧洲大陆和美洲，其后是日本加入进来，拉丁美洲、非洲、亚洲则先后融入资本主义体系成为“外围”，这种“中心—外围”的格局持续至今。① 另一位学者加尔通（1972），最早将这一分析框架引进到政治与文化领域，并用来构建其帝国主义结构理论。就历史和地缘上讲，“中心—外围”在他的运用中要比依附论者更具普遍抽象意义，他甚至将当时苏联及其卫星国之间的关系也看作类似于资本主义的中心与外围关系。而且，受弗兰克启示，加尔通不仅在国际范围内运用这一分析框架，而且认为一个国家之内也存在中心与外围的关系。② 几乎与之同时，希尔斯(E. Shils，1972)则首先运用“中心—外围”框架来研究第三世界国家知识分子的作用。③ 正是这些学者的努力，“中心—外围”的分析思路得到基本的确认：整个世界（或者单个国家、或者同类研究对象）分成“中心”角色和“外围”角色，其划分标准可以是普雷维什提出的技术、资金、市场等经济因素，也可以是阿明主张的金融、技术创新、世界资源获取、通信和信息手段、大规模杀伤性武器等五种垄断因素。④ 然后在此基础上进一步阐释中心外围之间一系列关系。

在教育研究中，美国学者卡诺伊（1974）是较早运用“中心—外围”分析思路的代表，他的早期代表作《作为文化帝国主义的

---

①④ 参见［埃及］萨米尔·阿明著，高铦译：《不平等的发展》，商务印书馆2000年版，中文版序言、第4页。

② Johann Galtung, A Structural Theory of Imperialism, *Journal of Peace Research*, 1971, 8 (2).

③ 参见［美］阿尔特巴赫：《中心大学与边缘大学》，节选自瞿葆奎主编，赵中建等选编：《教育学文集·印度、埃及、巴西教育改革》，人民教育出版社1991年版，第117—145页。

教育》就是探讨教育依附性结构的开山之作。不过，卡诺伊并没有明确使用“中心”、“外围”的概念，他只是借用了依附理论学者的划分框架，并在研究拉丁美洲、非洲、印度等前殖民地国家和地区的教育时，自动地将这些地方从殖民时代就开始存在的“欧洲型学校模式”或“美国型学校模式”与其宗主国家——欧洲国家或美国本身的教育对应起来，认为由于经济依附而导致教育依附的产生，学校在那些前殖民地国家和地区并不是服务于当地的发展，而是在对宗主国“中心”的统治做贡献，是作为文化帝国主义的一种表现形式而发挥功能的。① 当然，卡诺伊的研究，正如他所言：“我这本书中表述的观点只是刚刚起步，尚未完善。”② 但是他以另一种范式（不同于现代化理论的范式）来理解“国际体系中不同人群之间关系”的尝试，基本上为以后相关的研究奠定了基调。

阿尔特巴赫是教育研究中明确地将“中心—外围”作为一种解释工具来使用的代表性学者，也正是他的努力使这一分析框架在依附教育学者中产生了深远的影响。他认为，在整个国际格局中，不但是大量的世界财富、工业的与经济的权力都集中在了欧洲（西欧以及社会主义东欧）、日本、北美这一“北方地带”，而且是智力的、教育的权力也都集中于此。从这个意义上讲，这些工业化国家就构成了“中心”，而别的国家，尤其是第三世界国家，由于依赖这些国家提供各种商品和服务而成为“外围”。③ 他进一步运用“中心—外围”的框架揭示了世界范围内工业化国家和第三世界国家的大学之间的复杂关系。他认为，当代世界有大学、科学研究机构，知识载体如杂志、期刊等科学出版物以及学者组成了一个国际范围内的知识、学术网络体系。在这一国际教育平

---

① 杨思伟著：《当代比较教育研究趋势》，师大书苑有限公司发行 1996 年版，第 114—115 页。

② Martin Carnoy，Education as Cultural Imperialism：A Reply，*Comparative Education Review*，1975，19（2）.

③ 参见 P. G. Altbach，Servitude of the Mind? Education，Dependency，and Neo-colonialism，*The Teachers College Record*，1977，79（2），pp. 187-204。

衡格局中存在着一些教育“中心”和学术“中心”，这些中心规定着教育发展的方向，提供教育模式，从事教育研究，它们一般是作为学术界的最高层次发挥作用的。这些大学一般以研究为导向，兼具知识的增殖与传播功能，属影响型大学。它们名声显赫，藏书丰富，经费充裕，设备先进，各类博士研究学位授予率很高，创办国际性的权威学术杂志，同时吸引了大量的来访、进修学者，也容易受到出版商、赞助人的青睐。这些大学一般坐落在发达的工业化国家。与“中心”大学相比，国家教育平衡格局的另一端就是“外围”大学。它们一般只会跟着中心大学的发展亦步亦趋，很少从事开拓性研究，并且一般都没有占领知识的前沿，属依附型大学。这些大学以教学为主要功能，充当知识传播者的角色，没有多大名气，经费、设备、师资等方面都远不如“中心”大学。这些大学一般分布在第三世界国家。受加尔通的影响，阿尔特巴赫还认为，这种“中心—外围”的大学格局不仅存在于国际层面，而且在一国范围内亦是如此。在美国、英国、法国等发达工业化国家内，既有国际性的、可以对其他大学产生支配作用的“中心”大学，也有居于边缘地位的、受中心大学影响的“外围”大学；对于所有的第三世界国家大学来说，它们都是“外围”的大学，不过有一部分可以在本国范围内发挥地方性或地区性“中心”大学的作用。这样就使整个国际大学格局呈现出“中心内有外围、外围中有中心”的特征。①

另一位学者马兹鲁伊（1975）在研究非洲的大学时，也引用了“中心—外围”的分析框架，不过他只是将其作为探讨具体问题的一种方法，即将欧洲大学与非洲大学对立起来进行研究分析。马兹鲁伊认为非洲的大学本身并不是非洲的产物，过去不是，现在也不是。就其性质而言，非洲的大学是欧洲宗主国大学的海外机

---

① 参见［美］阿尔特巴赫：《中心大学与边缘大学》，节选自瞿葆奎主编，赵中建等选编：《教育学文集·印度、埃及、巴西教育改革》，人民教育出版社 1991 年版，第 117—145 页。

构，处于欧洲宗主国大学的外围。它们在招生、教师聘任、教学大纲设计、考试安排等诸多事项上受制于宗主国大学，主要是受英国大学和法国大学的制约。希卡和普雷切尔（Sica & Prechel，1981）在验证教育的分布与国家经济发展之间的相关程度的研究中，也是将"中心—外围"作为一种具体方法来运用的。他们选取了世界上72个国家为研究对象，并以经济导向的标准划分出"中心"、"外围"、"半外围"三类国家及其教育，在此基础上进行相关统计分析，他们的研究证明国家发展程度与教育发达程度存在相关关系。①

综上所述，正是借用了依附理论"中心—外围"的基本分析框架，依附教育思潮学者搭建了研究国际范围内教育发展的舞台。在这个舞台上，工业化国家（发达国家）和第三世界国家（发展中国家）由于教育资源占有的不同，分别扮演了"中心"和"外围"的角色。围绕这两个角色，一系列以"依附"和"新殖民主义"、"文化帝国主义"等为主题的剧目开始上演。

二、教育遗产（the heritage of colonialism）：第三世界教育依附的内在因素

在建构了国家教育不平等的"中心—外围"基本格局之后，教育依附学者试图解释这种不平等关系的实质，他们首先从第三世界教育内部寻找原因。如前所述，大多数第三世界国家在被殖民时期就建立起自己的教育体系，这些教育体系或者是由殖民者强加建立的，或者是本国自愿建立的，但就其形式来看，基本上是宗主国教育体系在殖民地的再版。而且，随着这些殖民地的独立，这些教育体系并没有消亡，反而被保存下来得以利用。在依附教育学者看来，正是这些殖民的"遗产"，既为第三世界国家教育发展提供了基础，又严重制约着这些国家教育的进步，成为促成第三世界教育依附局面的内在因素。

---

① 参见［美］埃克斯坦、［美］诺亚：《比较教育的从属理论：一种新的简单化的立论》，《教育展望》1985年第2期，中文版第6期。

最大的一笔殖民教育遗产就是正规教育体系。西方殖民者最初在他们的殖民地开办教育，主要出于两种动机：一种是在西方种族中心主义支配下普及西方文明，把欧洲启蒙运动的火种带到“黑暗而落后”社会，以结束这些地方的无知和愚昧；另一种是在宗教的布道主义驱使下传播福音，以使基督的世界得以扩张。① 两种动机促成了同样的结果，那就是一体化的三级、两类（初等、中等、高等三级，普通教育和职业教育两类）正规教育体系在殖民地落地生根，而传统的本土教育体系遭到排挤和淘汰。

教育体系的建立本身是对社会需求所做出的一种反应。然而，在第三世界国家，教育从根本上讲，却是一个外来的解决办法。在殖民时期，这种教育基本上是服务于殖民统治的，很少关心当地的经济与社会发展。这种精英型的教育体系是用来培养雇员的，而不是造就生产者的。这种教育体系从一开始就发生了畸变，而独立后的第三世界国家继续在维持其运作，即便它与国家发展趋势和愿望相左。比方说，为了满足本国人口增长带来的入学压力，这种教育体系在第三世界国家几乎是不计代价地得到扩张。尽管在 20 世纪 60—70 年代已经有西方学者对这种精英学校教育的扩张提出了质疑，但是，在一些第三世界国家，如果反对这种教育扩张，竟然会被认为是叛国。这种精英型的教育把大量儿童从街道上赶到学校里，但是就财力和物力来计算，这方面的代价是巨大的，有些国家的辍学率、教育浪费率高达 60%—70%。② 再比如，在非洲许多第三世界国家，最重要的部门是农业，但是由于缺乏农村学校，农业基本上不可能有很好的发展起点。这些国家很少关注农民，教育不适应他们的生活状况。所有的教育，尽管确实

① 参见 Ali A. Mzzrui, The African University as a Multinational Corporation: Problems of Penetration and Dependency, *Harvard Education Review*, 1975, 45 (2), pp. 191-210。

② 参见 Keith Wastion, Educational Neocolonialism: The Continuing Colonial Legacy, in Keith Waston (eds.), *Education in the Third World*, Croom Helm, 1982, pp. 181-200。

是为了实现农村的现代化，却是欧洲教育的再版。那些受过教育的人不再返回农村，因为他们在学校里学到的与他们周围农村生产方式、生活方式格格不入。① 即便是在城市里，这种畸变的教育体系也难以与经济发展相适应。大多数第三世界国家独立后，采取了加速工业化的发展策略，即建立和扩大一个现代的、工业化的、生产率极高的经济部门。在教育发展中相应地注重中等、高等教育的扩张，以便迅速为经济发展提供急需人才。然而受这些国家经济结构性依附的后遗症影响，工业化的发展并没有能够创造足够的就业机会，从而导致教育领域人才过剩、经济领域人才匮乏的悖论。②

在第三世界国家的教育体系中，大学是遭到诟病最多的殖民"遗产"。正如阿尔特巴赫（1982）指出的那样，在这些国家里，"大学的历史传统就是西方的传统，如果说这种传统和第三世界国家的学术或教育传统有什么联系的话，那么这种联系也是微不足道的"③。许多第三世界国家的大学是在殖民时期从欧美舶来的，当时建立这些大学的基本假设是：适应欧洲社会的大学体系引渡到殖民地社会也一定会适应，并不需要大的改动。这样，像马兹鲁伊（1975）所言，大学作为殖民统治进行文化渗透的工具，与作为经济渗透的多国公司一样，在（非洲）殖民地得到认可。并且，"到 20 世纪 50 年代，它已经取代基础学校、教堂，成为文化渗透的主要标志"④，居于整个文化依附结构的顶点上。殖民地独立之

---

① 参见 Ben Mady Cissé, Education in Africa: From Dependency to Self-sufficiency, An Interview with Ben Mady Cissé, *Prospect*, 1976, 6 (2), pp. 181-195。

② 参见 Rafael L. Irizarry, Overeducation and Unemployment in the Third World: The Paradoxes of Dependency Industrialization, *Comparative Education Review*, 1980, 24 (3), pp. 338-353。

③ [美] 阿尔特巴赫：《中心大学与边缘大学》，节选自瞿葆奎主编，赵中建等选编：《教育学文集·印度、埃及、巴西教育改革》，人民教育出版社 1991 年版，第 126 页。

④ 参见 Ali A. Mzzrui, The African University as a Multinational Corporation: Problems of Penetration and Dependency, *Harvard Education Review*, 1975, 45 (2), p. 193。

后，第三世界国家尽管政治意识和发展方向各有不同，但都没有对西方大学模式作出根本性的改变。当然，在改变课程设置以适应国家的迫切需要方面，第三世界国家还是付出了巨大努力的，但就连这些努力也只获得了部分成功。大学的运作机制基本上是西方导向的，大学是培养精英的场所，文科教育的传统依旧保留，教育和学术交往中使用欧洲语言，大学与原先宗主国的学术机构保持密切联系，等等。

与这种西方教育体制相应的是，第三世界国家学者的学术研究取向也被宗主中心所左右。这些富裕国家的思想往往被看作是先进的，许多第三世界国家受过高等教育并且具有高级专业技能的学者往往将自己的学术活动对准这些目标，忽略了本国实际需求。例如，人们常会发现，在第三世界国家，大量的医生专心于心脏病的研究，而预防热带心脏病的药物研究却被认为是二流的；建筑师关心国家纪念物和现代公共建筑的设计，而对造价低的房屋、学校和诊所却不予考虑；工程师和科学家集中精力研究最新的、最现代化的电子设备，而把简单的机械工业、人工或牲畜动力的农场设备、基本卫生和净水装置归属为“不与专家相干”的事；一些从事教育的经济学家只传授和研究那些完全无关的、非竞争经济的、复杂的数学模型，而对于贫困、失业、农村发展和教育问题却不感兴趣。在这些学术活动中，成果大小的标准不是建立在对国家发展的贡献上，而是建立在国际社团组织（即发达国家的专业教师）的评价上，对于第三世界国家的学者来说，如能在国际性专业刊物上发表文章或者被邀请到伦敦、巴黎、纽约去参加某个学术会议，常常被认为比找到解决本国技术、农业医疗和经济问题的答案更重要。① 在第三世界国家，这种普遍存在的思想是危险的，虽然他们没有流失到发达国家，但是他们的思想、知识已经流失到了国外，这种专业态度和方向趋于渗透到整个教

① 参见［美］迈克尔·P. 托达罗著，印金强、赵荣美等译：《经济发展与第三世界》，中国经济出版社 1992 年版，第 336—337 页。

育和知识领域，明显地加深了第三世界对发达工业化国家的依附，并最终阻碍了这些国家的发展。

除了体制方面的“遗产”外，在整个教育活动运行的内部也存在殖民的产物，课程和教学大纲就是一例。在许多独立后的第三世界国家，殖民时期使用的课程和教学大纲基本上没有作什么变革就保留下来了。或者是由于刚刚获得独立后，那些留下来帮助新国家建设的外国专家、顾问、教师愿意继续使用过去的课程和教材；或者是由于这些国家面临教育扩张、教材短缺的难题，愿意接受一些国外慈善机构或文化、政治机构的捐赠，使用过去的课程教材；或者是由于新国家认为重要的任务是教育规模的扩张，至于教什么并不重要，所以没有对课程和大纲作调整。不管如何，学校里学术课程灌输的理念是源于欧洲的，与学生校外生活相去甚远。有的国家曾经进行过农业和职业课程的改革试验，但是学校是每周大部分时间里传授的还是欧洲的理念。个别教学大纲可能作了些修订，如历史、地理课程，不再使用欧洲人的眼光来描述，而更多地贴近当地实际情况；公民课程更多地与民族国家建设和公民责任培养有关。但是，文学课上学习的材料基本上还是用欧洲语言写就的、浸透了欧洲价值观念的文章或诗歌。①

语言也是被依附教育学者指责较多的殖民遗产。在殖民时期，殖民宗主国的语言是唯一服务于政府、商业、高等教育以及整个知识生活的合法媒介。在独立的第三世界国家里，维持现代国家运作的主要机构——学校、大众媒体、商业公司，公共服务体系如邮政、铁路等，都沿用欧洲宗主国语言。部分原因可能是这些第三世界国家没有形成统一的民族语言，殖民时期使用的欧洲语言正好发挥了替代作用。尽管有些国家试图用本国语言取代西方语言，有时这种努力还取得很大成绩，但是西方语言的影响在第

① 参见 Keith Wastion, Educational Neocolonialism: The Continuing Colonial Legacy, in Keith Waston (eds.), *Education in the Third World*, Croom Helm, 1982, pp. 181-200。

三世界国家仍然很大。而且关键是，这不仅仅是一个语言问题，而是涉及思维方式、价值理念的问题，因为“语言作为一种保持地位的手段和授予精英资格的尺度，具有社会学和心理学双重意义”①。

正是这些殖民遗产以及宗主国机制与实践的吸引，促成了一种“心理依附”：工业化国家提供的是一种“现代的”典范，同时暗示了对本土模式的贬低。总之，殖民的过去与现今第三世界国家的实际有着直接的联系，这种联系无疑是促成第三世界国家与发达工业化国家之间教育依附的一个重要因素。②

三、控制—依附（dominate-dependency）：国家教育不平等关系的实质

第二次世界大战之后，随着非殖民化运动的成功，许多欧洲大国的殖民地先后摆脱了宗主国的控制，赢得了政治上的独立，然而在经济发展中依然没有摆脱对宗主国的依赖。在这种情况下，“新殖民主义”、“文化帝国主义”开始进入依附论学者研究的领域。

“新殖民主义”一词，就其产生来看，“是一些马克思主义学者在20世纪中、后期正式提出的，与当时左翼社会活动家对欠发达国家在经济上落后的看法密切相连”③。就其含义来看，有两种观点。一种是把新殖民主义看作是一种政策或统治形式，西方一些激进学者就持这种看法。1957年前后，早期的依附论学者巴兰（Paul A. Baran，1957）在其重要著作《增长经济学》中所提到的看法，即那些欠发达的国家虽然在政治上获得了独立，但在经济

① 参见阿尔特巴赫：《中心大学与边缘大学》，节选自瞿葆奎主编，赵中建等选编：《教育学文集·印度、埃及、巴西教育改革》，人民教育出版社1991年版，第128页。

② 参见P. G. Altbach，Servitude of the Mind? Education，Dependency，and Neo-colonialism，in Philip G. Altbach，Robert F. Arnove，Gail P. Kelly（eds.），*Comparative Education*，New York：Macmillan，1982，p. 474。

③ 参见高岱：《“殖民主义”与“新殖民主义”考释》，《历史研究》1998年第2期。

上仍依附于那些发达的国家，表述的就是“新殖民主义”的经典含义。① 另一位依附论学者斯塔夫利亚诺斯（L. S. Stavrianos, 1981）则从对比的角度，指出“如果说殖民主义是一种凭借强权来直接进行统治的制度，那么新殖民主义就是一种以让政治独立来换取经济控制和剥削的间接统治制度”②。他们都强调发达工业化国家对第三世界国家控制的政策。第二种意见则认为新殖民主义不仅是一种制度或统治形式，而且也是一个历史发展阶段。原加纳总统恩克鲁玛（1965），从第三世界的立场出发，借鉴马列主义的理论，认为“今天的新殖民主义是帝国主义最后的、也许是最危险的阶段”，“新殖民主义的实质是，在它控制下的国家从理论上讲是独立的，而且具有国家主权的一切外表。实际上，它们的经济制度、从而它们的政治政策，都是受外力支配的”。“实行新殖民主义的结果是，外国资本被用来对世界上的较不发达地区进行剥削，而不是用于它们的发展。在新殖民主义的控制下，投资只是在扩大而不是在缩小世界上贫富国家之间的差距。”③

如果说“新殖民主义”一词是从经济角度来谈论发达工业化国家与第三世界国家之间控制与被控制的话，那么，“文化帝国主义”一词就是从文化角度来揭示同样的关系。由于“文化”本身就有无数的定义，而“帝国主义”也是多义词，所以“文化帝国主义”的含义始终是模糊不定的。④ “它基本上是一个带着激烈反帝情绪的模糊概念，依附论者用它说明新殖民主义向不发达国家渗

① ［美］查尔斯·K. 威尔伯主编：《发达和不发达问题的政治经济学》，中国社会科学出版社 1984 年版，第128—144页。

② ［美］斯塔夫利亚诺斯著，迟越等译：《全球分裂——第三世界的历史进程》（上、下册），商务印书馆 1993 年版，第 486 页。就时间范围上来讲，斯塔夫利亚诺斯所描述的“新殖民主义”与别的依附学者不同，他认为“19 世纪初叶始于拉丁美洲的新殖民主义，如今依然是第三世界大多数国家的现状和苦境”。

③ ［加纳］克瓦米·恩克鲁玛著，北京编译社译：《新殖民主义》，世界知识出版社 1966 年版。

④ 参见［英］汤林森著，冯建三译：《文化帝国主义》，上海人民出版社 1999 年版。

透的全面性。"[1] 比如，斯塔夫利亚诺斯（1981）认为，文化帝国主义不是现在才有的，在罗马帝国时代就开始出现了，之后"各民族国家向海外扩张时，从一开始便在文化领域中表现出这种随之形成的帝国主义"。主要有两种形式：一种是官方性质的，目的是在殖民帝国时代增进和维持帝国的权威；另一种是非官方性质的，在非殖民化与新殖民主义进程中出现，与跨国公司的全球活动，特别是与美国所控制的通信工具相关联。[2] 正是从文化帝国主义的视角出发，依附教育思潮学者找到了揭示发达工业化国家与第三世界国家教育之间关系的钥匙。

卡诺伊（1974）就是较早从文化帝国主义的角度探讨教育的教育依附思潮学者。在《作为文化帝国主义的教育》一书中，卡诺伊借鉴了列宁和霍布森（John Atkinson Hobson）的帝国主义理论、依附理论以及若斯金（Marcus Raskin）的内部殖民主义理论，并在此基础上将教育作为独立变量，研究了学校教育在服务于西方殖民宗主国统治中所发挥的作用。卡诺伊对帝国主义的理解基本上沿用的是西方学者传统的政策取向的看法，他认为帝国主义是"为了获得经济和政治上的统治权力，许多国家的统治阶级企图影响和控制别国的经济"[3]，在这一过程中，教育扮演了助纣为虐的"文化帝国主义"角色：当教育改造对于维持统治来说是无关紧要或者是十分危险的时候，殖民宗主国就禁止传教士的教育活动；然而当帝国主义者之间相互竞争时，传教士或者别的改良主义者的教育活动就可以作为工具渗透到封闭的殖民领地。在重商主义殖民时代，教育活动的目的在于改善商业活动关系，以便殖民者能够最大限度地获得市场；在殖民主义时代，教育可以在殖民地

---

① 尹保云著：《什么是现代化——概念与范式的探讨》，人民出版社 2001 年版，第 232 页。

② 参见斯塔夫利亚诺斯著，迟越等译，《全球分裂——第三世界的历史进程》（上、下册），商务印书馆 1993 年版，第 510—511 页。

③ Robert Koehl，Cultural Imperialism as Education：An Indictment，*Comparative Education Review*，1975，19（2），p. 279.

训练出驯服的地方精英，服务于殖民者的统治，同时通过教育将宗主国的消费观念、口味、模式灌输给地方精英，从而进一步打开殖民消费市场；在殖民主义的最后一个阶段，“新殖民主义”时代，教育开始从精英扩展到边缘大众，学校成为选拔和训练人民大众中少数受宠者的地方，既扩大了社会和经济开发所需人才的来源，又能够通过教育安抚那些潜在的反抗分子，这要比监狱或政治更为廉价、有效。在整个殖民主义发展过程中，教育配合军事的、政治的、经济的殖民活动，成功地实现了对殖民地的统治。①

卡诺伊对教育的殖民功能的研究，基本上是运用历史的方法进行描述的，没有做过多的理论阐释，而另一位学者加尔通（1974）则从理论研究的视角详尽地揭示了在“中心—外围”的世界格局中，“中心”对“外围”控制的帝国主义机制。加尔通的帝国主义理论与列宁的帝国主义理论不同，他基本上还是接受了西方学者一贯的政策导向传统，认为帝国主义可以分成六种类型：经济的、政治的、军事的、通讯的、文化的和社会的。比方说，他认为东西欧国家之间关系的特征是文化帝国主义，而没有相应的经济帝国主义；反之，第二次世界大战后日本对外关系却是经济帝国主义，而没有相应的文化帝国主义。帝国主义作为一种控制制度，有三个标准：第一，在中心国家精英阶层和外围国家精英阶层之间存在一种利益关系；第二，外围国家人民大众与精英阶层之间的利益冲突大于中心国家人民大众与精英阶层之间的利益冲突；第三，外围国家人民大众与中心国家人民大众之间存在利益冲突。在这种帝国主义控制制度中，还存在两种主要机制：一种是所谓的封建互动结构，即中心国家对外围国家实行一种“分而治之”的政策；另一种是从中心到外围的垂直互动结构，包括利用、渗透、分化和边际化四种控制策略。在垂直的劳动分工中，

---

① 参见 Martin Carnoy，*Education as Cultural Imperialism*，New York：David Mckay，1974。

中心对外围的“利用”表现在：中心国家学者建立理论，外围国家学者完成收集资料和理论运用的任务；“渗透”表现在：由中心国家学者产生的理论深为外围国家学者所服膺，由此在外围国家形成了“买办资产阶级”，这些人与自己国家的文化异化由此加深；“分化”表现在：外围国家的学者彼此分离，并且与其他外围国家学者也没有沟通渠道，然而他们却分别与一个或多个中心建立密切联系；至于边际化，就是指外围国家学者总是处在二流学者的地位上，依赖和从属于中心国家的一流学者。①

受加尔通的影响，阿尔特巴赫将“新殖民主义”引进国际教育平衡格局，并着力控诉被库姆斯（P. Coombs）称作发达工业化国家外交政策的“第四维空间（fourth dimension）”② 的教育在维持发达工业化国家对第三世界国家控制中所犯的罪行。虽然，阿尔特巴赫把新殖民主义看作“工业化国家为维护其对第三世界国家的影响和权力而有意采用的政策”，“是殖民主义统治历史发展的新阶段”，但是，与大多数西方学者一样，他主要还是将新殖民主义作为一系列政策论述的，并且对新殖民主义与依附之间的关系作了对照。他认为依附与新殖民主义都是在“中心—外围”的不平等国际关系基础上产生的，而且具有相似的结果。但是，依附是“过去殖民统治建立的模式在当前的表现。历史上，殖民者在殖民地建立了教育体系，而殖民地获得独立后，这些体系不但保留下来，而且得到拓展，这样就造成了第三世界对西方知识模式的教育依赖”。虽然可以经过长时期的政策调整，使依附状况有所改观，但它却是“世界资源分配中更‘自然’的结果”，“它反映了世界上权力和财富的主导模式，不仅在军事、经济上如此，而且在教育——学校与课程的设计、知识的生产与分配等——亦是

---

① 参见 Galtung, J. A., Structural Theory of Imperialism, *Journal of Peace Research*, 1971, 8 (2), pp. 81-107。

② 转引自［美］阿尔特巴赫：《中心大学与边缘大学》，节选自瞿葆奎主编，赵中建等选编：《教育学文集·印度、埃及、巴西教育改革》，人民教育出版社 1991 年版，第 131 页。

如此”。而新殖民主义则不同，它是“一系列有明显意图的政策的产物，就理论上讲，是可以人为地改变的”。①

正是基于卡诺伊、加尔通、阿尔特巴赫等学者所表述的理念，众多的依附教育学者致力于揭示当今世界文化教育领域内的新殖民主义，即国际范围内的教育援助、教育合作政策，并着力探讨这些政策及行动对第三世界国家教育产生的深远影响。

20 世纪 60 年代是国际教育援助处于高潮的十年。联合国、欧洲共同体、美国以及几个英联邦中的发达国家都采取了重大步骤来帮助发展中国家寻求发展。许多国际教育援助是以国家间双边协议的形式进行的；同时也出现了众多区域以及次区域级别的提供援助的组织，如联合国教科文组织、联合国开发计划署、联合国儿童基金会、世界银行等；一些私人的基金会，如卡纳基公司、福特基金会、洛克菲勒基金会也参与了教育方面的援助活动。

在依附教育论者看来，发达工业化国家积极参与对第三世界国家的教育援助活动，有其不可告人的政治目的，它们往往将这些举措看作维护其国际影响、争夺对第三世界控制的有力工具。比如，在美国的援助下，许多第三世界国家建立起了美国式的技术大学、“赠地学院”。相对于旧的左翼倾向的大学，这类新兴的大学开设政治无涉的技术类课程，并与政府建立了密切的关系，突出服务功能，从事应用项目的研究。尽管这类大学对促进第三世界国家经济发展发挥了作用，但是从长远来看，却不能满足第三世界发展的人才需求，反而有助于西方学术标准的确立。这类大学也不代表美国最高的学识水平，只不过是培养中等层次的农业、工业、商业人才的机构。这样，现今美国教育援助与过去英国殖民政策产生异曲同工的效果。

教科书也是发达工业化国家对外援助的重要项目，这实际上

① 参见 P. G. Altbach，Servitude of the Mind? Education，Dependency，and Neo-colonialism，1977，in Philip G. Altbach，Robert F. Arnove，Gail P. Kelly，(eds.)，*Comparative Education*，New York：Macmillan，1982，pp. 469-470、pp. 480-481。

是伴随着西方的教育机制开始在第三世界国家运作而产生的副产品。“欠发达国家的大部分教材是舶来品，这种现象并不奇怪，因为在近几百年里主要是欧洲和美国这些大的教材出口国创造了科学知识和文献知识。”刚刚获得独立的第三世界国家，国内出版业尚未建立与完善，而教育扩张又急需大量图书；教科书援助，作为重要的对外援助手段，在维持工业化国家对前殖民地的影响中发挥着重要作用。于是，殖民时期就已经开始的图书贸易重新受到发达工业化国家的重视。美国就十分关注教科书在促进第三世界国家发展、对抗共产主义“斗争”中的重要意义；英国也向那些将英语作为主要教育语言的地区输入大量的大学教科书。这些图书教科书的输入，不仅抑制了第三世界国家自身出版业和教育事业的发展，而且“支配着很多欠发达国家的教科书出版业的跨国出版商给这些国家输入了宗主国教育的内容”。①

除了物质方面的援助外，发达工业化国家向第三世界提供人员方面的援助，同样有助于维持其殖民影响。人员方面的援助，一种是向第三世界国家提供指导专家或外籍教师，而“外籍教师通过有意无意地强调其本国的标准和价值准则的重要性，造成了学生中的文化异化现象。随着学生继续升入不同的教育阶段，这一做法更加‘富有成效’。在教师培训方面，表现得最为突出，因为这样一来，受到影响的不只是这几个学生，而是这些未来教师的学生，其数量将是这几个学生的若干倍”②。另一种是技术培训援助，即资助第三世界国家学生或专家到发达工业国接受学习、培训，由此造成第三世界国家的人才流失。为了培养国家建设急需的专家人才，第三世界国家政府非常乐意派遣员工到国外学习，然而在欧洲和北美接受的培训却未必适合于这些热带或亚热带国家；同时，鼓励学生到中心国家留学却延缓了地方课程的发展，因为那些海外授予的学位或资格证书不仅被看得十分重要，而且

---

①② 转引自［摩洛哥］Z. 摩西：《编者的话》，《教育展望》1985 年第 2 期，中文版第 6 期，第 6、6—7 页。

这种模式也成为本地学校效仿的榜样。这样，许多前殖民地国家的教育体系实际上是在为到欧洲留学作准备。①

发达工业化国家还积极资助与本国语言和文化相关的研究在第三世界国家开展，不但提供书籍，而且安排相关人员到这些中心国家参观访学。美国、英国、德国、苏联和法国都曾赞助一些研究中心或机构开展有关英语、德语、俄语、法语的研究，尤其是法国积极支持第三世界国家进行与法语有关的研究并帮助培养法语教师，以此来保持其对自己前殖民地的语言影响。美国也资助一家在印度的美国研究机构，使之为印度与美国接触提供论坛，从长远来看，这会在印度培养一批对美国有好感的专业人员。②

在依附教育思潮勾勒的种种新殖民主义表现中，基本上可以看到这样的一幅交易的场景：发达工业化国家通过教育援助将一部分国家财富转移到第三世界国家，与此同时，另一种财富——包括医学博士、教授和工程师那样训练有素的人员——从低收入国家转让给高收入国家，而且，这种教育援助计划加深了穷国对富国在教育商品、教育服务等方面的依赖。就实际效果来看，教育援助也并未能显著地改变不平等的国际教育格局。因此有人甚至认为这样的援助在很大程度上是故意要维持现状的。③

相对于其他形式的新殖民主义策略，如军事援助、经济援助，教育援助是较为廉价的，而且形式上隐蔽，影响力深远。与教育援助相伴的新殖民主义的动机是错综复杂的，发达工业化国家依照自己的全球利益来决定对第三世界国家的援助项目。在这种背

---

① 参见 Keith Wastion, Educational Neocolonialism: The Continuing Colonial Legacy, in Keith Waston (eds.), *Education in the Third World*, Croom Helm, 1982, p. 195。

② 参见 P. G. Altbach, Servitude of the Mind? Education, Dependency, and Neo-colonialism, 1977, in philip G. Altbach, Robert F. Arnove, Gail P. Kelly, (eds.), *Comparative Education*, New York: Macmillan, 1982, p. 478.

③ ［美］阿尔特巴赫：《中心大学与边缘大学》，节选自瞿葆奎主编，赵中建等选编：《教育学文集·印度、埃及、巴西教育改革》，人民教育出版社 1991 年版，第 142 页。

景下，一个毫不奇怪的事实就是：教育援助既要促进第三世界受援国教育发展，又要保证发达工业化援助国在该受援国的利益最大化。当然，教育援助也有的是出于好意，无私地帮助第三世界教育发展。可是，在分析教育援助中，将国家的自利与利他的矛盾同片面忽视第三世界国家需求区分开来，实在是很困难的。

毫无疑问，教育援助不可避免地是互惠的，第三世界国家有的也是自愿地接受教育援助项目的，甚至有时援助项目是由第三世界官员发起的，并且他们也参与修订计划过程。许多情况下，教育援助被认为是“免费的”，第三世界国家也觉得有援助总比没有好。在这此国家里，发展的任务十分艰巨而能用于教育的经费又十分有限，然而许多援助项目不需要代价，所以被受援国接受了，一些援助项目中难以预计的后果却很少被考虑到。

在许多教育援助项目中，第三世界国家政策制定者、教育者以及别的人都参与了，这些人的动机与所发挥的作用也不可忽略。第三世界国家的精英与发达工业化国家精英之间联系，使他们更容易接受他们认为是合适的、来自于“中心”的建议。外国援助有助于维护政治和经济稳定，无论第三世界还是工业化国家的精英都认为这是一个权宜之计。第三世界的权威将工业化世界的模式看作自己的发展方向。这样，中心—外围的关系就同样被双方接受了。而这种不平等进一步促成第三世界思想上的奴化，从而使建立独立自主的知识资源、确保教育服务于当地需要、促成知识创新与自尊所进行的斗争就变得漫长而艰难。

四、霸权—再生（hegemony-reproduction）：教育不平等关系的内部机制

在被整个依附教育思潮裹挟的众多学者中，一部分关注宏观领域中的依附现象，如前所述，他们集中探讨国际教育发展不平等结构条件对第三世界国家教育发展的制约；另一部分学者则关心微观领域中的依附现象，他们着力从阶级不平等关系分析中揭示教育领域内依附现象的内在机制。

其中一个萦绕于依附教育论者心中的疑惑是：教育曾经被许诺为消除世间不平、增进人类福祉的良药，然而，现实却没有能兑现这种许诺。许多第三世界国家通过发展教育改善人民生活水平，缩小与发达国家之间差距的前景变得越来越黯淡。于是他们开始重新审视教育所扮演的角色。卡诺伊就是这些对教育功能持怀疑论的学者之一，他认为：

发展论者把学校教育看作一个人获得自由的过程。在这个过程中，儿童从一个传统的人转变为现代人……但是根据依附论的见解，在学校发生的转变不可能使人获得自由，因为人只会在依附制度下改变自己所扮演的角色。尽管扮演新的角色或许能使经济收益增多，但个人将被置于某种限定的环境下，而这种环境是受主要发达国家的文化、技术和商品控制的……大部分劳动力甚至无法进入受资本密集型技术支配的充满活力的那个部门……

这种状况并不是脱离实际或低劣的学校教育所造成的……在国家处于依附地位的情况下，企图建立一个能吸收所有受过教育的人的经济结构是不可能，要建立一个使所有人的社会利益都受到尊重的学校制度也是不可能的。①

卡诺伊对第三世界国家教育的怀疑，是从教育与整个社会发展的关系来阐释的，认为如果国家的依附地位不改变，那么再好的学校教育也是白搭。另外一种怀疑论，则是建立在对教育功能的重新定位基础之上的。

在勾勒出国际范围内的“中心—外围”不平等格局之后，依附教育学者发现，居于“中心”地位的发达工业化国家，在财富、权力、知识等方面都占据主导优势，从而表现出一种“霸权”的态势；处在“外围”的第三世界国家在上述各方面都处于守势，它们引进

① 参见［美］扎卡赖亚：《粘土与植物：第三世界国家中教育作用的主要比喻(1950—1980)》，节选自瞿葆奎主编，赵中建等选编：《教育学文集·印度、埃及、巴西教育改革》，人民教育出版社 1991 年版，第 27 页。

西方的教育机制。伴随这种机制的进入，西方主导的文化、知识、价值观念也开始输入，于是整个第三世界国家就笼罩在了西方发达国家的“霸权”之下。这种霸权不仅表现在统治阶级所拥有的政治、经济控制和权威，而且还表现在对信息传播的控制方面，而正是这种对信息传播的控制，实现了统治阶级霸权的合法化。它不仅影响着被统治阶级的意识形态，而且也影响着统治阶级，这样，前者就甘愿接受卑微的地位，后者也心安理得地把权力看成是合法的。“政治阶级的霸权，在葛兰西看来，就是那个阶级成功地让别的阶级接受自己所倡导的道德的、政治的和文化的价值观”①，而学校教育系统就是成功完成这一任务的有效机制之一，“每一种霸权关系必然就是一种教育关系”②。这样，教育就不再是消弭不平等的工具，而是维持不平等并使之不断继续下去的有效手段。

弗莱雷就是这部分依附教育学者中最突出、最富有影响力的代表。他最显著的贡献之一就是阐述了教育所产生的政治与文化上的统治力量。在他看来，教育和政治生活是密切相关的，一切教育活动都具有政治性。“从批判的角度而言，否定教育过程的政治性如同否定政治活动的教育性一样，都是不可能的”，“不是中产阶级的教育体制培养和造就了中产阶级，而是取得政权的中产阶级具有使之教育体系化的权力”。③ 正是这种体系化、正规化的教育制度，使儿童接受并维护当前文化秩序中的思想专制，而他们天生的好奇心和生长的可能性因此也会被挫伤，甚至是泯灭。这种按年龄分级的课堂、专业化的教师、标准化的（通常是带有某种倾向的）教材、强迫入学、文凭证书以及隐蔽课程，都为学校在文化压迫中所发挥的作用提供了证明。这种文化压迫，在弗莱雷看来，是非人性化的，它“尽管是一个具体的历史事实，但并不

---

①② Brian M. Bullivant, Cultural Reproduction in Fiji: Who Control Knowledge/Power? *Comparative Education Review*, 1983, 27 (2), pp. 253-254.

③ Paulo Freire, Donaldo Macedo, *Literacy: Reading the Word and the World*, Bergin & Garvey Publisher, 1987, p. 38.

是天命注定如此，而是不公正的秩序使然，这种秩序让压迫者横生暴行，反过来又使被压迫者非人性化”①。这样的学校教育，将广大的无法用统治阶级的语言进行书写的劳动人民归为文盲，其作用“与其说是把统治阶级的价值观念、思想和思维方式强加于人，不如说是在于贬低甚至否认统治制度所不承认的一切文化的价值”② ——这就是一种彻头彻尾的霸权；而另一方面，被压迫者对所受到压迫之所以轻易逆来顺受，并不仅仅是由于压迫者采取的暴力，也是由于他们把人压迫人的意识形态逐渐消化在了自己的内心深处，对于这些被压迫者来说，“他们同时既是自身又是将压迫者形象内化了的压迫者”。这种“二重性”，使他们对压迫者及其生活方式趋之若骛、极力效尤，而对自己的同志却“大打出手”，③所以，他们的目标就是成为下一个压迫者。由此压迫与被压迫的关系也就实现了循环往复、周而复始。当然，对于弗莱雷而言，他的目标在于提倡一种“解放教育”：不仅解放“被压迫者”，而且要解放“压迫者”，真正完成一种人性化的斗争。但是，正是在极力倡导这种理想的过程中，他深刻地揭露了现存教育的这种压迫与被压迫的真相——这种现象在第三世界国家，比如在弗莱雷的故乡巴西，表现更甚。

弗莱雷的思想，在很大程度上是从拉丁美洲国家的独特经验总结出的，另外一些学者则从别的第三世界国家的经验中阐释了同样的看法。布利万特（Brian M. Bullivant）研究了南太平洋岛国斐济的多元民族教育中的霸权与文化再生产之间的关系。土著斐济人与印第安移民是斐济的两大族群，政府在教育中推行多元民族教育政策，以促进民族融合、国家发展。在课程内容的选择层面，体现了各民族自身的文化与传统；在课程组织层面，虽然各

①③ ［巴西］保罗·弗莱雷著，顾建新等译：《被压迫者的教育学》，华东师范大学出版社 2001 年版，第 2、15—17 页，着重号为原文所加。

② ［瑞士］皮埃尔·弗特尔：《教育家简介：保罗·弗莱雷》，《教育展望》1985 年第 2 期，中文版第 6 期。

学校隶属于不同的种族团体，官方为实现对教师和学生世界观的控制，统一提供社会科学课程、教学材料、辅助教学策略等，而这些在 1970 年斐济独立以前，是由英国或新西兰提供的。“这样，通过课程，教育体系在不知不觉中就接受了西方的价值观念，并且以此来评价成长中的学生与教育目标。”在课程实施层面，尽管学校迎合斐济人的利益，更多地体现出民族主义的、排他的特点，而且印第安人主张的多民族的、综合的学校教育也进展缓慢，但是，由于国外的考试体制以及英语学习的存在，欧洲人的影响依然很强大。“这是决定高中学术层次应当教什么知识的一个主导角色，而且它也可以被称作‘教化的行动’或者霸权的，尽管欧洲人在斐济只是一个少数民族。”虽然官方推行的这种多元主义意识形态是一种霸权，但是这种政策掩盖了社会经济不平等的结构性原因，以及斐济一部分政治的、经济的控制权还掌握在欧洲人手中这样的事实。“这在教育体制上就可以看到：即便是努力推行多元文化价值观，但是大部分课程仍旧由西方的哲学和价值观念所控制。”① 所以这样看来，政府推行的多元民族教育政策，虽然是出于缓和民族矛盾的目的，但却强化了斐济对外依附的国际地位。

来自非洲的学者马兹鲁伊（1975），更关心非洲教育的发展，他对非洲大学实现经济不平等再生产的研究就是一项代表性的研究。他认为，与多国公司一样，大学是大都会中心国家实现其殖民控制的有效工具，二者相得益彰：大学是可以产生政治和经济后果的文化公司，多国公司是能带来政治和文化后果的经济公司。按照欧洲模式建立起来的非洲大学，通过两种方式实现非洲国家经济依附的再生产：一是培养合适的劳动力，二是通过文化同化（acculturation）重新限定市场范围。非洲的大学按照多国公司的需求提供合适的人才，而多国公司的发展进一步向非洲大学提出

---

① Brian M. Bullivant, Cultural Reproduction in Fiji: Who Control Knowledge/Power? *Comparative Education Review*, 1983, 27 (2), pp. 253-254.

人才培养的要求。非洲大学要完成这一任务，就要不断将标有“欧洲制造”的文化产品贩卖到新的非州市场，伴随这些西方文化产品的倾销，西方的价值观念、生活方式也开始被社会化的年轻一代接受，从而为西方消费品扩大市场进一步创造了前提条件，进一步加深了非洲国家对中心国家经济的依附。①

另一位学者伍德豪斯（Howard R. Woodhouse）以尼日利亚为个案，研究了大学教育在精英的形成和巩固中的运作机制，从而揭示教育在促成社会再生产中发挥的作用。与西方大学教育机制一样，尼日利亚的大学也是通过入学选拔、传递主流的文化价值观念、培养就业所需专业技能等一系列机制有效地服务于统治精英阶层的利益。他通过对一所教育学院的调查以及结合别的学者所做的相关研究发现：大学里的学生大多数来自于社会中、上等阶层的家庭，只有很少一部分来自城市下等阶层家庭和农村家庭。“整个尼日利亚的学校和大学同时扮演了两个重要的角色：一方面，它们为上等阶层子弟提供机会和设施，而这对于那些来自下等阶层的孩子却是无法享用的，这样就强化了社会不平等。于是，比起那些来自社会底层的学生，采自于中、上阶层的学生更容易在学校中获得成功而且继续接受高等教育。另一方面，学校为那些来自社会底层的学生提供（有限的）社会升迁的机会。只要他们能够克服社会背景的难题（金钱、资源、动机等的匮乏），在学校、大学中获得成功，他们就可以进入高一级的社会阶层并且成为教师、经理、中高级公务员、商人、政治家等，获得相对具有影响和权力的社会地位。”而考虑到大学教育的未来及其与精英形成的关系，就会进一步发现，二者之间的关系会逐渐加强，大学教育越来越被精英阶层的子女垄断，而中、下等阶层的子女则日渐被排斥在大学之外。所以，“在未来，学校和大学在推动社会

① 参见 Ali A. Mzzrui, The African University as a Multinational Corporation: Problems of Penetration and Dependency, *Harvard Education Review*, 1975, 45 (2), pp. 191-210。

升迁方面的作用会逐渐萎缩。它们将会强化精英的形成并且加剧精英和社会其他阶层之间的分化”①。

第四节 依附教育思潮的影响与批判

依附教育思潮自20世纪60年代以来，曾受到各国教育研究学者，尤其是一些关注第三世界国家教育发展的比较教育学者的热切关注。整个20世纪60—70年代有大量的教育文献涉及这一话题。② 1984年第五届世界比较教育大会就是以“教育的依附（也译作从属）性和相互依赖性”为主题召开的，该届比较教育协会理事会会长法国的米歇尔·德博韦认为“这一主题的现实性是和这一教育领域国际交流从来没有如此集中而又多样化这个事实有联系的”③；时任《教育展望》杂志主编的Z. 摩西也指出，“如果有600人从世界各地云集在一起，专门讨论这样一个问题，这就说明人们至少是感到了一个严重问题的存在”④，表明了依附教育思潮已经超越了拉丁美洲、非洲等不发达地区，走向了世界。

一、依附教育思潮的影响

依附教育思潮的流行，“强烈地反映了人们对20世纪后半期的失望和灰心，甚至也许还有一些愤懑”⑤。在此期间，众多的第三世界国家通过前赴后继的斗争摆脱了殖民统治，赢得了独立，但

---

① Howard R. Woodhouse, Knowledge, Power and the University in Developing Country: Nigeria and cultural dependency, *Compare*, 1987, 17 (2), pp. 119-136.

② 参见［巴西］本诺·桑德：《教育与从属性：比较教育学的作用》，《教育展望》1985年第2期，中文版第6期。

③ ［法］米歇尔·德博韦：《教育从属性与相互依赖性》，《教育展望》1985年第2期，中文版第6期。

④ ［摩洛哥］摩西：《编者的话》，《教育展望》1985年第2期，中文版第6期。

⑤ 参见［美］埃克斯坦、诺亚：《比较教育的从属理论：一种新的简单化的立论》，《教育展望》1985年第2期，中文版第6期。

独立后的人们并没有如他们所愿过上美好的生活；教育曾经被视作可以医治各种社会疾病的万能灵药，可事实上它也未能发挥人们所期望的作用。教育的失职最终引发了人们强烈的责难和怀疑，首先是来自第三世界的学者，此后逐渐蔓延到发达工业化国家的学者。正是在他们的努力下，依附教育思潮在一定程度上“填补了思想上的空白”①，并且获得了学术的合法地位，一度成为与结构功能主义相抗衡的理论视角。

依附教育思潮与结构功能主义相抗衡的“武器”在于它所倡导的“中心—外围”分析框架，这也是依附教育思潮带给教育理论界的第一个贡献。第二次世界大战后兴起的发展教育研究基本上是在结构功能主义所提供的分析框架中开展的。这种现代化教育发展研究的基本特征表现为：以国家为分析单位，并在此基础上分析教育与政治、经济、文化诸领域的相互关系，教育的发展就是单个国家/社会教育的发展；基本假设认为教育发展是一个线性的连续体，在这个连续体的两端分别是传统和现代；研究中追求普遍的教育发展模式，这一普遍模式就是西方民族国家/社会的教育发展模式。这种研究是西方发达工业化国家学者基于对自身教育发展的思考而形成的，在实际运用到第三世界国家教育发展中遭遇重重困难，几乎可以说是失败了。针对这一点，依附教育思潮认为，“虽然教育的扩张与革新是在各个国家边界之内发生的，但是这些国家发展与竞争的舞台却是具有国际意义的”，“在封闭的国家体系背景下分析教育，难以把握一国在国际体系中的位置。事实上，正是这种国际体系，为国内的政治、经济和社会文化等诸因素影响教育发展或低度发展创造了条件”。② 基于这些理念，依附教育学者提出了“中心—外围”的分析框架，加尔通

① 参见［美］埃克斯坦、诺亚：《比较教育的从属理论：一种新的简单化的立论》，《教育展望》1985 年第 2 期，中文版第 6 期。

② 参见 R. F. Arnove, Comparative Education and World System Analysis, *Comparative Education Review*, 1980, 24, pp. 48-50。

(1971，1980）等人称之为“世界秩序模式规划”（the World Order Model Project)①，迈耶（Meyer，1971，1979)、汉农（Hannon，1979)、阿诺夫（R. F. Amove，1980）称之为“世界体系分析”(World-systems Analysis)。这种分析框架对那种把单一国家作为研究教育发展背景的模式提出了挑战，将国际的维度带入发展教育研究领域，为理解各国尤其是第三世界国家教育发展提供了一个新的视角。“中心—外围”的分析框架，将第三世界国家教育发展与其国际地位以及同发达工业化国家教育关系纳入了研究者的视域，并将教育事件与国际经济宏观规律的作用联系到一起，有助于解释为什么教育的扩张与改革不能影响教育或社会的结构性变化，为什么外因诱导的教育改革只能使现存的国家分层体系永远存在下去，② 等等。由于国际的、全球的视角的加入，拓展了研究者对微观教育各种矛盾根源的理解，使发展教育研究获得了新的参照而得以进一步深化。

依附教育思潮对结构功能主义的第二个挑战，是打破了现代化发展教育研究对“输入—输出”模式的迷信。现代化发展教育研究的一元线性发展模式假设，必然会推论出：在“传统—现代”这一按照时间先后排列的发展链条上，西方发达工业化国家已经走在了前面，而落在后面的第三世界国家要想获得“进步”，必须要借鉴、引进甚至照搬西方发展模式。于是，在发达工业化国家与第三世界国家的教育发展之间存在一种“输出—输入”关系，即前者“输出”教育发展的思想、体制、实践等经验，后者无需改变社会结构，只要将这些现成的东西“输入”，就可以达到发展的目标。然而这种关系并没有能持续多长时间，在许多具体的实际操作中，现代化的发展教育思路推导出的因果关系没有

① J. Galtung，A Structural Theory of Imperialism，*Journal of Peace Research*，1971，8 (2)，pp. 81-107.

② 参见 R. F. Arnove，Comparative Education and World System Analysis，*Comparative Education Review*，1980，24，pp. 48-50。

多少变为现实，第三世界国家在借鉴外来经验中遭遇了种种挫折。于是，依附教育学者开始猛烈地抨击这种由西方发达国家学者开出的药方，并且提醒人们警惕发达工业化国家在“输出”教育经验、教育援助背后隐藏的“阴谋”和第三世界国家在“输入”这些教育经验、教育援助造成的恶性后果。正是在这种意义上，他们中的激进分子试图建议第三世界国家与发达西方工业化国家脱钩，而改良主义者则希望寻求新的种子和行动策略，这些策略能使现行的世界秩序朝着更为公平的方向和平地发生结构性的变革。

依附教育思潮对结构功能主义的第三个挑战，是改变了现代化发展教育研究对教育功能的过于理想化的乐观看法。直到20世纪70年代以前，结构功能主义基本上认为，“教育是使人现代化的最强有力的因素”①，是现行社会秩序的“润滑剂”。在这种理念支配下，学者们所关注的是教育如何对维持现存秩序起作用，如何使第三世界国家逐渐向着西方的模式发展。② 然而，教育在实际发展过程中，并没有能像那些预言家所断言的那样消除了人与人、地区与地区、国家与国家之间不平等。于是，一部分依附教育学者开始注意到，教育实际上扮演的是现存秩序的“卫道士”的角色，它并不是所有人的仆人，而只是服务于少数的社会阶级、阶层，并且它在不停地再生产着现存的社会不平等：控制和被控制、剥削和被剥削、压迫和被压迫关系。于是他们提倡“认识现实”，也就是“日益客观地、批判性地认识到所经历的现实以便加以改变”，也就是弗莱雷倡导的“解放”或“批判”教育，或者也可以解释为“革命实践”：所谓“实践”，是因为教育的发展来自实际行动，并且总是和思想结合（既不是空头语言，也不是盲目行动）；

---

① A. Inkeres，B. Holsinger，*Education and Individual Modernity in Developing Countries*，1974，p. 2.

② 参见［美］凯利和阿尔特巴赫：《比较教育研究的新途径》，载［德］T. N. 波斯特莱斯维特主编：《最新世界教育百科全书》，河北教育出版社 1991 年版，第 11 页。

所谓“革命”，是因为这种教育是为了彻底改变作为压迫根源的社会。①

依附教育思潮的出现，尤其是它对国际教育领域内不平等现象、发达工业化国家与第三世界国家教育相互关系的关注，使得第三世界国家教育问题开始凸显为全世界关心的重要议题。在这些学者的积极努力下，很多第三世界国家的自主意识逐渐被唤醒，它们已经意识到自身教育发展过程中的障碍，部分是由于遵循了一套基本照搬工业化国家经验的发展模式所致的，这种发展模式带来的是不平衡和新的依附形式，而要真正取得国家独立，就应该结束这种依附发展形式。在这种情况下，从 20 世纪 70 年代后期开始，依附教育思潮所倡导的“内生发展”理念逐渐被全世界人们所接受。这种理念首先意味着“对于旨在使各社会同一化或标准化的任何发展形式持一种怀疑态度”，它要求“每个国家都应该振兴自己的国家的生命力，并在其文化特性和价值的范围内寻求致力于发展的激励力量和必要的意志，同时还应考虑到科学和现代技术的成果”。在教育领域内，所有的人都开始以一种更为实际的眼光看待教育：教育过程能够以什么方式鼓励自我教育的人投身于世界（因而投身于各种文化），投身于自己的国家（这同国家一体化的目标相符合），并投身于个人周围的环境（这可以使培训过程在地方文化中扎根立足，使教育可以发挥作用）?② 而学者们则大声疾呼，“提倡关心，包括关心曾经滋养过自己的土地的价值观”的“内源文化”，这些“内源文化”曾经在西方文化价值观念强劲的压力下，长期受到排挤、贬低和否定，并因此而“丧失了许多”。③ 作为国际性的教育组织，联合国教科文组织也致力于“增

① ［瑞士］皮埃尔·弗特尔：《教育家简介：保罗·弗莱雷》，《教育展望》1985 年第 2 期，中文版第 6 期。

② ［摩洛哥］摩西：《编者的话》，《教育展望》1985 年第 2 期，中文版第 6 期。

③ 国家教委国家教育发展研究中心：《未来教育面临的困惑与挑战》，人民教育出版社 1991 年版，转引自龚放：《从属理论：一种值得重视的教育思潮》，《高教研究与探索》1994 年第 2 期。

强各国和各地区自力更生的能力，通过前所未有的不可取代的国际合作手段，使各国教育能够扎根于本国的价值观和民族语言”①，并在促进教育革新、人员培训、教育工业（如教材、教育设备等）方面做出了积极的努力。

二、依附教育思潮的批判

正如我们看到的那样，依附教育思潮，就其源起来看，并不是教育领域内的产物，而是一部分学者借用经济学、社会学领域中的依附理论来解释教育发展中的一些问题。从这种意义上讲，依附教育思潮不过是依附理论在教育领域内的注脚而已。尽管这种借鉴，对于开拓研究者的视野、探索新的研究领域不无裨益，然而这种跨学术领域的借鉴却存在极大的风险。第一，一种理论在迁移到别的领域之后，就会变得僵化起来。借鉴者往往会忽略该理论在原先领域内不断得到修正的事实。第二，相互借鉴的两个领域的话语特征在很多方面是有差别的。教育机制及其运作与经济活动存在的差别会使概念从一方进入另一方的有效性大打折扣。第三，理论借用会产生一系列新的问题，这些问题未必是重要的，但却可以诱使人们的注意力从重要的问题上转移开来。② 这些风险在依附理论由经济领域进入教育领域过程中表现得一览无余，而且更大的风险在于依附论本身的缺陷基因也随之转移到了教育研究领域，由此招致的后果就是依附教育思潮在理论上表现出来的“幼稚病”。

“幼稚病”之一：概念、分析框架的简单移植。作为现代化理论的对立面，依附理论在经历了对现代化理论的狂轰乱炸之后，自己最终却落入了现代化理论的窠臼。依附理论自身概念与分析框架，很大程度上是对现代化理论的一种抄袭。这主要表现在二

① ［摩洛哥］摩西：《编者的话》，《教育展望》1985年第2期，中文版第6期。

② 参见 Martin Meclean, Educational Dependency: a critique, *Compare*, 1983, 13 (1), p. 25。

者之间存在一系列相互对应的概念，正如里斯（Leys）所指出的那样："这些简单的对子的出现不是偶然的：发达/低度发展，中心/外围，控制/依附与资产阶级的发展理论（传统/现代，富裕/贫困，先进/落后）相似，它们是后者的辩论式翻版。"① 而隐含在两种理论思潮背后的分析框架：无论是"传统—现代"，还是"中心—外围"都承袭了西方学术传统中的二元对立的思维模式。从这意义上来看，依附理论几乎没有作出什么独到的贡献。而在依附理论进入教育领域内之后，这种简单复制、抄袭的做法又一次重新上演。

依附教育思潮的许多核心概念，如中心—外围、依附、新殖民主义等，都是直接出自依附理论，而这些术语先天的模糊性也没有能在教育领域中得到进一步澄清。中心—外围概念在依附理论中，一般用来描述殖民宗主国—殖民地国家、发达工业化国家—第三世界国家、富国—穷国，等等，或者在一个国家内部发达地区—欠发达地区、城市—乡村等关系，每一种划分基本上都有与政治行政单元挂钩的倾向。但是仔细研究这种划分，就会发现，其划分标准是飘忽不定的，有时是使用了地理的/政治的标准，有时是使用了经济的标准，无论哪一种标准都难以在现实中寻找对应物。依附教育思潮中的中心与外围也没有能做到更准确的界定，基本上是将教育中的中心—外围直接与国家政治/经济单元对应起来，认为发达工业化国家的教育就是"中心"的教育，第三世界发展中国家的教育就是"外围"的教育。这种划分并不能真正揭示各国教育内在的差异性，而且忽略了各国教育在不断变革的事实。按照依附教育的逻辑，中心—外围对应的第一个含义是"先进—落后"，但是，一个"中心"国家可能在某些教育或科研领域内占居领先地位，但并不是所有的领域都是如此，而且这种领先地位又随时可能被对手夺取；一个"外围"国家也并不是

---

① 载尹保云著：《什么是现代化——概念与范式的探讨》，人民出版社 2001 年版，第 226 页。

在所有的教育或科研领域都处于落后地位。中心—外围对应的第二个含义是“内生—外铄”，即中心的教育是自发、内生形成的，外围的教育是后发、外部强加的。但是教育的产生与发展并没有如此简单，“过去任何一种文化都不是绝缘体，当前任何国家的学校都是混血儿”①，教育在国际范围的交流一直没有停止过，中心国家的教育也并不完全是自己的产物，外围国家的教育也蕴涵着自身的传统特质。这样，中心—外围对应的第三个含义“输入—输出”，即中心输出教育实践，外围输入教育实践，也就不攻自破了。这样看来，“中心—外围的概念不过是新瓶装旧酒，并没有增加任何新的意义”②。依附教育思潮的另一个重要术语是“依附”，这个概念本身是在拉美学者讨论低度发展和发展问题的过程中产生的③，在依附理论中并没有能达成共识，依附教育思潮的学者在引用这一概念时，也没有明确的表述，最大的问题就在于“依附”（dependency）与“依存”（dependence）之间的界线常常被模糊。一般来说，依存是指一个国家对外部行为体讨价还价的能力，它只反映该国在国际体系中的位置，依存并不一定意味着依附。也就是说，所有的小国都受相互依存的影响，但只有那些社会和政治机制受到外部行为体渗透的小国才处于依附状态。④ 而依附教育学者并没有十分清晰地关注二者之间的界线，只是将第三世界国家教育发展归结为一种依附状态下的发展，暗示这些国家的教育缺乏自主性，容易受到外部势力的操纵。实际上，由于国际范围内教育交流的日趋复杂和频繁，对于一个主权独立的第三世界国家来说，很难断言其教育究竟是“依附”还是“依存”。与“依附”

① 滕大春：《迎接二十一世纪的比较教育》，《比较教育研究》1996年第2期。

② 参见［美］埃克斯坦、［美］诺亚：《比较教育的从属理论：一种新的简单化的立论》，《教育展望》1985年第2期，中文版第6期。

③ 参见［巴西］特奥多尼奥·多斯桑托斯著，杨衍永译：《帝国主义与依附》，社会科学文献出版社1999年版，第296页。

④ 参见［美］斯蒂芬·D. 克莱斯勒著，李小华译：《结构冲突——第三世界对抗全球自由主义》，浙江人民出版社2001年版，第39页。

相联系的另一个重要概念是“新殖民主义”，依附教育学者从新马克思激进主义者那里找到这个概念之后，几乎是不假思索就用在自己的理论建构中了。其主要用意在于揭露发达工业化国家对第三世界国家教育方面的控制和渗透。教育依附论者关于新殖民的观点将世界各国的关系简单归结为剥削与被剥削、控制与被控制，忽略了帝国主义列强与其前殖民地的关系发生了深刻的变化，于是，“新殖民主义”与“殖民主义”的界线在这里变得模糊起来。再者，新殖民主义总会使人联想到这个世界上存在某种邪恶的势力，无论学校、基金会、教材出版公司、新闻通讯机构等，都有着某种不可告人的意图，以这种怀疑的眼光看待各国教育交往，无疑会增加双方的紧张关系。“科学概念的功能是指明一些范畴，这些范畴比其他范畴更能说明我们的研究对象”，但是，就依附教育思潮提供的上述概念来看，并不能达到科学研究的目的，这些概念在很大程度上是描述性的而非分析性的，“这些概念和理论中没有一种能提出解释各种主要原因的深刻的见解，它们的作用不过是描述各种后果，某种特定的情况而已”。①

除了概念的简单移植外，在分析框架上，依附教育思潮同依附理论一样，企图寻找教育现代化理论的“替代品”。这种动机是无可厚非的，然而就其实际操作的结果来看，依附教育思潮只不过做了一项非常简单的工作：把主流的发展教育思潮的二元对立面颠倒过来：主流的“传统与现代”被替换为“中心与外围”；主流强调第三世界教育发展要遵循西方的模式，依附教育思潮就反对遵循西方的模式；主流认为第三世界国家教育欠发达，主要原因在自身内部，依附教育思潮就断言这种主要原因在第三世界国家外部；主流认为要增强各国教育一体化发展，依附教育思潮就强调各国教育的独立性；等等。这样一来，依附教育思潮实际上是从一种片面性走向了另一种片面性，虽然它将研究人员的视线

① ［阿根廷］卡洛斯·E. 奥利维拉：《拉丁美洲的教育是从属性的吗?》，《教育展望》1985 年第 2 期，中文版第 6 期。

吸引到了全球范围，并且标榜是运用了马克思主义的理论，但是它并没有像马克思主义那样，辩证地思考全球范围内的教育关系。除了二元对立的思维模式与主流现代化理论毫无二致外，依附教育思潮的基本价值取向也没有能摆脱主流现代化的影响，无论是对第三世界国家教育发展的不满，还是区分中心与外围教育的差别，所参照的标准仍旧是西方现代社会自启蒙运动以来所倡导的那些东西。这样看来，依附教育思潮在分析框架上也没有多少创新。

"幼稚病"之二：循环论证的陷阱。除了概念和分析框架没有多少创新之外，依附教育思潮在实际论证过程中也没有高明到哪儿去。这一思潮试图揭示发达工业化国家与第三世界国家之间教育不平等这一现象背后的真正原因所在。于是，他们提出的第一个假设是：整个世界教育体系可以分成中心和外围两部分，由于财富、知识、权力占有的不同，这两个部分可以区别开来；第二个假设是：中心与外围的教育之间存在一种控制与依附的关系，中心国家居于控制地位，影响和决定着外围国家教育发展的方向、程度，外围国家则处在依附的、被控制的地位，其教育发展要受制于人。那么，何以如此呢？依附论者的答案是：因为中心与外围之间在财富、知识、权力等方面占有程度不同，而这种占有程度的不同就是它们之间不平等的现实！在引导着读者转了一圈之后，又回到了原地！即便是"在最好的情况下，这种理论指出某种迹象，然后用另一些迹象来解释这种迹象，或者甚至用同一种迹象换一个名词来解释"，"是一种用时髦词汇发挥并且加以粉饰的关于某一种众所周知的事态的评论，即个人、团体、社会和国家之间的关系是不平等的这一严酷的事实"。①

另一个循环论证的过程是关于"霸权和再生"的论证，与其说这是一种论证，倒不如说这是一种诡辩，"其作用是保护该理论

① ［阿根廷］卡洛斯·E. 奥利维拉：《拉丁美洲的教育是从属性的吗?》，《教育展望》1985年第2期，中文版第6期。

免受批评"[1]。依附教育学者认为，居于霸权地位的行动实体，比如相对于被殖民者的殖民者，相对于被统治阶级的统治阶级，相对于第三世界国家的发达工业化国家，等等，他们对任何人都怀有一种企图，"除了那些大都会的决策者，帝国主义会使每个人都被殖民化"[2]，他们总是以一种不能够为大多数人觉察的方式来获取霸权：他们花言巧语，扮成一副乐善好施的样子，比方说，提供教育、给予援助等，悄悄地把自己的意图渗透到所指向的对象头脑中，从而使之在不知不觉中背叛了自己，最终按照这些霸权势力的指导来行动。在这里，依附教育者设置了一个陷阱：批评者一旦要对这种解释表示怀疑，那么这种怀疑就会被依附教育思潮作为论据来维护自家的见解。任何否认都被认为是进一步证明了那些居于霸权地位的势力的力量所在，因为，这不正好说明批评者的思想也被巧妙地控制了吗？这种循环论证被其批评者诺亚和埃克斯坦（H. J. Noah & A. Eckstein）怒斥为"厚颜无耻"。[3]

"幼稚病"之三：研究结论的苍白无力。判断一种理论研究的重要性，有两个标准：一是它对所观察到的现象是否能提出具有说服力的解释，或者能否提出进一步的研究途径；二是它在指导行动方面的实际效用如何。[4]依附教育思潮提出的初衷，是要探讨在发达工业化国家与第三世界国家处于不平等的国际地位的前提下，第三世界国家教育如何发展的问题。就像在经济领域一样，依附教育学者认为，发达工业化国家和第三世界国家之间的结构性特征妨碍了第三世界国家教育的均衡、积极的发展。同时，强调的重点也从第三世界社会自身的"缺陷"转向质疑大都会的实践对外围国家的适切性。在从事这些研究时，依附教育学者表现出相似的特征：一般来讲，当涉及控诉殖民国家对殖民地教育的

①③④ 参见［美］埃克斯坦、［美］诺亚：《比较教育的从属理论：一种新的简单化的立论》，《教育展望》1985年第2期，中文版第6期。

② Robert Koehl, Cultural Imperialism as Education: An Indictment, *Comparative Education Review*, 1975, 19 (2), p. 283.

侵略与控制，或者发达工业化国家对第三世界国家教育的干涉与影响时，他们表现得往往慷慨激昂，俨然一副充满正义感的、激进的革命分子的形象。可是，当涉及为这些第三世界国家教育发展寻找更好的出路时，他们又表现得束手无策，要不就换成一副改良主义者的面孔，大多数依附教育者没有能提出切实有效的解决措施。马兹鲁伊（1975）曾为非洲大学发展提出了三种应对策略：一是本土化策略，使现代化与当地文化经济需求紧密结合，增加当地社会对大学的影响以此来平衡西方的影响，实现大学的非洲化；二是多样化策略，使现代性的文化内容多样化，提升大学的国际化；三是反渗透策略，要使非洲文明能够反过来影响西方文明，这就要求非洲大学必须培养独立创新能力。“如果非洲能够实现本土文化与教育体系的水乳交融，并且以外来文化、知识分子、科学技术的引进作为刺激，他们就可以成为学术趋向的领导者，而不再是追随者了。”① 另一位学者阿尔特巴赫（1982），也希望能为外围教育发展做点什么，他一方面认为“多数国家特别是第三世界国家的大学体制简直没有可能做到这一点（从边缘的大学发展成中心的大学——引者注）”；另一方面，似乎是为了安抚人心，却又为边缘大学的发展提出了若干改良的建议，如准确地为本国学术界在国际、国内环境中定位，搞好基础设施建设，增强大学研究职能，大学要关心本国语言和地区性语言的运用，审慎地对待外援，仔细借鉴外国培养人才的做法，等等。实际上，无论是马兹鲁伊还是阿尔特巴赫，按照他们的逻辑，“中心—外围”的格局是决定边缘大学命运的关键因素所在，因此，若不改变这种格局，边缘大学就永无出头之日。可是，对改变这一格局，他们又只能望洋兴叹。万不得已提出一些办法，也无异于隔靴搔痒。而弗莱雷提倡的“解放教育”，促成压迫者与被压

① 参见 Ali A. Mzzrui，The African University as a Multinational Corporation: Problems of Penetration and Dependency，*Harvard Education Review*，1975，45 (2)，pp. 204-210。

迫者的“和衷共济”，也不过是一种乌托邦的呓语而已。

机械盲目的理论借鉴、急于求成的理论建构，不仅造成了依附教育思潮上述的“幼稚病”，而且使依附教育学者无意中忽略甚至是歪曲了许多东西，从而产生了教育依附思潮的理论“盲点”。

第一个被忽略的是国家在第三世界教育发展中的作用。依附教育学者为了突出外部国际环境的结构性特征对第三世界国家教育发展的影响，很大一部分精力花在了揭露这种外部因素：包括殖民教育遗产、新殖民主义干涉等方面，却忽略了在整个第三世界教育发展中，国家作为一个独立变量的影响力。在他们的理论想象中，外部的邪恶势力的影响直接通过教育环节到达第三世界社会的每个人，在这个过程中，国家要么是消失了，要么就是傀儡，反正对这些外部势力的渗透视而不见或者无可奈何。事实上，在现代社会中，民族国家作为一个独立的政治单元，在很大程度上影响并决定着本国教育的发展与变革。但在依附教育学者的视野里，国家尤其是第三世界国家消失了。

与国家被忽略直接相关的第二个被忽略的对象是，第三世界人民应对这种外来教育的行动。依附教育思潮主要强调殖民宗主国/发达工业化国家对殖民地/第三世界国家教育的控制，许多依附教育学者仔细研究了中心国家借助教育援助将其意识形态渗透到外围国家，以维护现存不平等的世界格局的过程与结果，但是对于这种在援助活动中受援国一方的反应却没有给予足够的关注。从他们的论述来判断，容易使人产生这样的印象：对于这种外来的教育影响，第三世界人民似乎只是逆来顺受、任人宰割。然而一些在微观领域探讨阶级关系的教育研究、社会评论、文学作品中，却涉及这种不平等的权力关系中弱势一方所作出的反应：一种是反抗，包括公开对抗、日常消极反抗等；另一种是顺应，包括积极合作、变通配合、实用主义合作等。① 但是从事宏观领域研究

① 参见 Thomas Clayton，Beyond Mystification：Reconnecting World-System Theory for Comparative Education，*Comparative Education Review*，1998，42（2），pp. 479-496。

的依附教育学者并没有注意到这些，从而使自己的理论难免限于片面的断言，这也是他们的理论缺乏辩证的又一表现。

第三个被忽略的是理论借鉴中的难题：经济领域与教育领域话语的差别。教育依附思潮在两个方面运用了经济依附理论：一是他们试图揭示教育在产生和维持第三世界社会分化和文化异化中扮演的角色，这种研究实际上是经济依附理论在教育领域的进一步延伸，应该说还算是合理的，但是结果并不令人信服；第二方面是他们试图运用经济依附理论的机制和模式来解释从大都会向外围地区的教育迁移。这时，问题就出现了。[①] 教育机构和文化价值观与经济上的资本和技术不同，因此后者的迁移机理未必适用于前者。资本和技术的引进可以相对容易地确定和计算，其后果也是可以描述的。教育引进也可以相对容易地发现和描述，但是其后果却难以清晰地分辨出来。比如，文化价值观可以通过多种途径传播，未必就与教育活动有关。其次，经济领域中的资本与技术是文化中立的，而教育则体现着文化的与民族的特性，国家之间教育的迁移存在很大的变数。而且教育的引进往往发生在政府和半政府机构之间，受到国家的政治监控，这就又与依附教育思潮忽略的第一个问题相关了。

第四个被忽略的是教育的积极作用，或者换一种说法，就是对教育作用的贬低。依附教育思潮将教育体系看作是一种内化思想价值观和控制被纳入教育过程中的社会团体的系统，教育就是一种把人们社会化为安居乐业于依附的资产阶级秩序中的工具。这种认识产生的直接后果是：(1) 贬低了教育传授的知识，使人们看不到教育的经济价值；(2) 贬低了教育的生产性功能；(3) 为教育安排了一个全然是意识形态的角色；(4) 贬低了教育制度和其他政治计划。于是，“在这种还原论的观点看来，作为一种不同体系的具有特殊功能的教育是不存在的。这一观点也忽视了这样的

① 参见 Martin Meclean, Educational Dependency: a critique, *Compare*, 1983, 13 (1), pp. 36-38。

事实，即全人类曾共同创造了一种文化资本，这种文化资本应被所有不同的社会团体所了解，虽然要实现这一目标还存在着障碍。否定具有特殊性的教育体系的存在，就是在贬低为改变教育体系所做的所有努力，而且也等于是假定改变教育体制只有一条路，这就是通过由革命组织领导的教育机器使群众政治化；对制度化的教育体系的否定，使得这一分析很像那种提出要废除学校的说法；认为教育只有意识形态的功能和只有通过政治过程才能改变教育的看法，也使人们忽视了对教育问题本身的研究”①。

科学理论不仅需要经验事实的支持，还需要学术传统根基的滋润。尽管现代化教育理论对第三世界国家教育发展的新情况认识不足，但毕竟是依托了从启蒙到韦伯这样的学术传统。而依附教育思潮，不仅缺乏详察现实的根基，也没有学术传统的依托。它既不是从主流思想中推导出的，也不是从马克思的思想中推导出的。它发扬了一种不该发扬的“传统”，那就是不愿意理解社会进化、教育发展的意义，不愿意一点一点地改革现状，而是希望一下子彻底地解决问题，倾向于浪漫主义和理想主义的方案。这些方案只具有情绪鼓动的意识形态价值，而无实际操作意义。尽管依附教育思潮受到了攻击，但他们所阐释的课题依然重要：工业化国家仍然在卷入第三世界国家的发展中，穷国与富国的巨大差异，使得富国帮助第三世界发展成为国际课题。富国与穷国当前的和历史的联系仍然是学者们很重要的问题。这种关系的联结，第三世界国家内部教育问题仍需要继续研究。“依附没有逝去，尽管其中一些理论描述已经失真。”②

---

① 参见 G. W. 拉马：《附庸论与教育》，摘自［瑞典］T. 胡森、［德］T. N. 波斯尔思韦特主编：《国际教育百科全书》，贵州教育出版社 1990 年版，第 84 页。

② 参见 Martin Meclean，Educational Dependency：a critique，*Compare*，1983，13（1），pp. 36-38。

第三章
西方新马克思主义教育思潮

随着西方发达国家的经济、文化和社会向后工业社会转变，以及经济的全球化发展，民族国家的权力遇到了威胁，它们失去了一些曾经用于控制国家经济命脉的权力。同样，传统的教育观念普遍受到了怀疑。韦伯理论中的科层制(bureaucracy)，曾经提供过大众教育和工业效率的组织形式，现在被认为过时而无能。而且，文化的同一性在民族主义时代曾经是社会安定的基础，现在也受到了多元文化的挑战，因为社会的各种集团都要求以自己的宗教和文化价值观来教育其子女。面对这样的社会变化，人们对教育的发展进行了多角度的描绘，或是工业社会向后工业社会转换，或是现代社会向后现代社会转型，或是福特主义向后福特主义转变。本文将对当代西方新马克思主义教育理论在经济全球化对民族国家的教育提出挑战的问题上所提出的观点进行评析。在西方新马克思主义看来，二战后的西方社会是一个经济民族主义（economic nationalism）的时代，从 1945 年起，西方社会经历了一个经济快速增长和教育规模扩大的时期。20 世纪 70 年代以后，石油危机使民族主义经济崩溃，信息社会的来临及全球化的发展对民族国家的教育提出了多种需求，它使西方国家尤其是新右翼政府国家进行了教育重建。这种重建实际上表明国家在教育的“自由市场”中的作用得到了加强。

第一节 经济民族主义与教育

第二次世界大战后，教育在国家的政治经济生活中起到了关键的作用，它使经济和社会取得了前所未有的进步，这种进步成为一个时代的里程碑。1973 年，发达资本主义经济的产值比 1950 年提高 180%。这意味着收入的普遍提高，工人的收入每年以 3.5%的速度递增，人口每年也以 1%的速度增长，这一代人的生活富裕程度比前一代人好 4 倍多（Halsey，etc，1997）。在西方新马克思主义教育观点看来，这种经济成功的关键在于“经济民族主义”思想的发展。在 20 世纪前 70 年的资本主义社会，存在着三个贯穿人们生活的基本原则，即繁荣、安全和机会。它们是与政府政策、商业组织、家庭和教育紧密相关的准则，而把这三个经济民族主义的原则聚集在一起的是，民族国家不仅有权力提供繁荣、安全和机会，而且它有责任这样做。在这种国家责任意识背后隐藏着这样一种理论假设，即国家和企业的作用在于通过全面就业而提供经济安全，通过教育、社会福利和职业而提供机会，它们是获得经济增长和提高利润的最有效途径。

西方新马克思主义教育学者认为，经济民族主义也通过塑造一种共同文化而得到加强，而共同文化要利用建立在哈贝马斯（Habermas，1976）所说的技术理性基础上的同化主义的伦理来实现。这涉及现代资本主义的两个重大问题，一个是社会稳定和社会控制，另一个是文化的同一性和文化的同化。由此而强调教育的作用。

一、社会的稳定和控制

一个建立在报酬和地位不平等的基础上的资本主义社会如何

保持社会凝聚力和秩序？一般来说，自由市场社会最终会消除它已经建立的基础。市场在财富的积累中孕育着一种自利的文化，它不断导致非理性契约的瓦解和个人主义化。在经济民族主义时代，主要是以工作的科层制范式来理解组织效率，验证社会的中心组织原则，科层制组织权力集中在最高的组织等级制手里，它通过对知识和资源的控制来控制整个企业。因此，科层制效率建立在教育制度的基础上，教育制度使社会化模式和鼓励蓝领和白领工人遵循制定的规则、程序和实践的社会控制标准化。

男女两性的不同作用使父权制家庭进行了再生产，这种家庭奠定了性别化劳动分工和福利的法律基础。父权制家庭结构模式的思想观念在于，父亲是一家之主，而母亲只是抚养孩子。这种稳定的家庭生活安全在福利国家的发展和相关的社会福利的思想影响下得到巩固。社会福利国家的观念开始形成，尽管在提供的方法和水平上国家间有差异，但福利国家的经费在所有发达经济国家都急剧增长，在1952—1973年间从15%增加到24%，税率提高，结果福利国家的经费主要分配到了穷人身上。社会待遇是劳动力市场和社会结构基础的关键：男性成为社会的核心。

二、文化同一性和文化同化

现代资本主义社会因涉及文化的同质性和通过同化进入共同文化的过程而最终失去个性并导致了异化。文化同化的思想在民族国家的发展中具有深远的现代根源。格林认为："创建国家教育制度的重大动力在于国家需要受过培养的行政管理人员、工程师和军事人员；需要占主流的国家民族文化并灌输普遍的作为国家地位的意识形态；这样锻造形成民族国家政治和文化统一性，巩固他们主流阶级的意识形态霸权"（Green，1990）。格林运用了马克思主义理论模式，但马克思主义没有提供一种国家稳定的解释范式。

而且，在科层制尤其是具有福特主义工业发展特征的科层制中，学校教育在建立民族主义、共同文化和语言之间的关系并把这种关系引入现代世界方面起到了关键作用。科层制与精英思想紧密联系，因为它是根据个体成绩“客观”原则来对待个体的。在教育上，这就意味着原则上应当根据能力而不是根据社会阶级、性别或种族的特征来对待个体。这个原则产生了机会均等的思想，它在民族国家发展的背景下具有三个功能：(1) 它是一种（在理论上）以能力为基础的劳动力市场筛选和分配个体的效率原则；(2) 它是一种建立在公平理论基础上的选择学生的伦理原则；(3) 它提供了一条民族国家内的异质民族从其阶级性也能够获得工业社会提供的共同荣誉的途径。实际上，这有助于形成一种在个人主义工业社会中个人成功的评价标准，即通过在公司和公共科层制内的职业和高级管理职位而获得财富和地位。这就是理解第二次世界大战后教育作用的经济、文化和社会条件的背景。

三、教育的作用

（一）教育对经济的作用

战后时期，教育的功能在发达工业社会的历史上第一次占据了核心地位，因为它被视为推动经济增长和促进社会公正途径的重要投资。不论社会条件如何，发达工业社会的经济效率依赖于最有才华的人进入到最重要和最需要技术的工作中。因此，如果个人有能力成功，社会阶级的原有障碍已不再起作用。一般而言，在一个社会里，能够管理工业增长机器的天才并不多。而这部分天才需要进行筛选，并通过教育制度加以培养。“教育是开发现代技术的一种决定性投资类型。这个事实构成了所有重要工业社会教育的发展的基础……教育占据了作为技术革新资源的无与伦比的经济意义。”（Halsey & Floud，1961）另一方面，教育机会需要扩大，因为绝大多数工作将变得愈益技能化，正规教育的时间需要延长。每个人最终可成为中产阶级，半熟练和没有技能的工作将被机器取代，工人成为技术专家、经理或被任命其他的职务。

（二）教育对民主的作用

民主与教育的关系能形成相互宽容和尊重。也就是说，不同性别和文化背景的学生都以同样的方式学习，他们都能从机会均等中受益。从民主社会观点来看，它是一次破除阶级、性别和种族障碍的重大突破；从后现代主义观点来看，它是同化主义精神的一种延续。在经济民族主义时代，这种教育的乐观主义反映在20世纪50—60年代政府对教育扩大的支持上，因为这是取得经济效率和社会公正双重目标的途径。结果，西方世界的教育制度得到了前所未有的发展并起到了提供人力资本的新的作用。在英国，1938年11—18岁的儿童只有8.4%上公共中等学校，到了1951年这个数字上升至30%，而1938年在全日制高等教育内的受教育者有6.9万名，1963年上升到了21.5万名，而到了1970年这个数字翻了2倍。这个时期的教育经费投入增加，反映了教育参与的不断扩大，教育在发达资本主义社会确立了新的重要地位。在1940年英格兰和威尔士，国家在教育上的投入只有收入的2.1%，而到1965年上升到了4.1%。同样，1930年大约有7%的美国学生完成了学院教育，而到了1960年它上升到18%。

西方新马克思主义者指出，尽管如此，但每个人最终将得到中产阶级的工作、职业和地位将根据才能来决定的思想，仍然是一个神话。教育机会扩大了，但工人阶级的工作却没有保障，特权依然存在，大学仍然由那些有专家和经理背景的人所控制，在个人生活机会中社会背景仍然是一个重要因素。特权的再生产依然如此。

第二节 经济民族主义的崩溃和教育重建

20世纪70年代早期第一次“石油危机”标志着经济民族主义的崩溃，繁荣、安全和机会都受到了质疑。伴随石油价格的上涨、世界经济的衰退，人们愈益认识到，在全球经济中，具有福特主义特征的标准化货物大规模生产和服务已不能再支持工人及其家庭的经济生活水平。新技术的革命伴随着廉价的通信费用使经济更具活力，跨国公司很可能把标准化的大规模生产移到新兴的工业化国家，在那里劳动成本比发达国家当然要便宜得多。跨国公司的兴起意味着一些重要的投资权力仅属公司，并且它们的权力越来越大，实际上形成了在投资、工作和新技术中的“全球拍卖”。跨国公司在新兴工业化国家的投资税收低，劳动费用低廉，而且又能得到高技术劳动力、方便的交通和财政的交换等国家基础。于是，在大量的研究文献中普遍提出了一种流行观点，即自70年代早期以来由于全球经济的发展而导致了民族国家权力削弱。与资本相关的边界控制的脱离，跨国公司的权力的增长，以及由电子革命所提供的快速通信对经济如何得到最佳管理问题提出了新的挑战。在新的条件下，与凯恩斯需求—管理相关的政策工具不再起作用。“新右翼”重新主张市场竞争的原则，导致了福利的削减。它们还通过了反联盟法以削弱贸易联盟的权力，这些政策表明了全球劳动力市场的变革，包含了意识形态对全球拍卖的反映。但作为这些政策的结果，经济增长和所有人的繁荣之间的联系却被打破了：在发达国家社会出现了财富和收入的两极分化，随之非学院的毕业生的收入明显下降，而失业率急剧上升，随着福利的削减，导致了贫穷事件的不断发生，这对儿童产生极其深刻的影响。

总之，全球竞争、技术革新和标准化货物的大规模生产和服务的转移也导致了对组织效率的科层制范式的持续打击。科层制范式在迅速变革的市场中被确认为竞争的不利条件，因为它要附加产品和服务的价值。信息技术的集中及其在工作场所的一体化、免费和加快信息流动的决策、愈益强调团队工作和规划工作、需要流动工作以及创造新的网络词汇、领导团队工作等，日益表现出灵活或适应范式的思想逻辑，使得开明的组织向新技术进行巨额投资，并且重思（rethink）和重建（restructure）其招聘、交流、奖励和提升以及头衔、级别结构的制度。这就导致了由职位向成绩的转换、由地位向贡献转换，使得人们由于自己“附加价值”的贡献而不是在组织指挥结构中的位置而获得薪水。这种组织范式的变革导致在私营和公共部门进行大规模的公司重建，以对更大的竞争压力、变幻莫测的市场、技术的变革和费用的削减作出反应。在私营和公共部门中，公司重建的最显著的特征之一是职业不稳定、人员过多、科层制职业的逊位增大。而教育制度本身尽管有过一段战后扩展的黄金岁月，此时也处在一种不安全的境遇中。

经济民族主义的崩溃同样损坏了战后教育机会和社会流动的理想形象。令人不可思议的是，一方面在对教育经费的控制和组织上，政治冲突不断扩大，可另一方面越来越达成一种共识，即教育对于个人和未来国家经济的繁荣，比过去任何时候都重要。

一、全球经济和教育

到了 20 世纪 90 年代，一方面，西方社会把 20 世纪 70—80 年代的社会问题和经济问题归结为教育制度；另一方面，传达政治精英意志的教育权力却在政府圈子里从未受到过怀疑。因此，在政治领域左翼和右翼都达成了一种共识，即教育是未来经济繁荣的关键。这种共识的思想基础是，本世纪中叶的“壁垒”经济已经日益让位给全球经济，民族国家政府控制经济竞争方向的权力已经被削弱了。因此，在经济政策范围内国家政府受到了严重的钳制，相反，教育无疑被赋予了更重大的政治意义。国家之间的竞争优势变成根据国际标准来衡量的国家教育质量和培训制度的竞争优势。关于这种思想的实质，我们可以从前美国总统克林顿的演说中看出：“今日我们美国的经济力量的关键在于生产力的提高……90 年代以来，教育的普及、计算机和高速通迅意味着，我们的所得将依赖于我们所能学习到和我们如何更好地把所学到的应用于美国的工场（workplaces）。众所周知，那就是为什么今年的学院毕业生在工作第一年比高中毕业生所挣到的多 70％的原因，那就是为什么中学缀学后或完成中学学业但没有接受继续教育或培训的年轻工人的收入单单在过去的十年就下降了 10％。”① 因此，

① 1992 年 5 月 14 日，美国总统克林顿在洛杉矶的东洛杉矶学院发表了题为“他们都是我们的孩子”的演说。

如果国家不能通过对新技术、人力资源质量或工业关系政策的改革，吸引外国投资、创造新的就业机会而获得竞争优势，那么国家在阻止生活水平急剧下降、经济增长停滞不前和日益严重的失业方面将毫无作为。问题在于，在战后工业社会，教育与经济生产力之间的关系是否像经济民族主义时代对教育的共识那样体现出一种积极的关系。问题还在于，教育与劳动力市场的不断变革的关系如何，尤其是教育是否能导致生产力改善，导致个体创造性的发挥和全面就业。

教育与经济生产力之间的紧密结合成为20世纪新教育共识的基本倾向。佛劳德和霍尔塞在1961年出版的《教育、经济和社会》的“前言”中提到，“过去四分之一世纪中，中等和高等教育的显著发展伴随着职业主义的强烈趋向。教育日益呈现出‘培养’的性质；早期产生的专门化现在更加深入，它愈益和现代贸易与职业直接发生关系”。一般认为，尽管高质量的普通教育比狭隘的专业化职业教育更适合于技术急剧变革的条件，但“职业”与“普通”之间的真正关系仍然没有解决。在新的经济竞争中，教育与工作之间的关系将更加紧密，教育制度完全从属于经济的效用正成为一种21世纪经济繁荣的必要条件。在所有后工业经济中，教育与劳动力市场之间的关系是一个悬而未决的问题，但毋庸置疑的是，在这种经济中，受过更高教育的劳动力的需求将日益增大。有人作过统计，经理、行政管理、专业工作的比例从1981年的20%上升到1994年的26.4%，预计到2001年将达到28.7%。另外，日益增长的教育劳动力的需求经常与从制造业向服务业转换的职业相联系。1950年的美国，只有33%的工作是制造业的，制造业对经济不再是至关重要的，工厂的工人数量大幅度下降。服务部门多样化，蓝领工人进入到服务部门，白领工人的工作愈益不安全，新的技术通过“重造”（reengineering）的过程取代了办公室的流水线。有人认为，变革的结果将导致非技术化，失业的程度比过去十年将更高。实际上，后工业社会是一个高新技术、技术更新和非技术的社会，这就决定了工作结构的变革，而工作结构的变革直接影响到后工业社会的阶级结构的变化，反过来这必然会影响今日儿童的教育成功或失败。在后工业社会，将出现以下几种教育问题：(1) 文凭膨胀和社会冲突；(2) 社会冲突和技术的变革；(3) 变革劳动力市场中的性别关系和技术；(4) 教育和社会控制。有学者提出，要揭示教育与经济生产力之间的因果关系不是一件容易的事。首先，教育与经济生产力之间的联系被文凭膨胀现象中显见的权力问题所迷惑；其次，技能需要的变革和技术同样总是社会性的，它从属于既得利益和社会冲突。正像柯林斯、鲍尔斯和金蒂斯等教育理论家们所指出的，文凭的目的与其说是认知的成绩，不如说是遮蔽了个性（Collons，1979；Bowles and Gintis，1976）。赫什在对文凭膨胀的分析中降低了人力资本思想的重要性。由于文凭的膨胀，在后工业社会出现了天才的"浪费"。

二、全球经济中的后工业化国家与教育重建

20 世纪 80 年代末以来，西方发达国家掀起了一场"重建教育"（restructuring of education）的运动。这场运动具有深刻的后工业社会、信息社会、全球化社会等复杂原因，同时，在各发达国家表现出共性和个性的特征。在整个西方社会，教育在这种变革社会中体现许多共性，无论国家的意识形态、政治和权力关系如何，都表现了一种国际的"趋同现象"（convergence）：普及大众第三级教育和义务教育后教育，努力缩小职业教育和学术教育之间的距离，下放教育的决策权力；与此同时，由国家领导的教育重建运动轰轰烈烈地开展起来。有人认为这是一种附带现象，但它至少在背后隐藏着一场深刻的经济和社会的变革以及一种浓厚的意识形态。

（一）新右翼的意识形态与教育重建

西方新马克思主义理论认为，20 世纪 80 年代名噪一时的新右翼（New Right，Levitas，1986）或新保守主义（Neo-Conservative，Aronowitz Giroux，1986）意识形态所指导的经济和文化革新，提

出了教育重建的需要。这种意识形态操纵了美国的政要和英国的撒切尔政府，同样影响了新西兰、澳大利亚和加拿大的一些地区。新右翼或新保守主义意识形态，把新自由主义的个人自由和自由市场的伦理观点，与主张强大的国家需要保持道德和政治秩序的传统保守主义观点联系起来。在某种程度上说，这场政府发动的运动试图把这场深刻的经济和社会变革归结为自身的行为责任，根据自己的理论假设来解释西方社会的危机。用后现代主义的话语表述，这可以被视为一种“绝对”（totalizing）的现代主义规划，把市场和竞争的个人主义的宏大叙述作为文化革新的一种工具。在这种意义上说，20 世纪 80 年代新右翼的出现类似于 20—30 年代的欧洲和苏联的极端的左翼和右翼所提出的那种政治运动（Halsey，etc. 1997）。

但在教育重建中，经济和社会的基本变革如何与指导教育重建的英、美新右翼意识形态发生关系？这种关系不仅仅是一个纯粹的学术问题，它还是一个实践政策的决定因素，如果不考虑这点，那么很难探明当前政策所产生结果的原因或教育中制定备择政策所依据的基础。有些西方学者认为，所有的西方社会如果要想在全球经济竞争中生存下去，那么将不得不适应新右翼为经济重建所开的处方。这种观点的流行对教育重建产生了重要的影响。在教育重建中，教育的市场改革背后有它的意识形态，这种意识形态在各社会之间是不同的。新右翼意识形态从新古典经济那里找到了关于人性、社会和社会进步这些构成新右翼意识形态的新自由主义的理论假设，尤其在美国和英国，这些假设与各种不同的保守主义相伴而行。

（二）新右翼的政治经济理论

西方新马克思主义理论指出，20 世纪 80 年代早期新右翼认为美国和英国衰弱的基本原因之一是文化的，尤其是国家干预个人的生活，这削弱了他们的竞争和进取精神。在经济上，国家干预至少有两个病理学意义上的影响，首先是国家所花的每一个美元并非进入私人企业的投资中。国家在“排挤”私人部门，在这样做的过程中实际上挫伤了富人和穷人的企业创造性和想象力。它削弱了富人的能力，因为它过度纳税，因此富人很不愿意在生产企业中投资，国家拼命地收税，而富人则想尽办法逃税。但穷人却被损害了，因为他们领国家的救济福利。自 20 世纪 70 年代以来，西方社会的贫富两极分化愈益严重，而新右翼则认为，人的穷困是个人造成的，由国家来改善他们的生活状况是反生产的，国家不能因为个人的失败而对他们进行补偿。新右翼认为国家不应当干预个人生活，他们试图颠倒经济民族主义时期提出的假设，即国家通过全员就业而履行消除贫困和创造安全和机会的职责。实质上，新右翼的保守主义因素强调，国家只是改变了人们生活中国家权力的结构而不是削弱国家权力，这在教育中可以清楚地看到。新右翼认为，经济和社会的变革不能依赖国家所提出的规划，或依赖个人的动机变革。只有创造一种个体进取心的文化经济，在全球经济中的成功才能得到保证。同样，经济改革不能执行由宏观经济尤其是由凯恩斯所主张的、指导经济民族主义时期的全员就业政策。相反，正是微观经济改革将会导致世界竞争，通过经济非规则化（deregulation）而达到市场动力的解放。

（三）教育中的市场改革

新右翼经济理论成为新右翼教育改革的重要基础。个人动机、微观经济变革、竞争的优越性和财政紧缩等皆对教育重建产生了重要影响。新右翼教育政策的特点在于把市场竞争引入到所有的教育部门（Lauder，Brown，1997）。这主要体现在三个方面。其一，市场竞争的引入意味着财政、人员编制和各个教育设制的教育政策的权力下放或转移。公共部门的学校、学院和大学在小型或中型规模上进行自身管理，因此，私人部门微观经济改革和教育微观改革是同步的，一旦伴随合适动机和市场纪律而建立起市场环境，教育设制之间的竞争将有助于提高教育水平，无法吸引“顾客”的学校将被市场淘汰。这样，教育研究则强调如何才能使学校更加有效（Mortimore，1997）。其二，不论学校的性质如何，它们都能成功地进行竞争。这种观点认为，提高所有人的教育水平只是学校管理和教学质量的问题（Chubb & Moe，1990）。换句话说，学校的成功与否取决于学校的管理和教师的质量。这样家庭和儿童贫困与教育成绩之间根本就是不相干的。管理良好的学校与学生自身动机是一致的。其三，家长选择的观念成为无可非议。美国著名的教育机会均等研究专家科尔曼认为："选择运动是刺激教育运动的第一步——不仅刺激诸如学校及其教师这样的教育消费者，学校的刺激……将包括吸引和拥有它们所能得到的最佳的学生利益。家长和学生的刺激将包括进入他们所发现的具有吸引力的学校和留在那些学校的能力"（Coleman，1992）。

（四）教育市场化和均等与民主

西方新马克思主义学者研究发现，在平等的文化和物质资源下并不能作出选择。家长和学校的利益并非是一致的。教育市场化理论的主要错误在于，通过竞争学校能取得均等成绩。科尔曼的原始假设，即学生在学校里混合是学校综合成绩的关键因素，现在成为一个正确的命题。

新自由主义或新右翼把机会均等（equality of opportunity）重新界定为"公正"（equity），这似乎等于每个人普及教育的合法权利，因此个体可以在全球劳动力市场上竞争。实际上它违背了国家干预、管制文凭竞争的政策，其目的是减少社会不利条件，因此，它表明了"公正"的后退。科尔曼教育入学均等和待遇均等的意义在于，它适用于同等性质的社会团体而不是个体，它包含着国家为不同的团体创造结果均等的积极干预。新右翼的公正概念意味着积极的国家干预的倒退。对于那些为文化自主的学校而斗争的团体来说，通过差异政策（politics of difference），文化上不同的学校教育制度会形成不同的资格（qualifications），结果均等转换成公正反映了教育制度从一种相对线性的资格结构向一种平等结构的制度变革，反映了激进的多元主义、科层制的和同化的社会。

在教育市场化中，民主也遇到了两方面的挑战。首先，民主和教育之间的关系问题遇到了反对。新右翼的自由王国是私人消费，因此，学校在自由政治中起不到什么作用，如果学生在教育的竞争市场中被社会化，那些隐性课程可能创造出市场行为所需要的个体。这样，教育的市场化就起到决定性作用，知识不仅具有经济生产性，而且自身完全成为一种市场条件下商品。正如伯恩斯坦所说："经过差不多一千年之后，知识与精神性（本质）分离了，在人文上变得非人道化了。"（Bernstein，1990）这就是马克思所说的资本主义社会的内在逻辑是人类活动的商品化逻辑。

（五）重建对教师职业的影响

市场改革引入教育意味着形成了一种控制教师实践的机制，因为奖惩是建立在按照教师的成绩、绩效付薪的基础上的，如果学校成绩不好，教师将面临着失业的威胁。批判教育学者认为，这种奖惩在教育领域是很成问题的。学生成绩是集体劳动的结果，它不能视为单个教师的产品，再说学校成绩下降与它们给予学生的价值是不太相干的。

这种市场投机涣散了教师的积极性，新自由主义理论认为，教师将会反对这些变革，令其屈服于教育的市场权威（regimes）不符合教师的利益，根据"公共选择"理论，教师工作于公共部门，他们是国家垄断的一个部分，在这里教师是受政府津贴资助的。公共选择理论家认为，国家教育是根据中产阶级供应者的利益而不是包括学生、家长、雇主和付税人等消费者的利益而运行的。这种结构变革是在绝大多数教师未同意的基础上自上而下强加的。在后现代或后福特时代的美国，有关经费提供和教师教育的现代教育政策在总体上无法适应后科层制的教育制度。这里提出了教育重建本质和策略的重要问题。有学者提出"一种基本选择，即作为科层制控制和管理教师执行其他人的命令，而后者则是教师得到支持、鼓励和提供新的机会来提高他们自身"。这种来自国家的"命令"不会生产更加满意的教育产品。

第三节　国家在教育"自由"市场中的作用

在当代社会，市场总是处在一种国家发挥重要作用的设制环境中。教育市场化政策是与新右翼国家所僭取的愈益增大的权力相伴的。在新右翼的教育规划中，一方面有关管理学校的决定权力下放了，另一方面国家管制的权力急剧增强。这是典型的自由市场和强大国家的矛盾体。在新右翼控制的社会中，西方新马克思主义构建了教育管制权力增大常采取的三种模式。第一，根据全球拍卖和讨价还价的公共经费所施加的压力。教育资源提供的分权化实际上鼓励了市场行为，同时还企图削弱教师联盟的权力，决定它们自身就业政策的学校取代了国家或全国范围内的就业条件，这种条件本来是联盟巩固的基础。分权化政策的结果是，美国 20 世纪 80 年代联邦经费被收缩了，而在其他新右翼国家则削减教育经费。

新右翼分权化政策中引人注意的地方在于，家长与社区选择和控制权扩大。这种意义上的控制是指由家长和社区而不是由科层制来管理学校（Spring，1993）。它是一种招收低薪教育管理人员和取消专家科层的途径。事实上，家长和社区仅仅成为国家意志的技术工具而已。研究发现社区参与教育时，教育的控制和管理从来就不仅仅是一个技术问题，而总是包含着一定政治意义，因此除非社区在政治上动员起来，否则在城内学校社区的措施是无法执行的。

西方新马克思主义认为，权力下放前景不好，因为当学校在资源分配和政策选择上被赋予更大的"自主权"的同时，学校课程却越来越集权化了，无论是美国各州或国家一级的，还是英国或新西兰的课程都一样。这就构成了第二种控制的模式，把这些集权化课程引进来的动机与经济生产率没有必然的联系。它只不过是面对经济愈益全球化和削弱民族国家中确保国家的同一性（identity）而已。英国国家课程的引进只是一种复辟主义者（restorationism）和现代化保守主义之间的斗争而已（Green，1990）。在这点上，与其说是民族国家形成的一部分，还不如说是根据国家教育关系的重构。这样对课程又提出一个问题：应教谁的知识？这样的课程设计加强何种国家同一性？

另一方面，它们服务于机会均等的提高，因为所有的学生不论其阶级、社会性别或种族都必须学习它们。在这点上，它在原则上消除了科目的地位等级制和它们被选择的机会之间的联系。这种情况在大学就不一样，因为在这里技术和商业知识很受重视，这种知识与大学地位和社会阶层及学生的种族背景相联系。在学校一级，集权化课程的引入所产生的结果是，家长和社区在教育的关键领域的权力被剥夺了，只给他们剩下了管理的技术领域。

愈益集权控制的第三种模式是，权力被进一步剥夺了，新右翼把责任制（accountability）和成绩指标（performance indicators）引入教育领域。他们试图把教育设制的责任制与学生的评价联系起来，因为它关系到教育重构的规划：利用评价来改变教学实践。在英国，还制定了成绩和资源分配的联合量表。因为建立在选择和竞争基础上的教育制度，其资源仍遵循于学生，条件是学生将被吸引到最成功的设制中。从联合量表中反映出来的成绩不好的设制将遭受学生人数下降的厄运，因为成功的学校学生数量大增，这样经费也好管理了。引入责任制这种模式的另一个政治动机是，它把教学成绩与学生的成功和失败联系起来，因为看起来好像国家作为人民的代表最终打开了职业主义（professionalism）禁闭的商城（shop），因为它有一系列透明的容易理解的指标。英国教育学家彼得斯说，大学教育的传统目的正经历着由西方自由教育的一种旨在提高经济有效性知识的教育变革，成绩指标是衡量这种变革的指标（Peters，1990）。

第四章 女性主义教育思潮

第一节 女性主义理论及其教育思想

女性主义理论并不是一个概念规范、逻辑严密的思想体系，相反，它是由多个既融合又冲突的流派组成。在介绍各女性主义流派的理论观点及教育思想之前，本章首先简要说明“女性主义”的概念及其认识论基础，以便更好地理解女性主义理论及其教育思想的多元化特点。

一、“女性主义”概念的界定

“女性主义”概念的界定有一定的困难，这主要体现在以下三个方面：“女性主义”英文原词的变化、对女性主义核心概念——“社会性别”的理解和“女性主义”一词的翻译。

（一）从 feminism 到 feminisms 的变化

“女性主义”一词的英文为 feminism。作为对男女平等观念的表述，它已有一百多年的历史。早在 19 世纪末的法国，一些女性就用它（法文为 feminisms）来反对男性的家庭暴政，开展争取平等权利的妇女解放运动。经过一个多世纪的发展，“女性主义”已有了很大的变化。尤其是20世纪60年代以来，女性主义根据自身发展的需要，有选择地吸收了不同思想流派的理念，参与各种社会运动，涉足史学、文学、人类学、社会学、教育学、哲学、法学、文化研究等学科（尤其是社会科学）的学术研究领域，其内涵不断拓宽。它也不再笼统地以“社会性别属性”（gender identity）作为研究的唯一基础，研究对象更加具体化和多样化，涵盖了在种族、阶级、宗教、性倾向、国家等范畴划分中处于边缘的群体，如黑人（女性）、工人阶级（女性）、伊斯兰教（女教徒）、（女）同性恋、第三世界国家（女性）等。原来意义上的“妇女解放”已不能准确地表达feminism所蕴涵的丰富内涵，复数形式的feminisms替代了原来的feminism（鲍晓兰，1995；王政、杜芳琴，1997）。

从整体上看，女性主义是“男女平等的信念及一种社会变革的意识形态，它旨在消除对妇女及其他受压迫群体在经济、社会及政治上的歧视”（谭兢嫦、信春鹰，1995，p. 129）。然而，女性主义不是一个统一体，由于对受压迫的性质和根源的不同理解，女性主义分裂成许多派别，采取实施了不同性质的社会变革策略和措施。其中“社会性别”是女性主义中一个重要概念，对理解女性主义的内涵及其在发展中的变化有重要意义。本章在此作简单的介绍。

（二）女性主义的核心概念——“社会性别”

“社会性别”（gender）经常与“性别”（sex）对照出现。“性别”是指男女之间生理区别，而“社会性别”则是指社会文化形成的对男女差异的理解，以及在社会文化中形成的属于女性或男性的群性特征和行为方式。

自20世纪70年代以来，女性主义者强调应该把生理意义的男性、女性（即性别）与由社会形成的男女在社会中的角色和地位（社会性别）加以区别，因为后者“是表现男女权力关系的一种基本方式”（Jame Scott，1983；转引自谭兢嫦、信春鹰，1995）。这个概念的提出使人们意识到，性别的成见和对性别差异的社会认识绝不是天生的，而是社会形成的，是可以改变甚至被消除的。因此，“社会性别”有力地挑战了 19 世纪以来盛行的“生物决定论”，成为女性主义的一个基本概念。

最初中国学者把 gender 译为“性别”，与 sex 的译文一样。近年来，为了反映其中包含的社会构成性，在前面加上了“社会”两个字，以示区别。

（三）feminism(s) 一词的翻译说明

由于 feminism(s) 内涵的庞杂性和多样性，很难找到一个准确而简洁的中文对应词。当国内学者和西方的华裔学者想把 feminism(s) 向国人介绍时，在词的翻译上引起了很大的争论（鲍晓兰，1995；谭兢嫦、信春鹰，1995；王政、杜芳琴，1997）。现在，feminisms 最常见的有两种译法：“女权主义”和“女性主义”。但不少学者认为，这两个译词都只是表达了部分的意思，各有偏颇。“女权主义”的政治气息过重而且也容易让人生畏，因为人们经常由此联想到女性主义者的一些过激行为。并且，feminism(s) 发展至今早已不仅仅只有政治寓意，再用这个词也有过时之感。而“女性主义”又似乎过于学究气，只注重思辨性的理论探讨而忽略了 feminism(s) 的初衷——争取妇女平等权利的政治实践斗争（王政、杜芳琴，1997）。因此，有的学者将 feminism(s) 翻译成“女权/女性主义”，以示其完整性。

另外，还有学者对“主义”一词也提出异议。feminism(s) 既是理论又是实践，其中包含了妇女运动（women's movement）和女性主义理论（feminism theories）的内涵。因此，王政认为，“feminism(s) 有别于各种‘主义’，它不是由几条定律和一系列连贯的要领组成的固定不变的学说，更不是排斥异己、占据思想领域中霸权地位的‘真理’”，它是“一个开放的、动态的、涵盖面极广的、各种思想交锋交融的场所”（王政、杜芳琴，1998）。在国内，对于“妇女”和“女性”的争论更增加了 feminism(s) 译文的复杂性。

本研究采用“女性主义”的译法。一来是因为自 20 世纪 80 年代特别是90年代以来，feminism(s) 在学术领域取得了显著的成就，至少在西方作为一种学术体制已经得到普遍承认（盛宁，1997)，而本书的写作也更多地是从学术这个角度出发。二来中国在90年代以后有关feminism(s) 的出版物中也越来越多地使用了“女性主义”一词，顺应时代潮流也是本章选择“女性主义”的理由之一。当然这样的选择也是为了行文上的统一，无意抹杀feminism(s) 的政治内涵。

因此，文中所表述的“女性主义”即指英文feminism(s)，在文中引用学者观点时类似“女权主义”或“女权/女性主义”的表述，在英语中实则同出一词。另外，由于“女性主义”理论与实践的不可分割法，“女性主义”和“女性主义理论”两者间界限模糊，许多女性主义理论的提出者往往就是妇女运动的倡导者或参与者，即“女性主义者”，因此在文章中这两个概念可能会混同使用，在此特别说明。

二、女性主义认识论

女性主义具有很强的批判性，它通过吸收后现代主义观点，对西方传统的知识观和认识论展开了猛烈的抨击；同时，由于女性主义各派别的冲突，它们在认识论上无法达成共识，从而形成了观点不一的三种女性主义认识论。

（一）对西方传统知识观和认识论的批判

认识论诠释了知识产生的过程，其中也包含了人们对知识的理解。女性主义吸收后现代主义的一些观点，抨击西方传统的知识观和认识论。

西方理性至上的知识观认为，知识是外在于人的客观存在，是普遍存在的“绝对真理”。因而，知识获得只有通过理性的逻辑推断，在这个过程中，经验是不可靠的，因为从经验得来的感性知识是混乱而不正确的。这种假设真理唯一性、知识客观性的认识论遭到后现代主义者的唾弃。他们认为，知识不是客观存在的，而是被人创造出来的。福柯（Michel Foucault）① 指出知识与权力之间的密切关系（转引自道格拉斯·凯尔纳、斯蒂文·贝斯特，1996）。他认为，（占主流的）知识往往是由社会精英运用手中的权力，把维护本集团利益的观点推而广之变为全人类的标准和思想，把有利益偏向的知识伪装成具有一般性和普遍性的特点，以此来进一步巩固他们的特权地位。乔伊斯·尼尔森（Joyce M. Nielson）则以科学新范式的发现过程为例说明科学家的主观意愿对科学研究的影响。她指出："重要的并不是这些传统的范式的存在，而是科学家们注意到了它们，并把它们确定为挑战传统主流范式的真理反例，而不是像以前那样把它们当做是不相关的或无足轻重的偏离物。"② 因此，后现代主义者提倡对科学的"去魅"（de-mystifcation）和对"客观性"的"历史化"（the historization of objectivity）（盛宁，1997），因为知识是个性化的和有局限的，不存在一种公允的、纯客观的知识体系，而知识的产生和获得只有通过对话和各主体间的互动才能得以实现。

女性主义者赞同并吸收了后现代主义者对传统认识论的质疑，批判性地提出"人类的认识都是不同个人或不同群体的实践和经验的产物，这种经验和实践是与每个人在社会生产和再生产中所处的地位、拥有的利益和机会相联系的"（郑新蓉，1999）。她们认为，在男权制的社会中，男性决定了什么是已知的，男性化的知识体系构成了社会的主流。同时，利用他们在社会上的有利地位，男性通过在知识体系中渗透父权制思想强化对女性和其他受压迫群体的控制（Spender，1983）。女性主义者为求得生存和发展，必须开辟一个新的知识领域，提出新的认识论。

（二）女性主义认识论

由于对男女平等概念的不同理解和所用策略的不同，女性主

① Michel Fouxault，*Power/Knowledge*，New York：Pantheon Books，1980.

② Nielsen，Joyce McCarl，*Feminist Research Methods：Exemplary Readings in the Social Sciences*，Westivew Press，1990.

义者们提出了各种不同的认识论，桑德拉·哈丁（Sandra Harding）（1987，1991）将这些女性主义认识论归为三类：女性主义经验论（feminism empiricism）、女性主义立场认识论（feminism standpoint epistemology）和女性主义后现代主义认识论（feminism postmodernism epistemology）。

1. 女性主义经验论

女性主义经验论产生于生理学和社会学领域的研究，现在也逐渐在自然科学领域出现。它的观点较温和，改良性多于革命性。它首先肯定了传统学科的性别中立性，在此基础上指出，知识界还存在一些传播性别歧视和男性中心主义偏见的“坏科学”（bad science），因而必须运用严格的科学方法以保持学科的性别中立性。持女性主义经验论的学者认为，要避免这些“坏科学”的出现，可行的途径就是增加对女性主义者表示同情的科学家（包括男性和女性）的人数，这样人们才能意识到性别歧视的错误性并修正他们的观点。在这个过程中，女科学家（和那些支持女性主义的男科学家）将担负重要的责任。

这种认识论的研究视野有助于承认女性参与科学研究的合法性，鼓励女性在科学领域的发展。但正如赫克曼（S. Heckman）和杜兰（Jane Duran）所认为的，这种认识论对“男性的即具有客观性”观点的肯定使它不可能质疑科学本身，更无法指出在科学中存在的性别偏见究竟表现在哪些地方，无法从根本上改变“男尊女劣”的社会观点和研究视角（Heckman，1990；Duran，1991）。罗杰、克罗宁和达菲尔德（Angela Roger，Catherine Cronin，Jill Duffield，1998）也指出，女性主义经验论过于保守，因为只增加女学生和女教师在科学研究中的数量并不能带来认识论上的根本性变革。

2. 女性主义立场认识论

女性主义立场认识论是最主要的一种女性主义认识论，所具有的影响力也最大。哈丁把那些认为“女性主义视角的研究优越于男性视角研究”的认识论都列入这一类（Duran，1991）。女性主义立场认识论接受了知识是社会性建构的观点，认为以男性为唯一视角的传统认识论忽视了女性的经验和认知方式，因而它是片面的。它指出，女性主义研究者作用“（男性世界）内部的外人”（outsiders within）必然同时掌握了主流的和非主流的研究视角和研究方法，因而她们比主流群体有更全面的世界观（Harding，1991），具备更丰富的实践知识理论思想。

3. 女性主义后现代主义认识论

女性主义后现代主义质疑和反对基要主义的知识假设和知识的二元分类法。作为一种非本质主义的、文本化的、非二元论的多元主义认识论，它提出用新的方式描述人类知识，用语言分析的研究方法替代对社会现实的广泛研究，使有别于主流集团的边缘群体——包括女性、有色人种、同性恋等的声音也进入社会主流。哈丁对女性主义后现代主义认识论的前景充满了信心，认为，虽然它还只处于发展的初期阶段，但它“将是最有发展前途的一种认识论”（转引自 Duran，1991）。

然而霍克斯沃思（M. Hawkesworth）却不那么乐观，他认为，女性主义后现代主义认识论把重点从研究妇女所受的压迫转向对文本的解释，有悖于它激进的政治理想，实际上是“抛开女性主义的现实事业而只关注一个由意义组成的相对主义世界”，这“非但不能解决问题，反而只会强化妇女受压迫的现实”（1989）。另外，后现代女性主义本身就是一个自相矛盾的词汇（谭兢嫦、信春鹰，1995）。后现代主义是对现代性的反叛，它质疑并解构了现代主义者所推崇的理性和真理，而女性主义与现代性却有着深刻的渊源，很多女性主义分析都源于崇尚理性和追求真理的启蒙思想。因而很难解释把“后现代主义”与“女性主义”放在一起的真正含义。不过，也有学者解释，或许这正说明了后现代主义的特点（盛宁，1997）。况且，后现代的根基在于以男性理论家为主的政治观点中，福柯、利奥塔（Jean-Francois Lyotard）、德里达（Jacques Derrida）、罗蒂（Richard Rorty）等后现代主义者都是男性。这是否也会是一种男性化的认识论呢？

女性主义后现代主义认识论是对以往女性主义认识论的批判，它的破坏性多于建设性，表明女性主义认识论还处于范式转换时期，需要进一步的发展和完善才能明确其自身的内涵。

三、女性主义理论及其教育思想/教育思潮①

从上文对“女性主义”（feminisms）一词的概念剖析和翻译说明中可以看出西方女性主义的庞杂性和矛盾性。根据所涉及的文献统计，可列举出的女性主义流派有自由主义女性主义、存在主义女性主义、激进主义女性主义、精神分析女性主义、马克思主义女性主义、后结构女性主义、黑人女性主义、第三世界女性主义、后殖民主义女性主义、生态学女性主义、同性恋女性主义等十余种。下面就简单介绍其中六种女性主义流派的理论和教育思想。

一般地讲，自由主义女性主义和激进主义女性主义较为明确地提出了教育改革措施，为实现男女平等教育做出了贡献，也为女性主义教育思想奠定了基础；社会主义/马克思主义女性主义、精神分析女性主义从话语层面批判了以往女性主义理论的观点，有助于我们了解女性主义理论及其教育思想所具有的偏激性和批判性。

（一）自由主义女性主义

1. 自由主义女性主义理论

自由主义女性主义是女性主义的早期代表，它借鉴启蒙思想以来的资产阶级人权观，将性别信仰和性别歧视的法律看作妇女受压迫的根源，强调在“相同”基础上的男女平等（gender equality based on sameness），因而它要求改变传统的公私领域划

① 女性主义者提出的教育观点虽然内容丰富，但还没有形成一个完整的体系，因而不适合将其称为“女性主义教育理论”或“女性主义教育学”。在英文文献中，有feminism pedagogy（中译文可为“女性主义教育学”）表达方式，但英文的pedagogy并非中国教育界认为的探讨教育理论问题的“教育学”，它更多的是实践层面的“教学论”。因此，本章将女性主义者提出的教育观点称为“女性主义教育思潮”或“女性主义教育思想”（feminist thoughts on education）。

分将女性排除在外的状况，允许女性进入传统上被男人统治的领域——社会公共领域。自由主义女性主义的代表人物有英国女性主义者玛丽·沃斯通克拉夫特（Mary Wollstonecraft），她在1792年的《妇女权利的辩白》（*A Vindication of Rights of Woman*）中明确提出，男女行为标准应该是一致的，“女性应该有独立工作之权，有受教育之权，有享受公民及政治权之权”（转引自Watkins，1998）。

自由主义女性主义的显著特点是以男性的标准衡量女性，要求社会赋予女性进入男性领域的权利，承认女性达到男性标准后所获得的成功。自由主义女性主义者的社会改革措施具有改良主义的倾向，她们希望在不触及传统男女二元论的情况下改变妇女受压迫的状况，因而在目标和策略措施上形成无法解决的矛盾。一方面追求男女平等的理想，另一方面却又要求女性进入男性的领域。以男性的标准要求女性，这无疑是承认了男性特征优越于女性特征，在实践上也使女性处于争取进入男性世界和保持女性特征的两难境地。

2. 自由主义女性主义教育思想

根据“相同基础上的平等途径”（equal access based on sameness）的原则，自由主义女性主义者为女性争取男性在教育领域拥有的所有权利/权力。她们提出的设想是：在学生层面，女性应该与男性一样拥有平等的受教育权，所有学科特别是自然学科中男女生的比例应该大体相当，教师应该赋予女生同等的关注和期望；在教师层面，男女教师应该数量相当，而且拥有同等的经济收入和社会地位；在管理层面，尤其要改变女性管理者缺失的状况；最重要的是，要在制度层面以国家法律的制定、制度的改革、资金的投入等方式使这种平等得以保障和实现。自由主义女性主义者的斗争在增加女性教育者的人数、提高女性素质上是有突出贡献的，但她们忽略了女性与男性之间的差异①，她们绝对平均主义的

① 男性与女性究竟有什么差异，至今还都是女性主义者们争论的话题。

教育改革措施也没有得到社会（甚至包括许多女性）的认可，反而遭到了后结构女性主义者的批判。

后结构女性主义者从话语层面批判了自由主义女性主义者希望通过"相同途径"实现男女平等的幼稚性。她们认为，在男权制的教育体制下，女性通过教育学会的只是用男性话语解释世界，这可能使女性放弃自己的话语而陷入更加从属的地位。当女性在同一个教室与男生学习同样的课程时，她们所学学科的理论框架、课程的内容、推理思维的训练以及她们作为性别化的存在——女性在学校中的地位都不利于她们"自我性"的建构。也就是说，女性通过学校中性别化的话语学到的只是认同于作为男人关注客体的话语，这与她们所希望的平等话语是相矛盾的(Husen etc. Eds.，1994)。在传统教育体制下，自由主义女性主义者性别平等教育的理想是无法实现的。同时，后结构女性主义者还意识到，即使女性通过教育习得（acquire）并希望发挥自身的主体性，她们会发现社会为她们设置了层层障碍（Davies，1990)。以女性的高等教育经历为例，女性刚争取到高等教育权利时没有学位资格；而当她们最终获得学位资格时，却发现在社会实践工作中她们的学位起不了太大的作用，究其原因还在于她们的女性身份。

（二）激进主义女性主义

1. 激进主义女性主义理论

激进主义女性主义源于20世纪60年代美国的新女性主义的杰出代表。它认为自由主义女性主义者的策略和手段只是肯定并强化了女性受压迫的社会制度，无助于女性的解放。因此激进主义女性主义者提出"父权制"的术语，认为"以男性独尊为基础的父权制是女性普遍受压迫的根源"。为争取男女平等，女性必须在质疑男性气质、颂扬女性气质的基础上彻底重建父权制社会，"发展以妇女为中心的政治、经济、精神或与生活有关的社会制度"（潭兢嫦、信春鹰，1995)。她们以极端的方式解决了自由主义女性主义目标与策略之间的矛盾，甚至主张男女隔离，认为这样女性才能拥有不受男性压抑的充分发展空间。激进主义女性主义重视个人（尤其是女性）的日常生活和女性自我意识的培养，为此她们提出“个人的就是政治的”（Personal Is Political）① 的口号，建立各种“意识觉悟小组”（consciousness-raising group）。弗里丹（Betty Friedan）和费尔斯通（S. Firestone）都是激进女性主义的主要代表人物，弗里丹的《女性和奥秘》（*The Feniminine Mystique*）（1963）和费尔斯通的《性别辩证法》（*Dialectic of Sex*）（1970）是激进主义女性主义发展中的两面旗帜。

激进主义女性主义最鲜明的特点是对男人强烈的仇视态度和典型的“妇女中心（women-centeredness）主义”。它通过颂扬女性气质和质疑男性气质，解决了自由主义女性主义者所面临的两难选择，也为妇女运动的实践斗争提供了强有力的理论指导。但这种理论在本质上与父权制没有多大区别，似乎是在构建一种“反歧视”的“女权制”社会制度，在现实生活中也引起了广大男性和一部分女性的反感。从事女性研究的学者愿以女性主义者自称，这么做也是出于对激进女性主义者过激行为的抵制。

2. 激进主义女性主义教育思想

在教育领域，建立单一性别的女校是激进主义女性主义的主要策略之一。根据“男女隔离”的原则，激进女性主义者认为在女校的学习能使女性在不受男性束缚的前提下习得父权制以外的知识，并能全面、正确地了解和评价自己。然而在实践中，女性主义者们发现，单一性别学校的策略并不能达到自己预期的目标，女校内的阶级分化、男校内对女性歧视的强化都促使她们回头分析原有教育制度存在的问题。激进女性主义者在分析了学校教育中

---

① 这一口号出现于美国新女权运动时期，女性主义者提出这个口号的目的是希望把有着不同背景和处境的女性结合成一个有着共同利益的集团。以往女性在解释自己所处的不利处境时，很容易不自觉地把它归结为个人环境或能力的限制，即使有女性的反抗行为，但很分散，不足以对整个社会构成威胁。因此激进女性主义者提醒受压迫的女性把这种女性的不利处境普遍化，上升到集体的层面、政治的层面，以便团结起来共同斗争。

的"隐性课程"之后对学校展开了颠覆性的批判。她们认为，学校课程起了维持父权制意识形态和社会结构的作用（Husen，etc.，1994），尤其是其中的隐性课程是学校中不公平的男女权力分配和女性受压迫的地位得以合法化和制度化的一个重要原因。学校课程中传授的知识具有男性化的特点，潜在地传递"男性气质优越于女性气质"的观点。为了对抗这种不利于女性发展的教育环境，不少女性主义者开始从事"女性主义教育研究"，通过发现原有课程体系中存在的性别歧视问题去证明改革学校课程的必要性，并建议开设具有女性主义视角的课程——"女性主义课程"。这种课程在关注男女平等的受教育权之余，更重要的是为受教育者，特别是为女生提供一种不同的教育经历。"女性主义研究"和"女性主义课程"（妇女学）将在下面两个部分中详细介绍。

（三）社会主义/马克思主义女性主义①

1. 社会主义/马克思主义女性主义理论

社会主义/马克思主义女性主义出现于20世纪70年代，它吸收了马克思主义阶级斗争和社会发展的观点，是对自由主义女性主义观点的补充和对激进主义女性主义社会性别本质主义的修正（徐辉，2000）。巴雷特（M. Barret）和西格尔（L. Segal）是这一派别的代表人物，她们运用传统的马克思主义观点，分析了生产与再生产、资本主义与父权制之间的内在联系，探讨了性别与文化和社会之间的复杂关系。她们同时指出，父权制与资本主义制度是女性受压迫的双重根源，因此，妇女的解放要同时推翻父权与资本主义制度，而其中生产力的发展是解放的基本条件。在具体策略上，社会主义/马克思主义女性主义提倡女性进入社会和生产领域，通过发展生产力来实现自身的解放。

社会主义/马克思主义女性主义的显著特点是在社会阶级划分

① 社会主义女性主义与马克思主义女性主义的很多观点都一致。但两者还是存在一定的差别：在妇女受压迫的根源的问题上，马克思主义女性主义理论把资本主义放于首位，而社会主义女性主义则将这两者综合并列地考虑。

的背景下解释妇女受压迫的根源，强调资本主义制度与父权制的相互影响。由于它强调女性在生产力发展中的作用，在理论上证明了女性参加社会劳动的意义，但是在实践中，女性在家庭的劳动并不因外出劳动而有所减轻，反而造成了职业女性“家庭事业双肩挑”的双重负担。

2. 社会主义/马克思主义女性主义教育思想

在教育领域，社会主义/马克思主义女性主义者与激进主义女性主义者一样，认为学校教育制度通过隐性课程复制了父权制和资本主义制度中的性别不平等和阶级不平等，并将男性话语和资本主义话语渗透于教育课本和学校的日常生活。这些话语深刻地影响着男女生及男女教师主体性的发挥，人为地造成男女之间的一些差别，并把这种差别赋予价值化。同时，社会主义/马克思主义女性主义者借用社会再生产和文化再生产理论研究教育领域的政治问题，如国家教育政策对女性的影响，学校和教师作为国家意志的代言人在教学过程中传播国家意识形态和强化女性传统角色意识，等等（Husen etc.，1994）。这些话语层面的分析在后结构女性主义者中得到了进一步的发展。

（四）心理分析女性主义

1. 心理分析女性主义理论

心理分析女性主义产生于20世纪70年代，它通过有选择地运用弗洛伊德理论的一些概念，试图解释女性主义在社会中受压迫的地位，以及研究妇女所受的压迫是怎样影响她们的情感生活和性别特征的。如J. 米切尔（J. Mitchell）借助弗洛伊德理论中自我与本我、意识与无意识等剖析了父权制社会的特点。然而弗洛伊德理论在解释男孩与女孩的俄狄浦斯情节经历时具有明显的“男性中心主义”特点。这种理论认为，男孩子在俄狄浦斯情节阶段因畏惧父亲的阉割威胁而放弃了在前俄狄浦斯时期对母亲的爱，他们在实现了压抑本我和适应超我之后进入了男性宗法文化，与父亲一起成为对女性和自然的统治者；而女孩子由于不受阉割的威胁，与母亲的分离较为缓慢，因而她们融入社会文化的过程总是不彻底，只能占据社会的边缘（谭兢嫦、信春鹰，1995）。心理分析女性主义者虽然接受了俄狄浦斯概念的某些方面，但她们并不认可弗洛伊德理论将男女性别等级化的价值观。她们认为妇女受压迫的根源根植于她们的灵魂中，妇女要求自身的解放，必须有一种“内部的”和社会的革命，必须重新调整人类社会的家庭关系，使男人和女人共同地、平等地承担养育的责任，使儿童从幼年起就在双亲而不仅仅是母亲的养育下成长①。

2. 心理分析女性主义教育思想

心理分析女性主义者对学校教育中具体的性别平等教育措施涉及较少，但她们通过分析父母在子女社会性别形成中的角色，强调家庭教育在其中的重要作用。另外，这一派别的女性主义者所擅长的心理分析是女性主义教育研究常用的方法。

（五）黑人女性主义

1. 黑人女性主义理论

黑人女性主义理论是西方少数人种中的女性主义代表，描绘和解释了黑人赋予其意义的妇女斗争的理论和实践。虽然它的成形是在 20 世纪 80 年代后期，但其实践基础却已长达一个多世纪，并且围绕的主题随时代变化：19 世纪主要围绕废除奴隶制，20 世纪则围绕人权运动。由于这一派别的女性主义发起者所特有的社会背景，她们强调将社会性别、阶级与种族因素结合起来，不仅批判白人社会和父权制社会对黑人妇女的双重压迫，而且抨击了白人妇女运动对有色人种妇女在经济与社会中的贡献的忽视（谭兢嫦、信春鹰，1995；徐辉，2000）。美国著名黑人作家艾丽斯·沃尔克（Alice Walker）为反对有产阶级白人妇女，提出以“妇女主义”（womanism）替代“女性主义”（feminism），并将“妇女主义”定义为“献身于实现所有人的，包括男人和女人的生存和

① 参见 N. Chodorow，*The Reproduction of Mothering：Psychoanalysis and the Sociology of Gender*，Berkeley University of California Press，1978。

完美的主义”，强调黑人女性的经验①。美国著名黑人女性主义者胡克斯（bell hooks）（她坚持用小写字母写名字，表示对白人文化的反抗）指出，通过把中上阶级白种男人的文化历史、文化特征——如说话方式、行为习惯、漂亮与成功的衡量尺度——作为标准，美国社会历史和现实中的社会制度都不自觉地强化了中上阶级白种男人的优越性，黑人妇女承受着阶级、种族和社会性别的三重压迫。

2. 黑人女性主义教育思想

黑人女性主义者为黑人女性争取各种社会政治、经济和文化的权利/权力，作为社会文化组成部分的教育是改变人们政治地位和经济状况的一条有效途径，自然也是她们重要的战略领域。其中胡克斯提出的“参与性教育学”（engaged pedagogy）② 影响力较大。她的教育观点在许多方面相似于其他女性主义者，如注重学生生活经历与课堂教学的结合，强调课堂的多元化因素，等等。所不同的是，她在强调性别视角的同时，更关注教学过程中的种族视角，要求赋予黑人学生和教师——特别是黑人女学生和黑人女教师应有的教育权利。

（六）后结构女性主义/后现代女性主义③

1. 后结构女性主义理论

后结构女性主义（poststructural feminism）/后现代女性主义

---

① 参见 Aice Walker，In *Search of out Mother's Garden*，New York：Harckurt，Brace Jovanovich，1983。

② “参与性教育学”并不能确切地表达 engaged pedagogy 的寓意。engaged 一词既有“参与的”的意思，也有“交战”的意思。根据论文作者的理解，胡克斯的 engaged pedagogy 既有学生与教师共同积极参与课堂教学活动的内涵，也有通过课堂教学对社会进行批判的内涵，但以前者为主，因而此处译为“参与性教育学”。

③ 徐辉（2000）认为“后结构女性主义”与“后现代女性主义”是批判性女性主义（criticalfeminism）的两个派别，两者存在差别。本章作者认为，“后结构主义”也是后现代时期出现的一股思潮，在很多方面具有后现代特征，女性主义后结构主义在表述上有“后结构女性主义”、“后现代女性主义”，或者“女性主义后结构主义”（feminism poststructuralism）、“女性主义后现代主义”（feminism postmodernism），两者在内容上基本相同，因而，本章作者认为，这两个概念区别不大，在文中混同使用。

(postmodern feminism) 出现于20世纪80年代，在吸收福柯的后结构主义 (poststructuralism)、拉康 (Jaques Lacan) 的心理分析 (psychoanalysis)、德里达的解构主义 (deconstructionalism) 等后现代思想的基础上，对以往各女性主义理论观点进行了批判、解构和综合。[①] 后结构女性主义者强调"多元化"和"差异性"，以反抗性的话语解构了以往女性主义理论中"男人"、"女人"、"男女平等"、"妇女解放"等概念，认为以种族、阶级、民族、宗教等社会划分范畴为基础的女性内部差异性并不小于两性之间的差异，"放之四海而皆准"的女性受压迫理论和妇女解放策略根本就不存在。丹妮斯·赖利 (Denise Riley) 在解释"男人"概念的基础上解构了"女人"。她认为，男性的概念是不稳定的，不同的历史时期、不同的社会经济条件下有不同的男性标准，世界上并不存在类似传统女性主义所描绘的具有普遍意义的男权制度，因此，作为"男性"的反衬——女性的标准也是不稳定的、暂时的，不存在普遍意义的"女性"的经验。朱迪思·巴特勒 (Judith Butler) 认为，关于"两性平等"的理论和实践只是男权思维逻辑的延续，是用男性的标准来制定女性的自然和社会作用，无助于改变女性的地位。[②]

后结构/后现代女性主义者一般是在学院内从事理论研究的女性学者，她们不再像她们的先辈那样投身于妇女运动，而只是在书斋中以一个局外人的身份对女性问题进行探讨，因而她们的观点对女性主义现实指导意义不强。虽然她们从话语层面的分析的确是深刻地反映了社会现实的复杂性，但也仅仅是反映了社会的现状，她们不愿提出或者是提不出解决问题的措施。一种理论存在的价值在于它对现实所起的指导作用，然而，后结构女性主义理论与女性主义的政治运动越来越脱节，人们对它能否指导未来的妇女解放运动也越来越表示怀疑。

①② 柏棣：《平等与差异：西方后现代主义女性主义理论》，载鲍晓兰主编：《西方女性主义研究评介》，生活·读书·新知三联书店1995年版。

2. 后结构女性主义教育思想

后结构女性主义在教育领域的理论和实践都不多，但它从话语层面分析传统教育，提倡多元化和重视差异性，符合当代教育改革追求“个性化”、“平等性”的特点。她们彻底解构了传统教育中的课程体系和教学方法，通过分析自然学科、人文学科和艺术的话语结构，指出了各学科中的霸权主义，提醒人们意识到各科教材的内容都表现了某一集团的利益（Martin，1991)。同时，她们质疑作者在文本诠释上的权威性，要求改变传统课堂教学方式，反对只通过课本传递知识的授课方式，认为知识的传递和建构也可以通过学生和教师之间口头的交流（Cixous，1998；Davies，1993)。

四、女性主义教育思想的特点

（一）富有个性的研究对象

与西方现代各种教育理论、教育思潮大异其趣，女性主义教育在研究对象上独辟蹊径，极富特色。她们把教育的研究对象界定为女性所有的教育问题，其核心是性别间的不平等及对学校教育和整个教育系统的影响，换句话说，凡是涉及女性的一切教育、成长方面的问题都属于女性主义教育的范畴。

由于女性主义流派不同，它们对性别间的不平等对整个学校教育系统持续、广泛的影响的解释和理解也就不同。当然，不同的理解与分析提出的改革措施和策略就更不一样了。自由主义的女性主义者认为无知是性别不平等的主要原因，她们提出将普及教育、广泛传播知识作为解决问题的主要途径。在她们看来，因为学校中性别的不平等是由一系列复杂的原因引发的，如偏见(包括家长、教师乃至整个社会的)、传统的价值观念（重男轻女)、恰当体制的缺乏以及结构方面的障碍等，所以，解决的方法也应该是两方面的：第一，通过在职培训和制定一系列学校方面的政策提高女性的意识；第二，通过运用法律手段在必要的地方废除障碍物，如通过教育机会均等法。激进的女性主义者则把学校教育中的不平等归咎于男性权力和男性主导的两性关系，这两者造成了男性主导、女性从属的二元性。她们宣称上述现象在社会各个方面都有反映，无论是在学校、在家庭还是在高等学校、在工作单位。由于性别差异是广泛存在的，因此，消除两性之间的不平等不能仅仅依靠教育和教师。妇女应竭尽全力去消除性别歧视，重塑整个社会。激进的女性主义者认为教育具有潜在的解放力量，但它不是现成的。只有当教育从其男性基础上更换其课程、知识和文化的时候，它才具有改革的实际意义。西方马克思主义和社会主义的女性主义对教育在社会变革中的积极作用似乎认识不足。她们视教育为性别斗争和阶级斗争的舞台，是复制传统的社会主导与从属模式的基本工具。她们认为，工人阶级的女孩在学校既遭受了和本阶级男孩同样的阶级不平等，还接受了女性“次劣”的教育，她们在教育中处于双重不利的境地。由于资本主义内部性别不平等的社会性本质，因此，她们所能提出的解决教育不平等的办法是相当有限的。尽管如此，马克思主义和社会主义的女性主义者在教师联合会里对男权提出挑战，在把女性问题提上教师联盟的议事日程方面还是相当活跃、功不可没的。①

黑人女性主义者似乎也怀疑教育在彻底改变或改革社会不平等中的作用。她们认为在根除种族歧视和性别歧视方面，法律在某种程度上具有更重要的作用。她们认为，不区分黑人教育中的性别和种族问题，是掩盖了黑人女孩教育的特殊性，或者说用种族问题代替了性别问题。她们还猛烈批判了因为肤色不同把不同种族的女性视为某种同类大种族群体的倾向。不同种族的女孩所遭遇的种族主义有可能是相似的，但是她们不同的文化背景、经济背景和宗教背景使她们所接受的教育有可能完全不同。

后现代和后结构主义的女性主义者对学校教育中的不平等及其解决的措施也提出了自己的见解。由于她们对所谓“正常化”的和“自然化”的话语表述感兴趣（在这种话语中知识与权力是

① 参见 S. Rowbotham，*The Past is Berore Us*：*Feminism in Action since the 1960s*，London：Pandora，1989，p. 74。

联系在一起的），也由于她们把研究重点放在某些“地区”或社区上，所以，她们宣称创造一种“反话语”（即与男性话语相反、相对抗的话语）是完全必要的，也是可能的。在这种话语中，女性未曾表述或表达的内容可以得到充分表达。她们倡导的行动之一是在教育语境中促进学生对自身地位的批判性觉醒，另一行动措施是对女性的各种行为保持高度注意。① 然而，要做到上述两点十分困难，关键问题是怎样才能培养、创造这种批判性意识。

（二）鲜明的研究主题

同样，女性主义派别及观点不同，她们所选择的教育研究主题及重点也不相同。我们先看自由主义的女性主义者的情况。在教育研究中，她们研究的侧重点往往集中在女童的“失败”或学校教育中的学业不良以及女性为了改变自身环境而应接受的普通教育等问题上。比如，她们比较深入地探讨了学校教育中女孩和青年女子学业不良的实例，在某些学科（特别是数学、自然科学和技术）中男性与女性不同成就模式的原因，选修课和就业方向上的性别印迹，考试和测验中的性别特点，学校教师构成模式中的性别差异，等等。显然，自由女性主义者所力争的目标，是在现存的学校和社会体制下，以最小的代价使妇女环境得到快速改变。因此，尽管她们用了“途径、选择、未充分表达、成绩不佳”等术语，但她们的基本立场仍是在不根本改革男性化社会现状的前提下做出有限的改革。

与此相反，教育领域中激进的女性主义者在批评男性中心的社会、抨击学校教育中的知识本质以及现存教育制度与女性的距离等方面表现得坚决而彻底。她们研究的主题大都集中在批评“男性化”的教学科目、考察学校教育中男权形成的过程以及课堂内性别间的关系。与自由主义的女性主义者不同，激进的女性主义者强调在课堂、工作单位，特别是在学校教育中由于性别差异

① 参见 P. Lather，*Getting Smart*：*Feminist Research and Pedagogy With/in the Postmodern*，New York：Routledge and Kegan Paul，1991，p. 63。

造成的女性受压迫的情况。她们还提出了一个颇具争议的问题，即为了创造某种独特的女性学习的文化氛围，是否有必要建立一种单一性别的学校呢？① 这派女性主义者常用的术语是“男权关系、主导与从属、压迫与解放、女性中心”等。这些术语既反映了激进女性主义者的基本观点，又反映了她们对教育现状的普遍批评。

相对而言，马克思主义和社会主义的女性主义在教育研究主题上表现出更复杂的情况。她们比较关注在形成两性不平等的过程中的教育特别是学校教育所发挥的作用，以及这种作用的限度。她们重视在学校中工人阶级的子女（尤其是女孩）是怎样被培养成从事体力劳动的“接班人”的；在维护特权阶级和两性关系中，家庭、学校与就业的相互作用。她们常用的术语是“资本主义、生产、再生产、阶级、性别、男权关系和同化理论”。这一派对教育领域中的实践者——广大教师影响不大。

黑人女性主义者也对学校教育的弊端进行了有力的抨击。她们抨击了某些地区和社区的种族主义和男性主义的本质；集中力量揭露了黑人家庭的“文化病理”；批判了人们强加的所谓“黑人女性的特点”。此外，她们还探讨了英美学校中黑人女性的实际经验、教师中的男性主义和种族主义、作为某种问题构成的黑人女性。② 她们常用的术语包括“反对性别歧视、反男性中心、黑人不利处境、制度化的种族主义、定型化、期望缺乏”等。

最后，我们以后结构主义为代表看看批判的女性主义在教育研究主题方面的情况。后结构主义的女性主义在教育研究主题上的影响主要体现在女性主义教育的宏观理论方面。琼斯（A. Jones）认为，后结构主义的女性主义更推崇复杂性，而不是

---

① 参见 R. Deem，*Coeducation Reconsidered*，Milton Keynes，Open University Press，1984。

② 参见 V. Amos，P. Parmar，Challenging imperial deminism，*Feminist Review*，1984，(17)，pp. 3-18。

前文论述的各种模式、体制。他们对教育中的“不确定性”持肯定的观点。[①] 沃克丹尼（V. Walkerdine）探讨了“进步主义教育学”的思想。他认为，在所谓进步主义的小学课堂上，“真正王国”就是以男性为标准的儿童的主动和以女性为标准的教师的被动（因为小学中多数教师是女性）。教师们的独立性和自治性被牺牲了。通过她们“准母亲般”的照料，促进了儿童“自然”的成长。但这还仅仅是富有阶级的情况。工人阶级的女童和黑人儿童则被视为某种社会问题，因为她（他）很难达到理想儿童（即白人儿童）的标准。因此，沃克丹尼认为，在进步主义关于自由、民主、安全和本性的“表述”中，有一种对权力和不平等的反对。

戴维斯（B. Davis）考察了学前儿童对主流文化的理解、各种“故事”描述和性别特征的意义。她发现儿童不能理解女性主义者的“故事”及其讲述，因为他们平时所闻所见的都是主流文化、“经典的”男性表述和儿童传统的故事和童话。有的后结构主义者还研究了女性主义者的“实践”和自我反省。[②] 后结构主义的女性主义者常用的术语包括“主体性、主观性、权力、知识、社会结构”等。

（三）独特的研究视角

是否存在一个客观的又有鲜明特色的女性主义的教育研究方法或方法论呢？这是我们考察女性主义独特的教育研究视角首先面临的一个问题。对这个问题，女性主义者也是见仁见智，众说纷纭。有的人极力倡导，如莱英哈兹（S. Reinharz）提出了一个女性“共同”的研究方法，她称之为“经验主义分析法”（experiential analysis）。[③] 对这一方法持反对意见的人也不少。她

---

① 参见 Jones A.，Beckming a girl. *Gender and Education*，1993，5（2），p. 158。

② 参见 P. Lather，*Getting Smart*：*Feminist Research and Pedagogy With/in the Postmodern*，New York：Routledge and Kegan Paul，1991，p. 82。

③ 参见 S. Reinharz，Experiential analysis：A contribution to feministresearch，in G. Bowles，R. D. Klein（eds.），*Theorise of Women's Studies*. London：Routledge and Kegan Paul，1983。

们认为对特殊、唯一研究方法的追求是毫无意义的，它不仅妨碍女性主义研究者对各种科学研究方法的广泛借鉴、采用，而且画地为牢，阻碍女性主义研究方法的发展。① 笔者认为，要立即对女性主义的教育研究方法或方法论做出某种界说，把它同其他教育研究方法严格区别开来，现在为时尚早。这里，我们仅对女性主义研究方法论的某些基本特征和常用方法做一些粗浅分析。

1. 女性主义方法论的基本特征

第一，反对实证主义。在教育研究方法上尽管女性主义者意见不一，各持己见，但是她们在反对社会科学尤其是教育科学研究中传统的、正统的实证主义倾向方面是基本一致的。主要表现在她们力图修正已有的经验主义的实证方法。例如，她们用现有的后经验主义的方法论中哈芮（R. Harre）和西科德（P. F. Secord）的"新"社会心理学来代替传统的教育研究方法，用怀疑的后现代主义和后经验主义来批判正统的实证主义，等等。

第二，两性关系分析模式的广泛运用。女性主义方法论最主要的特征或许是她们对性别问题的独特关注。由于男女社会地位不同、男性与女性权利不平等，造成两性不平等关系渗透到社会生活的各个领域。正因为如此，女性主义研究者才致力描述、解释和阐发女性世界。也由于上述原因，女性主义者才大力提倡研究者利用、描述女性经验，批判传统研究中的男性家长式的基础，高度评价两性关系在研究活动中的影响和作用。

第三，赋予科学以价值承诺（the value-ladenness of science）。传统的实证主义认为，科学没有价值意义上的高低、大小之分，一切科学价值是等同的。女性主义者认为，对科学本身而言，事实从未如此。从女性主义观点出发，她们认为科学是人类的社会行为，因而科学研究既带上了从事科学研究的人的价值，同时也

---

① 参见 S. Garding，Is there a feminist method? In Tuana N（eds.），*Feminism and Science*. Bloomington：Indiana University Press，1989；S. Clegg，Feminist methodology：Fact or Fiction? Qualion? *Quality and Quantity*，1985，19（1），p. 83。

打上了支持科学研究的体制和制度的价值的烙印。实证主义的经验主义研究提供的是剥夺了解释权力的确切的事实知识，它是为保护男性既有的社会地位和妇女受压迫服务的。在强调研究的价值意义时，女性主义方法论还十分重视女性主义道德原则及标准体系，关注以性别差异为基础的语言使妇女处于从属地位的方式、阻碍女性研究出版发表的公平与公正问题、抑制女性就业的因素，以及男性研究者干预女性参与分享研究的成果等问题。

第四，解放方法论的接受与采用（the adoption of liberatory methodology）。女性主义运动是以谋求妇女受压迫的解放为基本宗旨的，因此，他们经常声称以研究为基础的知识应为促进妇女的解放服务。米斯（M. Mies）是其中一个杰出代表。她指出，为了改变现存的社会环境，女性主义者必须把自己的研究与妇女谋求解放的斗争紧密联系在一起。她说，判断一种理论的价值其标准不是她方法论的应用，而是它促进解放过程的力量。①

解放方法论的倡导者对收集妇女材料常用的态度调查（法）提出了尖锐的批评。她们认为这些调查很少反映女性真实的思想状况。在表述解放方法论时，女性主义者强调研究过程必须成为弗莱雷所说的“意识化”（conscientization）过程。这一过程涉及“对社会、政治和经济矛盾的理解，并对现实中的压迫因素采取反抗行动”②。作为一种解放问题的方法论，“意识化”包含对压迫主体、压迫现实的研究，在这类研究中，社会科学研究者把她们的研究成果贡献给受压迫者以便她们能表达和逐步理解她们自身的问题。从这个意义上说，女性主义解放方法论在目前的实际研究活动中还处于形成之中。

第五，对“非等级”研究关系的追求。女性主义方法论的第五

---

① 参见 M. Mies，Towards a methodology for feminist research，in G. Bowles，R. D. Kiein（eds.），*Theories of Women's Studies*，London：Routledgeand Kegan Paul，1983。

② P. Freire，*Pedagogy of the Oppressed*，Penguin：Harmondsworth，1972，p. 15.

个共同特点是，她们强烈要求研究者与被研究者之间保持一种非等级关系，亦即平等关系。这与实证主义者推崇观察和数据的倾向，以及他们赋予研究者的认知特权不同。在这种民主参与的调查中，研究者与被研究者形成一种互惠关系，并逐步发展为他（她）们相互平等的认识。有的女性主义者还认为，建立这种非等级的关系还要求在必要时用“有意的偏心”来代替那种旁观者式的对待女性的态度。

2. 常用的研究方法

从研究方法的一般使用情况看，女性主义者比较推崇实验（法）、元分析和人种志。尽管她们对社会科学领域中大量运用实验的方法，以及随之而来的实验者与被试之间的不平等关系、实验中的人为因素等进行了抨击，但是，不少女性主义者仍提倡在社会、心理等领域创造性地使用“富有责任心”的实验法，并力图以此避免实验室实验中被扭曲的社会关系及其人为性。元分析则主要用来概括在性别研究这个充满矛盾的领域中众多实验研究的不同成果。事实上，元分析是近年来才逐渐形成的一种综合处理研究成果的方法，包括对某一领域诸多个别研究的分析结果做数理统计分析。有人认为这种元分析对女性主义研究做出了重大贡献，因为它对性别研究的范围和程度提供了强有力的计量分析的结论。由于女性主义者普遍都有偏好定性研究而排斥定量研究的倾向，因此，她们常使用人种志的研究方法，因为这些方法承认研究背景的重要性、突出有关女性的实验报告、在研究者和被研究者之间建立的是合作关系。这些定性研究打破了流行的假设—演绎研究模式，鼓励研究者归纳出自己的结论。

五、结语

通过对西方教育领域中女性主义的简略分析，可以看到女性主义教育既有共性的一面（如有共同的研究主题、研究对象等），又呈现错综复杂性，各个派别各有自己的见解和主张。虽然女性主义在西方历史上由来已久，女性主义的教育表述、教育主张也不是战后才出现的事，然而，真正使女性主义教育获得独立的文化、教育乃至界说内涵，成为一种女性主义教育潮流并在今日的教育格局中占据一席之地，是在20世纪60年代以后。从女性主义教育思潮的女性观来说，早期的女性主义者基本上持性别差异论。这种理论解构了启蒙主义意义上的中性的“人”的概念，认为女性在社会与身体经验、文化构成和主体想象上都不同于男性。当人们以超越性的“人”来谈论问题时，实际上，他们是潜在地以男性为标准来构造“人”的想象，从而在社会、文化等各个方面对女性的差异性和独特性进行压抑。后期的女性主义者多数持性别身份的文化构成论。她们认为一个人之为女人与其说是天生的，不如说是“形成”的，进而以sex（生理性别）和gender（社会性别）来阐述女性性别身份的文化构成，以打破长期以来的性别本质主义观点。这一理论观点的形成与当代女性主义教育思潮构成了一种充满生机的互动关系。女性观的改变使得女性主义者不遮蔽或忽略自身独特的体认而竭力达到一种“不分性别”的认识高度；相反，她们意识到“女性身份”构成了她们表述个人成长、历史记忆和现实处境的独特之处和无法更改的事实，因而在她们的教育讨论中那些由于性别差异而来的个体、社会、历史、都市和民族的独特性获得了充分的表现，而这一切恰恰构成了80年代以来女性主义教育思潮最重要的内容。

展望未来，女性主义教育仍处于一种发展时期，胡克斯称之为“正在形成中的理论”①。这种发展由于带有极大的批判性而面临多方面的挑战。但随着各种文化冲突的深入、女性主义自身的发展、世界教育潮流的变革，作为代表人类智慧一半的对教育有独特理解并提出自己特殊要求的女性主义教育思潮，必将对整个人类教育的发展做出自己应有的贡献。

---

① B. Hooks, *Feminist Theory: From Margin to Center*, Boston: South End Press, 1984, p. 5.

女性主义对教育的影响最明显的体现是大学中“妇女学”的学科化发展和各种“女性主义教育研究”的开展。这便是下面两部分的内容。

第二节　大学中的妇女学

大学中妇女学课程的开设开始于20世纪70年代初，经过几十年的发展，妇女学在许多国家的高等教育中都占有了一定的地位，并在欧美国家中发展最为迅速。本章在分析“妇女学”概念的基础上，主要介绍妇女学作为一门学科或专业在西方高等教育的发展，主要涉及妇女学的学科化建设和课堂教学原则。

一、妇女学的概念和妇女学的发展

（一）什么是“妇女学”（women's studies）

1. women's studies 的中文翻译争议很多，有“妇女学”、“女性学”、“妇女研究”等不同的译法。这一方面是由于中英文语言文化的差异，另一方面更多的是源于 women's studies 本身内涵的丰富性和发展性。它既可以是一种“妇女研究”——“关于妇女的研究”（studies about/of women）、“为妇女的研究”（studies for women），或“妇女所做的研究”（studies by women），也可以是学校教育体制内的一门课程——各学科领域的妇女学课程，或一个学科——妇女学专业（Boxer，1998）。“妇女研究”和“妇女学”这两种意义的关系十分紧密，大学中从事“妇女研究”的教师一般同时也教授“妇女学”课，通过课程把女性主义者（尤其是自己）的学术研究成果展现给学生。

本章采用“妇女学”的译法基于以下四个原因。首先，这里所指的是在大学中作为一个学科或一门专业的 women's studies，根据中文的语言习惯，“妇女学”比“妇女研究”更能显出其学科的特点。其次，虽然称呼“妇女学”和“女性学”的为多，但“女性学”在我国港台地区使用较为频繁。再次，“妇女”直译出了 women 的意思，而且“妇女”也可与前面一部分的“女性（主义）”（feminism）相区别。最后，统一译词也是为行文的方便和明确。

其实从严格的意义上讲，“妇女学”不仅仅涉及本部分的内容——大学中的妇女学学科，还包括下面一部分——女性主义研究的部分内容，因此在分析women's studies的内涵时必然涉及其“妇女研究”的意义。但本章内容主要涉及的还是大学中的“妇女学”，特此说明。

2. 妇女学的内涵。妇女学产生于20世纪60年代末的美国，作为妇女运动的教育武器，它的出发点是为了回应高等学院内对妇女的歧视和课程体系中妇女和性别议题普遍缺失的现象，其目的是要“把妇女和性别的研究作为一个学术要求的合法领域建立起来，服务于女学生没有满足的需要，增加女教师和女管理者数量，从而从整体上改变不平等的社会秩序”（Grant etc.，1997）。从某种意义上讲，妇女学是女性主义教学在大学内的开展和女性主义学术成果在大学内的传递，因此它也具有女性主义理论的跨学科性和发展性。另外，社会性别在心理、人际、制度、文化和社会等各个层次都起作用，也导致妇女学必然涉及人类学、历史学、文学、哲学、经济学、政治学、心理学、教育学以及包括自然科学和工程学在内的众多学科领域。关于发展性，由于社会性别的产生和再生产是一个持续前进的过程，妇女学只有不断地更新和补充新内容才能跟上时代的发展。

妇女学内涵的发展性还体现在其核心主题的变化上。《多元文化教育词典》（Grant etc.，1997）将20世纪80年代之前妇女学的主题概括为以下七个方面：

（1）所有的知识都是从某个角度或立场出发产生的，因此没有一种知识是客观的、价值中立的；

（2）传统的学科和领域忽视或歪曲了妇女和社会性别这个主题；

（3）妇女学应该以妇女和性别为中心议题；

（4）妇女学不仅仅是对妇女的研究，也包括从女性主义的视角研究妇女和性别；

（5）妇女学通过将原先排除在外或男性中心主义的解释包括在内，潜在地改变传统知识和学科；

（6）妇女学必须是多学科和跨学科的；

（7）妇女学应该赋予女生以权利，同时促进对男生的理解。

20 世纪 80 年代以来随着女性主义与后现代主义的结合，女性主义关注重心由男女差异转向女性内部的差异，早期的妇女学遭到了来自有色人种妇女、同性恋妇女、犹太教妇女、第三世界妇女的批判。这些在妇女集团中的“边缘群体”认为，以往的妇女学是关于白人的、异性恋的、中产阶级的、基督教的西方妇女的研究，是片面的，因此她们要求在妇女学中加入种族、阶级、性倾向、宗教、国家等因素，以从真正意义上实现妇女学所追求的平等。因此，80 年代以来出现了黑人妇女学、女同性恋妇女学等新妇女学。这产生了两方面的影响，一方面它导致了妇女学内部的分化，但另一方面使妇女学呈现多元化和全球化的趋势。90 年代以来“社会性别研究/社会性别学”（gender studies）逐渐取代了“妇女学”（women's studies）也说明了这一点。

本章收集的资料主要涉及妇女学的学科化建设和妇女学的课堂教学原则，对于 80 年代以来妇女学内部的争论关注较少。而且，教育领域各妇女学派虽然争端较多，但只是涉及具体议题，基本原则变化不大。

（二）妇女学的发展

19 世纪末随着工业革命的不断推进和社会分工的加强，出现了强调学科分类和专业划分的“传统”学科，构成了高等教育的主要内容。这些专业化的学科“群”很快组建成各个系，成为今天大学的主要机构。这种设置曾对大学的发展做出过重要贡献，但如今它的一些弊端也越来越明显。女性主义者对大学学科壁垒森严、学科界限分明、专业划分过细的状况深为不满，她们建立独立的妇女学课程——有的大学还逐渐成立了妇女学中心和妇女学系，希望将女性主义的视角渗透于高等教育，实现对高等教育的彻底改革。妇女学在欧美发达国家以及亚洲的日本和韩国发展比较快，这些国家的不少大学建立了独立的妇女学中心或妇女学系，妇女学学士、硕士和博士学位的授予点也越来越多。

最早的妇女学课程于1970年设立于美国圣地亚哥州立大学，经过几十年的发展，在课程和学位的数量上都有了迅猛的增长。据统计，美国各大学每年开设的妇女学课程多达三万五千余门（谢小芩、王雅各，1999年），有二百多所院校声称能提供妇女学专业的学士学位，1992—1993学年授予了四百多个“妇女学”学位。1994年统计数据表明，美国有38个州和哥伦比亚特区设置了妇女学学位课程，大约有14个独立设置的妇女学硕士学位机构，50多个妇女学和其他专业联合的硕士学位授予点。另外，马萨诸塞州沃斯特的克拉克大学、亚特兰大的埃墨里大学和多伦多的约克大学已经能独立地授予妇女学博士学位（鲍克塞，1999）。在欧共体（现已改称欧盟）国家，1995年已开设的妇女学研究课程有600多门，其中有9个国家能授予妇女学学士学位。韩国从1977年开始开设有关女性教养方面的课程，1982年在大学本科阶段开设相关课程，1994年开始设立有硕士和博士学位的妇女学①，其中韩国梨花女子大学的妇女研究中心为妇女学在亚洲的发展做出了很大的贡献。

二、妇女学的学科建设

妇女学具有明显的跨学科性，这一方面为它本身的发展带来了广阔的空间，另一方面也使它较难处理与传统学科的关系，在高校的发展过程中出现了自治（autonomy）与整合（integration）的矛盾。

（一）妇女学的跨学科性

在对妇女学作为一门学科的探讨中，涉及最多的是它的跨学

① 此处资料来源于韩国梨花女子大学妇女研究中心主任张必和教授在“女性学科建设论坛”（1999年8月在中华女子学院召开）上的发言。

科性①。"跨学科性"是指使用一个以上学科的知识和研究方法分析和解决一个论题，但它不是各学科的简单叠加，而是各个学科间的相互吸收和融合，重建主要的知识结构，创建出一种包括新的认识论、概念和方法技能的新领域。

回顾妇女学的产生过程可以发现，妇女学固有多学科和跨学科的性质。妇女学最初的实施者是各种女性核心小组，其成员来自于人类学、经济学、历史学、文学、政治学、心理学、自然科学和工程学在内的众多学科。为了促使各学科内的女性学者把各自的研究和教学转向妇女学，这些来自不同学科的核心小组不断加强彼此之间的联系，有效地促进了妇女学的形成和发展。可见，妇女学从其产生之日起就具有鲜明的跨学科性，并且随着它的发展，这种跨学科性特点也越来越明显。下面从女性主义者妇女学课程的知识观、妇女学课程（course）的跨学科性、妇女学课程体系（curriculum）的跨学科性三个方面具体分析妇女学的学科特点。

1. 妇女学课程的知识观：学科的"人为建构性"

女性主义者开设跨学科性的妇女学是基于她们的知识观。知识观体现在知识中的权力关系以及知识获取过程中的互动方式。因此，她们认为高等教育中的学科划分并非客观存在的，而是人类（统治者）根据自身的需要建构的，是具有"人为"性的。在这一点上，教育哲学家J. 马丁（Jane Roland Martin）的一段关于学科"建构性"的精彩见解可以说明问题。她认为：

> 对于我们来说，椅子、汉堡包和汉弗莱·宝佳特（Humphrey Bogart）② 都不具有真正的学科科目特质。然而如果除去我们狭隘的参照框架，我们会意识到不仅这些可以

① 也有学者提出妇女学的"多学科性"，并且指出"多学科性"与"跨学科性"之间的差异。但本章作者认为，"跨学科"必然涉及两门或两门以上的学科，本身就具有"多学科"的意思。"跨学科"的内涵要比"多学科"广得多。

② 一位著名电影明星。

是科目，而且它们毫无疑问就是。椅子在家具制造者的课程中是一门科目，汉堡包在麦当劳受训者的课程中是一门科目，汉弗莱·宝佳特在电影爱好者的课程中是一门科目，而甚至看一眼范围广泛的课程就应该能使我们相信，任何东西都能成为一门科目；法语、数学、物理学可以让位于身份、共同体和物质客体的真实性……任何东西都可以成为一门科目，因为科目是（人）制造出来的，而不是（人）发现的。它们并不是就在那儿等着我们，而是由人构建出来的。（转引自 Boxer，1998）

因此，为避免传统高等教育对知识的人为割裂，女性主义希望在妇女学中传播一种“发展一体化的、综合的、广泛的、交叉的、比较的、关注热点问题的知识”（Judith & Kitch，1998）。这种知识无疑是跨学科的，因为后者是前者的主要教学内容。

妇女学课程的跨学科性首先取决于女性主义学术研究的跨学科性，因为后者是前者的主要教学内容。

前面第一节已提到，女性主义学研究存在于各个学科领域，从开始的史学、文学、人类学、社会学、教育学、哲学、法学、文化研究等社会和人文学科到工程学、经济学、管理学等传统上男性占优势的学科。这是因为女性作为社会中的人，围绕女性及社会性别问题的女性主义学术研究必然涉及社会的各个方面，仅从一个学科角度的研究不能全面地了解问题，解决问题的有效性也就要大打折扣。以暴力问题研究为例。朱迪思（Allen Judith）和基思（Sally L. Kitch，1998）认为，某个特定学科根据本学科的理论假设、研究方法和原则通过研究暴力获得的知识只能是片面的。历史学的文献研究无法指导人们认识人类关系中暴力的范围及暴力的性质；社会学家提供了必要的方法却忽视了综合考虑解决问题的各种社会力量；心理学家注重对个人行为和心理动机的分析，却使对暴力及其倾向、程序和反例的各种法律的研究成为盲点；文学评论家则可能追求文学性而无法进行科学和政策的分析，却使对暴力关系的各种类型和结构特点的研究成为盲点；法学家研究界定暴力及其倾向、程序和反例的各种法律，但他们很少会去关注暴力背后的文化意义。只有将这几个方面结合起来，从跨学科的角度研究暴力才有可能揭示出暴力发生的根源，并从根本上解决暴力问题。

由此可见，基于女性主义学术成果的妇女学课程不可能只涉及某一个学科，其跨学科性是显而易见的。

2. 妇女学课程体系的跨学科性

妇女学课程的数量增加很快，这些课程有的附属于传统系所的课程体系内，有的则设置在独立的妇女学中心或妇女学系，形成完整的妇女课程体系。这些课程体系仍具有跨学科性的特点。由于每门课程都带有跨学科的倾向，按学科将这些课程分类不一定合适，但有些课程还具有一定的学科倾向，如偏向于法律的“妇女与法律”，偏向于文学艺术的“妇女与现代派”和“当代戏剧中的妇女”，偏向于文化研究的“社会性别与通俗文化”，偏向于政治学的“妇女与政治制度”，等等。但从总体上看，更多的课程是以问题为中心涉及多个学科的知识。

无论是从妇女学的知识观，还是从妇女学的课程设置看，妇女学都是一门“不守规矩”的学科（an undisciplined discipline）（鲍克塞，1999），跨学科性的特点表明它既存在于传统学科之内又在传统学科之外。因而，如何理清妇女学与传统学科的关系一直困扰着女性主义者们，这便为妇女学的发展提出了学科化建设的“自治”与“整合”的问题。

（二）妇女学的学科化问题：自治与整合的矛盾

妇女学究竟是不是一门学科？妇女学应该自治还是整合于其他学科中？自治，意味着顺应传统高等教育体制的机构设置，建立拥有独立的教职、学生、学位的妇女学系；整合则是要在所有学科中引进女性主义和社会性别的视角。在这两条路间如何选择是20世纪80年代以来女性主义者争论的焦点，对这一话题的争论最后都集中到是否要建立“妇女学系”这一问题上。在妇女学的发展过程中，先后出现过以下三种观点：坚持“整合”、赞同“自治”和提倡“双轨制政策”（dualtrack policy）。

1. 坚持“整合”的理想

持“整合”的观点、反对建立妇女学系的主要是早期的一些女性主义者。她们坚守女性主义的理想，认为开设妇女学课程的初衷在于打破学科界限，将女性主义的视角渗透于所有学科领域，从而通过改革高等教育的课程体系实现整个高等教育的彻底重组。因此，她们认为现代体制的系所结构根本实现不了她们的革命性目标，历史学家婕达·利纳（Gerda Lerner，1975）明确提出，“包罗万象的妇女学仅通过一个狭隘的学科是无法实现的”。同时，她们担心妇女学系的建立会使女性主义者“满足于小成就而放弃了改变整个大学的目标”（Howe，1989）。

然而这些早期女性主义者的理想还是不敌妇女学生存需要，20 世纪 80 年代后，赞同“自治”的观点逐渐占了上风。

2. 赞同“自治”的现实

虽然反对妇女学制度化（即建立妇女学系）的学者是坚持了女性主义的原则，然而她们在现实中却遭遇了严重的生存危机。毕竟妇女学还是一门很年轻的学科，它的发展需要依托于传统的学科，它的授课教师的编制一般都是在传统的系所，更何况大学行政单位的系在许多人看来还是一种必要而有效的组织形式。不管女性主义者是否接受，由于缺乏独立的行政组织机构，妇女学授课教师的任命和教学质量、研究成果的评估仍在传统的系所内进行，经费的申请也因缺乏以系为基础的“研究身份”（research identity）而使原本不利的处境更加恶化。通过联合任命的妇女学教师即使对妇女学的教学或研究有浓厚的兴趣，也不敢积极投入到这项事业中，因为“她们害怕总是处于一种失业的恐惧中”，而传统的系单位能给她们以生活的保障（Judith & Lotcj，1998）。随着妇女学在大学发展，女性主义学者认识到了这种完全排斥建立妇女学系而只处于涣散状态的局限性，态度有了改变。皮尔西（Marge Piercy）在 1969 年时曾撰文强烈反对妇女学系的建立，但是在 20 世纪 90 年代中期改变了立场，认为妇女学系的建立是有必要的。

要发展首先得求生存，因此20世纪80年代以来，女性主义者开始致力于在大学内争取为妇女学建立制度化的机构，在随后一段时期，妇女学系数量增加极快。20世纪70年代后期美国还只有一个正规的妇女学系（设在圣第亚哥州立大学），到90年代末，美国50%的大学建立了妇女学系和完整的课程体系，70年代建立的妇女学中心也逐渐都转成了系。妇女学系的建立极大推动了妇女学学科的发展，因为：

> 建立独立的妇女学系，从事妇女学教学和研究的教员就可以在一个有着共同知识兴趣的学术团体中工作，互相激励和批判，支持彼此的工作；妇女学专业的学生可以得到重视和承认，使她们找到了“家”的感觉；妇女学的学术成果可以暂时与现有的分科知识相配套，改变长期处于边缘地带的状况。建立独立的妇女学系，学者才会有意愿和精力专门从事妇女学的研究和教学工作，妇女学才会拥有实现突破性进展而打入主流学术领域的主力军。建立独立的妇女学系，女性主义学者们才能够自主地制订她们的课程，设计她们的课堂，聘用她们自己的教师，并且对这些老师的评估才能以她们在妇女教学和妇女学工作中的表现为标准。(Boxer，1998)

然而独立的妇女学系的课程体系中自然学科的内容较少，妇女学的跨学科性还只限于人文社会科学学科间的融合。因此，女性主义者通过妇女学想要达到的目标——实现所有学科的知识都具有社会性别或女性的视角——还没有实现，还需要在传统自然学科下开设有关妇女学的课程，实现女性主义视角与自然科学的“融合”。在现阶段，“自治”与“融合”都是妇女学发展缺一不可的。

3. 提倡“双轨制政策”的策略

20世纪90年代以来，虽然对于“自治”与“整合”的争论还在继续，但是许多国家的女性主义者普遍采用“双轨制政策”策略发展妇女学，同时追求两个目标：“既尽可能深入而广泛地（将女性主义视角）扎根于系科之中，又伸展出去参与适合我们当前知识兴趣和具体体制结构的跨学科单位（即妇女学系）。”（鲍塞尔，1999b）欧美各国妇女学在大学中的发展证明了“自治”与“整合”并不矛盾。1995 年 6 月在葡萄牙的科伯拉大学召开了欧洲妇女学大会，会上 17 个国家的代表递交了关于妇女学在各国高等教育中发展状况的国家报告。这些报告显示，这些国家女性主义者几乎都倾向于采纳“双轨制政策”，而且它们的妇女学发展也都经历了一个“由整合而普及，由自治而提高”的过程（Bird，1996）。

因此，鲍克塞提出，拘泥于“自治”或“整合”的争论是毫无意义的，女性主义者“应该把关注点放在妇女学发展上”，虽然以系为单位的传统学科是女性主义者批判的对象，但如果有利于妇女学的发展则暂且把它称为学科也无妨（鲍塞尔，1998，1999b），因为妇女学的学科意义在内涵上与传统学科的学科意义是有区别的。

正如爱泼斯坦（Erwin H. Pstein，1992）在论述比较教育学的学科建设时所提到的，一个新学科要求得到发展并得到学术界的认可，本专业领域研究者的培养至关重要，而专业人员的培养需要有系这样制度化的机构得以保障。因而，妇女学系的出现是女性主义学术发展过程中必然出现的事物，它是高校女性主义者经历了理想与现实、目标与策略的痛苦挣扎后的策略性选择。

三、妇女学的课堂教学原则

女性主义者不仅想通过妇女学课程重新调整大学内的组织结构，改革传统的高校课程体系，她们还致力于改变传统高校内的课堂。女性主义者认为妇女学将对高校的课堂产生深远影响，这主要体现在赋予每个学生权利/权力、重视学生原有的经验和将激情注入课堂三个方面。

（一）赋予每一个学生权利/权力，形成平等互动的课堂气氛

女性主义者批判传统学校教育中人在寻求“确定性的真理”（established truth）背景下看待教师和学生的关系，而没有意识到

教师和学生都是有着复杂生活经历的人。正如美国教育联合会的一份报告所提到的，教师与学生虽然同在一个大学校园内，但实际上相互的交流很少，即使在课堂上师生间体现的也只是一种不平等的关系，学生相对于教师是处于弱势的群体，大学教师特别是教授作为知识的创造者和传播者，在学生中享有绝对的权威。同时，女性主义者发现传统的课堂经常忽视学生间的差异，课堂上传递的只是主流文化的信息，那些在社会种族、性别、阶级和其他社会范畴划分下处于边缘地位的学生声音总是遭到压制(silenced)。因此，女性主义者认为，传统的学校课程只是再现社会的等级关系，而没有起到引导学生质疑社会关系并寻求变革的职责（Hooks，1994）。女性主义者希望妇女学课堂能改变这种状况。

女性主义者认为"真理"是在互动中发现和获得的，因此每一个参与者都在其中做出了贡献。妇女学的课堂首先解构了教师的权威，提出应该赋予学生权利，把学生放在与教师同等的地位，鼓励学生以积极学习者的身份参与课堂，勇敢地提出问题和质疑答案，包括对教师的质疑。黑人女性主义者胡克斯认为，学校应该是个相互学习的共同体，课堂上师生间的互动和对话有利于营造互利的学习气氛。同时鉴于学生背景的多样性，妇女学授课教师在与学生交流对话当中，要尽力避免将个人观点强加于学生，同时还应该意识到课堂上有色人种、女性和来自低收入家庭的学生的存在，肯定这些边缘人群学生的发言权利。在课堂内容上，尽可能地顾及每个学生的生活背景，探讨多种话题以鼓励所有学生积极地参与课堂，共同营造活跃、平等、友好的课堂气氛。正如胡克斯所指出的，"在一个课堂共同体中，我们能否创造活跃的气氛很大强度上取决于我们对彼此的兴趣。听取他们的声音，意识到他人的存在……所有学生和教师都应该意识到，每个人都影响了课堂的活动，每个人（对课堂教学的开展）都有贡献"（Hooks，1994）。

（二）理论联系实践，重视吸纳学生原有的经验

不少在高校从事科研的女性主义者发现，传统的高校教学中

存在着认识方式和情感方式、理论（学习）与实际（存在）之间的人为分离（Sinclair，1997）。高校的学术生活与学生和现实生活严重脱节，课堂教学上探讨的知识远离一般学生所处的社会现实。尤其是对那些在学校中处于边缘地位的学生（如女生、黑人学生、亚裔学生等），在课堂上她们接受的是完全远离她们日常生活的知识，这自然对她们的学习造成了很大障碍（Sinclair，1997），而且她们也无法通过课堂的学习学会“批判性地分析和思考自己的生活和周围世界”（Hooks，1989，1994）。

女性主义学者试图在妇女学的教学中弥补这种缺陷，努力使教学内容切合每个学生的个人实际，让每个学生都有发表意见的机会，并通过引导学生耐心听取他人的观点培养学生的包容性和争取共同进步的合作意识。典型的妇女学课程上呈现的是这样一幅画面：教师和学生围坐在一起，以意识觉醒的方式谈论着个人的经历。每人依次讲一个问题，不用担心有人会打断或批评，也不会有人在其他人都讲完之前就讲第二遍，主持人（可能是教师也可能是学生）也与其他成员平等地参加讨论。女性主义者希望通过这样的学习过程打破理论与实际、学习经历和生活经历之间的人为分离，实现人与人之间的平等：“如果我们追求的是体现所有成员都平等的‘姐妹情义’（sisterhood）的话，那么我们必须在课堂上实践和传播这个观点，应该尽量地减少课堂中竞争，提倡和发扬合作的精神。”（Boxer，1998）。纳姆伦达（Florence Namulundah）（1998）通过分析胡克斯的“参与性教育学”，并同时借鉴了其他从事批判主义、女性主义和多元文化研究的学者的观点，总结了教学过程中遵循“理论联系实践、吸纳学生经验”原则的优点：（1）它有助于教师准确评估学生的实际认知水平，更好地设计学生的发展，同时学生的好奇心也促使教师在理解和传播学科知识时不断发掘新的视角；（2）它有助于激发学生——尤其是处于边缘地位的学生——的学习主体性，使她们学会向教师和自己提问，将正统的学科知识与他们校内外的经历相联系，培养自信和批判的精神；（3）它有助于在结合当代人类经验与“官方”

知识的基础上，将社会现实作为理解理论观点的一种途径，避免因学校知识与现实的脱节而造成学校教育的精英化；（4）它有助于完成通过课堂教学为社会变革作准备任务，因为在课堂上可以自由探讨教育体制和社会结构中关于种族、社会性别的阶级偏见等有争议的话题；（5）它有助于学习氛围的民主化，使学习更加富有意义。

（三）将激情注入课堂，使学习成为一个愉悦的过程

女性主义者发现，强调学生间竞争的、个人主义的传统课堂教学很少考虑学生在课堂上与教师和其他学生的交往中能否获得乐趣这一问题。学生与教师是求知者和解答者的关系，学生之间则是竞争对手的关系，教师和学生都不是以一个完整的人的身份出现于教学课堂。女性主义者认为这是西方形而上学二元论中“公共领域优越于私人领域、理性胜于情感、意志与身体相割裂”观点的体现，它限制了学生在课堂中的参与，导致了教师学过分的严肃化。她们认为，教学过程不仅仅是一个信息分享、发展智力的过程，更是彼此间交流情感、增强信任感的过程。因此，应该允许教师和学生在课堂上释放个人情感，这样不仅可以提供一种既注重学生的理性思维又关注学生情感的教育，增加学生参与学习过程的积极性，也促使教师发现内心“自我”的位置，避免对课堂权力的控制（Hooks，1994）。同时，教师与学生之间以及同学之间也在情感的交流中建立了亲密的合作关系。

激情式的课堂教学也体现了女性主义通过教育实现“3Cs”——即“关心”（care）、“关系”（concern）和“联系”（connection）的目标。女性主义者认为，只有以“3Cs”为目标的教育活动才有可能避免传统的二元对立思维模式，实现灵（mind）与肉（body）、脑（head）与心（heart）、理性（reason）与情感（emotion）、自我（self）与他者（other）、思想（thought）与行动（action）的有机结合，培养全面发展的人（鲍克塞，1999a）。

妇女学的课堂教学原则是多元文化教育背景下女性主义追求平等理想的体现，它不满于传统教育中（包括女性在内的）边缘

群体声音的缺失，希望通过加入情感、个人体会等因素改变传统课堂的男性化气质。这种观点为改变精英化、科技化的教育提供一个新的视角，增加了教育的人文气息。然而女性主义者与进步主义者和存在主义者一样，也犯了矫枉过正的错误。过于强调知识的实践性，在课堂上过多的情感表露和师生过多的私人交往至少在现阶段不能带来理想的教学效果，对学生身心发展也不一定有利，有的学者甚至担心妇女学过分的个性化教学可能会侵犯学生的隐私而伤害学生。女性主义者鼓励不同背景的学生在课堂上平等坦率地探讨不平等现象，虽然她们的初衷是培养学生对异文化的包容性，但这也很容易使不平等社会中的冲突与愤怒浮现于课堂，使课堂陷于一种无序的混乱状态，根本达不到预想的交流知识和情感的目的，而教师的控制则可能导致更具独裁性的课堂（Boxer，1998）。另外，当前学生课堂的信息量已经足够丰富，如何才能做到在有限的课堂时间内，既涉及所有学生感兴趣的内容，又要不增加学生的负担和不降低教学的效率？对于这一问题，女性主义者无法在妇女学课堂中得以解决。

虽然妇女学的学科建设和课堂教学还存在很多问题，但许多调查还是表明，妇女学对大学带来的影响在许多方面是积极的，至少从学生的反馈中得到的信息是这样的。

（四）妇女学对学生的影响

妇女学对大学带来的影响是巨大的，涉及高校知识建构、课程设置、行政管理、学术研究氛围、教学原则和方法、师生关系等各个方面，难怪鲍克塞把妇女学看做大学中的“女性主义启蒙”(1998)。而在所有这些影响中，最明显的积极影响是妇女学给学生带来的变化。

对于学生对妇女学的评价，美国曾做过多次社会调查，几乎所有妇女学专业的毕业生或修过妇女学课程的学生都认为妇女学积极影响了她/他们的生活、学习和工作，即使是那些最初对女性主义持怀疑态度或怀有恐惧心理的学生，在妇女学课程结束时也改变了立场，“对‘女性主义’一词从感到不舒服变为充满激情的接受”（Boxer，1998）。

在所有这些调查中，最具有影响力的是 1988 年由美国学生学习评估专家小组对七个妇女学中心开展的一项为期三年的研究，根据该项目的数据出版了许多关于美国妇女学发展状况的研究报告，如《提问的勇气：妇女研究与学生的学习》、《处于中心位置的学生：女性主义评估》和《对全国妇女学科的评估研究》（Musil，1992）等。调查项目中有一项是关于妇女学对学习者的影响，几乎所有报告都认为这种影响是积极的。被访的学生，有的认为“妇女学给了我勇气”，有的认为“妇女学课堂有利于同学间友谊的培养”，有的则感到这门课程使她们“变成了社会变革中更具有批判性的学习者和参与者”。总之，妇女学课使学生学会理解不同的观点和来自不同文化背景的人，培养了她们的批判性思维，同时也使她们感到自我的价值，意识到自己能够并且也应该积极地塑造他们所处的社会。

四、小结

西方妇女学经过几十年的发展在大学中的地位已日益稳固，并且与女性主义理论和女性主义教育研究的发展相呼应，妇女学也逐渐渗入自然学科、工程技术学科，在教学内容上更加多元化。

然而由于女性主义本身所具有的矛盾性，影响社会性别建构因素的多样性，从事妇女学的学者在下面一些议题上很难达成共识：

1. 妇女学是一个领域还是一门学科？
2. 妇女学是否应该独立于主流，或者主流化，抑或两者兼有？
3. 女性主义研究是否需要不同的方法论？
4. 女性主义教育学是否需要一种独立的、非等级化的教学法？
5. 学术界的女性主义与运动中的女性主义之间构成什么样的关系？（Grant etc.，1997）

如同女性主义理论对于社会的冲击，妇女学挑战了高等教育的方方面面，然而我们也要正确地看待妇女学的作用，一方面要欣赏、借鉴它所具有的批判性和提出的美好意愿，同时也要警惕其改革措施中的偏激性和空想性。

第三节　女性主义教育研究

与妇女学课程的开设几乎同步，女性主义研究开始于20世纪70年代，在研究对象上也具有跨学科的性质，并逐渐从人文学科和社会学科发展到自然学科。女性主义在教育领域的研究主要在于验证或批判女性主义提出的教育观点，或从教育平等的角度研究男女之间的差异及形成差异的原因，从而推进女性主义教育的发展。女性主义教育在西方学术界的意义很广泛，徐辉（2000）认为它涉及四个方面的内容：女性主义教育（feminist education）、教育中的社会性别理论（gender theories in education）、妇女教育（women education）。本章的女性主义教育研究主要围绕下面两个概念：无性别歧视教育（non-sexist education）和社会性别平等教育（gender fair education）。本章在解释了这两个概念的基础上，介绍女性主义研究常用的三种方法，以及女性主义教育研究的一些成果。

一、两个概念的说明

（一）无性别歧视教育

这个概念是由20世纪60年代末期的新妇权运动者提出。女性主义者们认为教育（包括正规教育和不正规教育）中的性别歧视是男女不平等的重要原因之一，因此她们要求国家从法律层面保障男女教育的平等，实现男性和女性平等的教育机会，关注各级各类教育在教育决策、学校课程、教学活动、就业指导等各方面存在的性别歧视，尤其是保证女性在职业教育中的同等机会，鼓励女孩、妇女进入数学和自然学科领域学习，普及社会科学中新知识，并支持妇女进入工作领域。

有关"无性别歧视教育"的研究与政治有着密切的关系。美国20世纪80年代里根和布什当政时期，“无性别歧视教育”失去了活力，相关的研究也骤然减少。同时“无性别歧视教育”也从男女“平等与（相同的）途径”（equality and accessibility）开始转向对“具体人群”的关注，虽然“性别平等和相同的途径”仍是中心议题，但新出现的社会性别研究更多的是关注多元文化背景下不同阶级、种族、宗教和民族集团中男女经历、社会期望和政治参与的性别差异（Grant etc.，1997）。

（二）社会性别平等教育

Gender（社会性别）是女性主义的核心概念。“社会性别平等教育”指的是研究者对从幼儿园一直到高校的各级学校教育中有关性别议题的研究，内容涉及教学大纲、课程教材、教学实践、教育政策中的性别差异等。一些学者认为，社会性别平等是可以通过教育所采取的补救措施得以实现的，但这是一个不断发展的过程（Grant etc.，1997）。

二、女性主义研究方法

对于女性主义研究是否有独特的研究方法，目前还是一个颇有争议的话题。有的学者提倡发展一种独立的“女性研究方法”，如莱恩哈兹（S. Reinharz）的“经验主义分析法”（1983）；也有学者认为独立的“女性方法”毫无意义，不利于女性主义研究的发展，因为事实上女性主义研究者研究中是对各门学科研究方法的广泛借鉴和采用。目前女性主义研究中经常使用的有三种方法：实验法、元分析法和人种志（Husen，1994）。

（一）“富有责任心”的实验法

虽然女性主义者猛烈地抨击社会科学领域的实验方法，认为这种方法造成了实验者与被试者之间的不平等，在追求客观性的幌子下带有很强的人为性。然而在社会问题与心理问题的研究中，实验法不失为一种有效的研究方法，因此不少女性主义者也仍在运用它。只是为了避免实验室实验过程中的不平等性和人为性，她们在这种纯粹定量的实验方法中加入“责任心”的情感因素，创造性地运用“富有责任心”的实验法。

（二）元分析法

元分析法是一种综合处理研究成果的方法，它包括对某些领域诸多个别研究结果做的数理统计分析。女性主义认识论的不确定性必然带来女性主义研究的矛盾性，因此，需要用元分析法来概括这个矛盾的领域内众多实验研究的不同成果。元分析法为女性主义研究的范围和程度提供了强有力的计量分析结论，极大地推动了女性主义研究的发展。

（三）人种志

这是一种定性的研究方法，自然得到了重情感轻理性的女性主义者的推崇。人种志承认研究背景的重要性，打破了研究过程中研究者与被研究者的不平等，提倡两者间建立互动的合作关系。通过人种志得出的研究结果通常具有较高的信度，但效度很低，很难由此及彼。

以上是女性主义研究中常用的三种方法，然而在实际的研究中，由于女性主义研究的跨学科性，其他学科的研究方法都不同程度地在其中运用。无论是女性主义者的创新还是改造，所用的研究方法总体都具有以下特点：反对实证主义、两性关系分析模式的广泛运用、赋予科学以价值承诺、解放方法论的接受与采用，以及对“非等级”研究关系的追求（徐辉，2000）。

三、女性主义教育研究成果

随着女性主义学术在西方学术界的发展和成熟，女性主义研究的成果越来越丰富，在教育领域，它涉及宏观和微观教育各个层面，内容包括女性成人教育（妇女文盲）、教育的民主化、学生的学业成绩、高等教育、教育的不平等、劳动力市场、非正规教育、学校成绩、科学成绩、社会化、社会分层、学生学习态度、留学生活、教材、课程体系等主题。本节展现的主要是女性主义研究在微观教育层面的一些成果，包括教材内容体现出来的性别歧视、男女生在课堂体系中学科选择的不同倾向和课堂教学中男女生的不同待遇，同时本节还分析了男女合校与女校的比较研究，最后简要介绍一个女性主义研究的案例。

（一）传统教材中女性形象的缺失和对女性的歪曲

20世纪80年代初开始，许多学者开始研究教科书中的性别刻板形象与社会性别构建之间的关系。

一些关注学校性别平等的学者研究发现，学校所用的教科书和其他读物体现的都是男性占统治地位的世界，女性形象普遍地缺失或遭到歪曲：男性人物多于女性人物，而妇女与其他少数民族却很少被作为重要历史人物提及（Husen etc.，1994）。在语言运用上，男性经常被描绘成具有“优秀”的品质——理性、客观、有领导气质、独立性强、有自我控制力的、积极的、有冒险精神的……而女性具备的是一些“懦弱”的品质——情绪化、非理性、被动、依赖性强……（Spender，1993）澳大利亚对历史学教学用书和课程大纲的研究也表明，历史学科中只展示了男人在政治、文化、外交、经济中的活动，并且只有男人被认为是积极地参与了历史的形成（转引自 Husen etc.，1994）。在传统上认为是男性领域的自然学科——包括科学、工程和技术等专业中情况更是如此。

美国和澳大利亚的一些学者研究发现，学校教科书除了在语言运用上贬低和歪曲女性形象外，还忽视和歪曲女性科学家在她们从事的学科领域所做出的贡献。以DNA的发现为例，女科学家罗莎琳德·弗兰克林（Rosalind Franklin）对此做了大量的、卓有成效的工作，然而诺贝尔奖却只属于她的几位男同事（Harding，1991）。同样，工业工程学和科学管理学的先驱者莉莲·吉尔布雷斯（Lillian Gilbereth）以妻子的身份出现，而事实上拥有博士学位的莉莲对这个领域的贡献远远大于她的丈夫。连这些有贡献的女性形象都在各学科的发展史中缺失，教科书中其他普通女性形象的缺失更是一种普遍的现象。

对此，不少研究者都提倡辛克莱（Amanda Sinclair）提出的“把女性加入，然后搅拌一下”（add women and stir）（1997）的策略，使课程教材更加全面化，消除教材中的性别歧视话语，保证教材中女性形象的加入，并纠正对女性形象的歪曲（Kelly，1987；Husen etc.，1994；Roger etc.，1998），甚至全面改写教材。

（二）传统课程体系学科划分下男女专业选择的性别差异

1. 学习成绩的性别差异

当女性获得与男子同等的受教育机会要进入学校教育尤其是高等教育时，发现男女生之间在不同学科的成绩以及学科专业的选择上存在着很大的差异。有研究表明，女生除了在语言学习上胜于男生外，在数学、科学和其他需要空间想象力的学科上都不及男生，而且这种性别差异随着年龄增长而加大（Husen etc.，1994）。以数学成绩的差异为例，有研究表明，男女生在 9 岁时数学成绩不存在任何性别差异，13 岁时只显露出细微的差异，但 17 岁时却出现了男生成绩占绝对优势的现象（AAUW，1992）。

2. 课程选择的性别差异

在具体学科的选择上，男生在数学、物理学等自然学科和经济学、管理学等专业中所占比例大，而女生则在有关操持家务和办公室工作的家政学、文学、艺术等部分人文和社会学科中人数较多。而且研究者还发现，尽管各国女大学生人数逐年增多，但在自然学科中的比例却不见增长。以苏格兰高等教育的状况为例，1998 年以来女大学生人数增长迅速，从 1980—1981 年的 43%增加到 1993—1994 年的 48%，但在自然学科领域女生人数增长很小，除了生物学稍有增长，数学与计算机专业几乎没有什么变化，物理学和工程技术学专业女生比例甚至有所下降（Roger etc.，1998）。

同时，学校及社会还把这种男女生学科选择的差异赋予价值意义，认为数学和自然学科需要高度的抽象性思维而难度较高，一些女性从事的学科单纯的记忆内容较多而难度相对较小，并由此得出“男生比女生聪明”的结论。因此女性主义者认为，这种课程选择性别差异的价值化对女生的学习成绩有不良的影响，也降低了外界对她们在学习上的期望值（Husen etc.，1994），导致并强化了“男优女劣”观念的恶性循环。

3. 女生不选传统上男性占优势的学科的原因

一些女性主义学者和妇女学教师通过研究和教学实践，对这种专业选择性别差异的原因进行了探讨。她们关注的焦点问题是“为什么女生不‘愿’选传统上男性占优势的学科”，得出的结论涉及多个方面。

苏格兰的一项研究将其归因于人们的观念：学生、教师、家长和校长都认为男女生各有“适合”的学科（Husen etc.，1994）。但更多的学者则通过比较男女合校和女校的学生在课程选择上的差异，发现学校环境没有提供给女生学习传统上男性占优势的学科的气氛。例如，英国的一份学校督导报告指出，女孩在一所男女合校中不太会选择一门传统上男性占统治的学科，而在女校中选择的机率却会高得多（Shaw，1985）。另外的一些研究也发现，女校还有利于女生在传统上男性占优势的学科中取得好成绩：与男女合校中的女生相比，女校培养的自然学科博士、医学院毕业生和“成功者”（指列入《美国妇女名人录》的女性）的人数是后者的两到三倍（Tidball，1980，1985，1996）。而索尔尼克（Sara J. Solnick）则通过比较女校与男女合校中女生从进入大学到大学毕业时的专业转换情况发现，女校的女生无论在传统的女性学科（即女生占多数的学科）还是传统的男性学科（即男生占多数的学科）中都比男女合校中的女生易于改换专业（1995）。究其原因，她推断，女校除了在学生和教师的组成上都以女性居多外，更主要的女校特殊的传统和独特的文化，使得女校中的学生比男女合校的女生在更广泛的领域内寻求自己的兴趣，因此她们的专业变动性也更大。

（三）传统课堂中的性别歧视

1.“男女有别”的“适当”（appropriate）的课堂行为评价

女性主义研究者发现学校教育中对男女生“适当”的课堂行为有不同的理解，教师对学生的反馈有着性别上的差异。亚当斯（C. Adams）和沃克戴恩（N. Walkerdine）发现，教师经常认为，如果男生不与教师和其他同学合作或学习不好，那是因为他们对功课感到烦闷，而女生如果表现出颇具合作精神并且成绩很好，那也不是她们真的聪明，而只是因为她们想取悦教师（1986）。同时，从小学到大学，男生得到教师更多的反馈，教师总是对男生有更多关注，对他们的行为给予更多更准确的评价，使得男生在回答问题、提出问题和表达自己观点上更有自信，而对于女生总是要求她们保持安静（Husen etc.，1994）。一些教师有效性和学生成绩之间相关性的研究表明，教师与学生交往的频繁适度、教师指导的准确度与学生的学业成绩有着密切的关系。因此，女性主义者认为，教师在课堂上的不平等教学行为是造成女生成绩不如男生的主要原因之一。

2. 女生课堂教学中受歧视的个案研究

对课堂上女性受不公平待遇的研究很多，本章选取女性主义学者辛克莱的一项调查研究作为个案，通过分析工商管理硕士课程课堂教学中女学生的经历，说明教师对女生的不公平对待，以及男女生不同的课堂感受。

辛克莱（1997）通过对16名工商管理硕士女毕业生的访谈和个人教学经历的反省，发现管理教育中的女学生对传统的课堂教学方式很不适应。她认为这些不适应体现在四个方面。第一，许多女生不适应男老师的授课方式，要求解除男性教师（管理专业中大多数都为男性教师）在教学过程中的权威和对课堂的控制。虽然被访者对这种权威的反应各不相同——有的是正面反抗，有的则是贬低自己的感受来认同教师的控制，但她们都表示对这种方式感到不适应。在描述令人满意的学习环境时，很少有女性提到在公共场合的讲演，她们更喜欢的是小群体的交流，认为这样更能传达一种信任感，更能达成一种快乐的合作。第二，许多被访者对传统管理专业课堂中对无知的避讳和对学生进入课堂前已有的知识的忽视表示不满。在男性化课堂内承认无知是令人羞耻的，而女性相对于男性更愿意承认和表达自己的不确定性和困惑，在课堂上女生也更易于寻求来自教师的认可。然而被访者发现，当她们表达自己的真实感受时往往得不到教师的认可，反而更加深了男教师的传统性别刻板印象，强化了他们对女性的歧视。与此同时，辛克莱指出，事实上男生也是这种阻止他们表达疑惑的课堂规范的受害者。第三，被访者对管理专业教育中一味地向外部寻求学习资源（learning by looking outwards）不太适应。她们发现大部分管理教育的知识都是远离学习者个人的，如关于市场销售、会计和金融的知识与她们个人的经历没有任何联系。总之，在她们所学和所知之间缺少一种联系。因此她们提出一种向内寻求学习资源（learning by looking inwards）的观点，在学习过程中实现所学的新知识与学习者原有知识或原有经验的有机结合。由此，被访者希望改变传统课堂运用的重复性分析的学习方法，代之以一种带情感的、想象性学习方法，以找到个人经历与所学知识的内在联结点。

辛克莱意识到被访者观点中的一些偏颇性可能会导致男女教育经历的新二元论，但她指出，教学中加入女性的学习方式是必要的，因为这不仅可以扩大女性的选择机会，也可以扩大男性的学习空间，还可以加强学生与教师、学生与学生之间的互动。

（四）女校与男女合校的比较研究

女校与男女合校的比较研究是女性主义教育研究经常使用的方法，因而将这一问题单独讨论，从中也可以发现女性主义教育研究内在的矛盾性。

早期的妇女运动中，为女性争得进入男女合校的权利是女性主义者革命的目标之一。在社会发展的推动下，经过几代女性主义者的持续斗争，女性几乎争取到了在所有教育机构中的受教育权，1997 年 5 月弗吉尼亚军事院校也接受了第一批女性学员。男女同校成了社会进步和男女平等的象征。

然而，20 世纪 80 年代以来许多女性主义教育研究得出的结论却是：男女合校压制了女性的发展，女性反而在女校或女生班中才有可能得到充分的发展。康博（L. C. Comber）和基弗斯（J. P. Keeves）（1973）发现，他们所研究的大部分国家中，女校中的女生比男女合校中的女生有更好的数学成绩。李（A. E. Lee）和布赖克（A. S. Bryk）（1986）在比较了美国的天主教女校和天主教男女合校后也发现，女校中的女生受传统性别形象的影响较小，因而她们比男女合校中的女生有更大的发展空间。对于女校不利于女性与男性的相处这个观点，一些女性主义教育研究也给予了有力的反驳。德国的一些学者曾在一所学校进行分组研究，测试女生在不同环境下的数学成绩，研究的对象是一个男女合班和一个女生班。研究的结果表明：在男女合班中，刚入学时男女生数学成绩基本相同，但学年结束时男生的成绩高出许多；而在女生班中，女生的平均成绩比合班中女生平均成绩高出许多，仅略低于男生（Salomon，1993）。德国历史学家伊娃·萨勒蒙（Evan Saiomon，1993）认为，这表明男女两性在社会中的分离并没有在课堂上消失，女性在社会中的被动身份和边缘地位仍反映在课堂的男女生关系中。

因此许多女性主义者极力促进女校的建设，或者在男女合校内实行男女分班上课，使女性能够充分地发挥潜能。然而合校的发展已成为一种全球性的趋势，社会的发展也使男性和女性的交流互动更加密切。而且，虽然有的女校或女生班能给予女性一定的发展空间，但这并不能根本解决问题，因为并不是所有的女校都提倡一种平等的风气，有的女校甚至只是为了培养传统的“贤妻良母”。因此，就像妇女学学科在高校中的“自治”与“整合”一样，女校与男女合校两者之间并不是非此即彼的对立关系。重要的不是以何种办学形式，而是学校中传播的是一种什么样的办学理念，是否将女性主义的社会性别意识渗透于整个学校的环境氛围中。

（五）个案的简介

女性主义教育研究的各个方面最集中地体现在一份名为“学校如何欺骗女孩：关于女孩与教育的重要研究结果”（*How schools shortchange girls: a study of major findings on girls and education*）（1992）的报告中。这份由美国大学妇女联合会撰写的报告，反映了公立学校内从学前到高中阶段女生所遭受的不公平待遇。下面简要介绍这份报告的内容。

1. 研究的背景

美国一些女性主义者认为，20 世纪 80 年代末 90 年代初以来美国教育界似乎忽视了对女性（女学生）教育的研究，然而在实际的学校教育过程中却仍存在着“男尊女卑”、“男优女劣”的意识。

2. 研究的目的

挑战美国当时普遍存在的认为美国公立学校已消除了性别歧视这一观点，采取措施真正实现男女生的平等待遇。

3. 研究得出的结论

女学生所受的教育无论在质量和数量上都低于男学生。

4. 报告的主要内容

报告分五个部分。第一部分探讨了研究的合理性，指出在最近美国教育中女性/性别议题的缺失，同时回顾了社会性别角色的发展；第二部分是关于公立学校中——从学前教育一直到高中阶段的教育——女生的成绩和参与学校活动的研究数据，涉及以下几个方面：种族、性别、社会经济地位、学业、青少年怀孕与母性(motherhood)、职业教育、辍学；第三部分，教育中的生理性别与社会性别偏见；第四部分，从正规课程的教材内容、课堂教师的讲课方式，以及公立不教授的课程内容三个方面研究学校开设的课程；最后一部分是联合会为改进女生教育、促进教育性别平等提出的四十条建议。另外还有两个附件和参考文献，包括一些国家教育报告、国家教育目的以及平等指标等。

此研究报告发表之后，引起了很大的争议，不少学者对该研究报告提出了批判性的意见。他们认为这份报告夸大了问题的严重性，实际上美国公立学校的女生在阅读与写作考试成绩上都好于男生，拥有比男生更高的班级地位和更多的学习荣誉，同时女生的大学入学率也比男生高。因此阿拉斯加大学的克雷恩菲尔蒂(Judith S. Kleinfieldy) 认为，这份报告是有偏见的，根本不具有学术性，它是党派纷争的产物，是“美国大学妇女联合会的一次欺骗行为”（Barlow，1999）。

四、小结

随着社会民主化程度的提高和国际组织的推动，对于社会性别问题的研究仍将是今后学术的热点，在教育领域也是如此，女性主义教育研究仍有广大的发展空间，仍将为妇女学的发展和女性主义者改革教育的目标做出贡献。作为女性主义学术的一个重要组成部分，它为高校妇女学教材的编写提供了重要素材，而它的研究成果也为女性主义者批判传统教育、提出和实施教育改革提供了基础。

然而要注意的是，女性主义本身的矛盾性和偏激性使女性主义教育研究带有先天的局限性，在有些问题的研究中为急于得到“男优女劣”的证据而在研究方法、分析思路上有失偏颇，因而得出的结论也不完全正确。同时男女平等受到社会政治、经济、文化等各个方面因素的影响，仅研究教育领域内的社会性别问题并不能根本地解决问题。

女性主义教育研究是一种新的教育研究视角，但它也只是“一种”研究视角而已。

第五章 女性主义教师教育思潮

20 世纪 70 年代以来，西方女性主义随着女性主义运动如火如荼地开展，在学术上日益成熟，“社会性别”已经成为学术界的一个基本范畴。教育研究也开始将女性主义的视角运用于教育宏观和微观研究的各个层面，各个流派的女性主义者都提出了各自对于教育目的、教学过程、教育方法以及教学材料等多方面的探讨，逐渐形成一股女性主义教育思潮。在这种思潮的影响和推动下，西方初等教育、中等教育以及高等教育的教学实践都发生了巨大变化，消除学校教育中存在的种种性别歧视和性别刻板印象，致力于社会性别平等的教育。

“对于社会性别来说，教师教育是真正实现平等的最后界限。”那么，作为培养未来教师和培训在职教师的摇篮的教师教育又是如何体现社会性别问题的呢？受到女性主义思潮的影响，从 20 世纪 70 年代开始一些教师教育研究者对以往的教师教育研究和实践提出了批评，认为性别平等并没有被看做是值得整个教育学院或者教育系重视的一个领域，甚至也没有在教师教育课程中得到体现。未来教师性别平等知识和意识的缺乏，实施性别平等教育的教学方法和技能的缺乏无疑将导致学校教育中的性别歧视和性别刻板印象的重复和强化，这使得性别平等教育成为一种美丽的幻影。在批判的基础上，20 世纪 70 年代以来的教师教育研究和实践发出了新的声音，呈现出新的面貌。女性主义无论是作为哲学和社会思潮还是作为一种社会运动，都给教师教育打上了深刻的烙印。一方面，女性主义理论和实践紧密结合的精神气质和她关注边缘人群、关怀弱势群体的人文情怀使得它能够突破学科界限，抛弃旧观念，发现新的研究视角，开创新的研究方法。因此，在学术上，女性主义理论和教育思想为教师教育研究者提供了思想资源，开阔了教师教育研究者的视野，丰富了研究方法和手段；另一方面，从研究范式的角度看，随着女权主义运动（女性主义运动）发展而逐渐成长、成熟的女性主义理论重视研究者的参与、强调研究过程的建构性，促使从事教师教育研究的学者反思自己的教育观念和社会性别观念，反思教师教育课本和课程中的社会性别含义，反思自己的教师教育研究和实践，挑战和质疑教师教育的理论和实践，提出崭新的理念和实践方式。

尽管女性主义的视角已经被西方学术体制和教育体制认可和采纳，但是在我国的教育界却声音微弱，尤其是在教师教育研究领域几乎还是一个盲点。虽然妇联系统和高校内有一部分学者和教师在从事社会性别和教育之间关系和社会性别平等教育的理论和实践的研究，但总的来看力量很薄弱，仍然被划归在教育研究的主流话语之外。而在教师教育研究领域，以女性主义理论为指导，采用社会性别研究范畴剖析和建构教师教育理念，从而指导教师教育实践的研究仍然是一片空白。而另一方面，从事教师教育研究的学者和教学工作的教师，尤其是一些女性教师教育者已经意识到社会性别是一个影响职前教师职业选择和职业身份认同的非常重要的因素，同时也是实现真正的社会性别平等教育的关键。她们迫切希望了解国外的教师教育理论和实践，了解如何在教师教育课程和教学实践中运用女性主义理论和方法构建男女教师的职业身份认同，培养具有社会性别意识，掌握处理社会性别问题的职前教师。因此，研究西方教师教育的理论与实践，尤其是探讨如何在教师教育领域以女性主义的视角和方法开展研究和教学实践工作，就成为中国比较教育研究的一项新任务。

现阶段我国比较教育的任务之一就是通过介绍和分析国外相关问题的研究，丰富和发展本国教育理论和教育实践，尤其是找出自身存在的不足，在批判地借鉴他国经验的基础上促进我国教育理论和实践的发展。了解教师教育中存在的社会性别问题，不仅有助于充实我国的教师教育理论，而且有助于改进我国的教师教育实践，进一步提高教师素质，更为重要的是培养具有社会性别意识和掌握处理此类问题技术的教师，从而真正实现平等的教育。

本章的写作正是在研读 20 世纪 70 年代以来西方教师教育关于社会性别问题文献的基础上，分析女性主义作为一种思潮或者社会运动对教师教育研究在研究视角、分析范畴、研究对象和研究方法等方面的影响，并介绍欧美国家的教师教育是如何针对社会性别问题来实施教师教育课程的。

第一节 西方女性主义和教师教育中社会性别研究

一、西方女性主义的研究

西方女性主义运动发展已经有一百多年的历史，女性主义在学术上已趋向成熟，作为一种学术体制得到了普遍的承认和接受。因此有关的文献（以英文为主）不胜枚举，有关女性主义的专著也很多。然而，由于女性主义流派众多而且体系庞杂凌乱，全面系统介绍女性主义的文献并不多，大多数文献只是对某一女性主义流派的观点或针对某一核心问题的探讨。

为了在有限的时间内了解西方女性主义的概况，本章的写作主要参照下面两种文献中有关女性主义的内容。首先，是教育百科全书中对女性主义的宏观描述，如《多元文化教育词典》

（*Dictionary of Multicultural Education*）（Grant & Ladson-Billings，eds，1997）中对“女性主义”（feminism）、“女性主义理论”（feminism theories）、“妇女运动”（women's movement）的理解。胡森等人（Torsen Husen and T. Nevilei Postleth Warite）主编的《国际教育百科全书》（*The International Encyclopedia of Education*）（1994）在“教育中的性别理论”（gender theories in education）词条中简单介绍了几个女性主义派别的理论观点。第二类文献是国内学者对于西方女性主义思潮的介绍和评价。

国内关注西方女性主义的学者分两类：一类是从事中国妇女问题研究的学者（大部分为女性），她们是研究的主力；另一类是从事西方后现代主义研究的学者。

国内学者对于妇女问题的关注早在20世纪80年代初就开始了，但她们对西方女性主义理论系统的研究则是以1995年“世界妇女大会”（以下简称“世妇会”）的筹备和召开为契机的。在“世妇会”前后，出版了一系列介绍西方女性主义研究的书籍。由鲍晓兰主编的《西方女性主义研究评介》收录了“海外中华妇女学会”成员撰写的11篇论文，介绍了西方女性主义理论和妇女学研究，以及它们在文学、社会学、人类学和历史学等领域的发展。由李银河主编的《妇女：最漫长的革命》挑选了西方当代著名女权主义理论家和学者最具有代表性、最为深刻、影响最大的论述，所选文章有的是女性主义理论的经典，有的是从某个学术领域，如哲学、历史学、心理学、社会学等角度论述妇女相关问题的精华之作。此外还有王政、杜芳琴主编的《社会性别研究选择》，它有选择地翻译了美国女性主义学者撰写的学术论文，介绍20世纪70—90年代之间美国学术界各个学科领域内性别理论的发展。刘霓所著《西方女性学：起源、内涵与发展》介绍了西方女性研究的起源和发展，女性研究的定义、内容和方法、研究机构以及研究所取得的成果等，向国内学者提供了系统而全面的女性研究信息。另外还有一些对西方女性主义学者学术著作的译著，如艾晓明翻译的美国学者罗斯玛丽·帕特南·童所著的《女性主义思潮导论》，系统介绍了西方女性主义理论流派的观点以及存在的争论；赵育春翻译的约瑟芬·多诺万的著作《女性主义的知识分子传统》，介绍和评价了各个历史阶段女性主义者的著作。《英汉妇女与法律词汇释义》用英汉两种语言诠释了全球背景下女性主义发展过程中出现的一些重要概念，以及这些概念的发展与变化。以上书籍以单纯介绍西方女性主义为主要内容，而《中国妇女与女性主义思想》（邱仁宗等人主编，1998）和《性别与中国》系列丛书（李小江、朱虹、董秀玉主编，1998）则反映了中国学者在借鉴西方女性主义理论之后对中国妇女问题的本土化研究。

研究后现代主义的学者在分析西方后现代思潮时介绍了女性主义的发展。王岳川在《后现代主义文化研究》（1992）中认为女性主义是后现代主义思潮的趋势之一，盛宁的《人文困惑与反思——西方后现代思潮批判》（1997）中将女性主义列为西方后现代主义的思想文化景观之一。

二、西方教师教育中社会性别问题的研究

本章收集的有关西方教师教育社会性别问题研究的文献主要来源于两种途径：首先，主要来源是三种教师教育英文期刊——《欧洲教师教育杂志》(*European Journal of Teacher Education*)、《教学教育杂志》(*Journal of Education for Teaching*)、《教师教育杂志》(*Journal of Teacher Education*)——中20世纪70年代以来的所有涉及社会性别问题的文章，以及《欧洲教育》(*European Education*)、《哈佛教育评论》(*Harvard Educational Review*)和其他一些英文期刊中的相关文献；其次，西方学者关于教师教育与社会性别问题的专著和文献汇编，例如《破碎的形象——用女性主义叙述创造不同的教师教育》(*In Broken Image: Feminist Tales for a Different Teacher Education*)(Erica Mc William，1995)、《社会性别和学术界：女性主义教育学和政治》(*Gender and Academe—Feminism Pedagogy and Politics*)(Sara Munson Deats，Lagretta Tallent Lenker，1994)和《教育中的女

性主义》(*Feminism in Education*)(Gaby Weiner, 1994)。

根据文献资料,西方学者对于教师教育中的社会性别问题的研究主要集中于以下三个方面。第一,社会性别与教师职业。在这一问题上,研究者以社会性别为分析角度,详细解释了教学工作女性化的(the feminization of teaching)的历史、原因及其意义,揭示了女教师在学校中的地位、境遇及其原因,剖析了教师专业化与女教师的职业身份认同之间的矛盾及其对女教师身份认同的影响,同时还研究了男女两性小学教师的职业选择原因以及对他们职业身份认同产生影响的因素。第二,教师教育与培训中存在的性别偏见和性别刻板印象分析。这主要包括分析教师教育机构人事结构中的性别区分,教师教育者的社会性别观念和行为,教师教育课本中的性别偏见和性别刻板印象分析。第三,教师教育对社会性别问题的应对。研究者主要探讨了体现社会性别平等的制度设置,即改革教师教育机构的人事制度;另外也对教师教育者提出要求,强调提高其社会性别意识和应对这种问题的技能;研究者也认为应该对教师教育课程进行改革,消除其中存在的社会性别偏见和歧视,给予包括社会性别在内的多元因素的理解和重视。

笔者认为,20 世纪 70 年代以来西方教师教育中社会性别问题的研究呈现出以下三个特点。第一,西方教师教育中的社会性别研究以女性主义理论作为理论基础,并随着女性主义理论的发展而丰富完善。其研究话语体现出鲜明的时代特征,如 70 年代的研究者多采用 sex(性别)、sex discrimination(性别歧视)、non-sexist education(无性别歧视教育)等术语,而在 90 年代的文献中,gender(社会性别)已经取代了 sex,"性别歧视"等用语也很少出现,而是强调用"差异但平等"的社会公平观来取代原来的男女平等观,提倡社会性别公平教育(gender fair education)。第二,随着社会发展,西方学者对教师教育中性别问题的关注也从单一逐步走向多元,即从 70 年代注重女教师和学校中性别歧视的研究发展到关注男性教师的职业身份认同和教师教育中多种多样的社会性别问题表现方式和应对方法的研究。第三，在研究方法上，西方学者大多采用量化研究，如问卷调查和统计分析等方法，也有许多研究者采用质的研究方法，如访谈法和个案调查法，而更具特色的是很多研究者都在研究中注重说明研究的具体场景，解释它对于研究的意义，并不断反思自己在研究过程中的立场、态度和与被试的沟通，体现了女性主义者独有的研究风格。

三、国内现有研究的局限性

虽然女性主义的视角已被西方学术体制和教育体制认可和采纳，西方女性主义教育研究者已对教师教育做了相当深入的研究。但在我国的教师教育研究领域却几乎还是一个盲点。从笔者收集到的 20 世纪 90 年代以来国内期刊关于教师教育的研究文献来看，只有屈指可数的几篇文章涉及教师与社会性别问题。如《教师心理的性别差异及其教育学意义》（王斌，《教育科学》1993 年第 1 期）、《中小学教师队伍性别构成问题研究》（荆建华，《教育科学》1997 年第 4 期）以及《女教师性别角色意识的研究》（林小英主编：《聆听与倾诉——质的研究方法的应用论文集》，教育科学出版社 2001 年版），但是从教师教育或培训的角度专门论述其中存在的社会性别问题的文章却几乎没有。从教师教育实践的层面上看，我国的师范教育课程体系中有关社会性别平等教育的内容寥寥无几。目前只有北京师范大学教育学院在本科生课程中开设了“妇女与性别平等”课，该课程的教育目的和基本特征是“以社会性别公平为教育原则和理念；以历史唯物主义为方法分析教育中的性别差异的真实原因，以及用女性的眼睛来看待教育世界”。这无疑为我国教师教育课程注入新鲜内容，必将促进我国教育中的性别平等和教育平等。但是要提高教师素质，真正实施素质教育从而实现教育平等和推动社会公平，有关教师教育中的社会性别问题研究在我国尚需进一步深入。

第二节　西方教师教育中的社会性别理论

通过第四章的介绍和相关文献的分析，我们可以看到西方女性主义运动不仅从政治上、经济上争取妇女的解放和独立，而且，在学术领域，女性主义学者致力于从理论上探讨妇女不平等地位的缘由。他们的努力不仅从不同角度对女性的不利地位给予了分析，提供了理论解释，还促成了一些具有远见卓识的女性主义学者对整个学术领域、对西方占主流地位的知识进行了深刻反思。这也不可避免地影响到教师教育研究和实践，一些女性主义学者和女性主义教师教育者开始在他们的领域，利用女性主义的分析视角，或对传统的教师教育研究和实践重新考量，丰富教师教育的理论：或在自己的教师教育实践中融入女性主义的信念，开创独具特色的教师教育课程与实践。

教师教育一直是西方各国教育研究的重要组成部分，随着20世纪80年代以来各国教育改革进程，提高教师素质、教师专业化水平更促进了教师教育的进一步发展。当代教师教育研究和教师教育实践主要在以下三个方面取得成就：第一，教师研究，这主要包括教师的角色研究；第二，教师培养和培训研究；第三，教师教育理论研究。而女性主义研究者对教师教育的研究则集中体现在教师教育中的社会性别问题研究上。

根据笔者对20世纪70年代以来西方教师教育中社会性别问题（gender issues in teacher education）研究文献的整理分析，可以将研究者的考察归纳为以下几个问题：（1）教师职业女性化的历史、原因及影响；（2）教师专业化与女教师的职业身份认同；（3）女教师在学校中的地位、境遇及其身份认同；（4）学校教育与性别分化；（5）教师教育、培训课程中存在的性别歧视或性别角色刻板印象；（6）男女教师择业原因分析及其职业认同研究；（7）男教师职业身份认同研究。在接下来的分析中，笔者将一一呈现女性主义教师教育研究者对这些问题的审视和思考，并进一步分析女性主义对教师教育研究的分析范畴、研究对象和内容以及研究方法这三方面带来的影响，展现由此而导致的西方教师教育研究的新发展。

一、教师教育研究新的分析范畴——社会性别

（一）作为分析范畴的“社会性别”

1.“社会性别”的概念化过程

作为女性主义的核心概念，“社会性别”这一术语本身是随着女权主义运动和理论的发展而不断生长发展的。

20 世纪 60 年代，女性主义研究讨论的重点不是“社会性别”，而是“妇女”，以及类似性差异、性角色（sex role）和性别角色社会化（sex role socialization）等主要概念。随着学者们越来越注意到性别作为一种“关系”的性质，70 年代初期，性别角色和性别角色社会化开始带有社会性别的含义。到 70 年代末期，美国女性主义者首先使用 gender 这一概念以区别于 sex，才有了性和社会性别概念之分。社会性别角色（gender role）由此取代了性别角色（sex role）。

作为分析范畴的社会性别概念的形成，经历了不同时期和不同的方式，分析的层次既有微观的相互交往分析，又有宏观的社会结构分析。其概念含义的进化过程如下。①

（1）强调“性差异”的社会性别观（gender as sex differences）。这种观点受心理学观点的影响，把社会性别定义为个人属性，认为这种属性产生于人的生物性和社会化，或两者之间的某些相互作用，男性的刚毅和女性的柔弱被看成是与生俱来的，而且这些特征奠定了一个人的社会性别身份、人格和自我概念的基础。

（2）强调“地位”和“角色”的社会性别观（gender as status

---

① 王政、杜芳琴主编：《社会性别研究选译》，生活·读书·新知三联书店 1998 年版，第 378—391 页。

and role)。在“功能主义”和“角色理论”传统的影响下，这种观点认为社会性别是已经获取的“地位”，并伴随着一系列特别的期待和模式化的行为——称为“角色”。① 这些角色高度融汇进了社会价值观念、文化实践和结构体系。

（3）强调人际关系的社会性别观（gender as a system of relationship）。这种解释把重点从个人转移到社会结构。社会性别关系跨越种族、阶级、年龄和体制的界限。这种关系存在于社会生活的所有方面，蕴藏在社会结构中，并通过社会的意识形态加以巩固。在性范畴、劳动分工、社会情况和权利与权威多种因素的影响下，塑造出的社会性别关系是不平等的、不对称的。因为这些范畴中的差异，不仅在理念上，而且在结构上，同支配与被支配相关。由此而来，机遇、宝贵资源、权力特权以及责任也被不平等地分配着。

（4）强调过程的社会性别观（gender as a process）。韦斯特和齐默尔曼运用民族志的研究方法，把社会性别定义为是在特定场景里通过社会的相互交往塑造而成的。一旦“差异”在创造社会性别时建构起来，这种差异就被用来强化社会性别所谓的“本质”，在社会性别行为中进一步表现出来，并合法地作为社会机制的一定组合。

研究者对社会性别理论化的最新发展包括以下三方面②。

第一，尝试把社会性别看成多重性的统治制度的一个方面。社会性别是多种关系体制和变量交织在一起形成的。这些变量，诸如种族、民族、阶级、年龄、性倾向、残疾与国籍，是形成压迫与支配制度的各种独特的层面。强调包括社会性别在内的所有差异构成了统治的基础。

---

① 周颜玲：《有关妇女、性和社会性别的话语》，载王政、杜芳琴主编：《社会性别研究选译》，生活·读书·新知三联书店 1998 年版，第 391 页。

② 王政、杜芳琴主编：《社会性别研究选译》，生活·读书·新知三联书店 1998 年版，第 378—391 页。

第二，韦斯特和齐默尔曼（1995）运用民族志的研究方法把种族、阶级和社会性别理论化，进而把“行动着的社会性别”发展成为“行动着的差异”，认为它是持续进行的相互作用和机制化的结果，导致了多种形式的统治。

第三，洛伯（1994）认为社会性别是一种社会机制。强调“它树立对个人的社会期望的形式，排列日常生活的社会秩序。这种秩序被建造在社会的主要组织里，比如经济、意识形态、家庭、政治等，而社会性别本身亦自成一体，为社会组织的一部分”。

2.“社会性别”的内涵

（1）社会性别是一种社会角色，即男女各自从社会中学到的行为及从事的活动。它具有规范性，是由特定的文化环境规定的被认为是适合其性别身份的性格特征及行为举止。

（2）社会性别是一种强大的意识形态，影响着人们基于自己的生理范畴所作出的生活中的选择。

（3）社会性别是一种不平等的二元化社会体系。男女两性基于性别差异而存在着权力（power）关系。它不但体现了两性间的不同，还体现了两性间不平等的权力关系。社会性别作为一种不平等的分化人群的权力系统被认为与其他社会权力分配系统如阶级、种族、民族等有联系，但又有它的独立性。

“社会性别”概念的应用启发女性主义学者从更广泛的社会关系角度研究教师教育，考察教师教育中存在的男性与女性的关系、权力关系及其对教师尤其是女教师职业身份的认同的影响。正如著名的女性主义历史学家吉斯拉·鲍克所指出的那样：“社会性别指的是一种知识结构，一种思考和研究的方法，一种能帮助我们发现历史学中被忽视的领域的分析工具。”① “社会性别”也成为女性主义教师教育研究者分析教师教育问题的一个有效工具。这一

① 吉拉斯·鲍克：《妇女史和社会性别史：一场国际争论的多个方面》，载蔡一萍、王政、杜芳琴主编：《赋历史研究以社会性别》，妇女史学科建设首届读书研讨班专辑，第199—217页。

点主要体现在对教师职业“女性化”（feminization）、女教师境遇以及教师专业化与女教师身份认同三方面的研究上。

（二）教师教育研究中社会性别视角的体现：发现女教师

1. 教学工作女性化的（the feminization of teaching）的历史、原因及其意义

（1）教学工作女性化的历史发展过程

想要全面理解教学和教师教育，必须把它放到自身发展的历史中考察。① 研究者探讨了教学职业女性化的历史发展过程：在美国教学女性化始于工业时代，从18世纪末到19世纪60年代，随着公立学校的建立，学校成为培养儿童为工业生产作准备的场所。学校中学生数量增多，而女性本身具有照看孩子的责任，教学逐渐成为女性的职业。在美国，1840年仅有39%的教师是女性，1850年，这一比例上升到46%，到1870年，女教师占公立小学教师人数的60%，1900年则达到71%。而在1920年，女教师的比例达到最高峰89%。随后保持在一个相对稳定的数字上。从20世纪20年代中期开始，由于第一次世界大战使得教师数量的减少导致教师相对较高的工资，以及学校行政职位的空缺，导致男性在教学中的数量增多。另外在经济大萧条期间对男性的优先政策也使得男性教师数量增加，1940年接近25%。不过在接下来的十年中，男教师数量减半，在第二次世界大战后美国又出现了吸引男性任教的政策。大萧条和第二次世界大战后美国加大力度吸引男性任教的措施一方面是为了保持家庭中男性的父权地位，另一方面也是为了为青少年尤其是男孩的社会化树立角色榜样。②

① Apple，M. W.，Gendered Teaching，Gendered Labor，in Popkewitz，T. S.（eds.），*Critical Studies in Teacher Education—Its Folklore*，*Theory and Practice*，The Falmer Press，1987，pp. 57-83.

② Clifford，G. J.，Man/Woman/Teacher，in Donald. W.（eds.），*American Teachers-History of a Profession at Work*，A publication of the American Educational Research Association，New York：Macmillan publishing Company，1989，pp. 294-295.

在英国，1870年，当时公共教育尚不发达，男性教师的数量稍稍超过女性，其教师性别比例为100∶99，而到了1880年，男女教师的比例为100∶156，1890年，变为100∶207，1990年则达到100∶287。1910年女教师数量大大超过男教师，达到3∶1的比例，1930年这个比例达到4∶1。另外，调查数据显示，1930年，英国共40 000名男性教师，他们占男性工人总数的比例还不到3%。而120 000名女教师占女性在社会上工作人数的20%。①

（2）教学职业女性化的原因分析

研究者针对教学职业女性化的历史现象进行了描述并剖析其背后的原因，具体说来，有以下几点。

第一，传统观念中的人们将小学教师职业视为具有家庭生活的性质，并将之定义为“适合妇女的职业”，于是小学教师职业也就被看成劳动妇女在家庭中劳动的拓展和延伸。②

第二，有研究者从政治经济学角度分析教学成为女性职业的原因。即随着公立教育的普及，地方学校行政承担着沉重的义务教育负担，减少这种不断增加的义务教育成本的办法就是雇佣便宜的妇女劳动力。斯德伯（Strober）指出随着学校教育的制度化、教师资格标准的提高，但其报酬却并未改变，相反其自主性却不断降低，致使男性离开教学职业。③

第三，女教师数量的增多也是妇女斗争的结果，19世纪以来，中产阶级妇女依靠女权运动，工人阶级妇女依靠社会主义在争取教育和就业权利的斗争中获胜。

第四，教学职业女性化也是资本主义发展的结果。在工厂中，

---

①③ Apple，M. W.，Gendered Teaching，Gendered Labor，in Popkewitz，T. S.（eds.），*Critical Studies in Teacher Education—Its Folklore*，*Theory and Practice*，The Falmer Press，1987，pp. 57-83.

② Altenbaugh，R. J.，The Irony of Gender，in Ginsburg，M. B.（eds.），*The Politics of Educator's Work and Lives*，New York and London：Garland Publishing. Inc，1995，pp. 73-90.

妇女的劳动受到剥削，其劳动只被支付给很少的工资，而妇女的家庭劳动又根本没有报酬，那么对于许多单身女性来说，教学工作则是最好的选择。①

（3）教学工作女性化产生的影响

妇女承担教学工作，一方面有助于转变家庭和工作中的父权制关系，但是另一方面也是以再生产这种父权制意识形态为代价的。②女教师的增多造成了教学劳动当中的性别分化，强化了“妇女天生适合与儿童呆在一起”的观念；由于传统观念和出于经济上的考虑，女教师也很容易接受在学校这一官僚制机构当中处于从属地位的命运。③

有研究者指出妇女大量进入某种职业与这种职业的地位改变有着密切联系。④其报酬越低，越被认为是技术要求不高的，那么这种职业也就更多地需要外部控制，缺少自主权力。

2. 女教师在学校中的地位、境遇及其原因分析

（1）女教师在学校中的地位

比肯（Biken）研究了社会上人们如何看待教学职业。由于对妇女刻板的先验印象，如妇女较少承担社会责任，缺乏工作激情，害怕复杂工作等，使得人们把教师职业地位低与女性联系在一起。⑤ 华尔士（Walsh）则认为整个美国社会推崇的是自我实现的男性，电影、电视及书籍等传媒都强化了教师工作没有意义的观念，这使得教师工作贬值。⑥

在学校中，学校管理体现出鲜明的父权制特征，女教师总是在其男性管理者的手下工作。据瑞莉（Reilly）和褒曼（Borman）

---

①②④ Apple, M. W., Gendered Teaching, Gendered Labor, in Popkewitz, T. S. (eds.), *Critical Studies in Teacher Education—Its Folklore, Theory and Practice*, The Falmer Press, 1987, pp. 57-83.

③ Reitman, S. W., Institutional Sexism, the Contemporary Teaching Crisis and Teacher Education, *Journal of Teacher Education*, 1975, 26, pp. 305-309.

⑤⑥ Griffin, G., Teaching as a Gendered Experience. *Journal of Teacher Education*, 1997, 48, pp. 7-18.

的统计，1928 年，美国全国教师工会（National Education Association）的报告表明，在美国有 55%的小学校长是妇女，到 1971 年，这个百分比下降到 22%，而到了 1973 年，只有不到 20%的小学校长是女性，而且不到 2%的中学校长是女性。1973 年，13 000 名学校主管中，只有 63 位女性，在学校董事会中，男女成员的比例为 9∶1，其中有 30%的学校董事会，没有女性成员。① 1984 年，美国有 99%的学校主管和 97%的高中校长是男性。1992 年，72%的小学和中学教师是女性，但 72%的校长和 95%的学监是男性。② 男性在各级教育领域中占据着威望较高、收入也较高的职位，而妇女却在报酬低的职位上工作。③ 由此可见，学校行政是男性占统治地位的领域，学校中的劳动分工则反映了女性与男性的垂直隔离。

（2）女教师劳动力受剥削的状况

许多女性主义者都试图揭示教学职业中妇女劳动力被剥削的状况。如阿克尔（Acker）和弗尔维格（Feuerverger）以及布卢克（Brook）都以实例证明女大学教师像工人一样被剥削，担负太多的行政工作，被鼓励去做一些照顾性的工作，并承担可能导致她们在工作竞争中失败的责任。④ 鲁特尔（Lutterll）指出女性教师更容易被聘用在非终身性的、兼职的或临时合约的工作岗位上，在这些岗位上，教学任务比长期性的职位的责任重得多。这种雇佣状况使得妇女在教育中的工作被看做是提供服务者。⑤

---

① Griffin, G., Teaching as a Gendered Experience, *Journal of Teacher Education*, 1997, 48, pp. 7-18.

② National Center for Education Statistics 1992; National Education Association 1992; U. S. Equal Employment Opportunity Commission 1991.

③ Apple, M. W., Gendered Teaching, Gendered Labor, in Popkewitz, T. S. (eds.), *Critical Studies in Teacher Education—Its Folklore, Theory and Practice*, The Falmer Press, 1987, pp. 57-83.

④⑤ 转引自 Dillabough, Jo-Anne., Gender Politics and Conceptions of the Modern Teacher: Women, Identity and Professionalism, *British Journal of Sociology of Education*, 1999, 20, pp. 374-394.

将“教学”与“母性”（motherhood）混合在一起导致了女教师地位低下，这最终也限制了女教师的职业发展动力。对妇女屈从地位的前提预设、男性知识的等级制度以及教学作为母亲的工作这些想法的观念化，导致对妇女劳动力的剥削在这样的政治结构中得以合法化。①

（3）女教师在学校中的境遇

尽管女性在教学岗位上占据多数，但是由于学校的父权制结构，男性占据着决策地位，使得女教师在学校中没有表达自己声音的机会。格瑞芬（Griffin）具体指出了女教师在学校当中的处境。②

①声音的缺失。在教育史、教育哲学课本、教师教育课本以及行政管理手册中几乎没有关于女教师的内容。罗伦斯（Llorens）指出许多女教师并没有意识到自己的处境，女教师和学生所接受的教育，都要求她们成为安静的、任由他人控制的“好女孩”。③

②自治与控制权力的缺乏。学校仍然是父权制的机构。女教师无权决定其教学活动的目的，只是执行别人制订的目标。由于人们没有将教师与母亲的职责做明确区分，家长常常对教师的工作指手画脚，导致女教师职业自主性受损。④ 学校行政管理人员对教师的态度就如同对待孩子一样严厉。校长在考虑学校政策时更

---

① Dillabough，Jo-Anne.，Gender Politics and Conceptions of the Modern Teacher：Women，Identity and Professionalism，*British Journal of Sociology of Education*，1999，20，pp. 374-394.

② Griffin，G.，Teaching as a Gendered Experience，*Journal of Teacher Education*，1997，48，pp. 7-18.

③ Apple，M. W.，Gendered Teaching，Gendered Labor，in Popkewitz，T. S.（eds.），*Critical Studies in Teacher Education—Its Folklore*，*Theory and Practice*，The Falmer Press，1987，pp. 57-83.

④ Roberta，K.，Caron，W.，& Robert，E.，The Dichotomy between the Concept of Professionalism and Reality of Sexism in Teaching，*Journal of Teacher Education*，1997，48，pp. 118-128.

多听取男教师的意见。女教师们常常感到她们既无权影响学校中的事务，也无权影响教室中的事务。①

阿普尔（Apple）认为一旦教学成为“妇女的工作”，它就必须服从于理性化的压力，男性占主导的行政管理工作对女教师占多数的课堂教学的压力也随之增加。② 学校中的性别劳动分工，使男女两性在权力控制与自主性方面呈现差异。由于性别角色的刻板印象定位，男性被假定为具有管理、控制女性的权力的人，而女性必须服从学校的规范和男性的权威。由于拥有较少的职业选择机会以及已经习惯于父权制，妇女成为被严格控制的对象，性别差异成为社会控制的重要依据。

③教学评价中女教师的压抑处境。评价过程对女教师来说就是一种性别体验的过程，由于评价者主要是男性管理人员，评价时，女教师常常感到她们必须遵照某种样式来行事，这样就使得评价过程实际上变成了一种控制。

④职业进步（career advancement）问题。研究者的调查表明，许多女教师不信任或贬低教育行政职务，更愿意待在教学岗位上。而男性常常主动谋求教育管理的职位，拉开他们与学生的距离。女教师常常被看成是缺乏职业抱负和进取心的人。

总之，尽管教学是一个女性占据多数的职业，学校也是女性工作的场所，但是学校人事结构复制着父权制的家庭结构，教室中的事务复制着家庭事务的模式，也复制着压抑自由和行动的女性身份认同。它确保了男性文化的权威，也决定了女教师的从属地位。

3. 教师专业化与女教师的职业身份认同

---

① Dillabough, Jo-Anne., Gender Politics and Conceptions of the Modern Teacher: Women, Identity and Professionalism. *British Journal of Sociology of Education*, 1999, 20, pp. 374-394.

② Apple, M. W., Gendered Teaching, Gendered Labor, in Popkewitz, T. S. (eds.), *Critical Studies in Teacher Education—Its Folklore, Theory and Practice*, The Falmer Press, 1987, pp. 57-83.

西方女性主义学者以社会性别作为独特的分析范畴，对“教师专业化”的主流话语中的社会性别内涵进行了深刻剖析与批判，揭示出其中隐含的性别权力关系、前提预设与现实之间的矛盾，以及由此带给女教师职业身份认同的危机和教师教育的困境，并且在批判的基础上提出以女性主义教育学重新塑造女教师的身份认同。

（1）教师专业化与女教师的职业身份认同危机

西方女性主义学者对教师专业化的批判主要集中于以下三个方面：第一，质疑“教师专业化”概念的哲学理论基础；第二，分析专业性职业标准的男性化特征；第三，对倡导教师专业化的报告进行文本分析。

①质疑“教师专业化”概念的哲学基础

首先，女性主义学者指出，“教师专业化”这一概念来源于柏拉图哲学中有关教育和教学的观念，即认为，“性别是一种不会造成区别对待的差异”（sex is a difference that makes no difference）。在这样的前提下，任何关于教育与教学的哲学观念都将性别意义排斥在外。① 妇女无论是作为教育思想的主体还是客体，都被排斥在标准化的文本之外：作为主体，她们的教育哲学著作被忽略；作为客体，男性所著的关于女性受教育以及女性作为教育者角色的著作也被忽略。当前，所谓“标准化”文本所采用的教育定义也都将妇女排斥在外。②

其次，教师专业化话语中构建“现代教师”身份的两个核心概念——理性和工具性，明显地带有男性价值倾向。狄拉保（Dillabough）认为，教师专业化这个概念明显表露出康德、笛卡儿哲学中“理性人”的含义。政府所认可的“教师专业化”概念，如

---

① Laird, S., Reforming "Women's Truth Prefession": A Case for "Feminist Pedagogy" in Teacher Education? *Harvard Educational Review*, 1988, 58, pp. 449-463.

② Martin, J. R., Excluding Women from the Educational Realm, *Harvard Educational Review*, 1982, 52, pp. 133-148.

"胜任的教师"（competent teacher）或"标准教师"（standard teacher）都体现出这一理念，即私人领域（如情绪、体验等）不应当影响公共领域的政治行为。在这种前提下，"胜任的教师"不能以其个人体验影响其作为教师的行为。教师的身份认同应当符合客观的、程序性的专业化过程。于是，女教师的情感体验和政治能动性都在教师专业化的抽象模式中被压抑了。而且，她指出，在"教学是理性的、工具性行为"这一观念背后隐含着性别二分法。① 现代社会仍然是中产阶级男性教师或学生被冠以"理性人"的美名，他们在最纯粹的意义上被赋予理性的能力。相反，女教师和女学生是没有权力占有知识的，她们被看成是道德的载体，通过她们，自由民主和理性社会才得以建立。

再次，由于教师专业化将"自我"（self）从生活情境中分离，因而使个体处于完全独立的地位，她/他不再需要他人。这种工具性的身份认同将教师个体塑造成与学生或其他教职员之间没有意义联系的个体，而只是对政府的工具性政策作出回应的人，教学本身也不再是人与人之间复杂而有意义的社会交往。这种抽象的专业化模式具有两方面的问题②：第一，这种现代个体的观念否定了社会背景、社会结构以及社会性别在个体身份形成中的特殊作用和意义；第二，这种工具主义的语言（如自由、自主性）暗示，如果妇女将自己从她们的社会经验中剥离出去，她们就能获得必要的自由和职业自主性。结果，在这种暗示之下，个体身份形成的社会背景因素被否定和忽视，关于妇女"自由"能力的不切实际的观念得以传播，尽管事实上妇女仍然受到明显的束缚。

总之，女性主义学者认为教师专业化话语中的性别二元主义用"理性教师"的概念塑造了现代教师的身份模式，而掩饰了其中隐含的性别秩序，将女教师定位于两性中劣等的地位。这种定

---

①② Dillabough，Jo-Anne.，Gender Politics and Conceptions of the Modern Teacher：Women，Identity and Professionalism. *British Journal of Sociology of Education*，1999，20，pp. 374-394.

位最终导致了女教师被排斥在教师专业化的官方话语之外，同时也导致了她们的从属地位。

②专业性职业（professional career）标准的男性化特征

首先，女性主义学者指出关于专业化的争论起源于 19 世纪由男性占据的职业当中，在那时几乎没有女性参与到这些职业中，因此，关于专业化的讨论从一开始就没有将女性考虑在内。① 许多社会学家和历史学家的研究表明，当一种职业被越来越多的女性参与时，它的社会地位就逐步下降，而越是精英型的专业性职业，参与其中的女性就越少。而且，女性参与到专业化的职业中时，不得不以男性的工作模式来调整自己的工作方式和生活方式。由此，专业模式从一开始就是一种体现着按性别划分特权的模式。

其次，女性主义学者还分析了专业性职业的特征，指出其中所体现的男性特征标准，以及女性在这样的标准约束下的两难困境。第一，专业性职业总是发生在公共领域中的。个体通过参与工资—劳动力系统来衡量其价值，自然由此产生社会地位。这样的定义没有涉及家庭，因为家庭生活不被认为是职业的内在因素。也就是说，职业与家庭是两个对立的概念。②男性在家庭中的工具性角色使得他们以工作的方式参与到家庭建设中，因此他们对职业的投入被看作是对家庭的贡献。但是对于妇女来说就不同了。她们的工作与家庭是对立的，一个妇女对家庭的贡献与她对工作的投入是相互矛盾的两端。职业妇女总是处于“好母亲”与“好职员”的矛盾当中。第二，专业性职业还强调职业责任承担（career commitment），这一术语是指致力于自己的工作并认同自己的工作。它包含两个方面的内容③。首先，要求有长期持续的职业责任承担。因为专业性职业内部存在一个等级结构，从事这样的职业意味着一个从低到高不断晋升发展的过程。因此，要求从业人员从最基础的工作做起，但是头脑中始终要有向高级阶段发展的目

①②③ Biklen, S. K., *School Work—Gender and the Cultural Construction of Teaching*, New York and London: Teacher College Press, Columbia University, 1995.

标。第二，专业人员的职业责任承担意味着他们对工作的时间投入不是严格按照上下班的模式来衡量。一般职业与专业性职业的区别就在于后者的工作时间会超出朝九晚五的模式。工作（job）用小时来计算，但是职业（profession）却不能用小时来计量。专业性职业要求繁重的工作量和大量的时间消耗。女性想要在职业中立足，就必须调整自己的生活来满足这些要求。因此，当妇女想要在职业中有良好的表现时，必须考虑到这些要求并以自己生活的改变为代价。在职业标准不可更改的情况下，她们不得不安排好自己的家务事，调整自己在男性世界中作为女性的身份认同，竭力去除社会性别给她的工作带来的劣势。

教师，和其他几种处于专业化边缘的职业一样，期待获得自身的职业地位。这就意味着建立教师职业的客观标准。但是由于教师专业标准化的程序是由所谓具有客观性的“专家”群体创造出的，它明显的与特殊的性别符号分类相联系，导致任何与“女性品质”相联系的特征的贬值。① 女教师要么遵从男性化的标准，要么被排斥在专业化的话语之外，别无选择。

③对倡导教师专业化报告的文本分析

霍姆斯小组的报告《明日之教师》和卡内基教育与经济论坛的提议《国家为21世纪的教师作准备》，是美国教师教育改革的标志性文件，它们对其他国家的教师教育也产生了影响。在莱尔德（Laird）看来，这两份报告为教师教育改革塑造了一个“去女性化”（de-feminized）的模型，并对此作了详细剖析。②

第一，由于霍姆斯小组和卡内基论坛都将教师专业化概念的哲学基础当成是理所当然接受的前提，因此在考虑教师专业化时也就忽视了现实社会当中，妇女与男性拥有的话语权的差别。尽管这两

① Dillabough, Jo-Anne., Gender Politics and Conceptions of the Modern Teacher: Women, Identity and Professionalism. *British Journal of Sociology of Education*, 1999, 20, pp. 374-394.

② Laird, S., Reforming “Women's Truth Prefession”: A Case for “Feminist Pedagogy” in Teacher Education? *Harvard Educational Review*, 1988, 58, pp. 449-463.

份报告都意识到了教学人员的社会性别，但是也只是看到它所具有的经济意义，而忽略了它在教育活动以及身份形成中的影响。

第二，这两份报告的表述都暗含着一个前提：正是因为学校教学长期以来所表现出的女性特征，贬低了这一职业本身的价值。例如，在卡内基工作小组的报告中将“女性化的职业”与“专业性的工作”这两个概念放在相互对立的位置上。该报告中的一段说“教学工作吸引到的人直到现在为止仍然是女性”，而在另一段又说“现在必须让吸引到教学工作中来的都是专业人员”。实际上，改革者们想要吸引到教学岗位中的专业人员应当包括妇女，但是他们明显地流露出一种暗示，即“专业”的价值传统上是由男性决定的，而不能与抚养孩子有关的“女性气质”有任何关联，而且，这必须成为学校教学中的主流观念。女性主义学者进一步分析指出，霍姆斯小组和卡内基工作小组的报告中所设计出来的吸引真正的专业人员到教学工作中的等级制结构，其目的在于让从业人员获得社会声望和掌握权力，其真正的目的并不是考虑儿童与社区的利益，也没有将这一点作为选择“新的有能力者”的标准。因此，这两份报告只是从表面上转变了人们对教学工作的看法，将所谓“流水线上熟练的工作”提升为另一种稍微高级一点的工作。

第三，霍姆斯小组和卡内基论坛都把“妇女的职业”和“妇女养育孩子的职责”这两个概念放在根本对立的位置上。《明日之教师》强调的是“为心灵的生活做好准备”，而《国家为21世纪的教师作准备》强调的是“在以知识为基础的经济中学习”。它们都否认照顾孩子具有智力上的价值。正是由于把女教师与母亲这两种角色视为“天生的敌人”①，这两份报告便将教学中所需要的关怀、关注和关联等品质排除在教师专业化标准之外，而一味强调“推

① 转引自 Laird, S., Reforming “Women's Truth Prefession”: A Case for “Feminist Pedagogy” in Teacher Education? *Harvard Educational Review*, 1988, 58, pp. 449-463.

理的严肃性和精确性”，并以经济动机作为专业化的驱动力。因此，认为“将妇女真正的职业转变为附属于专业主义的男性模式，这样的灵丹妙药是不会有效的”①。

第四，尽管霍姆斯小组和卡内基论坛的报告的目的都在于竭力使教学工作成为“真正的专业性职业”，但是这两份报告又都是以“教师应该像男人一样”作为其前提预设，即教师职业应当具备主要由男性从事的职业所具有的男性价值和实践方式，例如竞争、量化的问责方式（quantified accountability）、个人成就以及工作/产品的标准。② 如果这些男性气质的价值观运用到教师教育项目中，必然出现“为父权制而教”的结局。

另外，女教师在学校中的处境也使得她们对于教师专业化的态度既爱又恨。一方面，她们对教师专业化持肯定态度。原因在于，作为女性，她们由于社会性别而被排斥在社会秩序的权力角色之外，女教师希望拥有专业性地位为自己带来安全感；她们也希望拥有专业特权从而避免学校行政管理者和家长对自己的工作挑三拣四，并由此获得职业的满足感。另一方面，她们又对教师专业化持消极的态度。因为所谓专业化的模式仍然没有消除社会对妇女职业的轻视与贬抑，而只是简单增加了教师技术性决策的能力。于是，女教师被困于制度安排和对自己的期望的冲突之中，她们被排斥在制度之外，但又想通过自己的工作影响改变这一制度。总之，教师专业化的话语与女教师对自己的职业的思考并不一致，她们生活在一个充满疑虑的世界中。她们既缺乏对职业投入的动力，又找不到对其工作与生活应有的一致性认同。

（2）重新构建女教师的职业身份认同

① 转引自 Laird，S.，Reforming “Women's Truth Prefession”：A Case for “Feminist Pedagogy” in Teacher Education? *Harvard Educational Review*，1988，58，pp. 449-463.

② 转引自 Goodman，J.，Feminist Pedagogy as a Foundation for Reflective Teacher Education Programs，in Valli，L.（eds.），*Reflective Teacher Education：Cases and Critiques*，Albany，NY：State University of New York Press，1992，pp. 174-186.

在剖析了"教师专业化"话语与女教师的社会性别之间的矛盾之后，施鲁斯伯里（Shrewsbury）提出以女性主义教育学（feminism pedagogy）重新塑造女教师以及接受教师教育的女学生的职业身份认同。

她指出，早期女性主义的工作仅仅是帮助少数妇女进入到由男性占据的工作领域中，但是这样的结果反而强化了父权制。文化女性主义正是在对此进行反思的基础上发展而来的。它认为先前的妇女运动在社会、经济和政治上都获得了很大的成功，但是有一种微妙但强大的意识在支配着男性和女性，那就是"像男性一样"（being like a man）是男性和女性都应当认同并努力的理想方式。而文化女性主义则是关于女性本质的意识形态，是女性主义者努力使遭到贬损的女性气质重新获得意义的意识形态。① 从这种视角出发，父权制的根源不仅仅存在于社会和经济制度或者技术统治论和官僚等级制中，而且存在于社会构建的"男性气质"意识和一系列的价值观念中。

女性主义教育学否定注重客观性、竞争性、强调自我利益的工具性教育实践，试图改变将公共领域凌驾于私人领域的观念。② 女性主义教育学以创造一个男女两性更为平衡的世界观为目的，对女性气质的思维方式、评价方式和行为方式赋予更有效和更积极的意义。施鲁斯伯里给予女性主义教育学更为宽泛的定义："女性主义教育学把教室视为自由宽松的环境，在这种环境里，教师与学生都是行为的主体，而不是客体。女性主义教育学是教与学的融合——将自我融入不断反思的过程当中；积极融入到所学习的内容当中；在为超越性别主义、种族主义、阶级主义和对同性恋的憎恨以及其他破坏性憎恨所进行的斗争中，与他人合作以提

---

① 转引自 Goodman，J.，Feminist Pedagogy as a Foundation for Reflective Teacher Education Programs，in Valli，L.（eds.），*Reflective Teacher Education*：*Cases and Critiques*，Albany，NY：State University of New York Press，1992，pp. 174-186.

② Scering，G. E. S.，Themes of a Critical \ Feminist Pedagogy：Teacher Education for Democracy，*Journal of Teacher Education*，1997，48，pp. 62-68.

高我们的知识；融入到社区、传统的组织以及社会变革运动中”①。

在如何运用女性主义教育学构建女教师的身份认同问题上，研究者基于女性主义教育学的基本理论，对此作出回答。如里奇（Rich）认为女性主义教育学的目标不是教会妇女如何“像男性一样”地思考，而是促进她们在“男性的世界”中学会“像女性一样”进行思考。对于教师教育者来说，尽管在男性的世界中，在专业主义话语的环境中，“像女性一样”的思考是很不容易的，但是也应当帮助学生（即职前教师）发展这样的能力，即“在男性的世界中像女性一样地思考意味着批判性地进行思考，拒绝接受既定的事实或观念，在事实与理想之间建立被男性所忽略的联系”②。

还有的研究者则质疑教师教育当中的标准化话语对教师统一身份认同的规定，即如果一个新任教师沿着线型的预设好的“地图”发展下去，就自然成长为有经验的教师。如杰克逊（Jackson）认为这种过分简单的话语排斥了社会背景以及占主流的话语对主体身份形成的重要影响，认为在教师教育当中，教师与学生、专家与新手的二分法是负载着意义的，这个意义存在于权力、知识、经验与主体性之间的不稳定关系之中。她否定当前教师教育中规范性的话语，即认为谁拥有经验谁就拥有知识和权力，期待实习教师服从他们的指导教师并逐渐形成与其指导教师相似的身份认同。③ 女性主义学者主张用女性主义后结构主义的主体身份认同方式来建构女教师的职业身份认同，即认为主体性是在个体零散的经验中不断移动变化的，个体总是处于一个相互冲突的地位上。“教师”身份不再是一个被规定好的标准化模式，而是一种经历的叙述，是一种具体的、由当时当地情况决定的权力与话语影响形

① Shrewsbury, C. M., What's Feminist Pedagogy, *Women's Study*, 1987, 15.

② 转引自 Laird, S., Reforming “Women's Truth Prefession”: A Case for “Feminist Pedagogy” in Teacher Education? *Harvard Educational Review*, 1988, 58, pp. 449-463.

③ Jackson, A. Y., Multiple Annies: Feminist Poststructural Theory and the Making of a Teacher, *Journal of Teacher Education*, 2001, 52, pp. 386-397.

成的。教师教育者在教师培训中应当考虑对教师身份认同产生意义的情境与过程，考虑为什么有些意义被显现为规范的标准，而有些却被忽略，应当关注大学、公立学校的作用及其对教师身份形成的影响，应当重新凸显出被忽略的部分，以新的方式来造就教师。

二、教师教育研究新的内容——凸显社会性别问题

20 世纪 70 年代以后，女性主义思潮的发展和妇女学的蓬勃发展引起了教育研究领域内新的变化，女性主义教师教育研究者以社会性别为切入点，发现并思考教师教育中的问题，在教师教育研究中的教师知识和技能、教师教育专业发展等主流领域之外开辟了新的研究领域，从而丰富了教师教育研究的内容。

（一）学校教育与性别分化

在女性主义的视野下，研究者普遍认为学校教育在促使社会性别角色社会化过程中扮演着重要角色，并力图揭示其在社会性别形成中的作用机制和表现。70 年代，教师教育研究领域的文献对这方面的描述较多。研究者主要集中在三方面的研究：学校在学生性别角色社会化中的作用机制，学校教育中影响性别社会化的因素，学校教育中所表现出的性别歧视或性别角色刻板印象。

李（Lee）认为学校作为一种文化机构，其中存在着三种性别角色文化的传递机制。第一种机制是鼓励和允许具有明显性别特征的行为和兴趣划分。这一过程贯穿于幼儿园、小学、中学，一直到大学。第二种机制是学校中教师对不同性别学生行为和表现期待的不同。第三种机制是通过学校文化塑造出理想的“学生形象”来达到传递性别文化信息的效果。①

根据 1975 年美国国家教育协会（National Education Association, USA）的调查，学校教育中有七种因素影响着学生的性别社会化，包括教科书和教学材料、单一性别的学校或性别隔离的群体、教

---

① Lee，P. C. & Gropper，N. B.，A Cultural Analysis of Sex Roles in the School，*Journal of Teacher Education*，1975，26，pp. 335-339.

师的行为、体育和健康教育、教师的指导和建议、教育领域中妇女的从属地位以及课外活动。①

还有一些学者研究了学校教育当中具体表现出的性别偏见和刻板印象。如琼斯（Jones）的研究具体列举了幼儿园、小学和中学中存在的性别偏见，具体表现为教师对男女学生不同的行为期待、不同的活动指导、与男女学生之间不同的课堂互动、不同的教学要求等。她尤其指出在科学教育中，教师对待男女学生的态度与期待的差异，以及教师语言对男女学生性别社会化产生的微妙影响。②

（二）教师教育中的性别偏见和性别刻板印象

在女性主义的视角之下，研究者认为教育当中存在的性别偏见和刻板印象在很大程度上与教师对性别的理解以及由此产生的言行有关。因此研究者不仅关注教育当中存在的性别偏见和刻板印象，还考察了存在于教师教育当中的性别问题，主要集中于以下四个问题的考察：教师教育机构人事结构中的性别区分、教师教育机构中教师教育者的性别偏见和行为、教师培训项目和课程中的性别偏见与刻板印象、教师教育课本中的性别偏见和刻板印象。

1. 教师教育机构人事结构中的性别区分

（1）研究者指出，教师教育机构中，从事教师教育职业的女性人数较多，但是其职位并不高，而且她们的工资水平不如男性同事，在获得晋升、保持官职等方面不具备与男性相同的机会。

（2）从事教师教育职业的人员在层次分布上依然体现出性别刻板印象。女性在教学岗位上占据多数，主要活动领域在教室，而男性则在教育管理或相关领域中占据优势。

---

① McCune, S. D. & Matthews, M., Eliminating Sexism: Teacher Education and Change, *Journal of Teacher Education*, 1975, 26, pp. 294-300.

② Jones, M. G., Gender Issues in Teacher Education, *Journal of Teacher Education*, 1989, 40, pp. 33-38.

（3）教师教育机构中，女性高层管理人员的缺失为女学生提供了消极的角色模型。

2. 教师教育机构中教师教育者的性别偏见和行为

雪莉（D. Shirley）认为教师教育者在两个方面影响着未来的教师。① 第一，教师教育者由于其自身的社会化经历以及各自对性别角色的观念和期待，不仅影响着他自己的行为，也影响着他的学生。教师教育者对学生的期待也对学生的行为表现产生重要的影响。当教师教育者为学生设计学习过程和评价学生的表现时，他的性别观念也就在其中发挥作用。第二，教师教育者作为角色模型对学生的职业选择与职业发展的影响也很大。教师教育学院中女教师的数量以及她们的成就表现，毫无疑问将对学生将来的职业产生激励作用。

雪莉·麦克库恩（Shirley McCune）和玛萨·马休斯（Martha Mathews）调查了美国的一些教育学院和教育系，发现绝大多数从事教师培训工作的教职员根本没有意识到性别平等问题。②

帕特里夏·坎贝尔（Patricia Campbell）和桑德斯（Jo. Sanders）对培训科学和数学教育教师们的调查发现，其中有 90%以上的人认为性别平等是个重要的问题，尽管在每个学期的教学时间中，他们对此类话题的谈论时间不足两小时。但是这些教师教育者认为教师教育的教科书内容对性别问题关注过少是他们在培养教师时忽略此类问题的原因。③

3. 教师培训项目和课程中的性别偏见与刻板印象

早在 20 世纪 70 年代，雪莉就指出，当时美国教师培训课程将

① McCune，S. D. & Matthews，M.，Eliminating Sexism：Teacher Education and Change，*Journal of Teacher Education*，1975，26，pp. 294-300.

② McCune，S. D. & Matthews，M.，Women's Studies and Teacher Education：Actuality and Potential，*Journal of Teacher Education*，1975，26，pp. 340-341.

③ Campbell，P. B. & Sanders，J.，Uninformed but Interested：Findings of a National Survey on Gender Equity in Preservice Teacher Education，*Journal of Teacher Education*，1997，48，pp. 69-75.

重点放在传授理论知识上，很少关注教室中的教学实践技能和将会遇到的问题，也很少关注教师教育机构与其他社会机构之间的关系问题。教师教育课程塑造着未来教师对于教学工作的定位，它只强调教学知识传递的功能，而忽视了教学的其他作用必将影响未来教师的工作。她还指出当时教师培训项目中具体包含的性别偏见，即教师教育项目中包含了大量的社会科学内容，但是男女两性各自对社会的贡献这部分内容却在培训课程中被忽略了。而且整个教师教育课程都是以男性价值为中心的，带有对女性的偏见，这也就使培训课程本身在一定程度上维护着性别刻板印象和性别偏见。在1974年的调查中，尽管接受调查的美国207个教师教育机构中，有37%认为应该把性别问题考虑到教师培训项目中，但实际上只有18%的机构真正这样做。①

还有的研究者通过对教师培训项目的个案调查具体分析该项目是如何强化受训教师的性别偏见，并成为这些职前教师今后在教学中实践性别平等的障碍的。如斯凯尔顿（Skelton）以英格兰北部一所教育学院的小学教师本科层次的培训项目为例，进行分析考察，认为有三种因素造成小学当中的性别偏见和刻板印象：第一，教师培训项目中的隐型课程，如教材和教具中体现的性别偏见；第二，受训教师自身的性别经历，影响着他们的职业行为；第三，该教师培训项目中所倡导的以学生为中心的教学方法，表面上强调对每个学生个体的重视，而实际上教师头脑当中已经存在的性别观念和假定，影响着他们在对待每个学生个体时的态度和行为。②

4. 教师教育课本中的性别偏见和刻板印象

研究者不仅考察小学或中学教科书当中的性别偏见，而且对

---

① McCune, S. D. & Matthews, M., Eliminating Sexism: Teacher Education and Change, *Journal of Teacher Education*, 1975, 26, pp. 294-300.

② Skelton, C., A Study of Gender Discrimination in a Drimary Programme of Teacher Training, *Journal of Education for Teaching*, 1987, 13, pp. 163-175.

教师教育的课本也进行了分析，以说明教师教育本身存在的性别问题对职前教师的影响，从而影响到他们的教育教学活动。

研究者对教师教育教材的分析主要集中于以下几个问题：（1）教师教育教材如何体现关于性别和性别偏见的内容；（2）这些教材是否为学生提供了有意义的信息和策略以应对学校中的性别偏见；（3）这些教材本身有没有摆脱性别偏见或性别刻板印象的束缚（如语言、内容或插图）；（4）这些教材是否反映出男女两性研究者和作家的学识。

泰特斯（Titus）于1993年对美国教师教育中使用频率最高的8种教师教育导论课本进行了考察，认为其中涉及性别平等问题的内容仍然是“草率的或者根本是不存在的”。具体分析结果如下。①

（1）有关性别的内容占课本内容总量的比例。8本课本中，有4本涉及性别的内容只占一页或不到一页的空间，而且其叙述也是粗略的。有5本课本的索引中没有“性别”或“性别平等”这样的词语，其他3本，被索引出的部分仅仅集中于“性别角色”和“性别相关的行为”上，简略叙述了那种男孩与女孩在教室行为、学业成绩、心理上的差异，而没有解释其原因。

（2）对美国《教育法第九修正案》（*Title IX, Education Amendments of* 1972）的提及。在8本被调查的课本中，有两本根本没有提及这一法律，有一本在索引中提出，但课文中没有实际内容，其余的都只是提到一句或两句。

（3）8本课本的作者对术语“性别”（sex）、“社会性别”（gender）以及“角色”（role）的定义混淆不清，在课本中也不能表现这些术语内涵的区别。课本术语使用的混淆不清导致男女两性的生理差别被视为其社会命运的依据。

（4）对“男性至上主义”（sexism）的提及：8本教科书中有5本没有在索引中列出这一词汇，其余的提到“男性至上主义”也

① Titus, J. J., Gender Messages in Education Foundation Textbooks, *Journal of Teacher Education*, 1993, 44, pp. 38-44.

只是一笔带过。

（5）教科书中缺乏妇女在美国教育中的贡献的内容，性别平等的法律沿革以及女性主义对于学校教育的分析的内容。8本教科书中没有一本要求接受培训的教师反思自己头脑中的性别假设和观念，更没有提供具体的策略或培训课程以改变教育中的性别偏见。

2002年，齐特曼（Zittleman）和萨德克（Sadker）以美国1998—2001年之间出版的23本教师教育课本作为分析对象，揭示了其中包含的性别问题。①

（1）教师教育教材中，涉及性别偏见的内容占内容总量的3.3%，在教师教育导论课本中比例达到7.3%。

（2）在16种教学法教材中，有1.7%的内容涉及性别问题。其中，在社会学教学法课本中占到2.5%，而在阅读课教学法教材中只占0.3%。在23本教材中，有1本数学教学法课本和2本阅读课教学法课本忽略了社会性别问题。

（3）教材的图片中女性形象占大多数，是男性形象的两倍。但是在课文的叙述中，有关女性的内容却大大减少。

（4）23本教材的作者共有47位，其中超过3/4的作者是男性（大多数为白人）。

（5）在教师教育导论课本中，提到男性研究者名字的次数是女性研究者的两倍。

（6）教师教育导论中涉及较多的性别话题，如性别歧视、性骚扰和民权法教育修正案等。而在教学方法教材中却忽略了这些问题。

另外，他们还对教师教育教材中图画和照片中人物的性别刻板印象进行了剖析。

（1）在所有的教材图画中出现的女性教师是男性教师的两倍，

① Zittleman, K. & Sadker, D., Gender Bias in Teacher Education Texts: New and Old Lessons, *Journal of Teacher Education*, 2002, 53, pp. 168-186.

这表明教师是女性的职业。相反，男性作为校长形象出现的次数是女性的五倍，强化了男性是管理者的形象。

(2) 在这些课本的图片中，坐在计算机前工作的男性是女性的两倍。这无助于未来的教师将他/她的女学生看成是对技术有兴趣或是有能力使用技术的人。并且图片中出现的男科学家数量多于女科学家数量。

总之，尽管当前教师教育教材中涉及社会性别平等的内容比以前有所增加，但是这些教材很少提供具体的资料或策略以达到性别平等的目的。

(三) 男女教师择业原因及职业身份认同 (professional identity) 分析

1. 择业原因分析

在女性主义的视野中，择业本身就是一个性别体验的过程(gendered experience)。研究者通过调查发现，女性选择教学作为职业的原因在于：第一，家庭的经济条件不太好，没有能力支付师范教育以外的教育费用；第二，对于女性来说，选择其他的职业的机会较少。因此，选择教学作为职业就是一个性别化的决定。①

另有研究者对男女职前教师不同的择业动机和影响因素作了分析，揭示出其背后的社会、经济和文化因素。结果发现，男性心理上对小学教师职业的排斥是因为这一职业被人们看成是女性的职业。而且，由于社会观念将教学工作的特征描述为女性化的、在学校中处于从属地位的，所以很多男性不愿意选择这一职业。

如德克斯 (DeCorse) 和沃格托 (Vogtle) 以 11 名年龄在23～30 岁之间的美国男性小学教师为访谈对象，考察了他们的择业动机和对小学教师职业的理解。结果表明：(1) 所有的调查对象都认为自己从事小学教学的原因是喜欢和孩子一起工作；(2) 父母，尤

① Griffin, G., Teaching as a Gendered Experience. *Journal of Teacher Education*, 1997, 48, pp. 7-18.

其是父亲的态度，如认为教学工作对于男性来说没有挑战性、不适合男性这些观念影响他们的选择；（3）同伴和朋友的态度也是影响其择业的一个重要原因，如有的调查对象报告说自己的朋友认为小学教师的工作是照看孩子这样的观点对其造成伤害和压力。①

蒙太西诺思（Montecinos）和尼尔森（Nielsen）以美国中南部一所大学 1995 年入学的 390 名小学教育专业的学生（84 名男性和 326 名女性）为样本，调查了男女学生择业原因的差异，主要表现为以下几个方面。②

（1）择业决定时间的不同。有 3/4 的女生在刚进入大学学习小学教育专业时，就已经决定将来从事这一职业，而男生只有一半的人有这种想法；有 37％的女生在小学时就打算当小学教师，而男生只有 12％的人在小学时有这样的打算。

（2）影响择业的因素不同。63％的男生和 73％的女生认为其职业选择的原因是对孩子的热爱，喜欢和孩子在一起；50％的女生和 1/3 的男生认为以前和孩子打交道的工作经历影响了他们的择业；另一个重要因素是以前的教师的影响，40％的女生和 31％的男生认为自己以前的教师是自己择业的榜样；男生女生中都有 1/3 的人认为家庭是自己择业考虑的因素之一。

对英国职前教师择业原因的调查包括由纽卡斯托和北部伦敦大学（University of Newcastle and North London）组成的研究队伍对全国范围的小学男女教师的问卷调查。调查对象包括英格兰和威尔士参加 2000—2001 年为期一年的研究生层次小学教育资格培训项目（Primary Post Graduate Certification in Education）的小

---

① Benton, D., Cynthia, J. & Vogtle, S. P., In a Complex Voice: The Contradictions of Male Elementary Teachers' Career Choice and Professional Identity, *Journal of Teacher Education*, 1997, 48, pp. 37-46.

② Montecinos, C. & Nielsen, L. E., Gender and Cohort Differences in University Students' Decisions to Become Elementary Teacher Education Majors, *Journal of Teacher Education*, 1997, 48, pp. 47-54.

学职前教师，20 个大学和学院的 92 名女性和 118 名男性职前教师接受了调查。研究结果表明，很多男性职前教师不愿意从事小学低年级的教学工作，只有 15%的男性职前教师愿意教 3—8 岁的孩子，而 69%的男性职前教师愿意教 7—11 岁的小学高年级孩子。①

另外，约翰斯顿（Johnston）和麦克尤恩（McEwen）以北爱尔兰一所教师培训学院的 334 名一、二、三年级学生为调查对象，研究影响他们择业的因素以及男女选择的差异。调查表明有 12 种因素影响职前教师的职业选择，包括和孩子一起工作，工作满意度，对社会的贡献，传授知识，工作的安全程度较好，工资水平，教学是精神激励型的工作，有好的假期，是体面的工作，家庭的支持，社会地位以及晋升的前景。男女学生都将前四种作为对自己择业影响最大的因素。差别在于男生认为工作安全性和工资水平对其选择影响较大，而女生则受"教学是一种精神激励的工作和体面的工作"的观念的影响较大。②

2. 对男女职前教师职业身份认同的研究

德克斯和沃格托访谈的 11 名美国男性小学教师认为男性在职业发展上较之女性有更优越的条件，但是他们也同时感受到要求他们晋升的压力。在教学过程中，他们的举动小心翼翼，害怕对小孩的亲密举动会招来麻烦。他们并不希望人们认为他们选择这一职业是因为小学教学工作很容易应付，或者认为他们想通过这一工作最终进入管理阶层。③

英国纽卡斯托和北部伦敦大学对英格兰和威尔士参加 2000—

① Skelton, C., Male Primary Teachers and Perceptions of Masculinity, *Educational Review*, 2003, 55, pp. 195-208.

② Johnston, J., McKeown, E. & McEwen, A., Choosing Primary Teaching as a Career: The Perspectives of Males and Females in Training, *Journal of Education for Teaching*, 1999, 25, pp. 55-64.

③ Benton, D., Cynthia, J. & Vogtle, S. P., In a Complex Voice: The Contradictions of Male Elementary Teachers' Career Choice and Professional Identity, *Journal of Teacher Education*, 1997, 48, pp. 37-46.

2001年为期一年的研究生层次小学教育资格培训项目的210名预备小学教师的问卷调查，考察了他们对小学教学的理解。参与调查的职前教师在以下几个问题上作出的回答，可以看出性别对他们的职业身份认同的影响。①

(1) 小学教学是不是一种包含智力和知识的工作？大部分男女职前教师都从积极方面看待小学教学，认为它是和中等教育同样重要的工作，需要知识储备和教学智慧；是一种有压力的职业而且需要额外的文字工作。

(2) 小学教学更适合于哪一种性别？研究发现职前教师对这一问题有着鲜明的性别意识。调查表明男性小学教师认为男性更适合从事小学高年级的教学工作，而女性则更适合小学低年级的教学。

(3) 对教学中社会性别的重要性的理解。几乎所有参与调查的学生都认为小学教学对男女两性都是合适的工作。但是，对给予男女教师晋升机会的回答则不同。大多数男学生认为男性进入小学教学领域应该有获得升职到管理阶层的机会。这主要有两个原因：在家长制社会中，男性被视为“天生的领导者”。作为社会个体的男性竭力强调教学和“正确的男性气质”相结合，而领导和管理则是这种结合体。

(4) 招聘更多的男性从事小学教学的重要性的认识。绝大多数的被试认为招聘更多男教师到小学教学中是非常重要的，他们可以给孩子们树立“角色模范”，有助于孩子们尤其是男孩形成积极的学习态度。而且超过半数的男性职前教师认为教师性别很重要，而很多女生则认为没什么意义。而且，研究发现从事高年级教学的男性职前教师认为这是很重要的，他们认为这可以提高小学教学工作的社会地位，和年幼的孩子打交道不能让他们成为“真正的男人”；而从事低年级教学的男性职前教师则认为小学教

① Skelton, C., Male Primary Teachers and Perceptions of Masculinity, *Educational Review*, 2003, 55, pp. 195-208.

师性别没有多大意义。

(5) 对男性教师作为儿童虐待者的理解。从对很多男性职前教师的访谈看出，他们认为社会上存在对男性进入小学低年级教学领域的怀疑，将这些男教师看成是潜在的儿童虐待者，正是这样的顾虑，很多被试选择了从事高年级教学工作，而认为低年级教学更适合女性从事。

约翰斯顿和麦克尤恩在对北爱尔兰334名教师培训学院的教师进行问卷调查后，分析男性职前教师对教学工作的理解，进而分析他们的职业身份认同。这些男性职前教师认为："男性气质"(maleness) 对小学教学工作是必要的、有价值的。这一工作很适合女性，但并不排斥男性。但是，这种职业使得男性教师和小孩子接触时会遭到负面评价的压力。①

从这些研究中可以看出，对小学教学工作的理解是影响职业选择和形成其职业身份认同的关键因素。因此，研究者特别关注男性职前教师的培训，提出教师教育应当研究如何在教师培训课程中有意识地影响不同性别学生的职业发展期待，建议用男性教师教育者和男性小学教师作为角色模范来帮助男性职前教师形成职业身份认同。

三、教师教育研究新的方法和方法论——聆听与反思

(一) 女性主义研究方法与方法论

在是否存在独特的女性主义方法论或研究方法的问题上，女性主义者之间向来存在着严重的分歧，几乎难以找到一个令人满意的答案。女性主义学者桑德拉·哈丁认为，原因在于人们往往将方法、方法论和认识论问题纠缠在一起，而没有认识到它们之间的区别。方法是指收集研究资料和证据的技巧，方法论是用于

---

① Johnston, J., McKeown, E. & McEwen, A., Choosing Primary Teaching as a Career: The Perspectives of Males and Females in Training, *Journal of Education for Teaching*, 1999, 25, pp. 55-64.

分析和说明研究如何进行或应该如何进行的理论，而认识论问题则是讨论有关知识有效性的理论和辩护策略。女性主义在这一问题上，总是将这三个方面混杂在一起，缺乏清晰的概念，结果不能厘清女性主义社会研究最独特的东西是什么。哈丁进一步指出，收集资料和证据的方法不外乎三种类型：一是访问被调查人并倾听他们的心声，二是观察他们的行为，三是考察其历史的踪迹和记录。女性主义者可以运用这些传统意义上的任何一种研究方法，只不过其运用的具体方式可以有所不同，这些对熟悉的研究方法的不同运用依赖于新的方法论和知识论。在这个意义上，她认为不存在独特的女性主义研究方法，只存在独特的女性主义方法论和认识论。①

哈丁认为女性主义研究的独特之处在于方法论方面的三个特点。第一，女性经验是新的经验来源和理论来源。从女性经验的视点出发界定需要研究的问题，并把它作为衡量现实世界的一个重要指标。这种女性经验是多样化的，它来自不同阶级、种族、文化的女人的日常生活经验，而这些支离破碎的主体身份是女性主义见解的丰富源泉。第二，新的研究目的是为了女性。女性主义研究的目标就是为女性提供她们所需要的社会现象的解释。传统的社会研究一直是为男性提供他们所需要的解释，往往是从男人对女性的控制、剥削或操纵的欲望出发提出问题。女性主义新的研究目的是与他们新的问题视角不可分割的。第三，新的研究主题是将研究者与公开的研究主题放在同一个评判平台上。即研究者本人的阶级、种族、文化、性别假设、信念和行为等必须置于他或者她所要描述的框架中去，这样一来，“研究者对我们来说就不是一个无形的、匿名的、权威的声音出现，而是表现为一个具体

① Harding, S., Introduction: Is There a Feminist Method? in Harding, S. (eds.), *Feminism and Methodology: Social Science Issues*, Indiana University Press, 1987, pp. 1-14.

的、特定的欲望和真实的、历史的个体”。①

可见女性主义者虽然强调其独特的方法论规则，但并不主张自己在具体的研究方法上有什么特别之处，而是倡导方法的多样性与包容性。

中国学者总结出女性主义教育研究方法论有以下几个特点：反对实证主义，广泛运用社会性别关系分析模式，赋予科学以价值承诺，采用解放方法论，追求“非等级”研究关系。② 另有学者认为，“女性主义对传统的研究方法的挑战可以在有关定性方法和定量方法的论辩中找到，他们还试图打破研究者和被研究者之间的等级权力关系，通过发展将过程、冲突与矛盾结合起来的技巧来冲破研究的固定模式，这些发展一度被宣称为构成了独特的女性主义方法论。”③ 杨昌勇、胡振京认为，女性主义教育研究方法论的根本特点在于：反对教育科学研究中的实证主义唯科学论的男性霸权。其深层目的是消解主流教育研究中的男性霸权，构建女性主义自己的知识，为女人说话。教育科学研究服务于妇女解放的崇高理想。女性主义教育研究者试图建构一种民主参与的探究方式来代替研究者的认知特权，在这种民主参与的研究中，研究者和被研究者结成一种互利互惠的社会关系，并逐步发展成为她/他们平等的认知。④

（二）教师教育研究新的方法和方法论

的确，笔者在对教师教育研究英文文献的研读中，也发现教师教育研究所采用的方法和其他社会科学研究所采用的方法没有什么不同，既包括定量研究方法，也包括质的研究方法。例如调

---

① Harding, S., Introduction: Is There a Feminist Method? in Harding, S. (eds.), *Feminism and Methodology: Social Science Issues*, Indiana University Press, 1987, pp. 1-14.

② 徐辉：《浅析西方教育理论中的女性主义思潮》，《比较教育研究》2000 年第 2 期。

③ 刘霓著：《西方女性学》，社会科学出版社 2001 年版，第 61—85 页。

④ 杨昌勇，胡振京：《论女性主义教育研究的方法和方法论》，《教育理论与实践》2001 年第 5 期。

查教师教育课本中存在的性别歧视和性别刻板印象，齐特曼和萨德克就采用了计量和统计的方法来表现美国23本教师教育课本中各种性别歧视出现的次数和比例。而对职前教师和在职教师职业身份认同进行调查，研究者们大多采用了问卷调查的方式。如斯凯尔顿在研究男性小学教师和他们对男性气质的理解时，使用了两份问卷对男女教师进行测试。第一份问卷题为“作为职业的小学教学工作”，包括以下11个问题：①（1）小学教师这一职业对男女两性都是合适的；（2）小学教学工作和中学教学一样是一种需要知识和智慧的工作；（3）小学教学是一种有压力的工作；（4）小学教学工作是需要额外的文书工作的；（5）增加小学教学中男性教师的人数能够增加这一教育工作的社会地位；（6）相对于儿子来说，父母更希望自己的女儿接受小学教师教育培训；（7）小学教学工作是一份非常受人尊敬的职业；（8）男性进入小学教学岗位是因为这样可以为他们带来更快的晋升机会；（9）男性小学教师的工作得到了很好的报酬；（10）中等教育专业的教育研究生文凭课程（postgraduate certificate in education）比小学教育专业的教育研究生文凭课程更能吸引优秀的申请者；（11）小学教学工作为男教师和女教师提供了相同的职业晋升机会。第二份问卷题为“社会性别和小学教学”，包括12个问题：②（1）社会性别对小学教学来说没有什么意义；（2）应该招聘男性和女性来从事小学教学工作，这是很重要的；（3）如果教师都是同一种性别，儿童的性别角色社会化会更容易些；（4）男教师在培养小男孩积极的态度方面起着非常重要的作用；（5）小学教学中需要更多的男性教师作为“角色榜样”；（6）女教师常常比男教师更具备沟通交流能力；（7）女教师一般比男教师更能关心人；（8）在约束男孩上，女教师比男教师更困难一些；（9）社会上对男性从事年幼儿童的教学工作持有谨慎态度；（10）学校对男性从事年幼儿童的教学工作也持

---

①② Skelton, C., Male Primary Teachers and Perceptions of Masculinity, *Educational Review*, 2003, 55, pp. 195-208.

有谨慎态度；（11）男性从事小学教学是因为自己非常乐意教小孩子；（12）当社会发生变化时，对于从事小学教学工作，男性会感到更舒服。这两份问卷的题目都采用了问卷题目类型的 Likert 类型，要求被试对问题作出“同意”、“不确定”、“不同意”三种选择。

笔者认为，西方教师教育研究中，最能突出体现女性主义研究方法和方法论的应该是在对女教师的职业身份认同的研究当中。从文献中不难发现，女性主义研究者特别钟爱口述的方法。在他们看来，口述的方法“让妇女为她们自己说话，描绘她们的状况，定义她们的身份，阐述她们自己生活的意义”。① 女性主义教育学者希望把教师作为个体进行研究，探讨教师自身如何看待教师职业，所以口述无疑具有独特的吸引力。正如女性主义教育史学者卡特勒（Cutler）所指出的：“口述史帮助教育史学家打开教师房门，从教育最主要的参与者——教师的角度研究教育”。“口述史还可以用来保存情感和态度，从而考察在决策和行动中的情感因素。”② 例如韦勒在对加州乡村女教师的研究中，充分展示了口述怎样让妇女发出了自己内心的声音。在她的著作中记录了一位名叫玛格丽特·普林斯的黑人女教师在 20 世纪 70 年代接受了当时加州大学伯克利分校人类学系博士生、黑人妇女伊利诺尔·兰塞的访谈，从而有机会在黑人研究者面前描述自己的过去。她描述了自己在 1911 年时进入加州师范学校学习时遇到的问题以及教师职业对她的意义。

> 这是我第一次遇到挫折，因为我惊奇的发现，毕业意味着我失去了对自己职业生涯的控制能力……当时，洛杉矶仅

---

① 艾米丽·霍尼：《寻找资料来源——罢工生活：口述史和记忆的政治学》，载蔡一萍、王政、杜芳琴主编：《赋历史以社会性别》，妇女史学科建设首届读书研讨班专辑，第 346—365 页。

② Cutler，W.，Asking for Answers：Oral History，in Altenbaugh，R. J.（eds.），*The Teacher's Voice：A Social History of Teaching in Twentieth-Century America*，The Falmer Press，1992.

有一所学校雇佣黑人教师，可是只有两个职位……当然无法为当地大量黑人教师提供就业机会。①

后来，普林斯家的一位朋友在一所黑人学校担任校长，他邀请普林斯前往任教。那是一所建立在黑人聚居区的学校，自然条件相当艰苦。普林斯在父母的说服下接受了这份工作。她说道：

“我父母非常清楚地了解当地黑人只能进入服务业工作。因此他们平静地接受了我将离开家庭独自远行的现实。我现在都还记得在我毕业典礼上父母喜气洋洋的脸庞……其实那个时候他们应该就知道我将来的命运了。父母当时没有告诉我，他们其实希望我求学、当老师能够改变普林斯家族的职业结构，我不得不离开家，就跟我的祖母26年前所做的一样（普林斯的祖母是一个白人家庭的仆人，跟着富有的主人生活，没有跟自己的家人生活），相反他们常常提醒我，好好学习以便有好的将来。”②

韦勒分析到，普林斯赶上了民权运动之后，黑人争取自由斗争取得胜利的时期，在这样的背景下，普林斯才能在与黑人研究者的访谈中敞开心扉，述说黑人家庭送女孩读书的意义，他们企盼着通过进入中产阶级的“行业”，改变整个家族的命运。对黑人女教师而言，她们面临的首要问题不是因为自己的性别而受到的不公正待遇，而是种族带来的不利处境。口述帮助研究者倾听来自被访谈者内心的声音，从而形成对问题更真实的认识。

另外，女性主义方法论的影响对女教师的研究还表现在教育史学家收集史料的过程中，由于妇女在历史上的不利处境，传统史料的一个重要来源——书面材料中鲜有涉及妇女的内容。因此她们非常注重收集非书面的材料，包括口述材料和实物材料。而且还注重扩展史料的来源渠道，报刊、杂志、书信、家庭出版的私人自传等先前并不受重视的材料被广泛采纳。以韦勒的研究为例，

①② Weiler, K., Reflection on Writing a History of Women Teachers, *Harvard Education Review*, 1997, 67, pp. 635-657.

她除了收集了25份口述材料外，还翻检了私人印刷的自传以及报纸上有关教师的报告、退休教师撰写的文章等大量辅助材料。

在收集数据的过程中，女性主义研究还极为重视研究的伦理问题。首先，女性主义研究者认为，在研究中必须对访谈形式中潜在的不平等关系有所认识。研究者和被研究者对研究的了解不同以及信息不对等，使得研究者在研究中具有绝对的权力。因此，女性主义研究必须以访谈对象为主体，建立访谈者与访谈对象的平等关系，才能做到“和妇女一起研究”、“为妇女而研究”。其次，女性主义研究者认为，妇女口述不仅仅是一种研究手段，同时也是行动的力量之一。研究者希望通过平等的、参与式的口述研究来肯定妇女的经历，从而增强女性的自信，实现妇女的“赋权”。以韦勒的研究为例，在她的研究中，女性主义理论虽然是最重要的研究视角，但是由于种族问题是探讨1850—1950年间的加州乡村教育所不能回避的，她的研究中也包含了大量黑人女教师的内容。作为白人研究者，韦勒在反思了自己的种族立场之后才展开访谈，同时，在研究中她还尽量使用黑人研究者收集的访谈资料，避免将白人女教师建构的意义生硬地强加于黑人女教师。通过将女性主义视角和种族的视角相结合，韦勒得以探讨教师职业对于黑人妇女与白人妇女所具有的不同意义。

女性主义研究方法论对研究伦理的重视也促使教师教育研究者重视研究反思的作用。研究者不回避研究所具有的主观性和情境性，不回避研究者本人所具有的立场以及可能造成的偏见。因此，研究者常常向读者说明自己的研究过程和反思自己的立场，说明研究者是怎样与访谈对象共同完成研究的；在研究期间，研究者的哪些做法可能会对访谈对象产生影响；研究者的立场是如何影响访谈对象的，通过共同的研究，研究者和访谈对象分别产生了怎样的变化；等等。韦勒也正是通过研究反思来说明，她所撰写的加州乡村女教师只是她的解读和阐释而已，如果其他人以不同的立场从其他角度采用不同的方法进行同样题目的研究，那么同一时间、同一地点的乡村女教师可能就是另外一种形象了。

除了韦勒的研究以外，还有一些教师教育研究者利用女性主义的方法论探讨当前教师教育中职前教师的培养问题。例如，澳大利亚的教师教育者埃丽卡·麦克威廉（Erica McWilliam）以14名参与教师教育项目的职前教师为研究对象，在整个三年的教师教育课程学习期间，考察他们如何以口头和书面形式表达自己的专业成长需求，从而研究职前教师的社会化问题。这14名职前教师中有男性和女性，年龄也各不相同，有来自城市的，也有来自农村的。研究问题主要集中于以下几个方面。在选择进入教师教育课程学习的时候，他们如何用语言表达自己的专业发展需求？在整个三年的学习阶段，他们的需求的表达所使用的语言和表达方式有些什么样的变化？在个体之间存在怎样的共性和差异？这些职前教师提供的文本有没有显示出共同的对所谓的教师专业发展"合理性"需求的反抗，如果有，那又是怎么表现出来的？①

麦克威廉认为在传统的教师教育中，职前教师被看作一个受压迫的群体，至少当他们在大学校园中学习专业知识和作为实习教师的时候，他们的声音没有得到表达，"职前教师总是被要求隐藏而不是展示他或她的真实感受、信念和个性"。而且，最为重要的是，职前教师的沉默不是因为他们没有话要说，而是没有一个让他们表达自己不同意见的环境。女性主义研究正是针对这种"沉默的、处于从属地位"的群体，进行家长制权力的考察的。传统的教师教育研究不仅对职前教师的话语研究是不系统的，而且其系统性的研究正是否认职前教师语言的复杂性、矛盾性和丰富性的。教师教育研究者一直以来都在致力于构建一种权威话语，在其中将知识、权力和期望三者得以平等表达。那么教师被赋予了话语的权力，而学生的话语表达则被视为不顺从的。如史密斯（Smith）和冉提尔提斯（Zantiotis）指出教师教育中的"实用的话语"（discourse of practicality），就是一种理所当然的规范的话语，

① McWilliam，E.，In Broken Images：Feminist Tales for a Different Teacher Education，New York：Teachers College Press，1995.

它赋予课堂情境中即时的、特殊的和具体情况的知识以特权。其隐喻意味着将教学建构成为强迫性的、有组织的、控制性的结构。正是通过这样的话语，教师的工作被塑造成为确保教育作为意识形态工具的活动。①

这 14 名职前教师被要求在每一学年的开始时，写出关于他们的专业发展需求的报告，在最后一学期开始时写出两份这样的报告。在这三年期间，研究者对他们进行访谈，在访谈中分析这些职前教师在他们第一次和第二次报告中的相似和不同之处。而研究者的任务是找出在这些职前教师第一次的文本中那些可能的“反抗性的要求”，通过后来的课程学习，在何种程度上被教师教育的主流话语修复的。

在每一年教师教育课程开始之前，要求这些职前教师完成三个关于自己教师职业能力发展的呈述，包括以下几方面内容。②（1）中学教师需要知道什么？（2）因此，中学教师教育就应该包括什么？（3）我希望自己在这里学到什么？

这些职前教师每次写出报告，都不能看到他们前一年写的报告。只是在每年期中访谈前会详细阅读他们的报告。在完成第四次和第五次报告之前，他们也看自己以前的报告和访谈记录，这时要求他们回答两个问题：③（1）在过去三年中，我对教师需要的理解是怎么发生变化的？（2）我现在的需要是什么？

这个过程有助于他们反思整个课程，以便给研究者和自己提示什么是适合的知识基础，从而在最后一个学期的课程中学到有意义的知识。

女性主义后结构主义对语言的本质的认识，少了些评判，多了些生动的分析。研究者不是将学生的言论看作“天真的”、“不现

① 转引自 McWilliam，E.，In Broken Images：Feminist Tales for a Different Teacher Education，New York：Teachers College Press，1995.

②③ McWilliam，E.，In Broken Images：Feminist Tales for a Different Teacher Education，New York：Teachers College Press，1995.

实的”、“技术性的”，而是把它视为学生或者职前教师在与教师教育传统话语的互动中形成的适合他们自己的“故事”。这些“故事”不是简单的，而是包含着他们内心的矛盾和挣扎。通过他们对教学和学习的理解和讨论来澄清他们的“故事”，以此了解职前教师的职业理解和认同，这是很有效的研究方式。

第三节　女性主义对西方教师教育实践的影响

对于教师教育中存在的社会性别问题，从20世纪70年代开始一直到今天，女性主义研究者从未停止过对它的思考，而更为可贵的是尽管在他们的实践过程中常常遭遇困惑和阻碍，但是他们也从未停止过将女性主义的视角和理念融入自己的教师教育实践中，通过在各个层面的工作中强调社会性别问题，希望提高未来教师的社会性别意识和帮助他们学会处理教学中可能遇到的社会性别问题，从而真正实现教育平等，实现男孩和女孩的全面发展。

一、教师教育和社会性别：应该怎么做

（一）教师教育应该如何应对社会性别问题

女性主义研究者和一些教师教育者在他们的研究中指出，要应对教师教育中的社会性别问题，应该在以下三个方面作出努力。

1. 教师教育机构的制度改革

雪莉针对教师教育机构的人事结构和管理机制等方面存在的性别歧视问题，提出了改革教师教育机构的建议：教师教育机构应引入广泛的评价机制以检查自身的政策实践和活动项目中是否带有性别歧视或性别刻板印象，具体应注意教师的聘用、工作的分配、晋升和雇佣期限等；教师教育机构应建立一种制度来防止和纠正那些被认定带有性别歧视的政策和实践。①

① McCune，S. D. & Matthews. M.，Eliminating Sexism：Teacher Education and Change，*Journal of Teacher Education*，1975，26，pp. 294-300.

2. 对教师教育者提出的要求

她认为教师教育的质量依赖于教师教育者个人的素质。教师对社会变化引起的男女性别角色的改变作出回应，并将性别平等意识以及对这种问题的敏感性渗入到他们个人行为和职业行为当中。每一位教师教育者都应该做到：第一，理解社会性别角色社会化、性别角色刻板印象及其在个体的职业和日常行为、价值观念、态度等方面的表现；第二，审视教师教育课程，教师教育者应该有能力有责任辨别出课程中存在性别歧视的内容或者是对这些问题的疏忽之处，并且能够对辨别出的性别偏见加以纠正；第三，应当从事教育研究和开发新的教师教育项目以有助于未来教师对于性别偏见的理解，并以此影响其未来的教学实践。①

研究者认为教师教育者对于职前教师的态度、信念和价值观的形成有着重要的影响。主张通过教学语言的改变，即指导教师尽量选择使用中性的词语，以减少女性被边缘化的程度。②

还有研究者专门研究了教师教育者如何指导实习教师发展其职业能力，为教师教育者具体的工作方法提出建议。③

第一，教师教育者应当以开放坦诚的态度对待实习教师，以改变传统的教师教育课程中的两部分内容：实习教师讨论课和教学指导课。主要方式是让实习教师在讨论会上讲述自己在教学中发生的故事，并以书面形式对自己的经历加以剖析。教师教育者应创设一种开放的情景，让每个参与者都意识到与他人交流的重要性。教师教育者有必要选择一些揭示学校作为父权制机构或学校教育中性别歧视内容的读物给学生，鼓励学生对自己的教学经历进行真诚的讲述，通过这种方式来塑造学生的职业身份认同。

---

① McCune，S. D. & Matthews. M.，Eliminating Sexism：Teacher Education and Change，*Journal of Teacher Education*，1975，26，pp. 294-300.

② Poole，M. & Lsaacs，D.，The Gender Agenda in Teacher Education，*British Journal of Sociology of Education*，1993，14，pp. 275-284.

③ Miller，J. H.，Gender Issues Embedded in the Experience of Student Teaching：Being Treated Like a Sex Object，*Journal of Teacher Education*，1997，48，pp. 19-28.

第二，以深入访谈（in-depth interviewing）的形式指导实习教师，这样可以使那些不愿在讨论会上讲述的实习教师有机会表达自己的经历。深入访谈方法充分尊重个人经验，创设出平等的师生关系，教会实习教师倾听学生并与学生相互学习的能力。其基础是信任，在访谈的过程中教师教育者应不断地鼓励和支持实习教师。

通过这两种方式重新设计教师教育项目，有助于实习教师理解深植于学校教育实践中微妙的性别问题。

3. 改革教师教育课程，融入社会性别视角

许多研究者提出在各级水平的教师培训项目中都应加入与教育中性别歧视有关的内容作为职前教师的必修课程。

雪莉指出教师教育课程的目的不仅应当培养教师成为教育者，还应当尊重学生在能力、兴趣、文化背景等方面的差异；应当培养教师成为有能力设计和选择的研究者，能够在其研究中考虑到消除教育中的性别歧视和性别刻板印象；同时培养出的教师还应当是教育与社会变化的动力，能够根据学生、教育机构和社会的需要来设计和实施其教学内容。因此教师教育应当增加与之相应的内容。①

琼斯认为美国职前教师培养的教育基础课程中应包含有关美国社会结构、性别社会化和男女同校等教育变革的内容。应当开设教育心理学和青少年心理学课程，帮助职前教师理解男女青少年心理发展的差异，及其在社会化过程中性别身份认同的形成。教师教育的方法课程中应当提供机会以促使职前教师反省自己的教学行为，不仅要让他们学会必要的教学方法，还应让他们明白带有性别偏见的教学将给他们的学生造成的危害。②

① McCune, S. D. & Matthews. M., Eliminating Sexism: Teacher Education and Change, *Journal of Teacher Education*, 1975, 26, pp. 294-300.

② Jones, M. G., Gender Issues in Teacher Education, *Journal of Teacher Education*, 1989, 40, pp. 33-38.

有的研究者对具体的教师培训方法提出建议，如瑞特曼（Reitman）在其文章中指出，可以通过“敏感性训练”（sensitivity training）、“群体动力”（group dynamics）和“角色分析”（role analysis）等形式对自己的经历进行剖析。同时也可以以小组讨论的形式，让职前教师相互之间发现各自存在的性别偏见。她指出，在这样的形式当中，职前教师将学会更深刻理解自己、更加自信，成为自我实现的专业人员。① 霍瓦拉（Howara）提出应将女性主义视角整合到教师教育课程当中。②

另有研究者专门针对科学教育教师的培训提出建议。贝莉（Bailey）、斯坎特伯里（Scantlebury）和莱茨（Letts）通过对一名男性科学教育实习教师的实习经验分析后，认为：第一，教师教育课程应当鼓励职前教师反思自己的性别观念形成的历史、带有性别烙印的科学史和科学教育；第二，教师教育过程应是一种批判性的实践过程，让学生在接受培训过程中不断审视、质疑并重构自身对于性别、好的教学、有效学习等观念的认识；第三，教学实习中，应重视辅助教师（cooperating teacher）对实习教师的影响。如果辅助教师参与到有关性别平等的讨论会中，并在其教学工作中体现出这方面的考虑，将对实习教师产生示范作用。③

通过对20世纪70年代以来女性主义教师教育研究者思考的梳理，我们不难发现，尽管在教师教育实践中如何应对社会性别问题的具体做法上，研究者意见虽然各不相同，但也仁者见仁，智者见智，而且坚守着共同的信念，即以分析男女两性多样的和差异的经验为基础；注重反思和自我反思；具有鲜明的政治和价值

---

① Reitman, S. W., Institutional Sexism, the Contemporary Teaching Crisis and Teacher Education, *Journal of Teacher Education*, 1975, 26, pp. 305-309.

② 转引自 McCune, S. D. & Matthews. M., Eliminating Sexism: Teacher Education and Change, *Journal of Teacher Education*, 1975, 26, pp. 294-300.

③ Bailey, B. L., Scantlebury, K. & Letts, W. J., It's Not My Style: Using Diclaimers to Ignore Gender Issues in Science, *Journal of Teacher Education*, 1997, 48, pp. 29-36.

导向；在课堂中，渗透女性主义的平等的、非科层制的民主组织实践方式；在教育实践中，尤其抵制传统的二元对立，如理论与实践、精神的与体力的、认识论的与方法论的对立，倡导沟通与理解的方式。

（二）女性主义教师教育者所面临的困境

尽管女性主义研究者对如何在教师教育中融入女性主义理念，处理其中存在的社会性别问题有了深入的理解和思考，并对在实践中实施这些理念充满了信心和希望，但是他们也清醒地意识到他们所面临的阻碍和困难。

瑞典女性主义学者加比·韦纳（Gaby Weiner）在其文章《欧洲社会性别和教师教育回顾》中指出教师教育者在教师教育项目中融入社会性别视角的困难。她指出教师教育话语一般受到四个主要因素影响：① 第一，对“好教师”的理解，以及与之相关的政府对教师教育的考虑和优先发展政策；第二，学校教育的知识和实践，以及如何“制造”学校教师的理念，教师自主权更多的是关注如何使教学和学习最大化，如何改革和发展课程；第三，随着学校教师女性化程度的增加以及她们长久以来被排斥在大学和学术研究之外，学校教师和教师教育者普遍较低的社会地位，许多国家教师教育者没有机会进行学术培训和其他研究活动；第四，教师教育话语受到它自身传统的影响，以及受到变动性很小的教学话语的影响。这些因素都造成了教师教育者的“无权”（powerlessness），而只能将他们的注意力主要放在有助于考出好分数的课堂知识和实践上。因此，尽管教师教育比其他高等教育领域包括了更多的女性，但是教师教育者并没有用女性主义去挑战在其他学术和专业领域中习以为常的传统知识。事实上，她们似乎害怕对抗性的和政治性的话题，如女性主义和社会性别。关注社会性别在某种程度上被视为反男性的和有分裂企图的。

① Weiner, G. A. Critical Review of Gender and Teacher Education in Europe. http://www2.educ.umu.se/gaby/ecer99.html.

她进一步分析了出现这种反抗的原因：第一，教师教育者对社会性别没有热情，因为女性主义指向批判和政治行为，这超出了她们平常的职业和实践范围；第二，女性主义被看成是对诸如教学工作等女性占多数的职业领域的威胁，因为它扰乱了现存的性别之间的权力关系；第三，与女性主义相关联也意味着让已经超过负荷的工作量、且社会地位低下的教师职业承担更多责任，很可能会招致不受欢迎的后果。①

在美国的教师教育中同样存在相似的问题，如霍林斯沃斯（Hollingsworth）指出很多美国教师教育者认为：因为教师教育是女性的工作，所以它呈现出性别特征也是正常的。教师教育课程中包括了太多的内容，已经没有容纳性别问题的空间；而且，在教师教育多元文化的课程中，性别已经得到关注；当前的教师教育研究已经足够，没有必要进行专门的性别问题研究；社会性别问题是一个禁忌的话题，它要么表现得太情绪化、太敏感，要么就是和“中立的”、“客观的”教师教育相违背。②

韦纳认为，整个欧洲教师教育缺失社会性别话语。这意味着教师教育者还没有利用言辞来挑战整个女性职业，这包括教师和教师教育者的低下的社会地位，也没有挑战其中的权力关系。③总之教师教育者没有发展出对社会性别问题的总体的看法和理论视角，也缺乏相关知识和技能来批判和应对他们在教学实践中遇到的社会性别问题。

二、西方教师教育应对社会性别问题的实践

当前，欧美教育改革的目的主要在于培养有竞争力的个人，

①③ Weiner, G. A. Critical Review of Gender and Teacher Education in Europe. http://www2.educ.umu.se/gaby/ecer99.html.

② 转引自 Weiner, G. & Kallós, D., Positively Women: Professionalism and Practice in Teaching and Teacher Education. Paper presented to the symposium “Teacher Education in Europe: Current Tendencies and Prospects in a Comparative Perspective”, at AERA in New Orleans, USA, 2000.

并加强对学校课程的控制。许多工业化国家的学校教学和教育学院都不把社会性别平等看作优先考虑的项目，并没有对此注入太多的热情。正如韦纳所指出的，当前教育界关注的中心问题是不断增加对课堂教学的控制，提高标准测试的水平，以及对成绩不好的学生和教学质量糟糕的教师和学校进行惩罚。出于对教学质量和标准化结果的高度关注，社会性别问题被放到一边。① 尽管如此，欧美国家的教师教育研究者和教师教育者还是在不断地呼吁和倡导，希望引起人们对社会性别问题的普遍关注，提高未来教师的性别意识，加强他们处理社会性别问题的能力。以下简单介绍美国和欧洲的教师教育各自应对社会性别问题的实践。

（一）美国教师教育应对社会性别问题的实践

自从《教育法第九修正案》实施以来，性别平等在美国的K-12年级学校教育中已经得到非常多的重视，但是在教师教育中却没有得到重视。例如，不像在特殊教育和双语教育中，性别平等并没有被人们认为是值得引起整个教育学院或者教育系重视的，甚至没有在教师教育课程中得到体现。

霍瓦拉回顾了美国女性学课程在教师教育机构的开设情况：1970年，美国教育学院和教育系只开设了4门女性学课程。根据1974年教育中的性别角色研究资料中心（the Resource Center on Sex Role in Education）对1 200个教师教育机构的调查发现，当时已开设有184门女性学课程。这些课程分散在全美104所教师教育机构中，大部分机构只开设1—2门课程；大部分课程是由公立教育机构提供，而且教授这些课程的老师也大都是女性。②

1994年根据密歇根的一项对全国30个职前教师教育项目中的30名行政人员，247名教师的调查表明，只有11%的被试报告说

---

① Weiner，G. A. Critical Review of Gender and Teacher Education in Europe. http://www2.educ.umu.se/gaby/ecer99.html.

② 转引自 McCune，S. D. & Matthews. M.，Eliminating Sexism：Teacher Education and Change，*Journal of Teacher Education*，1975，26，pp. 294-300.

他们进行了广泛的性别平等指导，而有38%的人说他们很少或者根本没有进行性别平等问题的指导。被试都认为性别平等问题应该在教师教育项目中体现得更多一些，教给学生更多的社会性别知识，而且专业书籍中更多涉及这个问题将有助于教师的教学。①

1993—1996年，在纽约城市大学的研究生中心（City University of New York Graduate Center）开展了“教师教育平等项目”（The Teacher Education Equity Proiect），该项目受到国家科学基金、IBM公司、Hewlett Packard和AT&T基金的资助。来自美国28个州、40个大学和学院的61名数学教育、科学教育和技术教育的教授接受了培训，学习如何在他们的教学方法课上对职前教师进行性别平等问题的教育，并且实施了小型项目。对培训结果的评价表明，有85%的教授在他们的性别平等教学行为方面取得显著进步，而且开发了一些包含性别平等问题的教师教育教材，主要是在课堂对话、行动研究计划等方面。②

1995—1998年美国教师教育进行了一个全国性项目，名为“融合性别平等和改革”（Integrating Gender Equity and Reform），受国家科学基金的资助，以佐治亚州技术学院为主导，并包括其他六个大学和组织。这个项目旨在帮助教师教育者用适当的方法和材料教给职前教师关于性别平等的问题。③

1996—1999年，教师教育指导者计划（Teacher Education Mentor Project）。这个计划目的是让数学、科学和技术教育课程中的性别平等指导更加系统化。参加者包括来自全国的教师教育者、教学实习合作学校的工作人员以及来自七所大学和学院的教师。④

1996年，美国教育部社会性别平等专家小组，开始为教师教育者和相关人员设计并付诸实施一系列切实可行的项目。这些项

①②③④ Sanders，Jo. Teacher Education and Gender Equity. ERIC Clearinghouse on Teaching and Teacher Education，Washington DC. http://www.ericfacility.net/databases/ERIC-Digests/ed408277.html.

目教会他们辨别社会性别问题、评价自身和他人教学中存在的性别问题并为此提出积极的改进建议。①

现在，美国正在构建有用的教材，出版关于性别平等的专业人士著作，而且越来越多的教师教育者也已经开始关注这一问题。有研究者指出这一问题必将成为未来二十年教师教育中最重要的问题。

此外，一些女性主义教师教育者也从自己的教学经验和体会出发，寻求将社会性别视角融合到自己所教的教师教育课程实践中。例如，弗朗西斯·玛赫（Frances Maher）是美国一个小镇上的文理学院的教师教育工作者，她就致力于在自己所教授的课程中融入女性主义教育学的理念，通过让职前教师学习这些课程，进而形成对社会性别问题更深刻的理解并影响到他们未来的教学实践。

她指出女性主义教育学认为学校是产生和强化男性中心主义的重要场所，它通过标准化的考试、按成绩分组运作体系以及其他带有偏见的活动，将男性规范和行为固定下来。学校本身的官僚体制，男性占据管理职位，女性在教学中占据多数，复制着女性的照顾性角色、从事服务性职业和拥有较低的社会地位的情形。女性主义教育学和探究式教学有相似和差异之处。探究式教学主要是指以学生为中心的，交互性的，在课堂中更多使用合作而不是竞争。探究式教学强调学习中个人之间的关联和涉入程度，而不是培养公正的批判的立场。② 女性主义的课堂具有更多的自由性质，其课程包含着妇女的生活和她们在历史中的贡献，课堂讨论也关注学生对这些问题的看法，允许学生拥有各自对世界的看法。

---

① Sanders，Jo. Teacher Education and Gender Equity. ERIC Clearinghouse on Teaching and Teacher Education，Washington DC. http://www. ericfacility. net/databases/ERIC-Digests/ed408277. html.

② Maher，F.，Gender，Reflexivity and Teacher Education：The Wheaton Program，in Tabachnick，B. R. & Zeichner，K. M. （eds.），*Issues and Practice in Inquiry-Oriented Teacher Education*，The Falmer Press，1991，pp. 22-33.

和探究式教学一样，女性主义教育学以学生为中心，注重问题的解决，反思妇女的经历。它和后现代主义一样，认为不存在普遍性的对世界的理解，也不存在一种单一的课程。女性主义教育学认为所有的人类经验都是性别化的、特殊的和变化的，因此，教育的目的和有效的问题解决办法也是变化的，知识构建的过程中每一种视角和经历都被视为平等的、有效的、部分的并且可以得到说明的。课堂中通过互动来建构知识，在这样的背景中，教师不再是无所不知的专家，而是有社会性别特征的、具体的和体验中的人。女性主义教学方式的目的不在于发现和掌握客观的标准知识，而是唤醒学生反思意识和特殊性意识，在和他人的互动与自己的经历中形成对世界的理解。

弗朗西斯·玛赫以女性主义教育学为基础，设计教师教育课程。希望职前教师能够在课程的学习中从社会性别、种族和社会阶层等层面重新定位自己，将自己看作特定的历史时期特定的社会背景下的教师。希望通过这些课程的学习，理解学校教育制度以及其中的教学和学习方式是如何构建和复制不同群体的人的身份认同的。其具体做法是："美国的学校教育"这门课程要求学生以自己的受教育经历写出自传，帮助学生将自己所经历的学校教育作为一个例子来理解美国教育在当时的发展；帮助他们从个人的角度出发理解课程中的问题；并教会他们从别人的经历和视角出发看待教育中的问题，从而将事物放到相互关联的背景中认识。在他们的自传中，突出社会性别问题并加以讨论。在"青少年发展"这门课程中，要求职前教师访谈一个青少年，从她或者他的经历中总结和认识青少年的发展问题。在"教学方法"课程中，要求学生运用女性主义的方式和探究的方式设计课程。①

① Maher, F., Gender, Reflexivity and Teacher Education: The Wheaton Program, in Tabachnick, B. R. & Zeichner, K. M. (eds.), *Issues and Practice in Inquiry-Oriented Teacher Education*, The Falmer Press, 1991, pp. 22-33.

（二）欧洲教师教育应对社会性别问题的实践

1. 欧洲教师教育主题网的社会性别与教师教育项目①

欧洲教师教育主题网（Thematic Network for Teacher Education in Europe，TNTEE）关于性别和教师教育的项目是在 1998 年 6 月发起的，1999 年 8 月结束。15 个国家（比利时、加拿大、捷克、斯洛伐克、荷兰、芬兰、希腊、冰岛、以色列、挪威、葡萄牙、西班牙、瑞典、英国和美国）的 60 位学者参与了这个项目。参与项目的代表达成了一致认同，都积极参与到以下活动中。

（1）对欧洲过去二十年教师教育中促进社会性别平等策略的研究。

（2）调查教师教育中的社会性别问题是如何与特殊的民族文化、政治和教育因素相互作用的，以及人们应该达成什么样的广泛的一致。

（3）促进理解欧洲教师教育中社会性别问题在不同的文化和个体身份认同背景中的复杂性。

（4）从社会性别的视角交流和批判当前在教师教育中所使用的教材、项目、政策以及教学法。

（5）构建欧洲教师教育对于社会性别的理解。

这个网络项目最重要的成果就是通过邮件，传播和交流关于性别和教师教育的形式多样的活动、研讨会、论文和出版物。另一个成就是其成员组织的国际研讨会和论坛，如 1999 年 3 月英格兰沃威克（Warwick）的性别和教育论坛，美国教育研究协会于 1999 年 4 月在加拿大的研讨会，欧洲教育研究协会在芬兰召开的欧洲教师教育 1999 年年会，以及欧洲教师教育主题网 1999 年 5 月在葡萄牙里斯本召开的研讨会。在里斯本研讨会上，来自不同国家的代表都一致认为应该给予社会性别和女性主义问题更多的重视。很多报告都显示，各个国家都出现了不断增长的教学工作女

① Weiner，G. A. Gritical Review of Gender and Teacher Education in Europe. http://www2. educ. umu. se/gaby/ecer99. html.

性化和教师教育女性化趋势，而且年轻一代的性别观念已经与上一辈教师教育者的观念不同，但是教师教育中的性别话语（女性主义话语）总体上还是很弱而且常常是缺席的。大体上，南部欧洲的代表更强调女性气质的特殊性和优越性以及男性和女性的差异，而北部欧洲的代表则强调教师教育和学校教育中存在的性别歧视和不公平对待。虽然欧洲国家对于社会性别和教师教育的认识有许多分歧，但是也对教师教育在变化的国际和国内环境、不断变化的文化和个体身份认同中所扮演的角色和所承担的责任达成共识。

有研究者指出，如果从社会性别角度认识欧洲教师教育是切实可行的，那么教师教育者应当形成对男性霸权理论和实践的挑战。未来的工作还应该从以下几点出发，进行探索和交流。①

（1）理解欧洲各个国家（以及非欧洲国家）各自不同的社会性别和女性主义话语，尤其是当地突出的性别问题与广泛意义上的女性主义运动和理念之间的相互影响。

（2）理解各个国家不同文化和历史中社会性别的经历，及其与政治体制和政治运动的关系，以及社会性别与个人和社会群体的物质条件的关系。

（3）将社会性别与教育中其他不平等问题相联系，如社会阶层、种族和国籍等引起的不平等，因为妇女和女童同样经历着这些不平等。

（4）理解社会性别关系在历史和文化变迁中的不稳定性，以及它对学校和教师教育影响的不断变化的形式。

（5）理解女性对于教师教育的突出贡献。

欧洲各国教育关注点各不相同，单单谈论教师教育中的社会性别问题不一定是合适而有实际意义的。但是，理解教师教育中的性别问题可以增强挑战任何形式的性别不平等的能力。而且通

① Weiner, G. A. Critical Review of Gender and Teacher Education in Europe. http://www2.educ.umu.se/gaby/ecer99.html.

过欧洲教师教育主题网的工作形成对欧洲各国教师教育中性别问题的信息和观念的交流和支持，这是重要的第一步。今后通过更多教师教育者的努力，一定能够逐步发展出更进一步的理论和策略以及实践的空间。

2. 北欧和瑞典教师教育应对社会性别问题的实践

在介绍欧洲各国总体的教师教育和社会性别问题时，韦纳对北欧五国以及瑞典教师教育关于社会性别问题的关注和实践作了专门的回顾。

1992—1994 年北欧五国教师教育和性别问题合作项目（NORD-LILIA）① 的目的在于集中研究学校和教师教育中的社会性别平等问题，致力于加强北欧各国在教师教育内容和方法上的交流与合作，以分享经验和观点。实际上，这个项目收到了很好的效果，其影响也不断扩大。此项目的主要论题是通过 65 个子项目的研究引起人们对于社会性别问题的关注，强调课程发展的重要性，宣传学校的创新内容。但是这个项目也引起争议，主要在于对于“平等”概念的不同理解和使用，难以获得准确而系统的定义，也就难以达到丰富教师教育内容和方法的目的。这也显示了北欧国家的教师教育对实践中的平等和社会性别理论的研究的欠缺。实际上，女性主义教学问题研究的最多的地方是教育系之外的大学妇女研究中心。

瑞典政府的干预促使改进女童和妇女的处境是国际闻名的。瑞典建立了福利国家，并且让妇女在劳动力市场中占据了相当高的比例，各种政策也是考虑到性别问题的。但是，在其他方面，社会性别并没有引起足够的重视。例如，艾德尔兹（Eduards）指出，虽然与其他国家相比，瑞典是个重视女性福利的国家，但是

① Weiner, G., Swedish Educational Feminist and Gender Perspectives: An Outsider's Perspective, chapter in *Feminisms in Education*: *An introduction*, published by Studentlitteratur, 2000.

"瑞典的妇女运动长期以来却被看成是非常微弱的"①。而且，最近对学校和教育中的社会性别问题的调查表明，教育并没有像其他方面一样跟上社会性别的变化。瑞典乌梅亚（Umefi）大学韦纳教授指出瑞典教育中存在以下问题：瑞典和其他西方国家一样，教育中性别模式没有差别；教育中重新出现性别生物学和本质主义的争论；很少有对教育中社会性别问题的全面研究；社会性别被视为孤立的因素，与其他问题如种族、民族、社会阶层、性问题和地区问题相分离；拒绝将女性主义视为一种解释的框架。②

教育者中存在这种弱化社会性别的视角的原因之一是瑞典已形成一种"国家"女性主义特殊形式。这就意味着社会性别平等已经通过中央政府引入到教育中，而忽略了各地区的社会性别问题。随着瑞典"去集权化"（decentralisation）运动以及与之并行的"国家女性主义"影响的减少，并没有出现独立自主的妇女运动来促进学校中的性别平等或者引起人们注意社会性别平等问题。这就导致了社会性别平等问题被教师和教师教育者忽略。

那么，瑞典教师教育是如何处理社会性别问题的呢？令人失望的是，过去几十年中，与大学其他院系相比，尽管教师教育学院拥有更多的女性，但是教师教育者并没有从女性主义的视角出发挑战习以为常的传统的知识。博格（Berge）的调查发现，20 世纪 80—90 年代，瑞典有关社会性别和教师教育研究的文章不仅数量少，而且讨论问题的范围非常狭窄。14 年中只有 12 份报告和论文是关于社会性别和教师教育的，而且其中 11 份都是小册子或者是短小文章。在这些报告和论文中，3/4 都是女性的著作，大多数文章内容都是将社会性别视角引入到教学内容中，而有三名男性

---

① 转引自 Weiner，G.，Swedish Educational Feminist and Gender Perspectives：An Outsider's Perspective，chapter in *Feminisms in Education*：*An introduction*，published by Studentlitteratur，2000.

② Weiner，G.，Swedish Educational Feminist and Gender Perspectives：An Outsider's Perspective，chapter in *Feminisms in Education*：*An introduction*，published by Studentlitteratur，2000.

研究者关注男性气质和在女性占多数的教学和教师教育中的男性角色问题。其他的话题包括职前教师的社会化和教师专业化问题。[①] 而且，教师教育者还存在一种“女性主义恐惧”，因为他们害怕被看成是有争议的和关注政治话题的。关注性别常常被看成是对抗男性的（anti-male）和分裂的。女性主义恐惧是否因为它对于工作负担沉重而社会地位低下的职业来说过于政治化，过于是中产阶级关注的事情，过于理论化或者过于危险，都还没有定论。[②]

总的来说，瑞典教师教育的话语领域缺乏女性主义或者社会性别的问题视角。这意味着教师教育者还没有运用女性主义的理论和实践去挑战教学中大量的女性教师的低等地位，或者发展出反性别歧视的实践和策略，结果导致教师教育缺乏对于社会性别问题的广泛的看法。相反，理论是从教育以外的领域借用来的，而且应对社会性别问题也停留在表面的和短暂的解决方式上。

但是，瑞典的女性主义教师教育研究者也正在不断努力讨论和改进教师教育中存在的社会性别问题。由瑞典乌梅亚大学发起的教师教育社会性别研讨会就是其中之一。

教师教育社会性别研讨会的发起者根据对教师教育者、学校工作人员以及实习教师的了解，认为需要对学校教育工作采用另外的理解形式，瑞典当前的学校中的社会性别问题研究是脱离当前所争论的问题的，因此有待更新。

研讨会将参与者个人的经历融入到学术工作和研究中，目的在于显示女性研究者与众不同的兴趣和经历。希望通过社会性别研讨会，开始在教师教育中形成一种对话。参与者强调女性在教学和教师教育中所做出的努力和贡献应该被认识到并且以积极正面的态度来对待。因为，通常人们总是把教学和教师教育领域中

---

①② Weiner, G., Swedish Educational Feminist and Gender Perspectives: An Outsider's Perspective, chapter in *Feminisms in Education: An introduction*, published by Studentlitteratur, 2000.

女性占多数的情况看成是有问题的，而且潜藏着对女性的责备。研讨会的目的就是要强调女性的经历和知识，并将女性的知识和经历看成是对学校教学积极而富有生产力的，学校是能够从中得到益处的。女性所做的是积极的工作抉择。因此，许多选择进入教学行业的女性将教学看成是与她们生活中的其他方面相联系的工作，例如家庭建设和母亲身份，而且也因为教学工作包含着“和人打交道的工作”。

研讨会的最高目标在于产生有特色的文本，通过文本描绘出关于男性和女性的积极的形象，同时对人们习惯的传统的男性教师和女性教师形象进行批判性考察。

研讨会上出现的讨论话题以及与会者正在进行的研究题目包括以下一些内容。①

（1）方法论问题，让女教师的意见得以表达。

（2）理论问题，希望从历史的角度了解更多的社会性别理论。

（3）将社会性别视角引入研究。

（4）社会性别和权力，如：“学校中，男性教师和女性教师之间是否存在权力关系？在教学职员和管理人员之间权力是如何分配的？”

（5）性别、权力和特殊需要，如“探讨特殊教育中，有特殊需求的孩子缺乏权力和支配能力等问题”。

（6）社会性别和学校组织，例如从性别—权力的角度研究学校工作时间表问题。

（7）性别和不同文化关系，关注文化融入中的性别问题，如当多元文化背景的孩子到普通的瑞典学校学习时，他们的权力、规范化和性别社会化问题。

（8）性别和学科教学，如：“为什么如此多的女孩放弃学习

---

① Weiner, G., Swedish Educational Feminist and Gender Perspectives: An Outsider's Perspective, chapter in *Feminisms in Education*: *An introduction*, published by Studentlitteratur, 2000.

数学?”

(9) 性别和成绩，如比较女孩在学校中的成功和男孩的失败，探讨瑞典女孩为她们的成功所付出的代价。

(10) 社会性别和教育革新。

(11) 社会性别和教师知识与实践，如：“什么是女教师的知识和男教师的知识?”

(12) 社会性别和学校课本。

研讨会已经并继续在以下四个方面作出努力。第一，它已经迈出了教师教育中社会性别问题研究的第一步；第二，促使单个的参与者反思自己未来将要参与的社会性别研究，将自己的兴趣、经历和学术背景与性别研究相结合，广泛地阅读教师教育中性别问题的文本和性别理论，邀请国内外学者介绍他们的研究成果，为实习教师创建本科层次的性别课程；第三，研讨会已经召集了性别研究的专家，她们将在未来几年中致力于实现教师教育中的社会性别平等的研究工作；第四，研讨会下一阶段的任务在于扩大参与的教师教育者人数，包括增加男性教师人数。

第四节　启示和借鉴

一、女性主义虽然不是西方教师教育的主流话语，但西方教师教育中社会性别问题的研究已然成为一道靓丽风景

近年来，世界各国出于教育改革的迫切需要都将教师教育列为改革重点。为提高教师素质，从而提高教学质量，各国教师教育的关注点更多的是在教师专业化、教师资格认证以及提高学科教学质量等问题上，形成教师教育的主流话语。然而，正如女性主义对其他社会科学研究的影响一样，它对于西方教师教育研究和实践的影响虽然算不上惊天动地，但在笔者看来，也算得上是“润物无声”了，而她们对教师教育中社会性别问题的研究在笔者眼中俨然成为西方教师教育研究的一道独特的风景。

自20世纪70年代末期，美国女权主义者首先使用gender（社

会性别）这一概念以区别于 sex（性别）以来，社会性别经历了其概念化和理论化的过程，并逐步得到学术界的认同，成为一种研究领域和分析视角。历史学家斯科在《社会性别：历史分析的一个有效范畴》中对社会性别作了一个概括：社会性别是组成以社会性别差异为基础的社会关系的一个成分，是区分权力关系的基本方式。① 社会性别作为一种社会建构和分析范畴，已经对教育学科的研究产生了不可忽视的影响，而这一点在教师教育的研究和实践中也体现得非常明显。女性主义的研究范式正在成为教师教育思考和研究的视角之一，以女性主义的立场和方式来勾勒教师尤其是女教师的教学生活和职业身份，凸显教师教育中的社会性别问题已经和教师教育研究的其他视角一起成为描述教师和教师教育的话语之一。诚然，如韦纳在回顾欧洲教师教育和社会性别问题时所指出的那样："除了个别现象外，总的来说，教师教育中缺少社会性别话语。这意味着教师教育者还没有利用某种特殊的语言来质疑教师和教师教育者的低下地位，也没有挑战其中的权力关系。教师教育者没有发展出对社会性别问题的总体的看法和理论视角，也缺乏对他们实践中的性别问题进行批判性思考。"② 但是，在我看来，在多元的教师教育研究视角面前，某一种理论解释框架在教师教育研究中完全占据主导地位不仅是不可能的，也不现实。用多种研究视角展示教师教育的方方面面不仅有助于人们从多个角度理解教师教育，也有助于人们寻求不同的解决教师教育问题的途径。

首先，在教师教育研究中融入社会性别视角，将女教师这个常常被教育研究者和教师教育研究者所忽略的群体从边缘推到中心，女性主义教师教育研究者让她们的声音得以被听见。女性主

① 斯科：《社会性别：历史分析的一个有效范畴》，转引自王政：《导读研讨》，载杜芳琴主编：《赋知识以社会性别》，天津师范大学出版社 2000 年版。

② Weiner，G. A. Critical Review of Gender and Teacher Education in Europe. http://www2. educ. umu. se/gaby/ecer99. html.

义教师教育研究者对教学工作女性化的历史过程、原因分析及其对女教师职业身份认同的影响的剖析，向我们展示了习以为常的教师生活背后的另一种景象。正如阿普尔指出的："教学的女性化倾向有着深刻的历史背景，与父权制的意识形态（patriarchal ideologies）和资本主义劳动力市场的性别分化有着紧密的联系。"① 在劳动力划分的垂直结构中，女性与男性相比在报酬和工作环境方面总是处于劣势地位；在水平结构中，女性被认为适合从事某些特定的职业，如文秘、服务人员、教师等，而在管理、行政和经理职位中，女性所占比例偏低。在所有职业选择中都潜藏着一个假设：女性适合于较少技能要求、较低社会地位和较低报酬的工作，而男性则应该从事高技能的、管理性的工作。在公立学校逐步转变为官僚化、层级化、行政化的组织结构后，出于教学和课程的控制，以及减少支出成本的考虑，学校被看成是适合女性的地方（woman's proper place）。在西方工业化国家，女性在教学岗位中占据了数量上的绝对优势（尤其是在小学阶段），但男性在管理职位上却取得了支配地位。教学女性化带来了一系列的结构性后果，女教师被置于两难的尴尬境地。一方面，在公众的眼里，女教师因其"女性特质"（femininity）而成为儿童自然的看护者；另一方面，她们被指责为妨碍教师专业化的"罪魁祸首"。安珀对此见解独到，他认为，教师女性化的历史趋势导致了教学在去技术化（deskilling）和无产阶级化（proletarianized）过程中变得越来越容易受到攻击，最终降低了劳动的价值和失去了对劳动过程的控制。②

在笔者看来，女性主义教师教育研究者最精彩的表现在对"教师专业化"这一教师教育的主流话语的批判与重建上。女性主义教师教育研究促使人们深刻反思，什么是"教师专业化"？"教师

①② Apple, M. W., Gendered Teaching, Gendered Labor, in Popkewitz, T. S. (eds.), *Critical Studies in Teacher Education—Its Folklore, Theory and Practice*, The Falmer Press, 1987, pp. 57-83.

专业化”的标准是什么？当前被学术界所公认的“专业化”问题的研究是否能够被教师教育研究者直接用来分析教师行业的形成与发展？女性主义教师教育研究者强调关注弱势、倾听边缘者声音的研究视角，为“教师专业化”问题研究提出了一个新的课题：从教师个体的角度研究教师行业对教师本人的意义，构建有关教师行业发展的不同图景。通过对“教师专业化”的主流话语中的社会性别内涵进行深刻剖析与批判，揭示出其中隐含的性别权力关系、前提预设与现实之间的矛盾，女性主义教师教育研究者指出了“教师专业化”带给女教师职业身份认同的危机和教师教育的困境。那么，如何走出困境？女性主义教师教育研究者用新的思考和研究方式为人们展现了女教师自己对于“教师专业化”的理解和构建。例如，比珂伦（Biklen）对美国维斯塔城（Vista）的一所小学的教师进行了长期的观察和访谈研究后指出：女教师们愤恨公众将她们视为工人，她们不希望被贬低，希望人们将她们的工作看成是有挑战性的职业。她们将“专业化”所认可的“职业责任心”（career commitment）这一标准放在自己的位置上考虑，赋予它另外的表达方式。她们认为“职业责任心”就是对孩子的关心和教育，因为孩子是教学的核心。而行政工作是远离孩子的，所以，她们不寻求职业晋升的机会并不是因为她们没有进取心或者对权力不感兴趣，而是真正将教学作为专业化的职业来对待。而她们所认同的获得权力方式不在于得到行政职位，而是获得更多的职业自主性，例如校长常常征求有威望的教师的意见，或给予她们更多的自由以组织课堂活动和开发课程。① 通过这些教师生动的叙述，我们不仅看到了女教师基于自身立场对于“教师专业化”的解读，也深深感受到以所谓理性标准所构建的“教师专业化”主流话语的冰冷与刻板，也不得不重新思考如何在教师教育实践当中培养胜任的教师。

① Biklen，S.K.，*School Work—Gender and the Cultural Construction of Teaching*，New York and London：Teacher College Press，Columbia University，1995.

教师教育研究者运用女性主义研究范式不仅将女教师置于研究的中心地位，而且还拓宽了教师教育研究对象，揭示了教师教育中存在的社会性别问题，为人们勾画了不同的教师教育情景。教师教育人事结构中的性别分化、教师教育课程和课本中的性别歧视和性别刻板印象、教师教育者和职前教师交流互动过程中传递的社会性别信息，无一不再现和复制着社会上存在的社会性别观念、男权制度和社会性别等级制度。难怪有研究者指出："教师教育是最后的真正实现平等的界限。"①

融入了女性主义认识论和方法论的教师教育研究也颇具特色和魅力。在斗争中成长起来的女性主义理论和实践，始终坚持批判的立场和姿态，注重反思，在学术界产生了不容忽视的影响。女性主义教师教育研究者自然也传承了这样的特色。她们对研究过程、研究关系、研究伦理的反思与批判，使她们能够认识到研究过程本身也是自我发现的过程。在这样的过程中，研究者并不是独立于研究之外，而是和所有参与研究者共同成长。笔者在对女性主义研究的学习过程中也深刻地意识到，对于站在女性主义的立场上从事教师教育研究的学者而言，女性主义不仅仅是一种理念或者方法，也不仅仅是争取政治权力的社会运动，而更是一种生活态度和生存方式。它关注社会、关心个人、关怀社会弱势群体的人文气质不仅凸显在教师教育者的研究中，也体现在她们从事教师教育的课程中，更体现在她们与职前教师交往的举手投足之间。

女性主义者将理论和实践紧密结合的气质，使得女性主义教师教育研究者在思考，也在行动。女性主义教师教育者在自己的教学和研究中融入了女性主义的视角，把社会性别作为一个重要问题去教授。首先，在帮助职前教师构建身份认同方面，女性主义教师教育者提出了新的方式。如里奇认为女性主义教育学的目

① Sanders, Jo. Teacher Education and Gender Equity. ERIC Clearinghouse on Teaching and Teacher Education, Washington DC. http://www.ericfacility.net/databases/ERIC-Digests/ed408277.html.

标不是教会妇女如何“像男性一样”地思考，而是促进她们在“男性的世界”中学会“像女性一样”进行思考。对于教师教育者来说，尽管在男性的世界中，在专业主义话语的环境中“像女性一样”地思考是很不容易的，但是也应当帮助学生（即职前教师）发展这样的能力，即“在男性的世界中像女性一样地思考意味着批判性地进行思考，拒绝接受既定的事实或观念，在事实与理想之间建立被男性所忽略的联系”。① 其次，帮助教师、职前教师认识和处理教学中的社会性别问题也成为女性主义教师教育者的核心任务。因为如果我们希望将来男孩和女孩都能受到尊重和善意的对待，并能尊重彼此，女孩能够像男孩那样被期待不受任何限制地去实现她们自我的潜力和价值，那么，我们的教师教育项目就应该将性别平等作为一项重要问题对待。女性主义教师教育者深刻意识到这一点，他们或是组织研讨会探讨如何结合各个国家或者地区的历史、文化和其他社会问题来解决教育中的社会性别问题，或是在自己的教学实践中身体力行地将女性主义理论融入到课程中，帮助职前教师在学习过程中认识自身的社会性别意识，认识社会上、学校教育中存在的社会性别问题以及教会他们批判性地思考和实践。

尽管女性主义教师教育研究者的研究和实践现在看来还是少数，不是主流，但是女性主义者向来是积极进取的，相信在追求平等与多元的时代，女性主义的教师教育研究和实践不仅会因其独特的观点与立场受到越来越多学者的青睐，也将在与其他思想的交流中不断得到充实和发展。

二、对中国教师教育研究和实践的启示：批判与借鉴

中国的女性主义研究发展经历了两次高潮，一次是在 20 世纪

① 转引自 Laird, S., Reforming “Women's Truth Prefession”: A Case for “Feminist Pedagogy” in Teacher Education? *Harvard Educational Review*, 1988, 58, pp. 449-463.

20—30年代，另一次是20世纪80年代以后，尤其是在改革开放后，随着社会政治、经济转型过程中出现的种种妇女问题，对于妇女问题的探讨和研究也随即发展起来。在中国从事女性主义研究的主要力量来源于全国妇联及各级妇联组织和学界，其中学界的女性主义研究始于知识女性个体在某个学科领域的自发性研究。1987年郑州大学妇女学研究中心成立以来，加上1995年世界妇女大会的召开，学界从事研究的人员明显增多，不少科研系统（如社科院）和高等院校纷纷建立妇女研究中心。

虽然我国的女性主义研究在80年代以后有了许多发展，但是，从总体上看，由于我国特定的历史背景和现实条件，我国的女性主义研究还基本处于问题研究的阶段，还未能形成系统的中国女性主义理论。而且，在1995年以后大量西方女性主义思想的引入和世界对中国妇女问题的关注，我国的女性主义研究者还面临着跟上国际化与形成本土特色的双重任务。李小江对中国女性主义研究的任务进行了概括，她认为，中国从事女性主义研究的学者需要理清以下四个问题。（1）具有一百多年历史的西方女权主义理论和国际妇女运动实践；（2）20世纪初至20世纪40年代的中国男性知识分子研究妇女的成果和民族主义妇女解放理论；（3）五四运动以来到1949年以后的马克思主义妇女解放理论和社会主义妇女解放运动的经验和教训；（4）20世纪80年代中国改革开放时期当代中国妇女研究运动的理论探索和实践。①

通过教育使所有的女孩和妇女最充分地发挥自己的潜能，通过教育建立起有助于实现性别平等的社会文化环境，是现代教育的重要使命，也是负责任的国家政府的重要使命。中国政府在2001年5月由国务院正式通过的《中国妇女发展纲要（2001—2010年）》中明确指出："将妇女教育的主要目标纳入国家的教育规划"，"在课程、教育内容和教学方法改革中，把社会性别意识纳

① 李小江、朱虹、董秀玉主编：《性别与中国》，生活·读书·新知三联书店1994年版。

入教师培训课程”。在同时通过的《中国儿童发展纲要（2001—2010）》中规定：“将社会性别平等意识纳入教育内容。”尽管在政策层面，我国通过教育实现社会性别平等与公平的努力有了一定进步，但是在理论建设和操作层面，我们还面临许多问题。

教育改革的关键在教师，实现性别平等的关键也在于教师的素质。自20世纪90年代后期以来，国内开始系统研究教师教育问题，并已先后出版了大量的成果。目前的研究主要集中在以下几个方面。(1) 国外（尤其是欧美国家）教师教育发展的动态与发展状况；(2) 教师专业化的理论与实践；(3) 中国教师教育的历史与现状；(4) 教师培训的方法；(5) 师范院校的办学和学科建设；(6) 中小学教师发展；等等。

而目前国内关于国外女性主义的教师教育研究的介绍几乎没有，且国内学者将社会性别视角运用到教师教育的研究也是凤毛麟角，其原因是由于我国女性主义本土研究起步较晚，以及当前教师教育理论研究对社会性别问题的忽略，缺乏女性主义教师教育研究的生长土壤。

但是，随着社会发展，教育研究者对社会性别问题的关注日益增加，尤其是在当今强调多元化的时代，西方女性主义的教师教育研究对于当前我国的教师教育也有一定的借鉴意义。笔者认为，西方教师教育中的社会性别问题的研究和发展经验至少在以下两个方面可以成为我们很好的借鉴。

(1) 以女性主义理论作为教师教育中社会性别问题研究的基础和背景。从国外的经验看，女性主义研究不仅为教师教育的社会性别问题研究提供了分析视角和解释框架，而且论证了教师教育课程中融入社会性别问题的必要性。因此，中国的教师教育研究要以女性主义研究为依托，针对教育和教师教育中的社会性别问题提出自己的研究方式和实践方式。

(2) 中国当前的现状是传统学科领域还缺乏一种性别的视角，因此当务之急是将女性主义的视角融入到传统学科，尤其是教育研究中，否则，在教师教育中重视社会性别问题将成为一纸空谈。

然而，我们也应当看到中国与西方有着不同的历史渊源、文化积淀和社会现实状况，西方教师教育中以女性主义为视角的某些思维方式、研究范式以及行为方式只有在西方特定的思维模式下才能奏效，在中国的本土环境下不一定具有意义。因此，正如很多学者所指出的，在接触和借鉴西方女性主义时，要尊重中西方妇女运动在社会文化、政治、经济背景上的差异，保持一种清醒的自我意识和适当的理论基点。① 中国教师教育的发展也是这样，在借鉴国外经验的基础上，更应该结合自身的特点，走本土化的道路。

① 王政、杜芳琴主编：《社会性别研究选择》，生活·读书·新知三联书店 1998 年版。

第六章 新保守(自由)主义教育思潮

第二次世界大战后英国保守党和工党各执政17年，在政治上平分秋色。1979年以撒切尔夫人为首的保守党重新执政。撒切尔夫人上台后即大刀阔斧地推行了一系列新的改革措施。在政治上，改革福利制度，整顿文官系统；在经济上，改革税制，鼓励自由竞争和发挥市场机制作用；在教育上，对战后根据《1944年教育法》构建的英国教育体制进行改造，这种变革随着《1988年教育改革法》的出台而达到高潮。继任首相梅杰尽管颁布了《公民宪章》，但他仍是"撒切尔主义"的忠实继承人。英国的各项改革继续沿着"撒切尔主义"指引的方向推进。与此同时，随着从强调计划的凯恩斯主义和福利国家政策向注重市场价值观的货币主义和新保守（自由）主义经济政策的转变，教育政策也相应地开始遵循新保守（自由）主义的教育思想，于是体现新保守（自由）主义思想的国家统一课程、教育测验、教育市场与选择、公助学额计划、直接拨款学校、教育私有化等教育思潮风起云涌。在英国，几乎每一项教育改革措施都带有新保守（自由）主义的痕迹。

20世纪80年代后期，盛极一时的“撒切尔主义”开始衰落，90年代沉寂多年的英国左派在政坛卷土重来。1997年，工党领袖布莱尔成为首相，结束了英国保守党连续执政18年的历史。1998年，布莱尔出版了《第三条道路：新世纪的新政治》一书，详细阐述了工党的政治思想。“第三条道路”是两种对立的发展道路或政治主张之间的一种折中或改良主义思潮，在其影响之下的英国教育改革同样体现了这种“折中”之路。

第一节　新保守（自由）主义教育思潮产生的社会背景

20世纪50—60年代，自由派和“左”派主导西方政坛，西方社会一度出现繁荣稳定的局面。60年代的“新左派”运动和70年代初的经济危机打碎了西方社会福利国家的美梦，促使西方的政治家们寻求新的替代方案。以此为契机，右翼的保守势力迅速崛起，各种形式的保守势力逐渐联合，以凯恩斯主义为基础的自由主义经济政策日益失去民心。70年代末80年代初，被称为新保守主义的政党先后登上了国家的政治舞台，并占据了主导地位。1979年，英国保守党在下院选举中以压倒性优势获胜，撒切尔夫人稳坐首相宝座。1980年，美国共和党候选人里根在保守派的支持下入主白宫。1983年，联邦德国的保守组织基督教社会联盟与基督教民主联盟联合获得26年来的最高选票上台执政。同年6月，各国保守派在英国伦敦建立了第一个国际组织——国际民主同盟。1986年法国右翼的保卫共和联盟在议会选举中获胜，取得总理职位，占据国家政治生活中的半壁江山。

新保守主义能够从20世纪70年代崛起并在80年代主导西方国家的政治舞台，主要原因是西方资本主义在经历了50—60年代的相对稳定发展后，在政治、经济、思想文化等领域出现了严重危机，资本主义社会秩序遭受了巨大冲击。

第一，福利国家政策的实施引发生产停止和物价上涨。第二次世界大战后，西方国家的自由派和“左”派政府推行一系列福利主义政策：通过增加税收对国民收入进行再分配；通过兴办公共工程扩大就业，刺激投资和消费；通过保险业加强社会保障，增进职业安全；通过劳工立法改善工人的生产条件，赋予工会参与企业管理的权利；等等。这些政策的推行在很大程度上缓和了社会矛盾，促进了社会的繁荣，提高了人民的生活水平。

但是，福利主义政策也带来了许多弊端。①它加重了政府的财政负担。在经济不再保持稳定增长的年代，福利的增长速度超过了生产的增长速度，结果导致长期的物价上涨，使财政支付难以为继。②政府为了平衡预算，不得不提高税收，生产成本和纳税人负担居高不下，影响了投资者的积极性，严重削弱了国家的竞争力。③福利国家政策使人产生对政府的过分依赖心理，许多本可以自食其力的人不思进取，坐享政府福利，挫伤了劳动者的积极性。④高工资低工时在改善了工人阶级生产处境的同时，也提高了产品成本，从而降低了企业的竞争力。⑤公共工程的扩大和国有企业的发展有利于减少失业、限制垄断，但这些企业由于大多效率低下、亏损严重而难以维持。

福利国家政策对英国经济产生严重影响。在 1962—1972 年间，英国经济增长率仅为 2.2%；英国的人均国内生产总值在世界上列第九位，到 1971 年下滑到第十五位，并有继续下滑的趋势。[①] 1973—1975 年的经济危机打破了福利国家政策的神话，引起人们对福利政策的不满，从而为新保守主义的传播提供了有利的契机。

第二，国家干预的过分扩展导致行政机构膨胀，官僚主义滋长，政府权威衰落。1929—1933 年的经济大危机以后，西方国家一般都加强了政府调节经济和管理社会的职能，国家干预主义代替了过去的自由放任，结果，一方面导致国家垄断资本主义迅速发展，另一方面造成行政权力的日益增长，行政机构迅速膨胀。政府的过多干预和机构的日益膨胀造成了官僚主义滋长，规章手续烦琐，办事效率低下，机构运转不灵，从而造成政府权威衰落，

---

① 参见 Eric J. Evans，*Thatcher and Thatcherism*，Routledge，1997，p. 8。

危机四伏。这正好迎合了自由保守派反对国家干预、强调市场作用的需要，也为新保守主义思潮的兴起铺平了道路。

第三，20 世纪 70 年代初，以石油危机为导火索引发了世界经济危机、工业结构危机和国际货币危机，给西方国家以沉重打击。西方主要发达资本主义国家的经济由高速增长转入“滞涨”阶段，经济发展速度大大减缓，失业率不断增加，通货膨胀日益严重，财政赤字大幅上涨，国际贸易和国际金融陷入极大混乱之中。有的国家的经济甚至出现负增长。具体表现在以下几方面。(1) 劳动生产率增幅很小。美国 1968—1973 年年平均增长率为 1.3%，1973 年后增长减慢，1974—1979 年年平均增长率为 0.7%，到 1980 年仅为 0.2%的增长率。① 劳动生产率减慢的重要原因是再生产条件的恶化，一些重要资源匮乏及其价格激涨，使得经济矛盾的焦点从销售方面转到了生产和供给方面。凯恩斯主义关于国家干预以扩大需求来促进经济增长的理论和政策，已不再适合当时的实际，形势的变化要求改变国家干预的方式。(2) 70 年代以来，各资本主义国家同时存在严重的失业和通货膨胀。这使凯恩斯主义处于矛盾的境地。因为根据凯氏理论，总需求小于总供给时，社会就会有失业；总需求大于总供给时，社会就会出现膨胀。按此观点，失业和膨胀不会同时存在。面对英美等国严酷的事实，凯恩斯主义已无能为力。(3) 公司平均利润趋向下降的规律，在 70 年代表现得十分明显。以美国为例，1960—1965 年，公司平均利润为 137%，1974—1979 年仅为 9.7%。②这种局面使资产阶级要求政府采取新的干预方式抑制平均利润的持续下降。在这种形势下，西方发达国家的政治倾向急剧右转，奉行新保守主义的右翼保守党纷纷上台执政。

第四，19 世纪末尼采宣告“上帝死了”，这意味着以基督教为基础的传统伦理道德已经解体，个人主义成为支配性的伦理原则。个人主义强调个人具有充分的选择自己生活目标和生活方式的自

---

①② 傅殷才著：《新保守主义经济学》，中国经济出版社 1994 年版，第 12 页。

由。个人主义的盛行导致物欲横流，道德价值普遍贬值，是非善恶的标准日趋模糊。许多人在基本物质需要得到满足以后，失去了追求生活意义和目标的信心，感到空虚和苦闷。人们内心世界的无聊和彷徨以及道德观念的冷漠，引起广泛的精神危机，这种情况在20世纪50—60年代变得更为严重。这个时期出现了所谓“垮掉的一代”，他们胸无理想，精神萎靡不振，常常寻求感官刺激，以酗酒、吸毒、纵欲等放纵行为来自我慰藉，逃避现实。传播媒体为追求利润，迎合年轻人的这种精神需要，大肆播放充斥淫秽、色情和暴力内容的节目，造成诸多社会问题，影响了社会的稳定。在这样的社会背景下，同样强调宗教与道德、维护秩序和传统的新保守主义，得到越来越多人的认同，逐渐在思想文化领域中占据主导地位。

1979年，撒切尔夫人上台执政。她坚定地贯彻了右翼强硬派的一系列主张，放弃凯恩斯主义者的做法。在20世纪70年代末80年代初的严重经济衰退中没有采取刺激消费、促进增长的政策，反而实行严格的紧缩政策，大幅度削减公共开支，把反通货膨胀作为政府经济政策的首要任务。她降低直接税和公司税税率，以鼓励私营企业增加投资，提高英国企业的竞争能力。对于势力强大的英国工会，她采取强硬的态度，不理睬工人增加工资的要求，把工资谈判的责任交给劳资双方自己去履行，放弃了工党政府为了获得工会合作而实行的收入政策。同时，撒切尔夫人还颁布了几项限制工会罢工权的工会法，削弱了工会的权力。她果断地关闭了许多亏损的国营钢铁企业和矿井，大力推行国有企业私有化方针。她积极推行所谓的“民众资本主义”，把原为市政当局拥有的住房以优惠价格卖给住户，把国营企业的股票卖给众多的公民。她坚持英国必须拥有自己的核力量，强烈反对工党单方面核裁军的主张，积极更新英国的战略核力量。

在撒切尔夫人看来，只有把反通货膨胀和提高英国企业竞争能力这两项任务完成了，英国的经济才能繁荣，就业问题才能解决，英国在激烈的国际市场竞争中才能立于不败之地。她一直认为，战后以来政府职能的不断扩大和政府对经济生活各个领域的干预扼杀和窒息了企业的活力和个人的首创精神。所以，她极力主张缩小政府干预的范围，强烈反对工党主张的那种社会主义。她曾公开宣称，她的使命就是要埋葬工党的社会主义，建设一个个人和企业能够自主抉择和自主活动的社会。

简而言之，撒切尔夫人社会改革思想的基本内容就是：反对“大政府”，主张“小政府”，强调发挥私有经济和市场经济的能力；降低税率，削减社会福利开支，国有企业私有化；社会政策上，主张在“机会均等”的条件下充分自救，反对“福利国家”，恢复宗教、家庭等传统价值在社会生活领域的权威；政治统治上，在谋求稳定的前提下加强国家的权威专制，维护资本主义统治的权威、秩序和法律，呈现出“强硬政府”的姿态。

第二节　新保守（自由）主义教育思潮产生的思想渊源

20世纪70年代以来，国际社会、政治、经济、文化和科技等领域发生了巨大变化，西方国家长期恪守的凯恩斯主义经济政策已无力应对诸多复杂的社会问题。于是，主要以传统保守主义和自由主义作为理论基础的新保守（自由）主义开始崛起，成为西方社会最有影响力的社会思潮之一，也是英美等西方国家占据统治地位的政治意识形态。

一、保守主义与新保守主义

（一）保守主义

保守主义倾向最初体现在英国哲学家霍布斯和休谟的哲学思想中。霍布斯维护君主制，认为君主必须尊重建立在传统之上的习惯法，尊重臣民的自由和财产权。休谟利用经验论对天赋人权说和社会契约论思想进行了批判。他认为人的理性能力是有限的，人类文明制度不是人类理性能力的产物，而是自发演变和自然生成的。这些思想奠定了保守主义的世界观和方法论。

18世纪末，英国政论家柏克（Burke，1729—1797）是保守主义的鼻祖。他把托利主义加以改造发挥，创立了保守主义。1790年，他的著作《法国革命感想录》出版，标志着保守主义的诞生。他以一种理性的系统方式，在哲学、政治、社会、和宗教方面为保守主义制定了基本理论，成为后来的保守主义者制定政策的基础。

柏克激烈抨击法国大革命，认为这场革命是一个可怕的错误。自由主义者对人类理性持有太多的信心，实际上人类只是在一定程度上是理性的，人们拥有广泛的非理性的激情。为了控制这些非理性的激情，人类社会在长期的岁月里发展了传统、制度、道德标准以及君主制、教会等。如果把这一切全部清除，那么人类非理性的冲动就会导致骚乱，最后导致比革命者所推翻的制度还要坏的暴政。1792年，柏克在《法国革命感想录》一书中预言，法国将为军事独裁者所统治。结局果真如此，1799年专制主义者拿破仑统治了法国，不久就推翻共和国，建立了君主专制制度。

柏克认为，专制权力会导致已有文明传统的丧失和暴力的滥用，是对自由的最大威胁。社会应由那些拥有雄厚财产、充足的闲暇、传统的禀性、接受过良好教育和具有公共责任感的贵族来统治。因为他们具有的多方面的如社会的、经济的和政治的优越性等会给英国社会生活带来一种连续性和稳定性。当然，柏克所指的贵族已非封建贵族，而是开始工业化的土地贵族，其财产不只限于土地，也包括工业和商业财产。

柏克极力捍卫英国传统的政治制度，即英国宪法和分权体制。他认为，英国政治的传统就是自由的传统，“政治的一贯政策是提倡和维护我们的自由权，把它们看作我们祖先给我们传下来的，并将由我们传给后代的遗产。”① 他称赞英国的“政治制度同宇宙的秩序极其适应和协调”，是“一件无价之宝”。② 他认为，现存的制度和传统不可能全是坏的，因为它们是人类数千百年来试错的

① 刘军宁著：《保守主义》，中国社会科学出版社1998年版，第13页。

② ［英］休·塞西尔著，杜汝楫译：《保守主义》，商务印书馆1986年版，第38页。

产物。人们已经习惯于这些制度和传统。最好的选择应该是保持这些制度和传统。如果这些制度和传统有不完美的地方，请不要介意，只要它们运转顺利就行。它们应当变革，但只能渐渐地变革，给人们足够的调适时间。他说："没有变革的手段就没有保守的手段。"① 柏克的政治主张与古典自由主义相同，但与激进的民主主义者相比，他依然是保守的。他认为人类的自由不能通过貌似全知全能的理性指导的激烈的革命来实现，人类的自由植根于千百年积累起来的传统智慧和传统制度之中，应通过保守的办法来实现自由。

柏克的思想观点非常有利于维护民主制度。因为他看到了人类的非理性因素，不把制度抽象化，而是将制度当作活生生的东西，它们同样具有成长和适应的过程。柏克非常重视宗教、道德和传统的作用，他对理性彻底解决社会问题的可能性持怀疑态度。在他看来，激进主义者总是想象着事情能够变得更好，但暴力革命的结果总是使事情变得更为糟糕。

1874 年，迪斯雷利（Disraeli）出任保守党政府首相，他是个善观形势变化、迎合时代潮流的人物。他在 1867 年进行了宪法改革，给工人阶级以选举权。此外，对于住房、公共卫生和工会的合法权益问题，他也制定了一系列法律，改善了工人阶级的工作和生活条件。

迪斯雷利依然是柏克的社会有机理论的继承者。他认为，历史传统在国民性格和国家制度的形成中具有重要作用，但文明已受到社会和政治变革的威胁；在工业革命中出现的都市社会威胁着悠久而又相互制衡的国家体制。因此，在这危机四伏的年代，应该重新弘扬古老体制中的对理想和价值观念的信仰，政治改革应加强而不是破坏这种价值观念。迪斯雷利本人不是保守主义者，但崇尚保守主义的等级观念。他认为，"英国仍是由传统势力统治

① Edmund Burke, cited in Michael Curtis, *The Great Political Theories*, New York: Avon, 1962, p. 49.

的唯一重要的社会，在世界无耻的毁灭中它维持着荣誉、自由、秩序、权威和财富……英国并不是按照通常字义上的贵族来统治的，它是由贵族政治的原则统治着。英国的贵族政治吸引了所有的贵族，它接受了每个阶级、每个阶层和每一个遵从我们社会的人，这些是令人渴望并且是更为优越的。”①

迪斯雷利主张对社会进行人道主义的改革。他认为，富人应对穷人负有责任，这种责任可通过传统的慈善方式履行。政府应关心人民的幸福和福利，保守党应成为大众福利的政党。他把保守主义的主要内容归纳为三条：维护英国的制度；保护帝国的利益；增进人民的幸福。迪斯雷利的保守主义标志着保守党放弃了昔日的忠诚于土地贵族——“教会和国王”的托利主义，转而寻求土地贵族与产业主、政府与行会以及更为重要的阶级之间的联盟。但是，作为一个保守主义者，他时时不忘强调传统作为社会支柱的角色。他说：“在一个逐步进步的国家，变革是经常性的。问题不是你是否应该抵制不可避免的变革，而是这种变革应遵从一个民族的习惯、风俗、法律和传统，还是应遵从抽象的原则、专断的和普遍的教条?”“保守党的纲领是保守国家的宪政。”② 从19世纪70年代直到第二次世界大战结束，保守党在理论上一直沿用迪斯雷利的这套学说，几乎没有增添什么内容。

（二）新保守主义

新保守主义是20世纪政治保守主义的统称，尤其是70年代以来，它一直是西方世界最有影响力的社会思潮之一，也是英美等西方国家中占统治地位的政治意识形态，它代表着垄断资产阶级的利益。因为新保守主义的理论和政策带有明显的右倾色彩，所以，人们常常把新保守主义者称之为“新右派”。③

---

① 王觉非主编：《近代英国史》，南京大学出版社1997年版，第557—658页。

② Frank O. German, *British Conservatism*: *Conservative Thought from Burke to Thatcher*, London and New York: Longman, 1986, p. 34.

③ 参见熊家学、丘正文著：《当代世界主要政治思潮》，中国国际广播出版社1996年版，第136页。

近代意义上的政治保守主义源于17—18世纪英、法资产阶级革命时代，最初是封建贵族、教会、大土地所有者反对资产阶级自由主义的理论武器。20世纪初，自由资产主义过渡到垄断资本主义即帝国主义阶段。随着俄国十月革命的胜利和第一次世界大战的爆发，保守主义以一种新的形式在西欧和美国盛行起来，由批判自由主义转向批判社会主义，为资产阶级统治的合理性辩护。第二次世界大战后，社会主义在全球蓬勃发展，帝国主义殖民体系逐渐瓦解，新保守主义政治思潮一度遭受冷落，处境危难。①

新保守主义的哲学基础与埃德蒙·柏克所代表的传统保守主义一脉相承。"保守主义"之所以又"新"，一是它在保守主义经过长期的消沉之后重新兴起，二是它对古典自由主义的更为自觉的、更为密切的认同。② 新保守主义与传统保守主义的一个明显区别是，前者更自觉地把古典主义经济学说及其20世纪的发展当作其主要的思想来源。可以说，当代新保守主义是古典自由主义与保守主义的高度融合。新保守主义继承了古典自由主义关于自由市场、最小政府和个人主义（个人的自由与责任）的观点，并加以充实更新，使之适应现代社会政治经济发展的需要。其中，哈耶克（F. A. Hayek）的新自由主义理论对新保守主义影响最大。

哈耶克是奥地利经济学家，1931年加入英国籍。1943年，他出版了代表作《通向奴役的道路》（*The Road to Serfdom*）。在该书中，哈耶克提出了私人企业制度和自由市场经济是维护个人自由和提高经济效率的最好保证的观点。他反对社会主义计划经济，也反对凯恩斯主义的国家干预经济。当时，他的观点被认为不符合英国的实际情况，所以没有受到重视。20世纪60年代和70年代，他先后发表了《自由宪章》、《法律、立法和自由》等书。进一步发展了他的经济学说，并自成体系。尤其在70年代，他的思想

---

① 参见马忠虎：《新保守主义政治思潮对英国教育改革的影响》，《比较教育研究》1998年第4期。

② 参见刘军宁著：《保守主义》，中国社会科学出版社1998年版，第251页。

经常被用来批判英国的福利政策、高税率、高政府开支和高通货膨胀等问题。他的观点受到西方一些右翼团体智囊团的青睐，其中就有撒切尔夫人于1974年设立的政策研究中心。

哈耶克认为，凯恩斯主义的国家干预措施只能造成财政赤字和通货膨胀，导致经济不稳定，增加失业，因为凯恩斯主义只分析需求，而忽视供给方面。他认为，只有充分发挥市场作用，让生产者按市场价格安排调节生产，才能使各种资源得到有效配置，从而得到合理使用，提高经济效率。市场是在自主决策的基础上建立起来的完善机制，而规划则是由别人来左右另一些人的幸福。

哈耶克提倡自由竞争，反对国际垄断。他认为，在自由竞争的条件下，每个国家根据自己的优势，利用本国的长处，在国际交往中获得好处。虽然国家获得的利益因国家的优势的多少而有所不同，但在机会均等条件下的自由竞争，则可缩小自己与其他国家的差距。倘若国际垄断取代自由竞争，各国政府为了本国的暂时利益，就可能通过市场以外的力量展开争夺，甚至通过武力较量，所以，垄断是非常有害的。

哈耶克反对计划经济，提倡“平等”和“自由”。他坚决反对计划经济，因为在这样的体制中，个人将一切听命于管理经济体系的当局，除此以外没有任何选择余地。于是，经济的集中必定引起权力的集中和权力的滥用，计划经济导致个人自由的丧失，导致个人被奴役。另外，计划经济是对自由市场的破坏，可能引起社会灾难。“如果自由与强制之间的选择被当作一种权宜之计，那么几乎在任何情况下都不得不牺牲自由。”① 哈耶克讲的平等是指提供机会平等。所谓机会平等，是指一个人在市场竞争和其他场合都享有同样大小的参与机会、获得的机会、被挑选的机会。人们可以采取适当的手段来争取和实现机会平等的目标。

哈耶克反对依靠行政的、组织的手段实现“收入均等化”或

① 转引自郑福林、李秀峰著：《现代西方四大社会思潮》，吉林人民出版社1989年版，第223页。

“公平分配财富”，认为这是对市场秩序的破坏，靠行政手段来调节人们的收入是不公平的。哈耶克认为，个人之间的经济关系是占支配地位的社会关系，社会理论应建立在这一“事实”之上，而非以行善、慷慨或纠正不公正的愿望为基础；价格机制是社会最完善的信息系统，由低成本、高效率的习惯性竞争原则作保障。“社会正义”在一个由自由人组成的社会中无意义；市场竞争中的失败者，只是机会游戏中的输家，是运气不佳而非不公正。

哈耶克虽然反复强调市场机制的重要性，但他并未忽视国家的调节性功能。他认为，经济因素的盲目性会给人们生活带来不利影响，国家的调整性功能则可以起到预防作用。他建议，有必要建立小政府来确保经济游戏的公正性。只要政府不支持建立行业垄断，那么它的行为就是合法的。在某些情况下，需要国家干预，以阻止垄断的形成，为竞争创造有利的条件。

哈耶克是第二次世界大战以来自由保守主义的最大代表。他批评国家干预和计划经济，为自由市场进行系统辩护。但他并非单纯地为维护自由市场的合理性进行论证，而是从更广阔的角度对一般的自发秩序进行研究，从而否定了各种主张依据人的理性人为设计和集中控制社会秩序与社会生活的政治理论。和其他自由市场论者相比，他的论证视野广阔，基础宽厚，因此对新保守主义影响最大。

二、自由主义与新自由主义

（一）自由主义

自由主义是西方近现代政治思想文化的主流，它长期以来作为保守主义的对立面或制约力量存在着，并共同维护西方资本主义制度。现在流行的自由主义包含两个概念，即传统自由主义和新自由主义。在当代西方政治思潮中，新自由主义的影响越来越大，它不仅影响了20世纪以来西方国家的政治、经济和社会政策，而且推动了教育改革运动的发展。

“自由”的理念早在古希腊、罗马时期便已萌生，但“自由主义”是一种近代的意识形态。约翰·格雷（John Gray）曾在其《自由主义》一书中指出：“尽管历史学家从古代世界，尤其是从古希腊与罗马中找出自由观念的成分，然而这些成分仅仅构成自由主义史前的内容，而不是现代自由主义运动的组成部分。作为一种政治思潮与知识传统，作为一种可以辨认的思想要素，自由主义的出现只是17世纪以后的事。”① 而自由主义作为一种理论、一种制度却最早出现在英国。正如萨拜因所说：“政治上的自由主义是个大规模的运动，影响到西欧所有国家和美洲，但最典型的发展却发生在英国。”只有在英国，“自由主义才同时取得民族哲学和国家政策的地位”。②

人们通常将17世纪英国资产阶级革命看做自由主义的历史起点，把洛克（John Locke，1632—1704）视为第一位真正具备自由主义特征的资产阶级政治思想家，其《政府论》（下篇）和《论宗教宽容》是这一时期自由主义政治哲学的经典代表作。这个时期的自由主义理论主要是继承了西方传统的自然法理论。洛克认为，人们生来就享有天赋的自然权利即生命、自由和财产权，这些天赋权利是不可剥夺、不可侵犯的神圣权利。在这些最基本的社会权利中，财产权又是最重要的。一个人由于对其自身有所有权，他通过劳动将自身的人格延伸到劳动对象上，使它变为自身的一部分，成为他的财产。因此，财产权是一种自然权利。洛克的财产权学说成了自由主义理论的重要组成部分。为了解决人们之间相互纠纷，维护公共秩序，应在理性启示下通过契约建立国家和制定法律。而处于社会中的人就要遵守法律规范，其行为都要以法律为生活准则。自由只能是在法律保护和约束下的自由。根据社会契约论，洛克主张“有限政府论”，认为政府权力是有限的，如

---

① John Gray，*Liberalism*，England：Open University Press，1986，p. 9.

② ［美］萨拜因著，刘山等译：《政治学说史》（下册），商务印书馆1990年版，第743—744页。

果政府违背契约宗旨，侵犯个人自然权利，“使用绝对的专断权力，或以不确定的、经常有效的法律来进行统治”，那么人们就有权收回授予政府的权力而另立政府。洛克对自由主义的贡献在于他的学说奠定了自由主义理论的两大基石：一是个人自然权利不可侵犯的理论，二是政府行使权力必须基于被统治者同意的理论。①

洛克的自由主义理论在一些激进派眼里显得有些保守，因为他所倡导的“平等权利”只属于有产阶级。他对自然权利的辩护，只不过是对经济不平等结构的巧妙的伪装。在这种结构中政治权力只集中在富人阶层手里。而对一些自由主义者来说，洛克的理论又过于激进，因为他的“自然权利说”鼓舞了18世纪的人们为争取平等而进行的种种改革。后继的自由主义者继承了这种矛盾的心态，有些人在“光荣革命”的精神鼓舞下继续为个人的自由解放而斗争；有些人则为议会政府辩护以抵制进一步的改革。

争取自由平等的斗争进一步延伸到经济领域。18世纪英国经济自由主义最著名的代言人是亚当·斯密（Adam Smith，1723—1790），他被西方学术界誉为现代自由资本主义制度的设计师。斯密在研究国民财富问题时发现，个人利益是人们从事经济活动的出发点。人性在本质上是冲动的与自私的，而不是理性的、具有公共精神的。在他看来，每个人追求自己的利益就会造成社会利益的总实现，个人冲动、自私的本性恰恰是社会运行与发展的动力。斯密认为，市场是最自然、最有效的制度。在市场制度中，个人在利己原则的驱动下必然要最大限度地提高自己产品的数量和质量，在增进自己利益的同时也对他人和社会做出了贡献。这样国民财富就会以最快的速度增长。因此，他认为一个国家最好的经济政策是经济自由主义，即对私人的经济活动不加干预，采取自由放任的态度。国家过多的干涉是有意侵犯个人追求自我利益的自由，因而损害了国民的财富和福利。国家的职责在于维护秩

① 参见李强著：《自由主义》，中国社会科学出版社1998年版，第55页。

序和安全，而不要干扰个人在寻求自己既定目标时所具有的主动性。

19世纪功利主义的出现和盛行是英国自由主义观念领域的大发展。功利主义的重要阐释者边沁（Jeremy Bentham，1748—1832）首先对自然权利说和社会契约论进行了批判。他认为人的不可损毁的权利没有必要建立在虚构的沙子般的基础上，而应建立在注重实际的功利原则之上；只有个人的苦乐与利益是具体的、实在的，而国家、社会、集体等概念则是虚幻的。社会是由个人组成的，而社会利益则是由社会各个成员的利益总和组成的，不了解个人利益是什么而侈谈社会利益将是无益的。个人利益应得到尊重与维护，牺牲个人利益来换取社会利益的做法是不当的。但边沁也承认，追求个人利益能促进社会利益的同步增长，社会利益是以个人利益为基础的。个人快乐量的增加与社会幸福量的增加是一致的，越是追求个人利益和增加个人的快乐量，也就越能最大限度地增加享乐人数，促进“最大多数人的最大幸福”。

边沁不仅以功利原则来衡量个人和政府的行为，而且将它作为政府得以建立的基础。在他看来，政府的唯一目的是促进“最大多数人的最大幸福”。这是因为人们总在追求个人的幸福，但有时由于信息不足或判断失误，个人会饱尝自己的错误行为造成的恶果，因此，政府的职责在于帮助个人在谋取私利时进行理性的判断。为捍卫自由，边沁主张排除政府对经济生活的干预，实行自由经济、自由贸易和自由竞争的放任主义经济政策。

被称为英国最伟大的自由主义者的约翰·密尔（J. S. Mill，1806—1873）继承了边沁的自由主义理论，并进行了某些修改和补充。他在其重要著作《论自由》（1859）中重申了有限政府存在的理由，但与早期自由主义者利用个人自由的概念来抨击专制政府不同，他转而谴责所谓的“民主政府”对个人造成的“社会暴虐”。他认为个性应在每个人对其生活的自由体验中得到发展，然而在现代社会中天性受到了社会整合的压制，个性最终被习俗的专制所湮没。他指出，由普选产生的代议制民主政府通常被称为人民的政府，它强调尊重“人民意志”，强调公众舆论的社会监督作用，这就为社会凌驾于构成它的每一个成员之上，实行多数人的“社会暴虐”准备了条件。因为所谓“人民意志”，只是全社会中人数最少或最活跃的一部分人民的意志，而政府将这种意志强加于每个社会成员，就会遏止社会成员与这种意志不相协调的个性的发展，从而形成“社会暴虐”。为消除社会暴虐，密尔主张应先确定自由的范围，即确定社会与个人的关系，明确社会对个人干涉的正当限度。在不妨碍他人自由的前提下，个人应享有完全自由，只有当个人的行为危害到他人利益时，社会才有权对个人进行干涉。密尔还利用功利主义和自由主义观点论证代议制，认为开明国家的职能并非消极的，而应该是积极的。它不但应该利用立法使公民享有自由平等，而且应该利用立法创造和增进机会均等，从而向更多的人提供自由的生活条件。英国的自由主义经过近两百年的发展，到密尔那里达到近乎完善的地步。密尔是近代自由主义发展史上最后一个全面阐述自由主义原则的思想家，其学说代表了英国古典自由主义的终结。自由主义的发展将进入到一个新的历史阶段。

“自由主义”作为一种政治运动称号是在 19 世纪才出现的。1816 年，英国托利党人首次以贬抑的口吻使用“自由主义”这一术语。19 世纪 30 年代英国辉格党执政，并首次获得自由派或自由主义者的称号。随后辉格党正式更名为“自由党”。在自由党执政期间，英国在政治、经济和法律等方面进行了系统的以自由主义原则为导向的改革。

（二）新自由主义

19 世纪末，资本的垄断趋势加剧，经济危机频繁爆发，有产者与无产者之间的冲突日益激化，以维护和发展个人自由、限制政府干预权力为理论核心的传统自由主义已难以适应垄断资本主义时期西方社会的需要。必须有一种既能承袭以往政治传统，又能适应新的社会政治要求的新思想来挽救西方社会的危机。于是以倡导国家积极干预、实现个人自由和社会发展的和谐统一为特征的新自由主义政治思潮便应运而生，并在英美等主要资本主义国家付诸实践，极大地推动了西方经济的发展和社会的稳定，同时也扩大了新自由主义在欧美的影响。1934年美国历史学会在一份报告里概括19世纪以来自由主义演变的时代背景时说："在经济领域和社会其他领域，个人主义和自由放任的时代已经过去，一个强调'集体主义'和社会福利的时代正在开始。"①

在英国，90年代以后自由党内外很多自称"集体主义者"的激进知识分子开展了大规模的宣传活动，主张建立平等、合作的新社会，要求国家在减少日益严重的失业和贫困现象中发挥决定性作用。他们把牛津大学哲学家格林（T. H. Green，1836—1882）尊奉为思想领袖，在格林的著作中寻找行动的理论依据。这些人成为英国最早的新自由主义者，里奇、博赞克特、霍布豪斯、霍布森、巴克是其中的著名代表。从20世纪初开始，新自由主义逐渐成为英国官方政策的重要基础。

格林是英国著名政治思想家、哲学家、伦理学家，英国新自由主义政治思想的先驱。1881年他向累斯特郡自由主义协会的听众发表了《关于自由立法和契约自由》的著名演讲。在这篇演讲中，格林一反以往自由主义的传统，对自由的意义提出新的解释，使自由党放任主义式的自由代之以政府干涉式的自由，奠定了新自由主义政治思想的基础。

格林反对自由主义前辈的功利主义理论。他认为，快乐尽管还是一种善，但一个人的快乐是他人所不能分享的。这种善是自私的，缺乏道德善应有的公共性；这种善还是暂时的，作为一种情感的快乐不可能永久存在。由于快乐在享受时不能积累，人们所享受快乐的总数实际上是不存在的，对快乐量的计算就显得荒唐可笑了。格林还指出，功利主义不利于人的道德发展，它"会排斥企望个人的高洁和努力寻求自己本身的美德的可能性"。

尽管格林对功利主义理论进行了攻击，但他利用了功利主义

① 转引自徐育苗主编：《当代西方政治思潮评析》，武汉出版社1992年版，第121页。

某些有用的东西来充实其道德学说。他认为“最大多数人的最大幸福”这个公式有助于改进人的行为和性格，有助于人们以有利于广大人群的方式来充实自己的理想。

国家干预理论是格林政治思想的中心。他强调指出，国家是一种道德力量，是人们实现道德的必要保障。英国社会广泛存在的财产集中、劳动条件恶劣、教育腐败、疾病流行等现象恶化了人的生存环境，极大地窒息了个人的道德本能，成为个人道德发展的障碍物。而国家作用的充分发挥有助于个人趋善避恶，有助于扫除这些障碍物，提高个人道德水平。在格林看来，国家的政治管理一方面是为个人的道德发展创造条件，并提供有利的环境；另一方面就是阻止某些个人背弃道德理想，抑制某些个人损害共同善的动物性冲动。因此，国家的政治管理是绝对合理的、必要的。国家的这种干预是要扫除那些有害于人的道德发展的障碍，为人的道德发展提供保障。这种干预不会削弱人的道德自由，而只会更好地促进人的道德自由。

可见，格林所主张的国家不再是边沁式的“消极的”国家、放任的国家，而是“积极的”国家、干预的国家。国家不仅要干预经济活动，在经济领域中发挥更多的作用；而且要干预社会生活，促进道德善的发展。格林从国家干预的原则出发，阐述了国家干预土地买卖，强迫实行教育，干涉婚姻、劳动、保健等事务的合理性，以国家权力立法保护工人健康福利的必要性。他支持当时格拉斯顿政府的一些政策措施，包括对爱尔兰土地佃户的保护、义务教育的实施、对公共卫生的规定、对工厂劳动条件和工时的控制等。这样，格林以他的道德学说为基础，以适应当时英国资产阶级的需要为目的，在自由主义史上第一次提出了积极国家的思想，进一步发展了约翰·密尔提出的“有限的国家干涉主义”主张，改变了传统自由主义“干涉最少的国家是最好的国家”、“政府权力越少越好”的观念，开创了新自由主义主动干预、积极作为的国家理论。

面对英国的政治现实，格林还对传统的“自由”概念提出了新的解释。他在累斯特郡自由主义协会发表的著名演讲中说："自由并不仅仅意味着不受拘束、不受压制的自由；不仅仅意味着我们喜欢干什么就干什么的自由；也不仅仅意味着一个人或一批人牺牲他人的自由而享有的自由。当我们讲到自由时……我们指的是一种积极的力量或能力，以此去做值得做的事或享有值得享有的东西。一个人可以独做或独享，也可以与他人共做或共享。"① 在他看来，自由并不仅仅是个人消极地不受国家与社会的压制和奴役，更在于他能积极主动地发挥自己的能力去行为。依据格林的道德观，真正的自由乃在于个人道德的自我完善，在于每个人充分发挥个人能力去实现共同善。这是一种积极的自由、主动的自由、真正的自由。格林认为，只有这种新的具有积极意义的自由，才是新时期的英国人应当实现的自由，才是最理想的自由。

英国著名的自由主义政治思想家霍布豪斯（L. T. Hobhouse, 1864—1929）面对西方世界垄断、专制和战争趋势的增强，重新阐述了自由主义的理想，其自由理论是 20 世纪英国新自由主义的主要表现。

霍布豪斯通过对西方自由主义理论的发展及其在国家政治、经济、社会生活等方面的影响的深入考察，提出自由主义应具备八个基本要素，即公民自由、财政自由、个人自由、社会自由、经济自由、家庭自由、民族自由和国际自由。他进而对这些要素分别加以阐述，给它们注入适合 20 世纪需要的新内容。在他看来，各种自由是以个人力量为基础的，是与合乎理性的社会目的相关联的。"自由主义是这样一种信念，即社会能够安全地建立在个性的这种自我指引力之上，只有在这个基础上，才能建立起一个真正的社会，这样建立起来的大厦，其基础深厚广阔，其范围无法予以限制。这样，自由与其说是个人的权利，不如说是社会的必需。"② 霍布豪斯同时强调，社会问题应当作为一个整体来看待，

① 转引自徐大同主编：《西方政治思潮》，天津人民出版社 1991 年版，第 24 页。

② ［英］霍布豪斯著，朱曾汶译：《自由主义》，商务印书馆 1996 年版，第 62 页。

自由问题也要从整体上去认识，从它具有的社会意义去认识。注重自由的社会意义和自由的社会整体性，这正是霍布豪斯自由主义思想的出发点。

依据自由的社会整体性，霍布豪斯提出国家应当积极地发挥作用，为每个公民的自由发展提供更多的社会条件，提供更有利的社会环境。国家要更广泛地干预政治、经济、教育等活动，为公民提供广泛的公共福利。社会条件的改善和公共福利的增多将有助于自由的发展，国家与社会通过给予个人更大的安全保障来给予个人更大的自由。他特别主张在经济领域中充分运用国家权力促进社会的改革，20 世纪的国家应当是积极作为的国家，而不再是 19 世纪的消极国家。国家应当以积极的干涉措施消除大众对社会灾难的恐惧，通过有效的改革行动为自由提供基本的社会条件。他呼吁实行广泛的成人选举权，扩大公共教育，制订全社会充分就业的计划，规定一切公民最低限度的收入标准，关心年老体弱者，在整个社会中推行失业保险、老年保险和疾病保险。

传统自由主义曾认为，在个人利益与社会的善之间存在一种自然的和谐，国家管理是多余的、不明智的，是对个人自由的粗暴干涉。与这种传统观点相悖，霍布豪斯提出社会的发展进步与社会和谐的实现都需要国家有意识的指导和有目的的控制管理，这与他的自由主张完全一致。在他看来，和谐是生活的目的，也是生活的条件，一切社会问题和政治问题的解决在于使个人自由与社会的发展变化和谐一致。由于一个人所受的限制是其他人自由的条件，一切真正的自由必然包含着某种限制，社会自由的实现必然依靠某种形式的社会管理。这就需要国家发挥积极作用，通过颁布和实施法律，通过提供更多的公共福利改善人们的生活条件，从而促进社会和谐的不断发展。霍布豪斯认为，自由统治的首要条件是按照明文规定的法律实行统治，统治者本人也必须遵守法律。因此，自由和法律之间并没有根本性的对立。相反，法律对于自由是必不可少的，因为法律使个人解除了恣意侵犯或压迫的恐惧，而这确实是整个社会能够获得自由的唯一方法。①

与格林和霍布豪斯相比，英国新自由主义政治思想家、经济学家霍布森（J. A. Hobsen，1858—1940）更多地关注现实问题。他认为社会是一个统一体，它不应被看成是一种社会关系的组合，而是具有自己生命、意志、目的和意义的有机体。为了公共利益，个人应当服从统一体，服从统一体做出的规划。霍布森所关注的是强化国家作用的目的，他反对极权主义的国家强化，反对加强国家职能为帝国主义政策服务。他主张强化民主制国家的职能，更多地关注社会中人的不平等，更多地关注公共福利，为人民更多地提供福利和服务。

霍布森认为，经济问题是社会中存在的根本问题，经济问题的症结在于“消费不足”。在资本主义社会，国民收入分配极不合理。少数富有者收入过多，消费力大大超过需要而形成“储蓄过度”。工人阶级广大成员收入微薄，勉强度日，消费力低下，远不能满足生活需要而形成“消费不足”。霍布森认为，消费不足是造成资本主义社会周期性经济危机的主要原因。为此，他主张努力减少分配的不平等，提高广大工人的工资水平，改善工人的劳动条件，提高整个工人阶级的消费能力，扭转“消费不足”的局面。只有工人阶级的消费能力提高了，才能刺激生产的发展、扩大就业、繁荣经济和稳定社会。至于造成资本主义社会经济问题的剩余价值，他主张制定新的国家税收政策和国有化计划，把剩余价值转归国家所有，甚至可以没收无劳所得。政府的这些收入可以用于社会福利，改善工人阶级的生活条件。

霍布森特别强调国家发挥积极作用，制定全面的社会福利政策，兴办各种各样的社会福利事业。国家应实行充分的失业救济，提供免费医疗，发放老年抚恤金，加强工人的业余教育和文化娱乐活动。他认为，向工人阶级提供广泛的社会福利，也是减少分配不平等的必要措施，是税收和国有化收益的必然体现。他从解

① ［英］霍布豪斯著，朱曾汶译：《自由主义》，商务印书馆 1996 年版，第 9 页。

决社会经济问题出发，为福利政策的广泛推行提供了切实的办法。

资产阶级自由主义经济学家凯恩斯（J. M. Keynes，1883—1946）是国家干预经济理论的另一著名倡导者。在他看来，对个人利益的一味追求是低效的，对那些不能托付给私人企业的经济活动国家要担负起一定的责任。他在1936年出版的《就业、利益与货币通论》一书中指出，自由市场资本主义无法维持经济增长，也因而无力消灭贫困和失业。因此，刺激需求为充分就业创造条件是政府的职能。然而，凯恩斯认为，由中央调控的经济并不意味着社会对财富的广泛占有，虽然国家应对总体消费和投资水平进行调控，但经济活动仍主要由私人资本来操作，否则个人的选择和多样性就要受到压制。如果不通过国家干预政策来拯救资本主义，人们就有可能为实现大多数人的就业而受到极权主义的诱惑。国家干预经济会鼓励积极自由，因此，会使个人为追求共同利益而互相合作。

从以上新自由主义者的基本主张中可以看出，新自由主义是适应新的形势而进行的一次理论上的自我改造和修正，它试图使自由主义理论更符合资产阶级统治的需要，并试图解决当代社会由于垄断经济所造成的大部分人的不自由问题。新自由主义作为一种新的社会政策，强调以社会公益取代过分的个人主义倾向，以倡导国家调节取代放任主义，主张通过社会立法、税收政策等调节社会各阶级之间的关系，缓和社会矛盾。但是新自由主义并未放弃个人主义信条和财产私有制度。新自由主义理论与其说是对早期传统自由主义的否定，毋宁说是一种补充和发展，是以新的方法继续追求传统目标——个人自由。这是新自由主义的实质。

第三节　新保守（自由）主义教育思潮的主要内容

一、教育中的“新保守主义”

教育上新保守主义的代表是由考克斯、道格拉斯·霍姆、马克斯、诺克罗斯和斯克罗顿等右翼学者组成的“海盖特小组”

(The Highgate Group)，主要代表人物是斯克罗顿。与霍布森一样，斯克罗顿也是从法律、秩序、保护私有财产的角度看国家作用的。他认为，个人永远从属于国家，国家的权威不是来自于公民的授权，而是来自于自己建立的力量。他在1980年出版的《保守主义的含义》(*the Meaning of Conservatism*)一书中，把自由主义的哲学称之为“保守主义的主要敌人”，并抨击有关“个人自治”和“人的自然权利”等自由主义思想。在斯克罗顿和他的同事看来，维持资本主义经济活动的制度比“自由市场”的概念更加重要。对新保守主义者来说，市场与自由竞争本身不是目的，而只是那些目的的手段，重点应永远放在对权威、等级制度和社会秩序的维护上。因此，在社会政策上，新保守主义者主张个人在“机会均等”的条件下充分自救，反对“福利国家”，并企图恢复宗教、家庭等传统价值在社会生活领域的权威；在政治统治上，新保守派政府则在谋求稳定的借口下加强国家的权威专制，维护资本主义统治的权威、秩序和法律。在新保守主义者看来，秩序乃是权力机构不断加以关注的结果，因此，为实现秩序这一目的，就必须允许权力当局根据特定情况采取一切必要的行动，而不能用僵化的规则将它束缚起来。①

同样，新保守主义者往往从控制的角度去看待教育。他们认为，学校的主要目的是向下一代灌输对家庭私有财产的尊重，对所有维护资本主义国家权威的组织或机构的尊敬；作为“唯一”依据真正教育原理而设计的传统的学校课程必须得到捍卫。如果要使传统的道德价值继续保持下去，那么那些反种族主义、反性别歧视主义的教育以及和平教育、全球研究这样的政治性课程必须得到抵制。新保守主义的某些教育观点在教育改革实践中受到了重视，新保守主义者的某些建议(如国家统一课程与国家统一考试等)也被1988年教育法所采纳。

---

① [英]弗里德利希·冯·哈耶克著，邓正来译：《自由秩序原理》下册，生活·读书·新知三联书店1997年版，第192页。

二、教育中的“新自由主义”

教育上新自由主义的主要代表是“经济事务研究所教育研究室”（成立于1955年）主任塞克斯顿和作为“政策研究中心”（成立于1974年）创办者之一的约瑟夫及其顾问莱特温。他们都直接受哈耶克思想的影响，是撒切尔夫人执政期间把“自由市场”引入教育的主要设计者。

哈耶克在《自由的构成》一书的导言中指出，古老的真理总要不断地用适合于时代的语言重新阐述，它才能够把握住人们的心灵；如果不这样做的话，它的意义就会逐渐丧失。对于自由的理念，他指出：“自由这理想激发起了现代西方文明的发展，而且这一理想的部分实现，亦使得现代西方文明取得了当下的成就；但是，对它所作的有效重述，却是在一段相当长的时间之前了。”① 哈耶克对自由下的定义是：“一个人不受制于另一人或另一些人因专断意志而产生的强制的状态，亦常被称为‘个人’自由(individual freedom）或‘人身’自由（personal freedom）的状态。”② 但他认为，一个人在某种情境下有多少选择与他是否自由完全无关。他说：“个人是否自由，并不取决于他可选择的范围大小，而取决于他能否期望按其现有的意图形成自己的行动途径，或者取决于他人是否有权力操纵各种条件以使他按照他人的意志而非行动者本人的意志行事。”③他认为一个人是否自由并不取决于他是否有选择，因为即使一个受强制的人也仍然有选择。只是强制者将他的选择范围变成这样一种情况：强制意味着我仍然进行选择，只是我的心智已被迫沦为他人的工具，因为我所面临的种种选择已被强制者操控，他所要我做的事对我而言变成是最少痛苦的事了。尽管我是被强制的，但还是我决定在这种境况下何种

---

① 石元康著：《当代西方自由主义理论》，上海三联书店2000年版，第84页。

②③ ［英］弗里德利希·冯·哈耶克著，邓正来译：《自由秩序原理》下册，生活·读书·新知三联书店1997年版，第4、6页。

选择的弊端最少。①

哈耶克自由理论的出发点是进行市场竞争的个人。他认为，侵犯个人在市场制度中的买卖权利必然会逐步侵蚀自由，因此无论保护个人免遭市场力量的损害，还是对竞争施加违反市场规律的限制，其结局都是灾难的，尽管这些做法可能出自实现公平报酬等善良的动机。“市场对货物和劳务的分配无所谓公平不公平，因为其结果并非有意造成的，而是取决于大量机遇……这是迄今为止我们所能发现的唯一程序，在其中分散的信息可以为所有人的利益而得到有效的利用，它的基本条件是对所有人开放的，并因其伦理基础而值得追求的个人自由……这是亚当·斯密充分理解的那种酷似游戏规则的程序，其结果难以预料，赢家和输家总是定期出现。”②

约瑟夫在1976年出版的一本小册子中指出，对那些新自由主义者来说，中心的问题永远是如何能使市场最有效地发挥作用的条件。“市场的盲目、非计划与非协调之‘智慧’，要远比经过精心研究的、理性的、系统的、好意的、合作的、基于科学的、向前看的、从统计学上讲令人尊敬的政府、官僚和国际组织的计划优势大得多……市场体制是人类已知的国家财富中最伟大的创造者，它可以令人难以理解的方式协调和满足无数个人的各种不同需求，它不用合作、不用指导，也不用干预。”③ 新自由主义者根据自由市场这种所谓“天生的”优越性指出，经济成功与个人幸福的关键在于迅速和广泛的“私有化”，只有这种对公有制的完全放弃才能给民主资本主义带来真正的繁荣。莱特温曾指出，“私有化是撒

① ［英］弗里德利希·冯·哈耶克著，邓正来译：《自由秩序原理》下册，生活·读书·新知三联书店1997年版，第164页。

② 徐大同主编：《西方政治思潮》，天津人民出版社1991年版，第100—101页。

③ Chitty, *Towards a New Education System: The Victory of the New Right?* The Falmer Press, 1989, p. 214.

切尔政府经济和政治革命的一个焦点”。①

受哈耶克的影响，新自由主义者往往谈论教育中的“选择”、“竞争”和“市场”。在教育方面，他们主张加强家长对自己子女所上学校的选择权，加强作为消费者的家长在学校管理中的参与作用，鼓励学校之间的竞争，要求把财政权下放给学校，建立“国立学校”使公立学校得以脱离地方教育当局的控制，等等。这些建议后来均被1988年教育法所采纳。

三、哈耶克的教育思想

哈耶克在其代表作《自由秩序原理》一书中，从自由秩序角度阐述了一系列教育问题，诸如儿童的权利、教育与国家、教育与平等、高等教育问题、大学与研究、学术自由、教育与社会等级秩序等。其教育观点，如反对政府垄断教育权、提倡学术自由、增加教育机会等，是与他的政治经济观点，如反对垄断、反对高度集中的计划经济、呼唤自由、倡导市场经济、鼓励自由竞争等相吻合的。

（一）基础教育

哈耶克认为，由父母或监护人照顾儿童的身体和精神，儿童就能获得最大好处，但父母或监护人的自由应受到限制，他们不能按照自己的愿望随意对待孩子，他们必须为孩子提供某种最低程度的教育；教育是推行民主制度的手段，在实行民主制度的国家中，如果一部分人为文盲，那么民主就不可能有效地运行，除非这种民主制度在极少的区域内推行；开展普通教育的目的除了传播知识以外，还为了培养人们的一些共同的价值标准，虽然强调共同的价值的必要性可能会导致不自由的后果，但是“倘若没

① Chitty, *Towards a New Education System: The Victory of the New Right?* The Falmer Press, 1989, p. 215.

有共同的价值标准，那么人们显然不能和平共处”①。如果美国不借助“公立学校制度”（public school system）来推行“美国化”（Americanization）政策，美国就不可能成为一个有价值的“种族大熔炉”（melting pot）。

（二）教育与国家的关系

哈耶克首先提出了几个他心存疑虑的问题：以何种方式提供义务教育？为所有人提供多高程度的义务教育？享受较高程度义务教育的人应当由谁来承担这部分开支？他支持这样的做法，即教育费用应由公共资金支付，以减轻家庭负担。他指出，在推行义务教育之前，政府通常是采用创办国立学校的方式来增加各种教育机会的，正是通过这种方式，在很大程度上加速了教育成为普通教育的进程。然而，哈耶克对高度集权式的、由政府控制的教育制度提出了自己的担忧。第一，高度集权并由政府支配的教育制度，将控制人们心智的巨大权力置于权力机构的掌握之中，这种境况会使人们不敢贸然地接受这种制度。第二，在政府控制了文化传播工具的地方，注定会产生颇为棘手的种族的或宗教少数派（ethnic or religious）问题。第三，在国家教育制度下，所有基础教育都有可能被某特定群体的论点所支配，这种可能性的存在将整个教育制度置于国家管理或指导之下，切实隐含着种种危险。

（三）教育与平等

哈耶克从物质资源和人力资源两个方面分析了教育与平等的问题。他认为，延长教育时间耗费巨大，即使对于富裕国家来说也是个相当大的开支。因此，他建议把有限的资金用在少数出类拔萃的精英人士身上，而不要为大多数人延长教育年限，他说：“一个社会如果希望从有限的经费中获得最大程度的经济回报，那么他就应当为相对少量的精英集中提供较高程度的教育；而在今

① ［英］弗里德利希·冯·哈耶克著，邓正来译：《自由秩序原理》下册，生活·读书·新知三联书店1997年版，第161、167页。

天则意味着，应当增加接受最高程度教育的那部分精英人数，而不应当为大部分人延长教育年限。”① 不过，哈耶克提醒，如果增加接受高等教育的精英人数这种做法以政府管理教育为依托，在一个实行民主制度的国家中显然行不通，而由权力当局决定谁可以接受这种教育的做法也是不可取的。

哈耶克认为，政府控制教育的主要目的在于使所有人的前途得到平均的安排，实现一种“机械的平等”（mechanical equality），“而这种平等无疑会剥夺那些只能由某些人享有而不能提供给所有的人的利益”，②这显然是不公平的。他指出，某些利益为某些人所享有这一事实，绝不意味着某个单一的权力机构应当拥有排他性权力，以决定这些利益应当归谁享有。如果此类权力机构支配此类权力，就不可能推进教育的发展，不可能创造出比它们原本更令人满意或更公正的社会状况。因此，哈耶克坚决反对单一权力机构享有垄断性判断权。他指出，任何社会都不存在一种唯一的标准以供我们对不同目标的重要性作出判断，或对不同方法的相对可行性作出判断。他认为，人们能够不断地获得各种替代性方法以作选择，这点在教育领域或许要比在其他任何领域都重要，因为教育的任务乃是使年轻人获得各种能力以适应变化不定的世界。

哈耶克认为，教育平等不可能实现，也不必刻意去追求这个目标。如果执意达到所有人的机会平等，反而有可能造成大部分人失去应得的机会。“尽管人们完全有理由根除现行制度可能对某些人的发展所设置的各种障碍，但是欲使所有的人都始于同样的机会，却既不可能也不可欲……虽说我们希望每个人都拥有尽可能大的机会，但是，如果我们的目标是使每个人的机会都不能大于最不幸者的机会，那么我们肯定会扼杀大多数人的机会。”③基于这种观点，哈耶克主张应该给那些在学术方面或科学探索方面具

---

①②③ ［英］弗里德利希·冯·哈耶克著，邓正来译：《自由秩序原理》下册，生活·读书·新知三联书店 1997 年版，第 167、170、172 页。

有卓越才能的人提供机会，无论他们家庭财力如何，国家都应大力资助，因为这可能会有益于整个社会。

（四）高等教育与学术自由

哈耶克认为，高等教育的目标在于使知识在整个社会得到进一步的传播和增进。尽管高等教育投资巨大，并且不能完全保证受过较好高等教育的人走上社会后能获得较好的报酬，但应对高等教育和研究进行补贴，因为这种教育和研究能为整个社会带来种种益处。“一个社会从他所培养的科学家和学者那儿获得的收益，是不能根据这些人出售特定服务所标明的价格来衡量的，这是因为他们的大多数贡献对于该社会所有的人来说，均是免费可得的和可资利用的……因此，社会应当资助那些有指望并倾向于从事这类研究的人，至少是对他们中的部分人士提供资助。”① 哈耶克不主张对各种形式的职业培训进行补贴，因为在职业培训中，较为熟练地掌握一门职业技术将在受训者获得收益的能力中得到反映。

学术自由也是哈耶克关心的问题。在哈耶克看来，学术自由的内涵是指“应当有尽可能多的研究工作中心，在这些工作中心里，至少那些已被证明有能力增进知识发展并被证明能专心于自己研究工作的人士，能够自行确定其将为之付出精力的研究问题；在这些中心里，他们能够阐述和讨论他们已经获得的结论，而不论这些结论是否符合其雇主或大众的愿望”。② 换言之，哈耶克所说的学术自由就是人们有权选择自己渴望研究的问题，有权在不受任何外部控制的情形下进行研究，并有权根据自己的观点进行授课。他反对外行的政府机构甚至由专家组成的学术评议会（senate）对研究工作统一规划和指导。“我们不仅有极为充分的理由反对由外行的政府对所有的研究作任何单一统筹的规划和指导，而且也同样有极为充分的理由反对由一些具有最高声望的科学家和学者组成的学术评议会对所有的研究进行这类指导和规划。”③ 哈

①②③ ［英］弗里德利希·冯·哈耶克著，邓正来译：《自由秩序原理》下册，生活·读书·新知三联书店 1997 年版，第 168、172、177 页。

耶克认为，高级研究人员应当享有工作或职位的保障或终身任职的保障，一个研究机构要想提高水平和吸引一流人才，就必须给予研究人员选择课题和表达自己观点的自由，任何规则都没有理由硬性规定持有某一种特殊观点的人士不得享有此项自由。哈耶克认为，没有宽泛的自由作为基础，智识自由（intellectual freedom）就无法存在。自由的最终目的在于扩大人们超过前人的能力，对此，每一代人均有责任贡献自己的一份力量，为知识的增长、为道德信念和审美观念的不断进步做出积极的贡献。

（五）教育与等级秩序

哈耶克认为，现行的教育制度生产一种新的等级秩序，“全部人口按某种客观的考试标准被分成三六九等，而且也有一套关于何种人有资格受益于高等教育的观点盛行于社会。这意味着将人按科层分级的方式纳入一种等级制度之中：被证明具有天才的人位于顶层，被证明低能的人则处底层”①。他以英国文法学校为例进一步阐述他的观点。在今天的英国，文法学校已成为新精英的摇篮，这些精英由于是根据“测定的才智”（measured intelligence）标准挑选出来的，因而他们的地位非常牢固，很少受到挑战。这种选拔程序趋向于强化那些在社会地位等级中已位于高层的职业者的声望，许多人渐渐将这种等级间的区别视之为黑白分明，好像好人与坏人的区别一样。正是由于这种挑选程序的效力，使一个不能上文法学校的人比过去更能体会到教育制度中存在着社会不平等现象。

哈耶克建议，不同地域的群体、不同宗教信仰的群体、不同职业的群体甚至不同种族的群体，都应当帮助某些年轻的成员获得接受高等教育的机会，通过那些接受高等教育的人来反映各自群体对教育的尊重程度。

总之，哈耶克对教育和教育问题的研究始终是围绕着自由这

① ［英］弗里德利希·冯·哈耶克著，邓正来译：《自由秩序原理》下册，生活·读书·新知三联书店1997年版，第173页。

根主线进行的。他认为，只有当一个人超越了他目前的自我时，自由才会最终显示其自身的价值。分析教育问题，旨在廓清它对自由的限制和影响，帮助人们得到最为多样化的发展。

第四节　新保守（自由）主义教育思潮对英国教育改革的影响

1979年，以撒切尔夫人为首的保守党上台执政，同时，撒切尔夫人开始在教育领域进行一系列“激进”的改革。这场改革以《1988年教育改革法》的出台为标志，它体现了“撒切尔主义”理念在教育上的影响：一方面在教育中推行新保守主义的文化右翼纲领，即强调教育中的标准、传统、秩序、权威和等级制度；另一方面增强了教育中的市场经济成分，如学校自治、多样化与选择、教育的私有化等。那么，什么是“撒切尔主义”？伦敦大学教育学院院长劳顿（Denis Lawton）教授认为，所谓“撒切尔主义”是指撒切尔夫人上台后在保守党内部出现的一股占统治地位的“新右派”势力的意识形态，是当代西方新保守主义与新自由主义的“混血儿”。它包括新自由主义的自由市场理论和新保守主义的文化右翼纲领。我们可以从《1988年教育改革法》及随后出台的一系列改革措施中看到新保守（自由）主义对英国教育的影响。

一、实行国家统一课程

自1939年以来，英国中央政府一直没有对学校课程做出过明确的规定。尽管《1944年教育法》赋予地方教育当局管理学校课程的责任，但事实上它们几乎没有对学校的教学内容加以规定。而教师对学校课程、教材和教法的确定拥有完全的自主权。

进入20世纪80年代后，保守党政府的教育和科学部开始着手制订学校教育阶段的全国课程。1981年公布的《学校教育课程》（*School Curriculum*）文件指出：“有强烈的理由为全体11—16岁的学生提供有大致共同性的课程。”1984年的《5—16岁学生课程的组织和内容》，明确了数学、英语、科学等课程的指导方针；1985 年发表的《把学校办得更好》（*Better Schools*）白皮书认为，多数中小学过分重视语文、数学的基本技能，缺乏同实际的联系，结果学生很少有机会涉足科学、实践和美学领域。因此，“要提高必要的标准，必须就学校课程设置的目标和内容取得普遍一致的认识”。① 白皮书提出了设置有关课程的四项原则：广博性、平衡性、相关性和因材施教，并对推行新的普通中等教育证书考试制度（GCSE）做了安排。1987 年发表《5—16 岁全国课程》（*The National Curriculum 5—16：A Consultation Document*）的咨询文件，具体说明了国家课程的目标、内容、评定的实施安排。几经修改后，同年 11 月，政府向议会提交了《教育改革议案》，进一步阐述了全国统一课程的内容、目标和评价措施等。1988 年该议案由议会通过后经女王批准成为了教育立法，即《1988 年教育改革法》。其中在中小学实施全国统一课程的规定构成该法最重要的内容。

《1988 年教育改革法》规定，各学校必须为义务教育阶段的学生（5—16 岁）提供 3 门核心学科（英语、数学和科学）和 6—7 门基础学科（历史、地理、技术、音乐、美术和体育，1 门现代外语）的课程。这些学科的目标、内容及时间分配都有统一规定。所有学生必须在 7 岁、11 岁、14 岁和 16 岁时接受标准统一的全国性测试。从课程和考试机构的更替上也可体现出政府加强中央集中控制的趋势。1982 年，教育大臣解散了成立于 1964 年的学校课程和考试委员会，该机构一直致力于将进步主义教育引向学校，支持教师在课堂和教学上的“操作自由”。取代它的是学校课程编制委员会和中学考试委员会，在这两个机构中教师代表只占少数。根据 1988 年教育法的规定，这两个机构分别被新设立的国家课程委员会、威尔士课程设置委员会和学校考试评定委员会所取代。

① 国家教育发展研究中心编：《发达国家教育改革的动向和趋势》，人民教育出版社 1986 年版，第 297 页。

国家课程委员会（National Curriculum Council）由包括主席和副主席在内的10—15名成员组成，成员包括教育行政官员、咨询人员、中小学教师和高教界的代表等，他们由教育和科学大臣任命。国家课程委员会的主要职责是：第一，为四个主要学习阶段（key stages）制订学习计划。这四个阶段是5—7岁、8—11岁、12—14岁和15—16岁。第二，对公立中小学课程进行检查，针对存在的问题向教育和科学大臣提供对策。

全国统一课程只在一定范围内适用，即只用于英格兰和威尔士（不包括苏格兰和北爱尔兰）。即使在英格兰和威尔士，也只用于公立学校中的义务教育阶段，中学第六级的课程由学生自选。实施国家课程的学校，除了10门必修课外，还可开设选修课。私立学校可以不受国家课程的限制。

实施全国课程对教师的工作热情和健康产生了不利影响。首先，在英国，教师已习惯于根据大学或其他考试要求决定课程的学科内容与教学方式。对多数学校来说，测试方式也是由教师决定的。新的课程改革把教师的这一传统自由取消了。许多最有才华、最有经验的教师不愿成为他人制订的教学计划的代言人。其次，政府常常把考试成绩差归咎于学校和教师，而忽略了这样一个重要事实：学校和学生家庭所处的社会经济环境很可能是导致一些学生学业失败的直接原因。如果一所学校走向衰弱，教师随时面临被解雇的危险。再次，要全面执行国家课程标准，“教师的工作量必须增加到每周50小时以上，其中十分之一的教师要达到每周60小时”。政府没有实现每年减少一些工作量的许诺。教师们认为，“国家课程降低了他们的职业感。他们的工作处于一种重压之下”。①

自从实施全国课程以来，保守党政府陆续采取措施缓解教师和学生的压力。根据1993年教育法，原来的全国课程委员会和学校考试评定委员会合并，成立学校课程和评定当局。1994年该机

① 王义高主编：《当代教育思潮与各国教改趋势》，北京师范大学出版社1998年版，第220页。

构提出的报告建议，国家要减少国家课程的内容，给学生提供更多的时间学习职业课程；每周有一天时间由学校自行安排；课程内容将更容易管理，并给教师更多业务上的自主权；内容减少后的国家课程将在 1995 年和 1996 年 9 月开始实施，并且五年内不对国家课程内容进行变动。

二、采用国家统一测试

自 20 世纪 70 年代以来，地方教育当局一直采用它们自己的测试。结合全国统一课程，政府首次采用了一系列的全国统一的评估手段。为此，政府组建了第二个新机构——学校考试和评估委员会（Schools Examinations and Assessment Council）。

1988 年教育法的主要意图是想通过家长的选择手段来扩大市场力量。要选择好的学校，家长需要一种依据，而这种信息只能靠国家评定才能提供，因为评定的结果可变成“学校排行榜”(league table)，家长根据排行榜上的学校名次便可做出最佳的选择。

这类评估手段在各主要学习阶段结束时进行，即“7 岁考试”(在两年制或更长时间的幼儿学校结束时举行)；“11 岁考试”（在大部分学生小学毕业时举行)；“14 岁考试”（在义务教育最后两年开始之前举行)；“16 岁考试”（即普通中学中等教育证书考试)。这样做的目的是对学生进行严格训练，以期提高教育质量。为使公众了解一所学校和一个地方教育当局的成绩，考试成绩将公布于众，但 7 岁考试的成绩不公布。最先出台的评估方法是为 7 岁儿童设计的，经过初步实验和进一步完善之后，于 1991 年首次在全国范围内应用于 7 岁儿童。

教师对统一评价的态度是复杂的。赞成者认为，测试能有机会反映课程的内容与学生的个别化学习。反对者则抱怨，过早地把儿童引导到正规的语文和数学技能的学习上是不适宜的，小学生需要更多的探索和实践课程，为以后的学习奠定基础；要求 7 岁儿童接受全国性考试，无疑会导致知识面狭窄，不利于儿童身心全面发展；义务教育阶段的四次统考容易给儿童带来沉重的心理负担。学习成绩不良让学生沮丧，也使家长和教师蒙受耻辱。为减轻学生的压力，1990 年教育和科学大臣宣布，取消小学低年级的某些法定的全国统考科目，如技术、地理、历史，改由教师自行考查。但一些核心课程的法定考试继续进行，学校可以不公布结果。

其他阶段的考试进展也不顺利，特别是第三阶段的考试，在 1993 年遭到大多数教师工会的反对和抵制。1992 年，教育和科学部宣布要在 1993 年 6 月进行首次全国统一的第三阶段英语统考，并将考试结果通报家长。教师工会经投票决定予以抵制。他们认为，全国统考干涉了教师的自主权，加重了教师和学生的教学与学习负担，干扰了正常的教学活动。1993 年 6 月，英格兰和威尔士的大多数中学拒绝参加政府组织的第三阶段的英语统考。教师工会甚至扬言要将政府送上被告席。考试问题成了政府与教师对峙的焦点。1994 年，政府任命了一个专门委员会负责研究全国统一课程和考试安排问题。同年，该委员会在提交的报告中提出了一些改革建议，如削减全国统一课程的内容；简化考试科目，7 岁和 14 岁考试仅限于三门核心课程；将考试时间和教师相应的工作量减少一半；取消 7 岁考试和 11 岁考试的成绩排行；等等。①

测试的另一个目的是监督各个学校和各地方教育当局所辖学区的教学效果。但测试的这一用途遭到猛烈抨击。研究人员认为，“如果没有对有关的学生作较深的了解，那么，要把测试的结果解释成能说明一所学校或地方教育当局办学成绩好坏的指标，是不可能的。有些学校或地方当局的学生来自社会或经济条件优越的家庭，加上其他优越条件，这类学生可能测试成绩很好。”② 鉴于

① 参见王义高主编：《当代教育思潮与各国教改趋势》，北京师范大学出版社 1998 年版，第 231—232 页。

② ［英］P. 莫蒂默尔、J. 莫蒂默尔：《当前英国教育中的问题》，《华东师范大学学报》（教育科学版）1994 年第 1 期

学校贡献评判上的困难，研究人员主张采用一种“增值”（value-added）的方法来测量所取得的进步。

三、推行文化右翼纲领

英国新保守主义教育改革的基本指导思想是：在批判进步主义教育观的过程中，谨慎地、有选择地接受社会的现代性，弘扬传统道德，学习高雅文化，培养企业精神，维护社会稳定。

（一）批评进步主义教育观

新右派认为，进步主义不重视教育与经济的联系，轻视教学方式、课程和评价；推行儿童中心主义，偏爱个别化教学和儿童的自我实现；受进步主义教育观念的影响，现代学校教育普遍存在缺少传递高雅文化的热情，忽视商业价值观念和企业精神，没能维护有关的标准。

新右派认为，进步主义教育的缺陷最集中表现在过度放纵儿童，以儿童的兴趣和需求来决定复杂的教育过程。教师将儿童的地位升至最高，结果教师沦为文化现代性和自我概念的奴仆。帮助儿童形成自我概念和自我意识被进步主义教育家视为学校的使命，经验是教育过程最宝贵的资源，也是自我概念、自我意识形成的关键因素。这些正是新右派所反对的。新右派认为，“自我”造成了传统道德、高雅文化和企业精神的丧失。

（二）尊崇高雅文化

新保守主义者把传统道德的滑坡视为一种文化危机。他们担心道德的和智力的标准会受到进步主义的威胁。因此，在新保守主义者上台之前，保守主义对教育的抨击一直未中断过。20 世纪 60 年代，保守主义认为向大众开放高等教育将会使事情变得“越来越糟糕”；70 年代，保守党教育《白皮书》的作者们呼吁恢复传统的文法学校，因为它们和独立学校一道共同支撑着欧洲的文明道德和文化价值观。它还特别强调应扭转 60 年代平等主义泛滥的局面，认为将高雅文化委托于精心挑选的少数精英是很有必要的。

1979 年保守党执政以来，撒切尔政府将自由市场理论引入到教育改革中，让作为消费者的家长和学生在一个日渐多样化的教育体制中自由选择。在英国，时至今日人们仍把具有传统课程的独立学校作为优质学校的标准。条件好的家庭乐意将孩子送进这类学校，因为独立学校是传播高雅文化最重要的阵地，学术氛围浓厚，而且独立学校的毕业生更容易考入名牌大学，更容易步入上层社会。也许政府非常清楚家长们的选择心态，1980 年又实施了"辅助学额计划"，给那些年轻聪明但家境贫寒的学生提供一个进入独立学校学习的机会。另外，政府鼓励公立学校脱离地方教育当局的控制，以便获得"直接拨款学校"资格，受教育和科学部的直接领导和资助。为了增强竞争力，扩大生源，直接拨款学校纷纷仿照独立学校和文法学校，十分重视传统学术课程。

综观 1988 年教育改革法，不难看出，国家课程规定的必修学科竟与 1904 年的《中等教育规程》所列的学科如出一辙。可见保守党政府对传统的精英主义的文法学校课程的依恋之情，也折射了它重塑传统标准、保存和恢复高贵文化的决心。

（三）弘扬传统道德

新右派对现代学校的道德教育持批评态度。首先，学校超越了自己的职能范围，正介入原本属于家庭的道德领域。学校应该向家庭和教堂归还这种教育责任。其次，学校未能有效地传输传统的道德标准，而是正在培养一种威胁道德基础的相对主义，在自我检测的前提下，一切道德选择都成为合法的了，导致学生价值观念混乱。新右派建议剔除那些过分强调自我教育意识的价值观的材料，或用显示宽容的右派价值观取代。

（四）培养企业精神

新右派认为，商业是资本主义社会财富的源泉和国家正义统治的基础。而现代学校却没有表示出对商业的足够理解和尊重。他们认为，20 世纪 80 年代初英国经济困境的部分责任要归因于人们缺乏企业精神，而学校难辞其咎。

20 世纪 70 年代，英国兴起许多小型的、独立的商业团体，它们在激烈竞争和大型公司垄断的夹缝中艰难生存。它们积极寻求政府和银行的支持，并希望学校能够主动承担起培养学生企业精神的责任。新右派政府接受了他们的要求，并做出了积极反应。因此，在80年代，大学中的商学院蜂拥而起。相反，其他科研领域的经费却大量削减。右翼政府将商业原理与商业需求和教育密切联系起来，例如利用自由市场机制进行教育改革；在学校，关于自由市场机制怎样有效运作的教学，已在学校课程中占一定位置。商业价值培养不再是隐性课程，而以一种非常显著的方式出现在教育教学之中。

四、鼓励学校自治

第一，鼓励公立学校脱离地方教育当局。1988年教育法赋予学生超过200人的中小学自主决定如何使用地方教育当局提供的财政资源的权力。它还规定，如果大多数家长赞成且教育大臣同意，公立学校就可以脱离地方教育当局的控制而成为中央政府直接监督下的“直接拨款公立学校”（the Grant Maintained School）。所有中学都可以直接申请资助，但小学需有300名或300名以上的学生才能申请。为与消费者利益至上的家长选择原则相一致，直接拨款的身份是通过家长们秘密的信函投票来决定的。

第二，允许公立学校实行地方管理。1988年教育法规定，地方教育当局的85%的预算经费直接下放到学校，由学校决定如何使用；地方教育当局以人均的方式给学校分配经费（实际上在鼓励学校之间竞争生源）；所有地方教育当局将各种人事管理权下放到学校。这些要求对所有的中学和学生超过200人的小学是强制性的。

第三，开设城市技术学院（City Technology Colleges）。它是1988年教育改革法中新设的一种独立的中等学校，在必要的时候它可以得到教育大臣的特殊支持；这样做的目的是在城市建立一种“最好由私人基金维持的”高质量的师范学校。这也是体现学校自治的重要措施。“城市技术学院主要为城市地区的11—18岁学生提供偏重技术等应用性学科的教育，与直接拨款公立学校一样，它也独立于地方教育当局。其办学经费约80%来自中央，约20%由当地企业赞助，因而给了产业界参与学校教育的机会。”①

五、提供多样化的选择机会

1988年教育法规定，在地方教育当局所辖的范围内，家长有权选择子女就读学校；学校董事会必须有选举产生的家长代表，校长必须向董事会负责；家长代表在学校董事会中的比例要占到2/5。因此，家长代表成了学校董事会中势力最大的一个“利益集团”。

1987年，一批右翼教师和学者组成的希尔盖特集团（Hillgate Group）在其题为“谁的学校?”的宣言中认为，家长们已对英国公立教育制度失去信任，原因是地方教育当局和教师们把公立教育看作自己的垄断领域，他们滥用权力而不对消费者——家长和学生的要求做出反应。公立学校官僚，僵化，缺乏灵活性。对公立教育的批评在保守党中间产生了很大影响。身为首相的撒切尔夫人采取了使公立学校私有化的改革政策，如辅助学额计划、扩大家长择校的权利等，以扩大学校一级的自主权，增强学校之间的竞争和对消费者的要求做出灵活的反应。家长择校权利是经济学上消费者利益至上原则的具体反映。学校是提供教育服务的机构，家长则是教育消费者或顾客，因此，消费者有权对提供服务的机构进行选择。另外，撒切尔政府大量削减教育开支，使公立教育的财政资源濒于枯竭，它们不得不走进市场，谋求生存和发展的空间。

1988年教育法规定，学校实行“开放入学”（open enrollment），即要求所有学校在招生名额未满之前不得拒绝任何学生的求学申请，以此来加强家长的选择权。新保守主义者把家长视为学校教育的“消费者”，学校必须努力满足家长的要求。“开放入学”的目的是便于家长做出自由选择，而这种自由选择的结果是“好学校”更加兴旺，“差学校”最终被淘汰。这样做可以使教育更加重视

① 马忠虎：《新保守主义政治思潮对英国教育改革的影响》，《比较教育研究》1998年第4期。

"消费者"的需求，减少"生产者"对教育的控制；开放入学和家长自由选择学校可使学校之间为生源而展开激烈竞争，其结果是可以提高学校的办学质量。① 新右派改革的目标之一是希望通过家长选择能使学校更加多样化。借助家长选择，大量的经费又进入受补助的文法学校，从而在公立学校制度中出现一种新的、有社会基础的、分化的结构，进而增强学校的多样化。

六、推动教育的私有化

在英国，私立教育时常被看作学校教育的理想形式。这是一种收费学校，课程类似于文法中学，是传统的学术性课程。私立学校中最著名的有伊顿、哈罗和温彻斯特公学。私立学校办学资金充裕，教师素质高，班级规模小，考试成绩大多数情况下优于公立学校。私立学校旨在使学生为毕业考试做准备，因为这类考试容易使学生进入英国的政界和经济的上层，或成为上流社会的一员，也容易使其升入牛津、剑桥之类的大学。但私立学校学费昂贵，只有少数上层社会子弟才能就学（约占年龄组儿童的5%左右）。

学校的私有化是英国教育走向市场改革的一个重要方面。私有化主要体现在对私立学校的资助上。1980年保守党政府实施竞选时制定的"辅助学额计划"（the Assisted Place Scheme）规定：由地方教育当局从地方税中向部分私立学校拨款，使这些学校在招生时为一些来自低收入家庭的优秀学生提供全额或部分学费的资助。每所参与该计划的私立学校要与中央签订一份合同，其中规定：校方每年将提供一定数量的学额，根据家庭收入对学费进行一定程度的减免，余额部分由政府提供补偿。私立学校仍保持独立地位，他们负责对入选学生的学业水平进行甄别，但是每年享受公助学额的学生必须有60%来自公立学校。1985—1986年度，

① 参见 Denis Lawton, *Education and Politics in the 1990s: Conflicts or Consensus?* London: The Falmer Press, 1992, pp. 51-52。

政府已向226所私立学校支付了13 380万英镑，用于公助学额学费的减免，受益学生达21 412人，其中40%享受全额免费资格。1985年，新录取学生的平均家庭的负担额为360英镑，而政府的生均花费为1 603英镑。① 1997年前后，政府提供了将近35 000个学额。政府计划要将学额翻一番，并将其扩展到小学阶段。②

“辅助学额计划”是一个通过每年注入7 000万英镑公款在私立学校建立一个选择性制度的计划，这笔经费是从公共教育经费中拿来的。在教育经费总量呈下降趋势的情况下，支出却向私立教育倾斜；另外，保守党政府开始大幅度削减地方税补助，这意味着公共教育经费来源即将枯竭，公立学校将面临办学经费的严重短缺。由于更多学生进入私立学校，公立教育系统被削弱了。

自20世纪60年代“学术革命”以来，私立学校一直在自觉地强化其传统的学术优异的精英形象，因此，加大对私立学校资助的力度，也是与新保守主义文化右翼纲领政策相一致的。另外，新保守主义政府还设想，通过支持私立教育的办法来达到增强教育多样化的目的。但是，私立教育作为英国“好”学校的楷模，却进一步巩固了众多学校追求优异的单一模式。

教育私有化运动不仅使学校获得家长和社区捐赠或购买的仪器和设备，而且还从企业筹集到大笔资金作为教育经费。另外，通过私有化把市场机制引入到教育中来，既提高了教育自身活力，又密切了校企之间的关系。英国新保守主义政府建立城市技术学院，目的之一就是企图通过企业的捐款来维持此类学校的运行。但由于企业界反应冷淡，政府不得不为这些学校提供几乎全部的费用。

---

① 参见汪利兵：《当代英国教育的市场化改革研究》，《比较教育研究》2001年第6期。

② 参见 Gordon & Whitty, Giving the ‘Hidden Hand’ a Helping Hand? The Rhetotic and Reality of Neolib eral Education Reform in England and New Zealand, *Comparative Education*, 1997, 33, p. 462。

七、建立直接拨款学校

1988年教育法规定：目前在地方教育当局控制下的公立中学和人数超过300人的公立小学或民办学校，如果大多数家长同意脱离地方教育当局，便可以向教育大臣申请直接转成接受中央拨款的直接拨款学校（Grant maintainted Schools）。1990年10月，政府又宣布对小学不再作上述限制，允许所有小学申请成为直接拨款学校。两年后又提出从1995年起接受所有特殊学校的申请。20世纪90年代以来，由于英国政府的大力推动，直接拨款学校的数量不断增加。1992政府教育白皮书提供的数字是1 500所，预计到1996年英格兰和威尔士地区全部3 900所公立中学中的大多数和19 000所公立小学中的大部分将成为直接拨款学校。① 中小学成为直接拨款学校后，管理体制将发生转变。这些学校在很大程度上将摆脱地方教育当局的控制，因为这些学校从法律上讲已成为自治机构，要采取董事会领导下的校长负责制的方式来运作。直接拨款学校的董事会成员由家长、教师、和学校所服务的社区代表组成，学校的所有决定如学校管理、教职人员的雇用和工资支付以及学校的基建等均由董事会负责。学校的办学经费由“学校基金处”（Funding Agency for Schools for England）② 这一法定机构安排。

从二战到1988年教育改革法颁布之前的四十多年里，英国的公立中小学的设立、管理和经费提供基本上由地方教育当局操作。直接拨款学校的设立，一方面使地方教育当局通过“学校的地方管理”（Local Management of Schools）③ 向学校“放权”，另一方

---

① 参见 Kathleen Higgins，Grant Maintained Schools and the Funding Agency for Schools，in Robert Morris（eds.），*Education and the Law*，second edition，Longam，1993，p. 139。

② “学校基金处”于1993年成立，负责从公共经费中拨款给直接拨款学校。其机构成员由教育大臣任命。

③ 1988年教育法提出，要求地方教育当局把财务管理权和各种教职员工管理责任下放给学校。

面又通过此类学校向地方当局“收权”，其真正目的是“在意识形态上削弱长期以来大多由工党把持着的地方政府对英国学校教育的实际控制权”。① 面对执政的保守党政府加强中小学的管理权限、削弱地方教育当局的管理职能以及扩大家长的学校选择权的做法，工党表示坚决反对。在1994年发表的教育白皮书中，工党明确表示如果下届大选获胜，它的政府将废除“学校基金处”，重新将直接拨款学校置于地方教育当局控制之下。

综上所述，以撒切尔夫人为首的保守党自1979年执政以来，吸收借鉴哈耶克等人的政治经济思想，如反对福利国家政策和计划机制，主张私有化和自由市场机制，对英国的政治、经济、文化和教育诸多领域进行了大刀阔斧的改革，以期增强英国的竞争实力。在“撒切尔主义”指导下，1988年教育改革法规定实行全国统一课程，改革考试制度；设立直接拨款学校，用大学基金委员会取代原先的大学拨款委员会，宣布多科技术学院和其他学院脱离地方教育当局，从而实现中央政府加强自身权威，削弱地方当局实力的意图。另外，在教育改革中，新保守主义者也积极贯彻传统、风俗、秩序和企业精神等右翼文化纲领，反映了新保守主义的政治要求。

第五节　布莱尔主义与英国教育改革

以布莱尔为首的英国工党在1997年5月的大选中获胜，结束了英国保守党连续18年执政的历史。布莱尔一上任就先后在经济模式、福利制度、教育体制等领域进行了大刀阔斧的改革。“布莱尔主义”就是人们对布莱尔为更新工党、治理英国所提出的一套方针、政策和设想的概括性称谓。布莱尔及其领导的英国工党政府试图在新右翼的“撒切尔主义”和老工党的民主社会主义之间，

① Denis Lawton, *Education and Politics in the* 1990*s*: *Conflicts or Consensus*? London: The Falmer Press, 1992, p. 54.

寻找一条中间性的治国方略，并冠名为“第三条道路”。“第三条道路”被认为是“布莱尔主义”的核心和理论基础。1998年，布莱尔正式发表了《第三条道路：新世纪的新政治》，详细阐发了工党的执政思想。“第三条道路”在西方国家引起了强烈反响。

所谓布莱尔的“第三条道路”，是指一套适应当代科技、经济、社会、阶级、环境等在知识经济时代中全球性变化的“中间偏左”的民主社会主义政治哲学，它超越了传统右翼政党信守的自由竞争思想和传统左翼政党主张的国家干预主义，主张建立既强调市场功能又强调政府作用的混合型经济模式，试图在国家与市场、个人与政府、竞争与合作、权利与义务、公平与效率、人类与自然之间寻求新的平衡点，以实现再现代化、再民主化和经济全球化，适应现代社会的挑战，建设一个强大和充满活力的新英国，建立符合西方国家利益的新的国际秩序。

1998年初，伦敦经济政治学院朱利安·勒格兰德（Julian Le Grand）教授在《新政治家》杂志上撰文指出，“第三条道路”有四个方面的内容区别于新自由主义和社会民主主义，即社区、义务、责任和机遇。他认为，这四根支柱真正地体现了“第三条道路”是一条完全不同于新自由主义和社会民主主义的道路。与新自由主义不同，它不是自由意志论者或个人主义者，个人的权利不是第一位的，个人对社区的义务在许多领域中处于优先地位。与社会民主主义不同，它主张的社会主义是依靠确保最低标准和机会平等，而不是财富的重新分配和均等，政府的责任就是尽可能地确保每个人都有机会做出选择。

一、“第三条道路”产生的社会背景

英国工党新政府所推行的“第三条道路”是英国社会历史发展的产物，是战后资本主义发展过程中一次新的调整和改革尝试。

战后初期，艾德礼工党政府实施了包括国有化、充分就业和福利国家为主要内容的一系列改革，从而奠定了战后三十多年两党共识政治的基础。1951年上台执政的保守党政府尽管对工党的价值观念及其方针政策存有反感和表示怀疑，但也不得不面对现实，把工党政府推行的一套继承过来，稍加修饰后变成自己的东西。人们把这套两党共同推行的基本一致的方针政策，称为“巴茨克尔主义”。然而到了 20 世纪 70 年代，“巴茨克尔主义”似乎已走进死胡同。当时英国经济已陷入严重的滞胀状态，福利国家所造成的庞大开支和“福利依赖文化”成为英国经济发展的重要制约因素。与此同时，世界石油危机的冲击也给英国经济提出了更加严峻的挑战。面对这种情况，保守党与工党都呼吁改变政策的方向。1979 年 5 月，以撒切尔夫人为首的保守党新右翼上台执政，开始推行新自由主义的改革政策：在经济上强调发挥市场机制的作用，减少国家干预，推行私有化和货币主义的经济政策；在政治上反对工党的“社会主义”，镇压工会和劳工运动，试图废除福利制度。“撒切尔主义”的实施结束了战后英国工党和保守党之间的所谓“集体主义”的政治共识局面，为在新自由主义原则下重建新的共识政治奠定了基础。

“撒切尔主义”的自由化改革也促进了工党的革新与变化。工党自 80 年代起就开始逐步调整其政策，人们把这一调整过程称为工党的“现代化”。1994 年，布莱尔出任工党领袖后大大加快了工党现代化的进程。特别是他上台执政以来提出并实施了一系列革新工党、重整英国的政策措施，力图在福利资本主义与“撒切尔主义”所倡导的自由放任资本主义之间寻求一条中间道路和新的发展模式。实践证明，传统的社会民主主义所奉行的国家干预和无所不包的福利制度已难以为继；权力过大、不时掀起工潮的工会组织和名声欠佳的国有化政策也使英国社会生活陷入严重的混乱状态。这些不仅妨碍了英国经济的发展，而且危及工党获得上台执政的机会。另一方面，“撒切尔主义”的自由化改革尽管在激活市场、提高经济活力和竞争力等方面取得了一定的成效，但同时也带来了一些不可忽视的负效应，如贫富差距增大造成严重的失业和社会排斥现象，加剧了工薪阶层的无保障感，危及社会的安全与稳定。这说明过多的国家干预和对市场的自由放任都是行不通的，客观上要求人们对国家和市场的作用重新做出评价。布莱尔的“第三条道路”正是在这种背景下提出的。从 1995 年开始，布莱尔在公共场合使用“第三条道路”来描述自己的政治哲学，表明工党要超越新自由主义和社会民主主义，建构新的思路。1997 年，布莱尔领导的工党重新执政，“第三条道路”成为新政府的口号。为了阐述“第三条道路”的内涵，“第三条道路”的主要倡导者、伦敦经济学院院长安东尼·吉登斯在 1998 年又出版《第三条道路》一书，从理论上进一步完善和阐明了工党的新思路。

二、“第三条道路”产生的思想或理论渊源

布莱尔的“第三条道路”吸纳了英国各传统思潮的不同意识形态，并受到欧美一些国家思想流派的影响。有人认为，新工党的意识形态位于当代西方三大思潮——社会民主主义、新自由主义、新保守主义之间，且与它们保持不等的距离。

（一）“第三条道路”继承了英国社会民主主义的传统

布莱尔声称，“第三条道路”最好地代表了英国和国外进步中左派人士的新政治主张，代表了一种现代形式的社会民主，“是现代社会民主复兴与成功的道路”。吉登斯更是把它作为社会民主主义复兴的同义语，他于 1998 年出版的《第三条道路》一书即以“社会民主主义的复兴”为副标题。

20 世纪 70 年代以前，欧洲社会民主主义政党（包括社会民主党、工党、社会党等，简称社民党）普遍奉行具有如下特点的社会民主主义，并取得了较辉煌的成绩。第一，以人权和民主价值观为基础的政治体制；第二，混合型经济体制；第三，让人们过上人道、尊严的生活；第四，采用凯恩斯主义的经济政策来应对经济危机；第五，推行平等基础上的社会价值观。这五个特点也是社会民主主义的理论支柱，决定了社民党的纲领、政策。在这五个理论支柱的指导下，社民党普遍实行了国有化、福利制度、国家干预等社会经济政策，对西欧社会的稳定发展起了相当大的作用，同时也提高了自己的政治地位。二战后，英国工党第一次有机会

将社会民主主义纲领付诸实施。艾德礼政府不仅成功地对主要经济部门实施了国有化，还实现了充分就业，并在世界上第一个建成了福利国家。按照工党的解释，福利国家的内容是混合经济、充分就业、全面福利和公平分配。艾德礼认为，工党已找到了一种新的社会主义模式，“一种把个人自由与计划经济，把民主与社会主义结合起来的制度”①。但随着时间的推移，工党自身及其政策纲领也暴露出一些内在的矛盾和问题，如党内外围绕国有化、工会权力以及工党与工会的关系等问题分歧很大。

因此，从50年代中期开始，许多工党领导人都十分关注工党的现代化问题，以便为工党在大选中获胜奠定稳固的基础。然而，工党的革新直到1994年布莱尔出任工党领袖以后才收到明显的成效。布莱尔认为，为了响应国家对改革的呼唤和顺应民族振兴的愿望，工党应重塑其意识形态。他说，1918年工党制定的党章中关于公有制的条款是一种过时的意识形态，工党现代化的一个重要目标就是要突破关于公有制条款的意识形态束缚。为此，布莱尔亲自主持修改党章，正式放弃了国有化目标，强调公有制只是获得自由和平等的一种手段，主张推行一种充满活力的新型“混合经济”。布莱尔认为，这样做并未背弃社会民主主义和工党的政治传统，社会民主主义并非限定在某一时期的某种固定的经济理论，而是一套适用于任何时期的价值观和原则。由此可见，社会民主主义对布莱尔主义的影响之深。

（二）“第三条道路”从自由主义思想传统中吸取了营养和活力

英国是一个自由主义传统根深蒂固的国家。19世纪，随着产业革命的推进和自由资本主义时代的到来，自由主义逐渐成为英国政治思想的主流。但是到了19世纪末20世纪初，随着资本主义发展进入垄断阶段，以维护个人自由、限制政府干预权力为理论核心的传统自由主义学说已无法适应社会经济发展的需要。另一

① 王振华、陈志瑞主编：《挑战与选择——中外学者论“第三条道路”》，中国社会科学出版社2001年版，第114页。

方面，工人运动的蓬勃发展与社会阶级结构的变化也对英国传统的自由党政治冲击较大。传统自由主义面临危机与分裂。当时以霍布豪斯为代表的一批激进思想家认为，传统自由主义概念太狭隘，难以满足社会和经济变革的需要，主张国家采取“积极的自由”。于是以倡导国家积极干预社会经济生活为标志的新自由主义（也称社会自由主义或激进自由主义），适应了工人阶级要求变革、实现社会平等的需要，得到了社会变革力量的广泛理解和积极响应。当时新生的工党作为自由党的同盟积极支持并参与劳合·乔治所推行的社会变革。后来自由党瓦解，工党取代自由党成为英国两大主要政党之一，一部分新自由主义者加入了工党阵营。

布莱尔试图继承这种新自由主义的激进传统，他希望21世纪能够成为激进派的世纪。他还主张建立更广泛的激进联盟，以取得对工党长期执政的广泛支持。因此，“第三条道路”实际上是由传统的社会民主主义向新自由主义的靠拢和开放。

（三）“第三条道路”也深受英国新保守主义的影响

英国新保守主义是指以“新自由主义”面目出现的“撒切尔主义”，它无论在具体政策上还是在意识形态方面都对布莱尔的“第三条道路”产生了深远的影响。首先，“撒切尔主义”在保守党执政期间所占有的支配性地位，对工党励精图治、进行反思和变革具有重要的意义。工党所推行的种种变革和政策调整正是在“撒切尔主义”这种主导意识形态氛围中进行的。而撒切尔政府对国有化企业的大规模砍杀以及对工会组织的进攻，则直接为工党实现其“现代化”的主要目标铺平了道路。其次，在伦理道德方面，布莱尔关于法律与秩序、个人对社会的责任和义务以及家庭价值、青少年犯罪等问题与“撒切尔主义”的观点有许多相似之处。据此，有人称布莱尔主义为“社会保守主义”。

此外，英国“第三条道路”还广泛借鉴、吸收了国外其他社会民主主义模式的经验教训，尤其是美国“新民主党人”的理论和实践。如克林顿关于“社区”、“工作福利”的观点及其发展信息技术产业和严惩犯罪等方面的政策主张，在英国工党中也引起了不同程度的反响。工党政府实施的从救济到工作的“新政”就是从美国的“工作福利”计划移植过来的。

三、“第三条道路”的主要内容

布莱尔的“第三条道路”是民主社会主义在知识经济时代的发展，是知识经济时代西方发达国家一套中间偏左的政治哲学和宏观经济管理理论。“第三条道路”的主要内容可以概括为如下几个方面。

（1）在经济体制方面，“第三条道路”提倡混合型经济模式。所谓混合型经济模式，就是既强调市场机制的作用，又加强政府对经济的宏观调控能力。安东尼·吉登斯认为，与旧的混合经济不同的是，新的混合经济主要不是指在国有企业和私有企业之间达成平衡的关系，它指的是实现管制与解除管制、社会生活的经济方面与非经济方面之间的平衡。①布莱尔则认为，以建立公有制为目标的大规模国有化政策不利于实现经济效率，而自由放任的市场主义又忽视了社会公平，因此，既要承认市场在经济运作中的主导作用，又要重视政府调节经济的功能。政府的作用主要是促进宏观经济的稳定，通过规范市场活动来加强市场作用，利用再分配实现相对的社会公平。总之，政府对市场不是起控制、支配的作用，而是要起到一种补充、调剂和润滑的作用，以建立“有活力的社会市场经济”，实现经济的可持续发展。

（2）在福利国家问题上，吉登斯认为：“没有哪个问题会比福利国家更能泾渭分明地把社会民主党人和新自由主义者区别开来的了。对前者来说，一套发展完善的福利体制是一个公正体面而且人道的社会的基石；而对后者来说，福利制度则是企业的敌人，

① 参见杨雪冬、薛晓源主编：《“第三条道路”与新的理论》，社会科学文献出版社 2000 年版，第 63—64 页。

市民秩序衰败的原因。"①"第三条道路"与这两种看法不同，它扬弃传统"左"派"从摇篮到坟墓"的社会福利政策，主张实行"不承担责任就没有权利"的积极的福利政策；主张福利既是每个人的权利，也要求每个人尽义务，以此鼓励形成自立而不是依赖性的福利政策氛围。与此同时，将投资重点由公益事业转为"人力资本投资"，积极增加教育职业培训投入，将高质量的学校教育和终身教育作为解决失业问题、社会福利负担过重问题和维护社会公正的根本手段。

（3）在教育问题上，"第三条道路"将它置于特别优先的地位，把增加教育投入、改革教育体制、提高教育质量作为政府立法的首要目标；明确教育追求的目标是把所有人而不是少数人培养成才，要求改变精英教育的模式；认为 21 世纪财富的积累和生活水平的提高应建立在知识及知识应用的基础上，其真正的关键在于教育，因此较高的教育水平对未来的国际竞争和未来包容性社会是至关重要的。布莱尔在《第三条道路》一文中强调指出："教育是急需优先考虑的重点……有效的新投资推动着学校的根本改革，对那些衰落的学校预定目标并加强干预，从而使未来所有的公民都具备工作需要的基本技能，并使大多数人获得更高的水平。"②这无疑说明了工党新政府对教育的重视。

（4）关于社会和社区。在经过改写的党章第四条中，"第三条道路"声明要通过共同的努力来建立起一个理想的社会，在这个社会里，权力、财富和机会是掌握在多数人而不是少数人手里，权利与义务要相辅而行，人们在团结、容忍与尊重的精神中自由地生活在一起。另一方面，新工党所采取的许多行动也无不体现出对社区价值的坚定信仰。布莱尔用"社区"概念代替"阶级"概念，用"社区主义"代替自由主义和国家主义。他认为社区不只是地理概念，而是一种社会关系，体现了新型的公民之间的关系，

①② 参见杨雪冬、薛晓源主编：《"第三条道路"与新的理论》，社会科学文献出版社 2000 年版，第 67、26 页。

体现了个人与社会之间的关系。在社区中，既可以发挥个人的自由，又可因集体行动而增加个人的机会；同时既可避免在自由主义中个人的基本权利得不到保障，又可避免在国家主义之下个人的选择和发挥受到抑制。因此，增加社区功能成了建立“参与制社会”的最佳途径。

（5）在国际关系方面，工党政府推行“新干涉主义”。布莱尔政府要振兴英国，对外就必须结束英国此前的保守和孤立处境，采取更为积极、主动的姿态，使英国重新处于国际事务的中心，成为主导力量。布莱尔明确指出，英国的外交目标应是谋求英国的大国地位，并提出了指导英国外交关系的四项原则：谋求恢复英国在欧洲的领导地位，同美国建立强有力的关系，建立强大的防务能力，强调道德、人权、环境和自由贸易等准则。

四、布莱尔主义对英国教育改革的影响

由上可知，布莱尔主义的基本政治内涵是社会公正、义务、责任、协调和社区。布莱尔首相也把这几个方面作为包括教育改革在内的整个社会改革的基本理念。1997 年 5 月工党新政府上台之后就将教育列为新政府最优先考虑的工作。同年 7 月发表第一份教育白皮书《追求卓越的学校教育》(*Excellence in Schools*)，成为工党政府制定教育政策的主要依据。白皮书指出英国教育的主要问题在于两极分化现象比较突出，虽然英国一流的学校和学生完全可以与任何西方国家相媲美，但一般学生的学业成绩却不尽如人意。因此，白皮书为工党政府所设定的目标是为所有人提供均等的教育机会并提高教育标准。白皮书规定：在 2002 年来临之前，工党政府要致力于提高学生的学习成就标准，尤其是初等教育阶段的读写算能力；为了克服经济与社会的不利因素，实现教育机会均等，政府要尽力负责消除处于不利地位学生的学习成就偏低的状况；为了提高在全球经济中的竞争能力，政府应注重开

发每个人的潜能，注重知识经济时代中的人力投资。①

在布莱尔主义理念指导下的教育改革范围极其广泛，归纳起来主要有以下几个方面。

（一）提高基础教育的标准

基础教育改革是布莱尔政府教育改革的重点。多年来，英国基础教育投资不足，教师收入偏低，师资短缺，质量下降。据英国教育部门统计，1998年在参加水平测试的11岁小学生中，主干课程英语、数学和科学的达标率分别只有57%、62%和60%；14岁年龄组学生的考试成绩虽然有所提高，但也只有60%的达标率。②为了提高基础教育的标准，工党新政府制定了一系列涉及基础教育改革的政策。

首先，大规模增加教育投入。根据1998年7月公布的开支计划，教育部门将得到190亿英镑的额外投资，其中1999年为30亿英镑，2000年为60亿英镑，2001年则达到100亿英镑。

其次，加强基础学科的教学。具体内容包括以下几方面。第一，加强对教育质量的监测和评估。英国教育与就业部规定，文法学校必须要使其90%的毕业生在GCSE（普通中等教育证书）考试中，至少有5门课程得到最高等次。否则，地方教育当局有权通过学生家长表决的形式，决定该校的前途和命运。英国设有教育标准局，负责学前教育及义务教育质量标准的制定和督导评估。中小学每五年接受一次评估，教育标准局根据评估结果对学校提出相应的指导意见，评估结果较差的学校将受到质询或其他处罚。第二，改革课程设置。提高主干课程的要求，放宽历史、地理、艺术和音乐等基础课程的尺度。开展“回到基本技能”的活动，规定学生每天至少要有2小时用于读写算的训练。第三，改革教学方

① Department for Education and Employment, *Excellene in Schools*, London: HMSO, 1997.

② 王振华、陈志瑞主编：《挑战与选择——中外学者论“第三条道路”》，中国社会科学出版社2001年版，第141页。

法。推行“大课”教学以确保课堂时间得到有效利用，提高教学的整体水平。第四，加强中小学德育。在5—7岁的学生中灌输基本的公民意识及培育他们爱护大自然的性格，高年级学生将集中接受涉及人际关系、性、毒品以及民主理论等方面的常识。第五，加强校外辅导。1998年4月，工党政府首次向学校和家长颁布了有关家庭作业的指导原则，规定学生每天晚上用于作业的时间视年龄大小在20分钟至2.5小时不等。政府还决定拨款建立学习辅导中心，帮助学习有困难的儿童完成家庭作业。通过以上措施，政府希望到2002年时，英语和数学达标的比例分别提高到80%和75%。

第三，加强特色教育。目前英国共有569所具有专业教育性质的特色学校。这类学校根据学生的具体情况和特点，侧重某一学科领域知识的学习和技能训练，如技术、语言、体育、艺术等。1997年10月英国政府宣布实施特色学校行动计划，到2004年9月底使全英国的特色学校数达到1 000所。根据规定，特色学校有权通过选拔录取其在校生的10%，选拔的依据是学生的素质和潜能。任何中学都可以申办特色学校，政府将给每所学校10万英镑的办学经费，但前提是学校要首先拿到10万英镑的商业赞助。为了促进这一计划的实施，政府为现有的每所特色学校拨款2万英镑，以帮助其和周围中小学建立联系。英国教育主管部门认为，特色教育可促进传统的综合教育的现代化，它有利于学校发挥自己的优势，以课程中的某一领域为重点，使学校得到生机勃勃的发展，从而使全体学生受益。这对提高全英中学的教育质量、促进中学教育的长足发展具有关键性的作用。

此外，政府还致力于提高教师素质和改善教学条件。如教师的工资待遇与教学质量挂钩，不称职的教师要被解雇，选拔校长必须经过严格的考核与检查；实施学校电子函件计划，五年内使英国所有中小学校联网等。

（二）推行“教育行动区”（Education Action Zone）计划

教育行动区计划是工党政府自1997年执政后在教育上采取的

一项重大改革措施，旨在通过管理权的招标，吸引教育以外的社会力量参与教育薄弱地区学校的管理和运作，从而为薄弱学校带来新的管理思路、经验和资金，迅速扭转这类学校的办学质量。

教育行动区一般设在因学生学业成绩低下而需要特别支持的城镇和乡村地区。在这些地区，原先以地方教育行政部门为主导的管理体制已无法扭转学校的不良状况。为了提高这些地区学校的教育质量，政府允许社会各界特别是私营工商企业均可提出申请，在学生学业表现欠佳的教育薄弱地区成立教育行动区，接管所属的公立学校。每个教育行动区所属学校总数不超过 20 所，通常包括 2—3 所中学以及为它们输送生源的小学。教育行动区将享受政府制定的一系列优惠政策。在课程方面，教育行动区加盟学校可以和私立学校一样不受国家统一课程的束缚，它们可以自主设计课程，以适应当地的需要。在课程实施方面也可进行更为灵活自由的改革，以提高学生的读写算水平、降低逃学率、激发学生的学习兴趣等。在人事方面，教育行动区可以不受现行的全国性教师聘任条例的约束，通过提供更加优厚的待遇，吸引优秀的管理人员担任行动区学校的校长，并招聘更多的优秀教师充实教学第一线，以增强加盟学校的师资力量。在资源方面，政府鼓励各教育行动区采取措施实现结盟学校在校舍、图书和设备等方面的资源共享。在经费方面，政府将在日常预算之外每年向每个教育行动区提供 25 万英镑的追加拨款，并希望行动区每年也能从工商界筹集数目相等的配套资金。1998 年 6 月和 1999 年 11 月，政府先后公布了两批教育行动区名单，总数达 66 个，地域遍布英格兰全境。①

尽管政府预计，教育行动区计划的实施将为学校教育带来新的技能、经验、资金和工作方法，从而导致行动区内薄弱学校教育质量的改善和提高，然而英国有关各方对教育行动区计划褒贬

① 参见汪利兵：《公立学校私营化：英国“教育行动区”案例研究》，《比较教育研究》2001 年第 1 期。

不一。地方政府指责它将损害教育的未来和稳定，导致教育制度的私有化；自由民主党教育事务发言人也对由私营企业经营学校深感不安，他们认为如果没有地方教育当局的有效参与，教育行动区计划是不会成功的；教师们对教育行动区的反应比较谨慎；还有人担心一些公司急功近利，不能兑现事先的承诺。①

（三）重视教育培训和倡导终生学习

工党新政府把教育培训和终生学习作为首要的工作重点。1998年2月英国教育与就业部发表了《学习的时代》（*The Learning Age*）绿皮书，认为未来是一个“学习时代”，在这样一个时代，学习机会应向所有人、在其人生的任何阶段、以多种方式提供，而不仅仅意味着在学校学习。绿皮书描述了提供终生学习机会的途径，如广播媒体、国际互联网、公共图书馆和公司内的自学中心等。同时它宣布了两项主要计划：工业大学（the Industrial University）和个人学习账号（the individual learning accounts）。工业大学是一所通过网络向人们提供职业和专业学习机会的“虚拟大学”，个人学习账号是为成人培训提供资金保障的一种方式。绿皮书还宣布建立学习指导机构、全英培训信息热线、国家技术专题研究小组等。同年11月，英国教育与就业大臣大卫·布朗基特宣布，政府将在2000年至2001年度追加拨款5.84亿英镑。此次追加的拨款主要用于：（1）扩大继续教育的规模，加强社会对继续教育的参与，在原定计划的基础上扩大招生20万；（2）改进教学、推广优秀教学成果、加强对继续教育管理人员的培训和加强薄弱院校的建设；（3）帮助学生克服学习障碍，如照看孩子、提供交通便利等，以提高继续教育的巩固率；（4）加强信息技术和通讯建设。

在绿皮书的基础上，工党政府又于1999年发表《16岁后的教育：学会成功》（*Post 16：Learning to Succeed*）白皮书，旨在建

① 参见 Liz Lightfoot, Government Seeks Firms to Take Over Poor Schools, *Electronic Telegraph*, 7 January 1998。

设一种新的学习文化，以加强国家竞争和个人发展的基础，鼓励创新，造就一个具有内聚力的社会。白皮书建议成立英格兰学习与技能委员会，负责提供和资助所有16岁之后的教育培训（高等教育除外）；与地方教育当局建立伙伴关系，共同开发成人和社区学习计划；向成人提供学习信息、建议和指导；与16岁前的教育部门进行合作，以确保整个14—19岁教育的连续性。学习与技能委员会将取代现有的继续教育资助委员会、全国教育培训目标咨询委员会和培训与企业委员会的职能，取消不必要的官僚机构，简化新体制的办事程序，使资金更易于运用到学习者身上。新体制将坚持机会均等的原则，以满足那些在劳动力市场处境不利的人们的需要。此外，白皮书还强调要加强对13—19岁青少年的职业指导和咨询，以及给成人提供各种终身教育机会；同时鼓励企业积极参与职工的终身教育，以增强其在全球市场中的竞争力。

（四）重视高等教育在发展知识经济中的作用

1998年12月，英国政府发表《我们竞争的未来：建设知识经济》白皮书，提出了未来10年英国产业发展的总体思路与要求，明确提出建设知识经济的任务与目标，并对教育尤其是高等教育赋予重任。白皮书指出，从20世纪初起，英国经济便相对衰退，经济增长率低于美国和欧洲主要国家，生产力低于其他西方发达国家20%—40%。未来10年英国的任务就是提高竞争力，缩小同美国和其他西方发达国家的差距，促进英国经济的繁荣。达到这一目标的策略和方法是，走知识经济的道路，以知识的创新、转化来推动经济的发展。

白皮书强调，在当今世界经济日益全球化的新形势下，英国不能用老办法来竞争。资金在流动，技术快速传播，产品可以在低成本的国家制造后销往发达国家市场。英国商业必须具备其竞争对手无法匹敌或模仿的能力。这些独特的能力不在于原材料、土地和对廉价劳动力的拥有，而必须是知识、技能和创造力等，只有创造一个完全由知识推动的经济，才能在未来的竞争中取得成功。白皮书进一步指出，加强科学基础、提高劳动力大军的教育程度和技术水平是建设知识经济的关键问题。它强调，要在知识经济中取得成功，需要转变观念，形成新的思维模式，即对学习和求知的急切，对知识更大程度的接受和吸收能力，洞察新的消费需求，预见商机、把握和创造商机的能力。

白皮书把教育尤其是高等教育在知识经济中的作用，摆在了显著的地位。原英国贸易与工业大臣彼得·曼德逊说，大学不能再是"象牙塔"，而必须成为"经济增长的发动机"；英国的科学基地、大学和实验室中有许许多多的资源和动力被禁锢着，有待解放。白皮书指出，要使科学从根本上商业化，走向市场，实现科研和产业的融通和互动共进，大学要发挥其不可替代的作用。为了鼓励和扶持大学同产业界的结合，白皮书公布了英国政府将实施的若干措施。（1）设立"高等教育延伸基金"，由英国贸易与工业部、教育与就业部和英格兰高等教育拨款委员会共同管理，主要目的是鼓励和支持大学同产业界合作，促进知识转化，使其和教学、科研一起成为大学的三大任务。同时，该基金也将用于加强大学生的就业预备教育，如支持学生取得就业所需的劳动技能、工作经验，开设相关的职业课程等。1999—2000 年度，该基金为大学拨款 1 000 万英镑，以后每年将达 2 000 万英镑。（2）扩大"教学公司计划"的规模。教学公司计划的主要任务是使学者们到公司从事实际工作，进行创意开发，时间可长达两年。规模扩大后，增加的资金将使大约 200 个子项目得以实施。（3）建立全国性的"法拉第伙伴"联络网，其主旨也是促进大学与产业界的联系。

由上可知，工党新政府在教育改革上同样体现了一种"融合"的特色。可以说，这种"融合"也是在寻求英国教育的"第三条道路"，即一种在传统左派和新右派的教育改革之间的"平衡"，如在追求优异与教育平等之间、学术教育与职业教育之间、竞争与合作之间的平衡等。

第七章
学券制理论和教育选择思潮

学券制思想在美国最有影响，学券制项目在美国的实施最为广泛，关于学券制的争议在美国最为激烈。虽然在其他许多国家或地区都存在着学券制这种资助教育的形式，如英国、加拿大、澳大利亚、智利、瑞典、荷兰、中国香港特别行政区等，但作为一种教育私有化的方式，学券制主要是在美国得到大力倡导的，其他国家或地区实施学券制大多在一定程度上受到了美国的影响。所以尽管学券制在各国实施的具体情况并不完全相同，但对美国学券制理论的考察仍有助于理解其他国家的学券制，同时也有助于理解学券制这一相当流行的教育改革措施的基本理论。

学券制是美国第二次大规模公立教育改革的主要措施。美国 20 世纪 80 年代末开始的基础教育改革，主要是针对公立教育的，其改革的基本思路之一是通过公立教育的私有化或者市场化来提高教育的质量。而学券制被广泛建议用来改革公立教育，即通过学券制在教育中引入市场机制创造竞争，通过竞争来提高教育的供给效率。虽然也存在其他教育私有化的方式，但学券制是一种主要的且最有影响力的改革措施。所以对学券制的研究实际上能在很大程度上把握住美国公立教育私有化改革的主要内容，有助于理解这次改革的基本思路和发展趋势。

任何一项教育改革都有其理论基础和现实背景。对学券制的理论研究有助于了解学券制改革的实践及可能产生的改革结果；同时由于对学券制的实践进行研究有现实的困难，这主要是因为在美国事实上并不存在单一的学券制，且美国学券制的实施仍在初始阶段，要对具体的学券制进行研究需要进行实地调查，因此对学券制实践部分的内容只能限于简单的介绍。当然理论总是和实践结合在一起的，但由于本章的容量有限，不可能对有关学券制的问题面面俱到，所以本章不专门对学券制的实践进行研究，只是对学券制的一些基本情况进行介绍，而把研究的主要范围限定为学券制的理论研究。

这更能反映美国学券制的现实情况。在美国基础教育改革的各种措施中，学券制是最有争议的。其他诸如特许学校（charter school）、磁石学校（magnet school）等都有较强的公众支持和政治支持，所以在学术界的争论也较少。而学券制作为一种比较激进的教育私有化改革措施，其实施则是一个相当艰难的历程。在美国，对学券制的支持自 20 世纪 70 年代以来一直在增强，至 90 年代 J. E. 查布（John E. Chubb）和 T. M. 莫（Terry M. Moe）出版《政治、市场和美国的学校》（*Politics, Markets and American Schools*）时达到了最高点。此后，随着对这本书的批评和对各种学券制项目研究成果的出现，以及民主党人克林顿的上台，学券制运动渐趋缓和，人们对学券制的热情也逐渐降温。所以对争议的研究更能客观反映美国学券制的现实情况，同时也有助于我们从不同的角度更客观全面地理解美国学券制这种教育改革措施。

第一节　有关学券制理论问题的研究及基本概念

一、有关学券制理论问题的研究

在国内，对美国学券制的研究是非常少的。至少在笔者所查阅的文献中只有几篇翻译或编译的文章。如国内翻译的 M. 弗里德曼（Milton Freedman）所著的《资本主义和自由》以及《弗里德曼文萃》。《资本主义和自由》一书收入了一篇《政府在教育中的作用》，《弗里德曼文萃》一书收入了《学校的问题在哪里》。这两篇文章基本上表明了弗里德曼关于学券制的基本思想，这是我国了解学券制较早的文献。还有其他一些翻译的文章，如《教育展望》（中文版）翻译了 H. 金蒂斯（Herbert Gintis）的《择校制：问题与机遇》一文，在这篇文章中，作者提出了关于学券制的折中观点。1998 年第 1—2 期的《教育研究信息》中则编译了几篇关于择校方面的论文。另外有一些书也提到了学券制，如张民选在《理想与抉择——大学生资助政策的国际比较》中提到了学券制。但由于学券这种资助方式在高等教育中并不是主要的，所以并没有深入探讨学券制。所以就国内情况来讲，关于学券制最多只限于初步的了解，本章的目的之一就是要把学券制更详细地介绍给国内学术界并努力做一些理论上的分析探讨。

关于美国学券制的研究，英文文献是主要的研究渠道之一。在美国有大量关于学券制的研究成果，这些研究几乎覆盖了学券制的各个方面。在国内可以收集到的比较集中的论文有两期专刊：一是 1992 年《教育经济学研究》（*Economics of Education Review*）第十一卷第四期对择校问题进行了集中讨论，尤其是对学券制在各国的倡导和实施进行了详细的介绍和分析；二是 1997 年《教育经济学》（*Education Economics*）第五卷第三期对学券制进行了讨论，尤其是对学券制的理论和在各国的实施结果的研究，当然主要是关于美国的学券制。此外关于学券制零散的论文有很多，这些论文对学券制的一些具体问题进行了研究。

在英文文献中，冠以学券制标题的专著并不多。笔者所见到的一本研究学券制的专著是 D. W. 柯克帕特里克（David W. Kirkpatrick）在 1990 年出版的《学校教育的选择——学券制的研究》。在这本书中，他极力倡导学券制在美国的实施。但这本书基本上是对学券制的历史和产生背景的介绍，而他对学券制的倡导则近乎于一种口号，而不是基于理论分析。尽管以学券制为标题的专著不多，但对学券制进行研究的书又的确不少。这主要是因为，在美国，一般是把学券制放在基础教育改革、教育私有化、择校等内容中进行研究的。比如 M. 利伯曼（Myron Lieberman）的两本专著《公立教育之外》（*Beyond Public Education*）（1986）和《私有化和教育选择》（*Privatization and Educational Choice*）（1989）。在这两本书中，他从教育私有化对提高教育质量的重要性出发支持学券制这样一种改革方案。查布和莫的《政治、市场和美国的学校》从公私立学校的管理体制的角度提出了学券制是美国公立教育改革的最佳措施。这几本书比较集中地反映了赞成学券制的基本观点。

但许多学者对学券制改革举措成功的可能性一直表示怀疑。比如 A. S. 韦尔斯（Amy Stuart Wells）在《选择的时间到了吗——美国处在择校政策的十字路口》（*Time to Choose-America at the Crossroads of School Choice Policy*）（1993）一书中对学券制的成功实施，尤其对学券制能否促进教育平等表示了极大的怀疑。A. 马斯特（Art Must Jr.）和 L. 韦克（Lowell Weicker）（1992）主编出版的论文集《为什么我们仍然需要公立学校》，从公立学校对美国的特殊意义出发批评了学券制这种会影响甚至破坏美国公立学校，从而破坏美国社会民主基础的教育改革措施。J. R. 赫尼格（Jeffrey R. Henig，1994）在《择校再思考——市场比喻的局限性》一书中提出了学券制是一种幼稚的改革措施，因为这相当于简单地把学校教育与其他商业等同，并没有注意到教育市场的特殊性。P. W. 库克森（Peter W. Cookson）和 N. 黑文（New Haven Jr.）在《择校：为美国教育的精神而斗争》（*School Choice*：*the*

Struggle for the Soul of American Education）（1994）一书中对学券制所引入的市场机制在教育中的运行能否提高教育的效率和公平表示了怀疑。这些书主要从各种不同的角度对学券制的改革建议在美国实施成功的可能性表示怀疑，并提出了反对意见。

关于学券制争议的专著有 K. L. 比林斯利（K. L. Billingsley）主编的《对择校的意见——教育改革争议》（1994）一书。在这本书中，收集了十多位学者关于学券制针锋相对的观点。不过这本书主要是对学券制实践的争议，对理论上的争议未做深入探讨。在 E. 科恩（Elchanan Cohn）和 G. 约翰斯（Gernaint Johnes）1994 年主编出版的《教育经济学新进展》一书中，有一部分是择校经济学，主要是 H. 莱文（Henry Levin）、E. G. 韦斯特（E. G. West）、查布和莫的择校理论。他们在择校理论中阐明了各自关于学券制的观点，反映了关于学券制理论争议的部分观点。还有其他一些著作也提到了学券制，并进行了一定的研究。

有关学券制的英文文献虽然较多，但有关学券制的理论分析则比较零散，缺乏系统性。本章通过研读大量文献力求客观全面地反映学券制的理论及其争议，了解学券制在美国基础教育改革中的现实情况及其地位和作用，同时对其进行简单的分析和评述。

二、美国学券制及其理论的基本概念解析

本部分对学券制在美国的基本情况，从学券制产生的背景、学券制的历史到它的类型也即学券制涉及的主要内容等一一介绍，以使读者对学券制有一个基本的了解，从而为后面关于学券制的理论争议及其评述奠定基础。

（一）学券的界定及几个相关概念的含义

在美国基础教育改革中，虽然对采用学券制促进竞争，提高教育质量的观点有比较一致的看法，但关于学券实际上不存在一个统一的概念，也不存在一个统一的学券制，因此有必要对本章所讨论的学券做一个基本的限定。同时在关于学券制的讨论中，经常要用到一些与学券相关联的概念，为了更清楚地理解学券制，

在这一部分也对这些概念做一介绍。

学券的英文是 education voucher，也有用 tuition voucher、school voucher 来表达同样的意思。关于学券的翻译，在中文文献中有译成教育券、学费券、教育凭证等，这里笔者采用香港学者廖柏伟（Liu Pak-wai）的译法——学券（见 1996 年中国香港特区亚太研究所出版的《学券方案与香港的教育资助》）。

学券简单地说是政府发给学生家长的票券，学生家长可以使用该票券在政府批准的任何学校中支付学费或教育的其他费用。为了进一步理解学券制在美国公立教育私有化改革中的作用，还需了解几个相关的概念。

1. 教育选择（educational choice 或 choice in education）

教育选择是指学生和家长在接受学校教育时所做的选择。从教育选择的范围来讲，它包括两个层次的选择：其一是对公私立学校的选择，也就是我们通常所说的择校；其二是指对不同教育项目、课程、教师的选择。按教育选择的方式划分，它包括市场选择和公共选择。市场选择是指用市场的方法来进行选择，具体包括学费税回扣（TTC：tuition tax credits）①、学费税扣除（TTD：tuition tax deduction）② 和学券。学券是其中最主要的方式。公共选择是指在公立教育范围内对学校或教育项目等的选择，比如特许学校、磁石学校、公开招生（open enrollment）等。

学券是用来实施教育选择的一种工具。学券可以被学生用来支付家长为其所选择学校的学费，学券也可以被用来支付所选修的一门课程、一个具体的教育项目等。不过在教育改革实践中，教育选择的大多数形式，如对课程和教师的选择，是不通过学券来实现的。所以一般意义上所讲的学券是指用来择校的学券，而

---

① 李占鹰：《美国学券制政府争议探析》，北京师范大学国际与比较教育研究所硕士论文，1999.

② Henry Levin，The Economics of Education of choice，*Economics of Education Review*，1991，(2).

把进行其他教育选择，如用来选择课程和教师的学券称为微型学券（mini-vouchers）[①]。本章所论述的学券是指用于在公私立学校之间选择学校的学券。

2. 教育私有化（education privatization）

教育私有化主要指公立学校的私有化。而公立学校私有化的主要方式是通过择校来实现的。家长通过实施择校权利，可以把孩子送到非本学区的公立学校以外的学校就读，从而可以通过公私立学校之间的竞争而达到私有化的目的。学券是实施择校的主要方式，因而也是教育私有化的主要方式，但并不是唯一的方式。比如可以通过契约的方式——即非政府组织与政府签订合约来提供教育服务。不过学券这种私有化的方式较其他方式的一项突出的优点是学生及其家长可以选择教育服务的供给者；同时，又能从政府那里获得购买最基本的教育服务的资金。

3. 择校（school choice）

择校有两个层次：一个层次是学生和家长在公立学校范围内进行选择，这一层次的择校也被称为"有控制的择校"（controlled choice）；另一个层次是学生和家长可以在公私立学校之间进行选择。在本章所提到的择校除非特殊说明都是指后者——即在公私立学校范围内的选择。

最后再申明一下笔者对学券的界定——是指用来选择公私立学校的学券。这样的界定是为了在下面的讨论中有这样一个共识：学券是公立学校私有化的一种方式，关于学券的争议主要是围绕公私立学校和教育私有化展开的。

（二）学券制的产生背景

"如果目前的公立学校系统不是如此持久地、严重地、广泛地损害着我们孩子的教育，不是如此迫切地需要改变，我们根本就不会谈到学券制。"学券制的实施主要是针对公立学校教育质量的

① Elchanan Cohn and Geraint Johnes, *Recent Developments in the Economics of Education*, Edward Elgar Publishing , 1991. p. 265.

下降。很多学者对公私立学校教育质量的比较研究表明私立学校比公立学校的教育质量高，因而建议通过公私立学校之间的竞争来提高公立学校的教育质量。这就导致了美国基础教育择校运动的兴起。

1983年，美国高质量教育委员会的报告《国家处在危险之中：教育改革势在必行》指出了美国公立教育的质量日益滑坡，前景令人堪忧。从此政府在多大程度上能提高教育质量的问题被尖锐地提了出来。政府干预的有效性何在？是否应该让市场来自由调节教育供需？是否应该让家长和学生自由选择学校等一系列问题被提了出来。就是在这种背景下美国公立教育第二次大规模的改革运动轰轰烈烈开始了，具体地说，也就是从1989年布什总统支持择校而开始的。布什的《美国2000年教育战略》是1991年4月白宫颁布的非常有影响力的教育改革文件，在该文件中提出了对教育体制进行根本的、大规模的改革。这次改革的主要原因有两个：一是美国学校尤其是公立学校的质量差，若不对教育进行改革，国家的经济就会陷于停滞；二是传统的教育改革方法，如增加教育开支、吸收更好的教师、提高学术标准、重新设计课程、规定毕业条件、提高教师工资、对教师资格进行鉴定等措施屡遭失败。改革要取得成功，必须寻求新的改革方向。新的改革方向就是对学校的政治运作和管理过程进行改革。改革的指导思想是在教育决策过程中引入市场压力，通过市场竞争来提高教育供给的质量和效率。这次运动主要是从教育的私有化开始的，也就是从择校开始的。

对择校的问题，前面已经提到了两个层次。一是公立教育范围内的择校，对这一层次的择校分歧并不大。以布什为首的共和党和民主党的一些人士都积极支持。但对于择校的第二个层次，即本章所指的层次——把择校扩展到私立学校，就有很大分歧了。布什在1989年就呼吁应把学券扩大到私立学校（其中大多数是教会学校），而克林顿等民主党人则强烈要求把择校限制在公立学校系统内部。尽管在是否应该把学券的使用范围扩大到私立学校上有非常严重的分歧，但学券制在20世纪80年代末90年代初还是获得了广泛的政治支持。到1991年4月，至少有14个州的立法在讨论学券制是否应包括私立学校的草案。1992年由全国天主教教育协会做的盖洛普（Gallup）民意测验①得出结论说：70%的美国人支持学券建议——给每个孩子一定数额的学券，该学券可以在任何公立学校、私立学校和宗教学校兑换入学。而在1991年的民意测验中只有50%的人赞成学券，实际上自80年代以来，赞成学券的人数在逐渐增加，学券的实验项目也在逐渐增加。不过关于学券制的改革建议，从学券思想诞生起就一直存在着很激烈的争议。

学券制的产生还有其国际背景。20世纪70年代中期以来，各国尤其是发达国家的经济朝着国际化和全球化的方向发展，一国的经济力量直接关系其在国际上的竞争力，经济竞争最终表现在教育竞争上。而美国自80年代以来国际经济地位不断下降，举国上下对此十分忧虑，教育则被认为应负很大责任，为了提高美国的国际地位，教育改革受到了前所未有的重视。同时80年代由于一些国家经济私有化的改革取得了一定的成功，这为教育私有化的改革提供了一定的参考经验。美国的基础教育改革是以经济国际化、经济私有化为大背景，并针对公立教育质量的具体问题，以提高教育质量和教育资源使用效率为目标而展开的。

（三）学券制的历史

学券并不是一个新概念，事实上学券的思想由来已久，在美国尝试使用学券进行教育改革也有一段时间了。本部分主要介绍学券制的思想沿革和在美国的发展历程，以期从对学券制历史的介绍中了解学券制的基本思想和发展动向。

1. 学券制的思想沿革

学券制的思想渊源可追溯到英国古典经济学家亚当·斯密。亚当·斯密虽然倡导免费的义务教育，但他认为在学校教育的供给上，应该通过家长选择学校而后由政府向学校支付教育费用。

① 赵中建：《教育可以借鉴吗?》，《教育参考》2000年第3期。

他认为若不通过家长选择而是政府直接为学生支付教育费用，教师就会缺乏努力工作的动力，因而会忽视他的职责。这一思想与他所提出的古典经济学对生产者行为的要求是一致的，也就是对教育供给者的约束。尽管如此，在当时的许多工业化国家里，教育还是采取了政府参与的公共供给方式，这主要是基于要保证每个公民都能获得最基本的教育。1792 年，T. 佩因（Tom Paine）在《人权》（*The Rights of Man*）一书中进一步发展了学券的思想。他提出：每一个 14 岁以下的孩子家长每年都应该得到具有一定面值（当时是 4 英镑）的票券以为孩子支付在校学习阅读、写作、算术等最基本的知识的费用，还应该成立一个由教区区长和每一个宗教派别的教长组成的机构来共同管理学券制的实施。1859 年，J.S. 穆勒（John Stuart Mill）在他的《论自由》一书中首次考察了政府要求公民接受一个最基本的教育和政府供给教育二者的关系。他认为政府只需在法律上保证人人享有受教育的权利并资助教育，不必亲自来生产和供给教育。此后还有众多学者发展和倡议学券制，但在 1955 年以前，学券的思想一直没有引起广泛关注。真正引起广泛关注并运用于教育改革实践的学券制是自由主义经济学家 M. 弗里德曼提出的。他于 1955 年发表了《政府在教育中的作用》，在这篇文章中他明确提出了政府的作用是资助教育而非供给教育，并建议用学券来解决当时基础教育存在的问题。他认为，如果大多数公民不掌握最低限度的文化知识，也不广泛地接受一些共同的价值准则，稳定而民主的社会就不可能存在。为此，政府应该保证公民接受一定的最基本的教育。那么政府如何保证这一点呢？他指出：政府每年给每个孩子的父母一定数额的学券，孩子依靠这些学券接受一定的学校教育，父母可以用这些学券以及其他由父母自己提供的额外的货币为孩子选择政府批准的学校，购买一定的教育服务。教育服务可由营利的私人机构提供，也可由不营利的机构提供。政府的作用是规定可以兑换学券的学校的最低标准，比如教学内容等。这就像政府要保证所有饭馆的最基本的卫生条件一样。这一学券思想实际上成为以后美国各种学券项目的直接渊源。

此后社会学家C. 詹克斯（Christopher Jencks）、律师J. 孔斯（John Coons）和S. 休格曼（Stephen Sugarman）等人对弗里德曼提出的学券思想具体化并运用于教育改革。学券思想发展到今天，可以说已经有了一个相对成熟的理论体系。

就学券制的思想发展来看，可以看出它涉及的一个根本问题就是政府在教育中职能的改变。这就是在学券制下，政府并不直接供给教育，而是资助教育；同时，政府要通过一定的规则来管理学券制的实施。具体地说就是：（1）政府要为所有的学龄儿童提供学券；（2）政府规定采用学券制的学校必须满足的最低标准；（3）政府通过为家长提供关于学校的信息，解决家长和学校的冲突，确保孩子在满足条件的学校就读，来保证市场机制在教育中的有效运行。学券制实际上是在政府宽松管理下的市场机制中运行。

2. 学券制在美国的发展历程

虽然在20世纪50年代弗里德曼就已提出学券制，但真正的学券制的实施却经历了一个艰难的过程。在美国最早的学券制实验是于20世纪60年代末和70年代初期进行的。当时詹克斯在经济机会办公室（Office of Economic Opportunity，OEO）做顾问，专门研究学券制的可行性问题。他为OEO设计了一个联邦政府资助的学券方案。他所设计的学券方案对参加的学校（主要是小学）有较严格和详细的规定，并且主要是为那些低收入家庭的孩子使用。詹克斯的这个学券方案为参加学券实验的学生家长提供一张价值等于公立学校生均成本的学券，不允许富有的家庭在学券值之外再增加货币来购买更昂贵的教育服务。这样，私立学校就不得不接受那些家庭经济状况不好的学生。他还规定兑换学券的学校不能有政治的、宗教的倾向，也不允许在招收上歧视学生。该学券制还为使用学券的学生提供免费交通，学校则要为家长提供学校的各种有关学生成绩、教师水平的信息，以便家长做出明智的选择。他所设计的学券制虽然很具体，具有一定的可操作性，但由于教师联合会的极力反对，最后只在一个学区——加利福尼亚州的阿勒姆罗克（Alum Rock）学区得到了实验。也正是由于教师联合会的反对，这一实验仅限制在公立学校范围之内，且学区不能解雇那些不能吸引学生听课的教师。这一学券项目实际上并不是真正意义上的学券制，因为它并不是在学券制倡导者所建议的那种市场机制中运行，而是在非常有限制的市场机制中操作的。而且这一项目也是非常不成功的。尽管如此，它却为以后更激进的学券制改革提供了一些可资参考的经验。

在 20 世纪 70 年代后期，学券制的改革措施在许多州都得到了建议。孔斯和休格曼这两位研究学校财政的加利福尼亚州的律师建议在全州实施学券制：每个孩子的家长可得到一张价值为生均成本 90％的学券——大概为 2 000 美元。州政府也可为一些特殊的目的而增加学券数额，如为残疾儿童和接受双语教学的学生提供数额更大的学券。他们所建议的学券制不要求州政府对私立学校进行严格的规章制度管理。他们要求兑换学券的学校不能因种族和宗教而歧视招收学生；同时这一计划也要求为学生提供交通和为学生家长提供信息服务。实际上孔斯和休格曼所设计的学券计划主要是从教育财政公平的角度来考虑的。

20 世纪 80 年代中期，由于学券制在联邦政府和州政府的立法上屡遭失败，对学券的呼声有些减弱。但在 1990 年，查布和莫出版了《政治、市场和美国的学校》，这本书可以说是对学券制的倡导和支持达到了极点。他们利用统计分析的方法分析了学校管理模式（公立学校的政治管理模式和私立学校的市场管理模式）和学生成绩的关系。他们得出的结论是私立学校的市场管理比公立学校的政治管理更容易使学生取得好的成绩，因为市场管理能够产生有利于学生更好地学习的环境。所以他们认为政府应该只资助教育而不直接供给教育，因为通过市场的方式可以为学生提供更好的教育服务。他们认为采取学券制是提高学校教育质量和效率的最佳措施。

《政治、市场和美国的学校》对美国的择校运动和学券制的实施起了很大的推动作用，支持学券制的力量迅速增强，以至于布什总统在他执政的中期突然从一个只赞成在公立学校内进行择校的倡导者变为彻底地支持学券在私立学校使用，并在 1991 年 4 月颁布了非常有影响力的教育改革文件《美国2000年教育战略》。该文件指出了国家经济的发展必须依赖教育，而教育改革对教育的命运至关重要。该文件大力提倡择校运动，促进学券制在各州的实验和使用。不过结果并不像布什总统想象的那样奏效，国会在1992年通过的教育改革文件中把私立学校排除在择校范围之外（以56∶38否决了学券制）。1993年克林顿执政后，由于他只支持公立学校范围内的选择，对学券制没有给予太多关注。此后由于学券制在立法上遇到了一系列困难，尽管对学券制的倡导仍在继续，但事实上已从高峰跌落。

择校运动在20世纪90年代初达到了高峰，除了阿拉斯加和夏威夷两个州没有任何形式的择校项目外，其他各州都有不同形式的择校项目。就学券制来讲，到1992年至少有14个州在立法上讨论学券计划，如哥伦比亚特区、加利福尼亚、科罗拉多、伊利诺伊、明尼苏达、宾夕法尼亚、得克萨斯等州得到了建议。但由于学券制在实践中存在的一系列困难以及在立法上的困难，使得对学券制的倡导更多地停留在理论上。至1995年，学券制的较大规模实施主要在威斯康星、波多黎各、俄亥俄、佛蒙特等州进行，而学券制运动表现较为突出的州主要有俄勒冈和加利福尼亚等。

（四）学券制的类型——学券制涉及的主要内容

要了解什么是学券制，首先应明确实际上并不存在单一的学券制，只存在使用学券制的不同方法，比如弗里德曼提出的学券制、詹克斯的学券制、孔斯和休格曼的学券制等。这些虽然都使用学券的称谓，使用的方式及其结果却大相径庭。

关于学券制的类型，可以从不同的角度来划分。在《教育券之基本概念分析》中，作者赖志峰把学券制分为七种模式。① 但他的划分基本上是基于学券制的财政方面。由于不同的学券制在很多方面是不同的，很难找到一个统一标准来划分学券制的类型，这里只就学券制所涉及的主要内容来说明学券制的不同。严格来

① 曲恒昌：《当今世界教育私营化特点探析》，《比较教育研究》2001年第1期。

讲这并不是对学券制类型的划分，但这种说明对理解学券制还是十分必要的。一般说来，学券制的不同主要表现在财政、制度管理和信息三个方面。

1. 财政

学券制所涉及的财政问题主要有：学券的数额，家长是否能够增补学券数额，学券是否包含学生的交通费等。在以上任何一个方面的不同都会使得学券的实施结果大不相同。

（1）学券数额问题

许多学券计划都规定了学券的数额大小，一般是和公立学校学生的生均成本相联系。学券数额越大，学生择校的范围就越大，但同时政府和纳税人的负担就越重。如詹克斯设计的学券项目为学生提供一张价值等于公立学校生均成本的学券。威斯康星州密尔瓦基地区的学券项目为低收入家庭的孩子提供的学券值在1992—1993 学年为 2 745 美元，到 1995—1996 学年为 4 375 美元；还有上面提到的孔斯和休格曼为加利福尼亚州设计的学券项目为每个孩子提供一张价值为生均成本 90%的学券——大概为 2 000 美元等。而 1993 年，加利福尼亚州 174 号提案所设计的学券项目则为每个孩子提供一张价值为2 600美元的学券。1992 年，科罗拉多州的学券计划为学生提供的学券值为 2 500 美元。1990 年，俄勒冈州提出的学券计划为每个孩子提供价值为 2 500 美元的学券。还有一些学券计划根据学生所在年级、所修课程、所使用语言、是否有特殊需要来确定学券的数额。比如 1985 年教育秘书 W. J. 贝奈特（William J. Bennet）提出的学券计划规定为那些贫穷的孩子每年额外提供学券 600 美元。总之，学券数额的多少是学券制相区别的一个重要方面。

（2）家长是否能够增补学券数额

如果学券数额为 1 500 美元，家长是否可以另外填上 500 美元，把孩子送到学费为 2 000 美元的学校？同是倡导学券制的，在这一点上可能有很大分歧。比如弗里德曼所设计的学券制是为所有的儿童提供一张等值的学券，家长若要让孩子接受更昂贵的教育，可另付额外的费用。显然，按弗里德曼的这一学券方案，富有的、孩子少的家庭将从中受益。不过，这一学券方案却成为此后的一种特殊学券方案的基础——为贫穷的孩子提供数额更高的学券，以补偿他们家庭教育资源的不足。比如1965年由赛泽（Sizer）和菲利普斯（Philips）提出的学券方案，即为低收入家庭的孩子提供价值更高的学券，以使他们有更多的教育选择。不过这一方案同时也允许那些富人增补学券数额。家长可以增补学券的这种模式遭到了孔斯和休格曼的极力反对。“私人增补学费的自由，使许多人，包括我们在内，都不能接受弗里德曼的计划——无力增补学费的家庭将不得不去上那些学券之外不再另收学费的学校，而比较富裕的家庭却可以自由地在学费高昂的学校中进行选择。”在孔斯和休格曼看来，弗里德曼的学券制违背了一项基本原则，即为所有的孩子提供平等教育机会的原则。而提供平等的教育机会正是孔斯和休格曼倡导实施学券制的主要目的。

（3）学券是否含交通费

学券是否含交通费也是一个重要方面。如果不含交通费，那些家境不好的孩子只能在离家较近的学校中进行选择；若含交通费的话，这虽然有利于家庭收入低的孩子更好地利用择校的权利，但实施学券制的这一项交通成本将减少用于教学的经费，对提高教学水平又不利。一般来讲，出于公平的考虑而设计学券制会为贫穷的孩子提供交通费，如孔斯和休格曼所设计的学券制要求政府为学生提供免费交通，也就是在学券中包含交通费；而出于效率的考虑所设计的学券制则没有特别提及交通费问题。

2. 制度管理

学券制是通过市场机制运行的，是从政府提供教育服务转为由私人市场来提供。但学校必须在满足政府所规定的一些条件下，方能有权利兑换学券。这些基本条件包括课程内容、师资、招生标准等。学券项目的不同经常表现在上述几个方面。

如加利福尼亚州174号提案提出的学券计划对学券制学校的要求非常宽松，它不要求教师有大学学历，对学券制学校的招生政策和课程也没有具体规定，甚至允许私立学校在招生上存在性别、种族、宗教信仰的歧视。弗里德曼的学券计划在这方面的要求也比较宽松，他只要求政府保证学券制学校的基本条件。詹克斯的学券制对课程和招生的要求则很详细。实际上对学券制学校的制度管理构成了学券制理论争议的一个重要方面。因为这首先涉及学券制的公平问题；其次，由于制度管理的严格程度不同，教育市场化的程度也会不同，因而学券制的运行效率可能也会不同。

3. 信息

市场运行的有效性在很大程度上决定于信息的可得性。完全竞争的市场要求生产者和消费者具有完全畅通无阻的信息以做出理性的抉择。

要使市场机制在教育中发挥作用，就必须解决信息问题。在学券制的各种方案中，都涉及向学生及其家长提供信息的问题。比如孔斯和休格曼为加利福尼亚州设计的学券计划要求成立一个学券制学校信息中心。关于学券制学校的课程、教学方法、教师的资格（学历水平、工作年限等）、学校资金的分配等都要定期向该中心汇报。然后该中心再通过学校以外的信息传播途径来散发这些信息。孔斯还要求为那些对学校信息有特殊要求的家长提供一张票券，家长可以用它到信息服务中心找专家咨询。查布和莫所设计的学券制要求建立一个家长信息中心；在全州的许多地方该中心设有办公室，因此家长可以比较方便地得到所需信息。该中心同时还负责对信息进行核实，以防学校发布假信息诱骗家长。还有其他一些学券计划都具体谈到了如何解决学券制运行的信息问题。

总之，要理解学券制，必须清楚不存在一个统一的学券制，只存在某个具体的学券制。关于哪种学券制项目更好，要根据实施学券制的具体情况来分析。不过无论是哪种类型的学券制，都有一些共同的基本的特征，这使得对学券制的理论探讨成为可能。这些共同特征包括：（1）公共资助必须直接拨给学生和家长所选择的学校；（2）家长和学生必须有选择任何他们想去的学校的自由，包括私立学校和宗教学校；（3）每所学校有权制订自己的学费标准；（4）必须允许每所学校采用不同的教学方法；（5）必须允许新学校的建立和解散；（6）不允许学校对生源进行垄断。其中第一条特征是学券制最本质的特征，是学券制之所以得到倡导的主要原因，其他一些特征是保证学券制能够引入市场竞争的前提条件。

第二节　美国学券制理论

一、学券制理论的核心问题

学券制作为美国公立教育第二次改革的主要措施得到了大力倡导，是有其深刻的理论基础的。为分析学券制理论，在本节中先来说明什么是学券制理论的核心问题。

在有关学券制理论的各种争议中，经常涉及教育的资助和供给问题。为了说明什么是学券制理论的核心问题，需要对教育的类型重新划分。和以往对教育类型的划分不同，这里采纳 D.J. 拉姆丁（Douglas J. Lamdin）和 M. 明乔姆（Michael Mintrom）（1997）的划分方法，即通过区分教育的资助和供给方式来划分。这样教育可划分为如下四种类型：A：私人资助、私人供给；B：公共资助、私人供给；C：私人资助、公共供给；D：公共资助、公共供给。在表 7-1 中根据这种划分给出每种教育类型及其典型代表。

表 7-1　教育的类型——根据教育的资助和供给方式来划分

教育的资助	教育的供给	
	私人供给	公共供给
私人资助	A：私立学校和家教（home schooling）	C：消费者付费的和非公共资助的高等教育
公共资助	B：学券制学校、特许学校和不由学校来提供的教育服务	D：传统的公立学校

在以上四种类型的教育中，政府参与的程度是不一样的，其中政府参与最少和最多的分别是 A 和 D。根据以上的划分，学券制理论所涉及的一个核心问题是教育供给方式的转变——也就是教育供给者的转变。一般来讲，对所有儿童都有平等的受教育权这一观点在理论上并无异议。既然承认这一点，那么政府保证这种权利的实现就必然会涉及政府在教育中的作用。学券制理论所讨论的问题的关键是如何界定政府在教育中的作用。弗里德曼倡导学券制时明确区分了政府供给教育和政府资助教育。他认为政府保证所有公民接受最基本的教育意味着政府必须资助教育，但并不意味着政府必须供给教育。而关于如何供给的问题才构成了学券制的主要争论。学券制的主要问题是从 D 到 B 的转移而不是 D 内的转移，是供给教育产品和服务方式的转变，而非教育产品和服务资助者的转变。也就是说，从公共供给转变为私人供给，而资助者仍然是政府或说仍然是靠公共资金。为什么要改变教育供给的方式？这就是学券制理论的核心问题。

另外，由于学券制理论的核心问题直接涉及教育的供给方式，而教育是一种公共物品还是私人物品的问题一直是决定教育供给方式的主要依据。因此，为以后分析的方便，在本节中有必要对公共物品和私人物品的概念进行解释。

1. 公共物品

即满足社会公共需要，由政府财政掌握和提供的社会产品和服务。按照这一定义，公共物品需具备两个条件：一是满足社会公共需要，二是由政府公共部门提供。比如国防、外交、公安、司法等。

一般认为，公共物品有这样一些特征。第一，整体性。公共物品在数量上不可分成细小单位，它所提供的利益也不能被分割而由个别消费者单独享用。第二，消费上的非排他性。即公共物品一旦生产出来，则不论某人是否为它支付了费用，都无法排除他对该公共物品的消费，或者说要排除他对该公共物品的消费，其代价是昂贵的。由于公共物品的整体性，意味着公共物品必须由社会中多人联合消费，而且在一定程度上，增加一个人的消费，并不减少他人的消费。实际上我们将完全满足以上两点的物品称为纯公共物品。

2. 私人物品

私人物品与纯公共物品具有完全相反的性质。第一，私人物品不具有整体性，它可以分割，可为个别的消费者单独消费。第二，在消费上具有排他性。也就是说，私人物品的利益只为购买它的消费者个人单独享有。比如面包，当一个消费者对一个面包进行消费时，就排除了其他消费者对该面包的消费。

3. 准公共物品

准公共物品介于以上两种物品之间。它不完全满足纯公共物品的特征，也不完全满足私人物品的特征。这类物品具有这样一种性质：在对该商品的总支出不变的情况下，某个人消费的增加并不会使他人的消费代之以等量的减少。比如，如果某人在一条很少有人使用的高速公路上行驶，则这条路对于其他人只有轻微的减少，这条公路便是准公共物品。

就以上几个特征来讲，消费上的特征最易于区分各种物品的不同。对于私人物品，消费者 X 增加消费一个单位使得他人的消费减少一个单位；而对于纯公共物品，消费者 X 增加消费一个单位，并没有导致他人消费的减少；对于准公共物品，消费者 X 增加消费一个单位使得他人的消费量有轻微的减少——当然是小于一个单位。这种区分对教育供给方式的讨论至关重要。（这里在“轻微的”下面加重点符号是要说明：私人物品、准公共物品和公共物品之间并不是等距的，准公共物品更接近于公共物品，这也是为什么在讨论中会存在“对公共物品和私人物品的划分”这样的提法。）

这里还有一点要说明的是，国外学者和我国学者在使用以上几个概念时是有区别的。国内学者所使用的私人物品、准公共物品和公共物品分别相当于国外学者所使用的私人物品、公共物品和纯公共物品。由于本文对学券制的研究所参考的主要文献是英文的，因而这里采用国外学者的用法。在下表中所使用的概念也是国外学者的用法。物品的分类、特征、供给方式和实例见表7-2。

表 7-2　物品的分类

	特征	供给方式	实例
私人物品	可分割性 消费的排他性	私人通过市场方式供给，向消费者直接收费	食品、服装
公共物品	部分整体性 消费的部分排他性	政府直接供给或政府资助、私人通过市场供给	学校、医院、公路
纯公共物品	整体性 消费无排他性	政府供给且政府资助	国防、外交、公安、司法

关于教育产品的性质并没有完全一致的看法。这需要区分是哪一层次的教育。比如对于高等教育，大多数经济学家认为，它不是公共物品，因而在供给方式上采取私人供给并没有多大异议。而对于义务教育（在我国相当于基础教育），经济学家则有不同的看法，因而对义务教育的供给方式——是政府供给还是私人供给也就有了不同的观点。笔者认为根据以上界定，基础教育或说义务教育是公共物品（这里把基础教育和义务教育等同使用，是因为美国的义务教育是12年，即从小学到高中，而这也正是美国学券使用的范围）。首先，义务教育的产品具有部分整体性。一方面，义务教育具有广泛的外溢效应。一些人接受义务教育也使其他人从中间受益，也就是说，其他人也一定程度上联合消费了只有部分人接受的义务教育。另一方面，受教育者个人从义务教育中获得的知识和技能，有助于他获得较高的个人收入（相对于那些没有受过教育的人）。其次，从理论上讲，义务教育在消费上具有无排他性，因为它是强制的免费教育，所有的学龄儿童都有权利接受义务教育，一个孩子接受义务教育并不影响其他孩子接受同样数量的义务教育。不过，从实践上讲，义务教育又具有一定程度上的排他性。因为无论在哪个国家，用于义务教育的教育

资源总是有限的，要为所有儿童提供同样数量和质量的义务教育是不可能的。这种对教育资源竞争性的存在就注定了当某学生消费一定数量的教育资源时，其他学生可消费的教育资源就会在一定程度上有所减少。在发展中国家当普及义务教育的目标尚未实现时，尤其如此。在发达国家，义务教育的排他性则主要表现在对优质教育的竞争上，择校的存在也正是对优质教育竞争的一个反映。此外，各国义务教育的价格（学费）都是靠法律来规定的，而不是靠市场供求关系来调节的，这也说明了义务教育是公共物品。

二、学券制实施的直接依据

在美国，大力倡导学券制实施的直接原因是公立学校的教育质量越来越糟。因而许多学者建议通过公立学校私有化来提高公立教育的质量。为证明教育私有化在教育改革中的重要作用，研究公私立学校的特征及其区别构成了对学券制理论进行研究的一个重要组成部分。这主要有直接和间接两方面的证据。间接证据主要是通过对公私立学校的学生成绩的比较来说明私立学校比公立学校在满足教育的数量和质量需求上更有效；直接证据是对所实验的学券制项目的研究。在美国，由于目前关于学券制项目的实验尚处于初级阶段，能够科学地进行跨时间的研究并不多，只有一些零散的对某个具体的学券项目实施的研究成果，认为学券项目的实施可以提高家长对学校的满意程度和学生的学习成绩等。但关于这些研究结果的争议一直很大。在这里主要提供支持学券制的间接证据，也就是对公私立学校质量和效率的比较研究——这实际上构成了学券制实施的直接依据。

在美国，有许多研究表明私立学校比公立学校更有效。这些研究一般是以公私立学校的学生成绩为基础的。其中最具影响力的研究是基于两个大规模的全国性调查，一个是对美国 1 015 所中学的 58 000 名学生的学习情况的调查，以下简写为 HSB（High

School and Beyond study)①；另一个是对教育管理人员和教师的调查，即 ATS 调查（Administrators and Teachers Survey)②。这两个调查为公私立学校的比较研究提供了丰富的数据来源。

1982 年，J. S. 科尔曼（James S. Coleman)、T. 霍弗（Thomas Hoffer）和 S. 基尔戈（Sally Kilgore）出版了一本《中学生成绩：公立学校、天主教学校和私立学校的比较》。这本书就是对 HSB 的数据分析。研究结果表明，当控制了 17 个变量后（包括家庭收入、种族、父母教育水平、家庭人数等)，天主教学校和其他私立学校的学生在词汇和数学方面比公立学校学生成绩高。从对 HSB 的研究中，很多学者都得出了同样的结论。如桑德（Sander）发现天主教学校学生比公立学校学生在词汇、阅读、数学方面的成绩好。对 HSB 的研究，也有基于其他变量来分析的。如埃文斯（Evans）和施瓦布（Schwab）对 HSB 的数据分析不是基于对学生成绩的分析，而是对完成高中升入大学的学生比率进行分析。在保持其他变量不变的情况下，他们发现天主教学校的学生比公立学校的学生完成高中的比率高 12%，升入大学的比率高 14%。

对 ATS 的研究，也构成了公私立学校比较研究的一个重要部分。而查布和莫基于 ATS 所做的数据分析及其结果是最具影响力的。他们的研究表明，在控制了学生背景这一变量后，私立学校学生的成绩明显比公立学校的高，因而他们认为私立学校比公立学校在提供教育服务上更有效。

除了对公私立学校的效率进行比较外，也有研究比较了公私立学校的教育成本，并认为私立学校的成本普遍低于公立学校。比如洛特（Lott）曾发现公立学校的运行成本比私立学校高 80%。仅就教师工资来讲，他发现公立学校教师的工资比私立学校

① 李占鹰：《美国学券制政府争议探析》，北京师范大学国际与比较教育研究所硕士论文，1999.

② Henry Levin，The Economics of Education of choice，*Economics of Education Review*，1991，(2).

高 20%。

总之，在美国支持学券制的实证性研究主要集中于评估公私立学校教育质量的差别。正是基于诸多表明私立学校比公立学校教育质量高的研究结果，一些人极力建议用学券制来扩展教育的私立化，从而提高教育的整体质量。

关于私立学校比公立学校教育质量高的原因，亨德森（Henderson）分析认为这是因为私立学校具备这样两个基本特征：分权决策和利润动机。而这与公立学校的特征，如政府垄断，缺乏降低成本、提高质量的动力等正好相反。由于使用学券资助教育的这样一种方式有利于消除政府对教育供给的垄断和促进生产者的利润动机，因而它作为教育私有化的主要方式在教育改革中得到了广泛的倡导和大力的支持。

关于公私立学校学生成绩差异和其他方面区别的研究为学券制提供了最直接的依据。但这种研究仅仅是基于这样一种教育目标，也就是教育要满足消费者的需要，而消费者仅指学生及其家长。但教育作为社会有机体的一个重要组成部分，其功能远不止于此。

三、学券制的经济学理论

在美国，实施学券制除了其特殊的教育背景外，还有其深刻的经济学理论。而这种经济学理论实际上又是以对公私立学校的研究为基础的，对公私立学校的比较研究为在教育中引入市场机制提供了理论依据。正是因为私立学校的教育质量普遍比公立学校高，通过公私立学校之间的竞争来提供高质量的教育便成为倡导学券制的主要理由。而学券制的经济学理论基础就是鼓励竞争、减少政府干预的古典经济学。也就是通过市场和个人的理性选择行为来实现生产者的利益最大化和消费者效用的最大化，具体地说，就是市场竞争和消费者主权自由的原则。

（一）市场竞争

从古典经济学的角度来考虑教育问题实际上是把教育作为一

种消费商品。古典经济学的基本原理是：竞争可以促进资源配置的最优化，并使厂商提供最好质量的产品和服务。

按照古典经济学的原理，政府不应该作为教育的生产者来提供教育。因为这样会形成对教育市场的垄断，也就是说，对公立学校的税收支持会扭曲学校教育的消费者和生产者的动机。消费者动机被扭曲是因为在一个学区里的居民被鼓励送孩子在该学区的公立学校就读，而不是到私立学校或其他学区的公立学校就读，因为在后者就读要交费。生产者动机被扭曲是因为一个学区的公立学校和其他可能的选择之间的差价使得该学区的公立学校对该学区的居民有一定的垄断权力，因此即使这些公立学校不能提供家长所期望的教育类型和质量，也仍然有稳定的生源。要提高教育资源的配置效率，从理论上讲，就应该消除对生产者和消费者动机的这种扭曲。

通过学券制可以引起教育产品供给者之间的相互竞争，从而可以消除生产者和消费者动机的扭曲，提高资源配置效率。公私立学校之间的竞争会使教育资源向着配置最有效率的地方流动。由于私立学校比公立学校更有效，资源会向私立学校流动，这样就可以扩展教育的私立部门而提高教育的质量；同时，与私立学校竞争的公立学校也会变得更有效。再者，通过学券制而给予学生家长的择校权利可以保护消费者的主权自由。由于家长有更多的选择自由，这样就可以为孩子选择适合他们的学校而接受教育，从而可以增加消费者的福利。所以根据古典经济学的原理，学券制所引入的市场竞争可以促进产品的有效供给和提高教育资源的使用效率。

为什么在各种择校项目中学券制比其他项目得到了更大力的倡导？因为按古典经济学的理论，学券制最符合市场机制的运行，这是由学券制与其他择校项目的不同所决定的。

学券制与其他择校项目在财政上的不同决定了它更符合古典经济学原理。在学券制下，政府机构（无论是联邦政府、州政府还是地方政府）为学生家长提供学券，家长为孩子选择受教育的学校，当孩子入学时，家长把学券交给学校的负责人，学校的负责人拿学券到政府机构去兑换现金——纳税人的公共税收。这样学校的资金是直接由学生数量来决定的。如果一所学校没有吸引足够的学生入学，将在财政上陷入困境而被迫关门。其他择校项目都没有像学券制这样依赖于市场机制。这一点非常重要，因为倡导学券制者认为，在这样一种机制下，学校要想生存，必须对市场需求做出反应，从而有把学校办好的动力。

（二）消费者主权自由

在学券制上，消费者主权的主要体现是"授权家长"。授权家长是学券制的一个非常重要的特征，甚至有的学券制项目被称为"家长选择"项目，比如威斯康星州密尔瓦基地区的学券制项目。学券制赋予家长择校的权利主要是认为家长是教育的消费者，而消费者主权自由作为一项基本原则必须得到保证，所以家长有权利为孩子选择学校。

学券制的倡导者一般都认为学生家长是教育的消费者，他们有权利为孩子择校。家长有权利选择他们想要孩子接受的教育，因为不同的家庭有不同的哲学、宗教价值观。家长有权利用他们的价值观来培养孩子，也有权利选择适当的学校来传递和培养他们希望孩子拥有的价值观。即使在同一种类型的学校，家长也有权利选择最适合他们孩子的教育。某些学生在规模小的学校比在规模大的学校更能取得好成绩；某些学生则在使用特殊教学方法的学校更容易取得好成绩，所以家长需要为孩子做出选择。

弗里德曼认为父母最关心孩子教育，家长对学校教育的监督比官僚的制度对教育质量的提高有用得多，所以他认为家长是唯一可以代表孩子来行使择校权利的人选。韦斯特认为怀疑家长择校的能力是对家长的不信任。他认为如果家长不能做出最有利于其子女的教育选择，那么又怎么能信任家长做为选民参与公共政策能做出正确的选择呢？所以他认为应该赋予家长为孩子择校的权利。

授权家长实际上是把家长作为教育的消费者，认为消费者对教育产品的评估是衡量教育质量的最有效的指标。消费者对教育供给者提供的服务的监督最有利于教育市场满足消费者的需要。但由于客观条件的限制，家长运用择校权利的能力实际上是受到诸多限制的。

在倡导学券制问题上，许多学者都看到了教育并不完全符合市场的运行规律，学券制也有一些不符合古典经济学基本假设的要素。马萨诸塞州立大学经济学教授赫伯特·金蒂斯对此采取了一种折中的观点。他认为教育虽并不完全符合市场规律，但可在实施学券制时制定一些基本的规章制度，即适当调整教育中不适合市场经济的部分，以减轻市场失灵。他还具体地提出了政府如何对学券制做适当调整才有助于其成功实施。比如古典经济学中所说的产品是指私人物品，对私人物品的供给采取市场的方式是最有效的。但教育不是私人物品，教育的社会收益对民主社会的发展必不可少。对此，赫伯特·金蒂斯建议当采纳学券制时，政府为保证教育社会收益的实现，应该采取一定的措施。比如只有当学校的课程反映出一定的社会价值，政府才批准该学校可以兑换学券。再比如，如果对多元文化的了解是一种公共物品的话，那么政府可以给那些招收各种背景的学生的学校提供额外补助，对那些招收单一学生群体的学校则收税或给予其他惩罚。

总之，基于古典经济学的"看不见的手"的基本原理，学券制在美国基础教育改革中被作为一项最彻底的、最有效的改革措施。

四、学券制的社会学理论

在美国，倡导学券制主要是一种经济学理论，虽然也考虑了学券制对促进教育机会均等、社会公平、种族问题等的影响。比如弗里德曼最初倡导学券制的时候，就提出了学券制可以促进教育机会的均等。他认为目前的公立教育是一个双重悲剧，因为黑人儿童的教育最糟糕，而按照政府的一贯说法，公立教育的最大受益者是穷人和被压迫者。这反映了公立教育在教育机会和教育资源分配上的不平等。"就目前看来，我们的教育制度是在加剧这种贫富差距，而教育也是最有潜力来缩小这种差距的力量。当学券制使得对私立学校的需求大大增加后，便可以加速教育的私有化。”（弗里德曼 1997）在《美国 2000 年教育战略》中，也指出了学券制的实施将会有利于处境不利者，“富有的家长，无论是白人与否，已经有学校选择权。他们可以转校，或负担私立学校的教育费用。新的选择政策的最大受益者是那些现在没有选择权的人们”。①

赫伯特·金蒂斯认为，在美国由于地方所得税资助地方学校，地方资源的不平衡也就导致了学校所得资源的不平等。而实施学券制可以使教育资源的分配更均等，因为学券制使得学生可以打破地域的限制而读书。这样学生具有很强的流动性，由于学生的流动直接带动资金的流动，所以学券制有利于教育资源的流动。他还指出，在实施学券制时，为了保证资源的均等分配，政府可以做一些规定。比如学券制学校绝对不能在学券数额之外再收取学费，除非有特殊目的。如举办特殊的娱乐活动，但收取的数额必须受到严格控制。

倡导学券制的社会学理论认为，除了有利于教育资源的均等分配外，还有一个原因是，它可以在一定程度上解决美国社会普遍存在的一个问题，即种族冲突问题。弗里德曼在提出学券计划时，针对有些人担心学券制的实施会加剧种族冲突提出了完全相反的观点，即学券制有可能缓和种族冲突。由于在美国私立学校中白人较多，其他少数民族群体的学生很少，处境不利的少数民族学生大多集中于公立学校。他认为由于学券的使用，那些少数民族学生就有权到白人占绝大多数的学校去读书，这样来自不同种族的学生可以在相互尊重各自权利和利益的基础上，为着共同的目标而携手合作。在弗里德曼看来，通过选择而产生、而不是靠强制来实行的种族融合，才是最成功的。尽管也有反对意见认

① 吕达、周满生主编：《当代外国教育改革著名文献》（美国卷·第三册），人民教育出版社 2004 年版，第 225 页。

为学券制会使得学校更加分层化，好的学校为富有家庭的学生提供服务，而不好的学校则为处境不利的学生提供服务。不过倡导学券制者认为，这样不同的学校可以针对不同智力水平的学生群体而招生，从而学生的自信和抱负会增强，因而学券制会为那些特殊群体的学生（少数民族学生）提供更好的教育服务。

严格说来，并不存在一个系统的社会学理论来支持学券制的实施。由于在关于学券制的理论争议中，反对学券制者经常指出学券制的实施会加剧社会资源分配的不平等和种族冲突等，而赞成学券制者则作为一种应答提出学券制会导致完全相反的效果，或者说通过学券促进平等和种族融合只是实施学券制的第二目的，而实施学券制的主要目的仍然是提高教育的供给效率。

五、学券制的政治学理论——查布和莫的理论

在美国倡导学券制的教育改革者中，查布和莫的学券制理论最有影响也最具说服力。所以在这一部分专门介绍和评述他们的学券制理论。

查布和莫在 1990 年出版了一本对美国的择校政策产生重大影响的书，即《政治、市场和美国的学校》。在这本书中，查布和莫基于 HSB 和 ATS 调查比较分析了公私立学校，得出了这样的结论：学校的组织管理影响着学校的内部运作从而影响着学生的学习成绩。他们分三步论述了这一结论。一是学校的组织有效性和学生成绩的关系。他们发现，学校的组织有效性是与学生成绩高度相关的。二是他们研究了学校组织的有效性与学校的自主性之间的关系。他们认为学校组织是否有效是由学校组织是否具有自主性来决定的。三是学校自主性和学校的制度控制的关系。他们的结论是学校的自主性是由学校是由市场控制的（也就是私立学校的运行机制）还是由政治控制的（也就是公立学校的运行机制）来决定的。他们认为美国公立教育的症结是，公立学校是政治控制的（政治控制使公立学校失去了自主性），因而学校产生了无效的组织特征，从而影响了学生成绩的提高。因此提高学校教育水

平的根本改革措施就是要用市场来代替民主政治对学校的管理。

（一）学校组织和学生成绩的关系

在美国，关于公私立学校的很多比较研究都是基于HSB调查，因为该调查提供了关于学生成绩、态度、活动和家庭背景等多方面的有价值的信息。但关于学校的组织方面，所能提供的信息并不很多，为此查布和莫设计了ATS调查来研究学校组织和学生成绩的关系。通过对ATS调查所提供的学校组织特征的分析，比如对学校领导和教师的关系、教学结构和目标、教师的教学方法等的分析，他们得出结论认为，学生学习的有效性并不只是依赖于他们的智商和他们的家庭背景，更重要的是依赖于学校是如何组织的。他们认为效率高的学校具有这样一些特征：强有力的领导、明确的教学目标、优秀的学术项目、教师的专业化、教师之间的友好合作、有序的教学气氛等。而那些成绩不好的学校则具有完全相反的组织特征：学校的领导无力、学校的目标繁杂模糊、教师之间缺乏合作、学术标准低等，这些组织特征直接影响了公立学校的学生成绩。

（二）学校组织的内生性

在论述了学校的组织特征与学生成绩高度相关之后，查布和莫分析了影响学校组织特征的因素。他们认为学校组织是内生的，即学校的组织特征是由控制学校的政治制度所决定的。即学校组织具有内生性——学校的组织特征是学校赖以存在的制度的内生函数。也就是说，一个学校是如何被控制的——制度管理决定了这个学校的组织特征。更具体地说，公立学校受制于科层的民主政治管理，这种科层的民主政治管理决定了公立学校的特征和其在生产教育产品和提供教育服务上的无效性。

从分析学校组织的内生性入手，他们得出了对学校的制度控制是影响学校组织，从而是影响学生成绩的最主要的因素。正是学校组织的这种内生性决定了要研究公立学校的效率究竟如何，唯一有效的办法是比较在制度管理上与它不同的另一类学校——私立学校，而他们的研究结果正是基于公私立学校的比较。同时也正是由于学校组织的内生性，他们认为对学校唯一有效的改革是对学校管理制度的改革。所以他们认为以往教育改革失败的原因就是对学校的改革只是采取了一些修修补补的改革措施，诸如增加教育投资、提高教师质量、严格学术标准等，而不是制度上的改革。

（三）政治控制和市场控制

查布和莫对公私立学校的比较研究是从比较两类学校的制度管理入手的。他们分析了美国公私立学校的管理方式。他们认为，在美国公立学校的具体管理方式可能在不同的州、不同的学区是不同的，但最基本的模式是民主的政治管理。私立学校尽管类别较多，但所有的私立学校都有两个最基本的特征：社会不能通过民主政治直接控制它们，社会又间接地通过市场控制着它们。查布和莫把社会对公立学校的控制称为政治控制，对私立学校的控制称为市场控制。那么这两种完全不同的控制方式对学校意味着什么？

1．学生家长在学校管理中的作用

查布和莫通过家长对学校教育的参与程度来比较公私立学校的不同。他们认为，在美国对地方的公立学校的管理是通过当地选民选举出的学校委员会来管理的，但由于联邦政府和地方学校所在的州政府资助学校，为学校设定标准、制定政策等，所以实际上联邦政府和州政府对学校的控制起着更重要的作用。这样学生家长虽然有合法的权利来对学校的管理提出建议，但他们只是学校制度环境的一个很小的部分，所以不可能对公立学校的管理起主要作用。相反，他们认为私立学校有更大的自主性，它们有权决定自己的目标、学术标准、教学方法等。尽管这些可能反映出私立学校所有者、赞助者等的价值观，但市场机制对私立学校有一个基本的限制，那就是私立学校所生产的教育产品或提供的教育服务必须满足消费者的需要——学生及其家长的需要。所以就单独一所私立学校来讲，不管它的选民群体是谁，都比公立学校的选民群体更集中统一，学生和家长在其中的作用也更大，占有一个更中心的位置。在查布和莫看来，家长能否参与学校影响着学校的效率，同时也是由学校的制度控制决定的。就是说，学校的制度影响着家长的作用，从而影响着学校的效率。

2. 退出和发表意见（exit and voice）

查布和莫借用了赫希曼（Hirschman）的概念——“退出”（exit）和“发表意见”（voice）来论述私立学校的市场控制和公立学校的政治控制如何影响学校的效率。所谓“退出”，是说在学校教育的选择上，如果学生和家长对学校所提供的教育服务不满，他们可以离开这所学校去寻找一所更能满足他们需要的学校。“发表意见”是说当学生和家长对学校提供的教育服务不满时，可以通过学校委员会、教育协会等各种组织和机构来表达意见和提出建议，然后这些组织机构再把这些意见反馈给学校而使学校做出一定的调整。查布和莫认为，私立学校的市场机制有利于实现“退出”这种教育选择，所以更能满足消费者的需要。公立学校是靠各种政治机构来控制的，学生及其家长可以在公立学校系统内部靠“发表意见”来参与学校的管理。而“退出”在公立学校系统中则很少得到应用，因为公立学校更像是一种地方垄断，住在某一学区的学生被分配到某一所公立学校去上学。而公立学校的质量下降不一定会使得家长改变居住地。虽然他们可以考虑送孩子到私立学校读书，但公立学校是免费的，公私立学校的这种成本差异使得家长很难做出这种决定。也就是说，公立学校不必像私立学校那样通过努力满足消费者的需要来获得较好的生源。

总之，查布和莫通过以上分析批评了那种认为给予过于官僚化的公立学校一定的自主权就可以提高效率的观点。他们认为，在不改变目前学校的政治控制的管理体制的前提下，企图通过有限自主权而取得教育改革的成功只能是妄想。他们认为提高学校教育质量的改革并不是简单的学校教育改革，而是一种制度改革——从对学校的政治控制转变为市场控制。因而他们建议必须通过公立教育的私有化，具体地说通过学券制这样一种改革措施来改革公立教育。因为在学券制下，由于家长具有择校的权利，所以可以直接参与学校的管理和监督学校产品的质量；同时，学券制所带来的新的教育资源配置方式也有利于私立学校的发展，因而学校教育可以更好地满足教育消费者的需要。

20 世纪 80 年代以来，美国针对基础教育特别是公立学校教育质量的下降做出了各种努力，采取了各种措施，但这些都没有收到明显的效果。查布和莫对学券制理论的探讨为美国采用学券制改革公立学校的运动提供了理论依据。不过查布和莫的论述中也存在诸多问题。查布和莫认为学券制所创造的竞争会使私立教育部门增加，从而提高教育质量，这一点是值得怀疑的。因为通过学券来扩大私立教育部门而同时保持私立学校的教育质量不变是不可能的。美国私立学校的平均规模比公立学校小得多，且接受政府资助较少，而这一点正是私立学校相对自主、管理灵活，从而质量和效率高的主要原因。私立学校缺乏政府的资助，反而会提高学生和家长对学校活动的参与和献身，通过学券来扩展私立部门而提高教育质量的途径是难以成功的。私立学校可以得到扩展，但再也不是目前的私立学校了，也不是查布和莫所希望的那种私立学校。

总之，在查布和莫看来，学券制是一剂万能良药，可以解决美国公立学校的所有病症。查布和莫通过学校管理的本质来证明私立学校比公立学校效率高，但他们的分析是一维的：私立学校——市场竞争——高效率，并没有注意到教育除了具有促进经济增长的功能外，还必须满足社会民主发展的需要。他们过高地估计了市场对提高教育质量的作用，而关于美国学券项目的实证研究并没有为他们的理论提供充分的证据。

第三节　学券制理论的质疑

一、对学券制实施的直接依据的质疑

倡导学券制者之所以要通过学券制引入市场竞争是因为他们认为私立学校比公立学校可以更有效地提供教育产品和服务。但

许多学者对他们关于公私立学校的比较研究结果提出了批评。

斯坦福大学教育经济学家亨利·莱文首先指出了许多学者在比较研究公私立学校时并未明确指出效率的含义，因而他们对效率的比较也是片面的。当说私立学校比公立学校更有效时，应该明确这是在什么意义上说的。为此他区分了教育在生产社会收益和私人收益上的效率。

莱文认为学校教育主要生产两种产品：私人收益和社会收益。私人收益是指教育产品的利益由私人所获得，社会收益是指不直接增加受教育者个人的满足而扩展到社会各阶层的利益。他认为公私立学校在生产社会收益和私人收益的效率上是不同的，而这是由它们在教育目的上的不同所决定的。公立学校的主要目的是生产社会收益，它要求所有学生接受同样的教学内容，有相似的教育经历。而私立学校的主要目的是为家长和学生提供“非共同教育”，传递独特的价值观，它的招生标准也往往是基于宗教、学生初始成绩、种族、性别等。在美国 26 836 所私立学校中，其中有 21 500 多所学校是宗教学校，其课程内容包括宗教信仰的传授。A. 古特曼（Amy Gutmann）认为在公立学校里，不管是正规课程还是非正规课程，都与民主这一概念密不可分。如它传授的民主道德：来自不同民族、种族、宗教信仰的人应该相互容忍和尊重等。而私立学校往往传授一些与民主道德相悖的价值观。在公立学校中，种族多样化特征比私立学校明显得多：私立学校中黑人学生的比例是 5％，而在公立学校中是 20％，一半左右的私立学校中的少数民族学生少于 5％。在私立学校中，宗教隔离非常显著，这样很不利于民主社会的发展。所以只能说私立学校在生产私人收益上比公立学校也许更有效，而在生产社会收益上则是公立学校更有效。

另外，反对学券制者还对私立学校的效率的度量提出了质疑，因为倡导学券制者在分析学校的效率时，注重的是教育的产出而非成本。效率的真正含义应该是：在教育同等水平的学生时，私立学校是否比公立学校更有效。这就必须考虑公私立学校的成本问题。而赞成学券制者在研究公私立学校的成本上存在着如下问题：一是在计算私立学校的成本时没有包括它所获得的捐赠，而这是私立学校的很重要的一部分教育开支，它实际上减少了学校收取的学费。霍克斯拜（Hoxby，1996）曾发现天主教小学56%的收入和天主教中学19%的收入来源于捐赠。二是在计算公立学校的成本时，没有考虑公立学校学生的特殊性，这就是公立学校常常招收一些处境不利的儿童以及提供一些职业课程。很少有私立学校愿意为残疾儿童提供教育服务或提供职业教育服务，而这两项教育的成本是最为昂贵的：一个特殊儿童的教育成本是一个正常儿童的2.5倍左右，提供职业教育服务的成本是提供普通高中教育服务成本的2—5倍。

总之，关于学券制实施的直接依据——对公私立学校的研究结果是存在很大争议的。虽然有诸多研究表明私立学校比公立学校更有效，但这些研究主要是一种单维的研究，也就是从教育的输出结果——具体地说是从学生成绩的差异比较入手的。而公私立学校学生的成绩差异是否已大到使得教育政策制定者考虑学券制方案呢？在许多证明私立学校的学生成绩比公立学校学生成绩好的研究中，存在着研究方法的问题。比如J. F. 威特（Joan F. Witte）认为，许多学者在对公私立学校学生成绩进行比较研究时，所使用的分析方法是不科学的，他认为多数分析没有很好地控制公私立学校学生的初始变量，科学的方法应该是使用增值法（add-value）。他在控制了学生的初始变量后，发现公私立学校的学生成绩差异并不明显。这样，公私立学校学生成绩的差异并不能表明私立学校比公立学校更有效，对成本的比较应该是效率分析的一个重要方面。

莱文对教育效率的区分有助于理解政府供给教育的必要性。因为靠私人供给教育的学券制方案的实施可能会产生替代效应，即教育的社会收益被私人收益所替代。而这又是因为学校招收的学生数直接关系到其存亡，所以学校在提供教育服务上，更注重满足学生和家长的需要，也就是说更注重生产私人收益。所以，如果说教育的社会收益是教育的重要产品，那么政府保证这种收益实现的职能就不能削弱。

二、对学券制经济学理论的质疑

（一）对古典经济学应用于教育的质疑

在倡导把市场机制引入教育领域这个问题上，很多学者都看到了教育市场在许多方面是不符合古典经济学理论的。这是因为存在着市场失灵，市场失灵破坏了“看不见的手”的作用。在经济领域中，市场失灵一般包括自然垄断、公共物品、不完全竞争市场、外溢效应和不完全信息等，而与教育有关的市场失灵主要是指公共物品、外溢效应和不完全信息。

1. 教育是公共物品

教育作为公共物品常是政府干预教育的重要原因。“对公共物品和私人物品的区分，奠定了以政府为主体的公共经济活动的基础。”对于私人物品来讲，消费者可以根据自己的偏好和收入状况，通过市场程序用货币来决定自己对该物品的需求量。而对于公共物品来讲，由于消费上的非排他性，使得私人生产部门不愿意供给公共物品，往往需要政府来供给。教育作为一种公共物品，如果靠市场机制来调节供需，会导致市场价格体制失效，因为教育的价格不是靠供求关系来调节的，而是一种制度上的安排。

2. 教育的外溢效应

教育具有外溢效应实际上是和教育的公共物品特性直接相关的。“当生产或消费对其他人产生附带的成本或收益时，外溢效应便发生了；就是说，成本或收益被加于其他人身上，然而施加这种影响的人却没有为此付出代价。更为确切地说，外溢效应是一个人的经济行为对另一个人的福利所产生的影响，而这种效果并没有从货币或市场交易中反映出来。”几乎所有的经济活动都有外溢效应，但教育的外溢效应与一般的经济活动的外溢效应是有区别的：在经济活动中，外溢效应有积极的，也有消极的，而就教育来讲外溢效应主要是积极的。教育的外溢效应主要来自两方面：

最基本的教育水平有助于经济的发展，一些基本的价值观念的形成有助于社会整合的需要。具体体现是教育可以促进经济增长，减少贫困，促进社会财富的均等分配，有利于民主社会的形成和发展。

教育的外溢效应是政府参与教育的重要原因之一。也就是说，教育的个人收益小于社会收益，如果只由私人供给教育，难以达到最佳效率。政府参与教育的程度应由个人收益与社会收益之间的差距来决定。莱文论述了教育的外溢效应，他区分了教育中的私人要素和公共要素。他所认定的教育中的公共要素就是外溢效应，并认为这一要素对民主社会的运行必不可少，而市场供给无益于实现外溢效应。他说："教育处于两种相互竞争的权利的交叉点上，第一种是父母为其子女选择教育的权利，第二种是民主社会运用教育来再生产它所需要的基本的政治、经济和社会机构的权利。"在莱文看来，第二种权利尤其重要。"如果说教育中的公共要素是使受教育者获得参与政治、经济和社会生活的基本技能，那么没有理由怀疑实现这一目标的有效方式是政府的参与。"正是教育的外溢效应为政府在教育中的作用提供了理论根据。

3．不完全信息

按古典经济学的原理，有效的竞争依赖于信息对生产者和消费者的可得性。而信息不完全构成了市场机制在教育中运行的主要障碍。教育中信息流通主要存在两方面的问题。一是教育服务是一种特殊的服务，很难像评价其他产品一样来评价教育产品的质量。提供关于学校的课程设置、教师学历、升学情况也许是容易的，但要准确反映学校的教育质量的指标就难以确定了。二是要在一个迅速变化的教育市场（不断有新的学校建立、旧的学校关闭）中向所有的学生和家长提供有助于做出明智决定的大量信息，即建立一个可以随时添加新信息的信息库对市场机制的运行是至关重要的，但做到这一点成本是昂贵的，甚至是不可能的。

4．对授权家长的质疑

授权家长是学券制的重要特征，那么家长是否有能力和是否愿意为孩子做出最佳的教育选择呢？许多学者认为家长有效地使用择校权利实际上是受到客观条件的限制的。

（1）家长是否有能力为学生做出明智的选择？学生作为教育的消费者，有权选择他所接受的教育类型，但学生选择学校受很多客观因素的制约。学生由于年龄和经验的限制，并不真正了解学校教育对他们的影响，他们之所以要上学，是因为父母和法律要求他们这么做。这样家长作为孩子的监护人，有权为孩子选择学校。但一个好的选择无疑要求一定的信息和专业技术。由于贫穷的、教育水平低的家长在收集学校信息、评估学校质量等方面存在一定的困难，所以难以为孩子做出对孩子来讲最有利的选择。

（2）家长为孩子择校是基于他们自己的偏好，而不是孩子的偏好，因而所做出的教育选择可能不利于孩子或社会。比如有些家长持有对孩子无益的教育观念——低估教育在孩子发展中的作用，存在着性别歧视，有不良的价值观念等；家长可能利用为孩子择校的权利来做有利于他们自己而不是孩子的选择；学生消费教育服务有其外溢效应的存在，并非纯粹的私人物品。当教育的私人收益和社会收益不等时，家长趋向于看重私人收益。比如，作为一种公共物品，应"教学生在特殊情况下为了社会利益而自我牺牲"，而私人物品却是"教学生如何实现个人利益最大化"。这样家长所做出的决定是不利于社会的。由于家长择校很可能是为他们自己的利益服务，因而他们所做的教育选择可能对孩子的发展不利，也可能对社会的进步不利。这样家长运用为孩子择校的权利所发挥的积极作用实际上是非常有限的。

在有关学券制的争议中，反对授权家长的理由主要是基于以上两点，也就是家长使用择校权利的能力是受到客观条件限制的。赞成授权家长者认为家长是学校教育的消费者，因而根据消费者主权原则，有权利为孩子择校。然而教育的消费者到底是谁，也就是谁购买了教育产品，教育服务的最终受益者是谁？为此首先需知道教育的产品是什么。一般来讲，教育的产品和服务包括学生的身体、认知、心理运动、精神、与人交往能力等多方面的发展，学生优秀价值观的获得，学校为学生提供的娱乐、饮食及保护学生不受伤害的服务等。购买这些产品的主体是谁？首先学生是学校教育的直接消费者，其次家长和社会也是教育的消费者，因为家长和社会也从学生所受的教育中受益。根据这一观点，把择校的权利完全交给家长是不合理的。实际上学校教育的投资者包括学生及其家长和社会，所以他们都有权来共同决定学生应该接受什么样的教育。政府作为学校教育的投资者，有权干预或供给教育。

（二）交易成本分析

在分析教育为什么应广泛地由政府供给的问题时，反对学券制者采用了新制度经济学中的概念——交易成本。但交易成本在新制度经济学中并没有一个明确的定义。马修斯（1986）提供了这样一个定义：交易成本包括事前准备合同和事后监督及强制合同执行的费用。交易成本的概念最初是科斯在其经典论文《企业的性质》中引入的，交易成本经济学的核心是分析何种交易在何种制度中完成时所付出的交易成本是最小的。一般来讲交易成本的大小是与市场的不确定性和信息的获得紧密相关的。

古典经济学是建立在关于经济人行为的两大基本假设——追求利益最大化和完全理性的基础上的。在新制度经济学中，对以上两个假设做了修正，使经济生活中的人更接近现实的人，即人是“契约人”——也就是人的行为是有限理性的和人具有机会主义倾向。

根据这种假设和交易成本的概念，经济学家解释了企业存在和企业规模的问题。把交易成本的概念应用到教育领域中，究竟教育是采取靠市场机制运行的学券制这种私人供给方式还是采取政府管理的公共供给方式，就要研究在哪一种方式下交易成本是最小的。克拉西斯盖利用交易成本的概念提出了他反对学券制的理由。他认为学生家长和学校并不是学券制的唯一主体，出资的政府同样关心教育中的公共要素。这时，政府就像公司一样要考虑是自己在生产中投入一定资源还是通过市场来购买。公立学校系统代表前者，学券制代表后者。使用学券后，政府为保证大量学校能传递社会运行的基本价值观需支付昂贵的成本。更确切地说（采用威廉森（Williamson）的说法）："当不确定性和供给者的机会主义倾向难以控制时，通过市场把生产任务承包出去的交易成本是相当高的。"克拉西斯盖认为，私立学校在实现学生的私人收益方面也许是成功的，但在社会收益方面如减轻贫困、促进机会均等却是失败的。克拉西斯盖举例说，依靠学券制来减轻贫困可以通过两种办法：（1）保证人人有均等的机会入学，为此政府要通过规章来保证私立学校采取的是随机录取方式，且私立学校有统一的关于学生休学和开除学生的标准；（2）为私立学校提供补偿学券（compensatory vouchers，由于特殊需要而为某些学生增补的学券）以使它们招收一些残疾儿童等。政府要保证这两点需要付出很高的交易成本。学券制的倡导者正是忽略了这一交易成本——一个由学券制所引致的自由的教育市场的有效运行成本。

通过把交易成本的概念引入教育，克拉西斯盖分析得出，当市场在一种不确定的情况下运行时，当信息的获得昂贵时，倡导学券制在经济学里就相当于忽略了一项重要的交易成本——通过市场来控制教育产出的交易成本。正如威廉森所说，交易成本的存在是由于必须解决信息问题和供给者的机会主义倾向问题，否则就难以保证处境不利的学生享有平等的受教育机会。

克拉西斯盖运用交易成本概念分析了政府供给教育的必要性。这种分析为政府在教育中的作用提供了一个新的思路。事实上，学券制的实施会使一个部分分权的教育系统变成一个几乎是彻底分权的系统，这样政府面对的是单个的学生、单个的家长、单个的学校，交易成本必将大幅度增加，再建立一个监督学券制实施的机构必将大量增加公共成本。在讨论学券制的公共政策时应该全面考虑其实施成本。

三、对学券制社会学理论的质疑

在学券制的理论争议上，从社会学的角度来反对学券制的实施是一个重要方面。学券制的倡导主要是基于经济学理论，虽然在设计学券制时也考虑了通过一些必要的规则以使学券制在促进竞争、提高教育质量和效率的同时促进社会流动和公平的实现，但由于学券制在操作上存在着一系列的困难，现有的学券制项目很难为它促进社会公平提供实证性的证据。

学券制的实施会对处境不利群体产生消极影响，这是反对学券制实施的一个重要理由。尽管倡导学券制者认为目前处境不利的学生从学券制中受益最多，然而关于学券制的实证研究并没有为此提供证据。韦尔斯在她对黑人家长使用学券为孩子择校的研究中发现，即使他们有权利为孩子选择好学校——比如白人占绝大多数的私立学校，孩子也很难在好学校里取得成功，相反可能会受到伤害。M. 卡诺伊（Martin Carnoy）和 G. F. 曼斯基（Charles. F. Manski）所做的研究表明，在学券制下受益最多的仍然是富人。处境不利群体并未能很好运用或者不具备很好运用这种选择权利来提高他们教育水平的能力。

学券制还会在一定程度上加剧种族分化和经济阶层的分化。“美国的公立学校是一个大熔炉，学券制破坏了共同价值观的传递。”在美国，公立学校常常被认为是一个大熔炉，在这个大熔炉中，来自不同种族和民族的学生可以学会尊重和理解其他民族的文化，而这构成了美国民主政治的基础。在学券制下，由于私立学校在一定程度上存在着歧视招生，所以竞争的结果很可能是富有的白人以及其他中上阶层的子女在私立学校读书，而公立学校则变成了处境不利学生的保留地。实际上学券制是加剧了种族之间的冲突而非促进种族融合和社会民主。有社会学研究表明，学券制也会加剧经济阶层的分化，因为学校会为吸引特定的学生群体而办，而学生群体的划分在很大程度上是基于社会经济阶层。这样学券制会造成不同家庭按种族和社会阶层的划分。

另外一个经常提到的关于学券制的公平问题是它所引入的竞争是不公平的。因为竞争的一方私立学校并不必像公立学校那样遵守一些政府的最基本的规则。比如接受政府资助的公立学校必须遵守的联邦政府的规定有：1964年民权法中的规定——学校中不能存在对学生种族、肤色、来源国的歧视，1972年教育修正案中的规定——保护妇女和女童在教育项目和活动中的权利，1972年修复方案的规定——学校不能歧视残疾学生，1975年的年龄歧视方案——禁止基于年龄的歧视，此外州政府还对公立学校有一些特殊的规定——比如关于安全、课程、教师证书、环境保护等。而所有的学券制项目在规定私立学校兑换学券上都没有如此严格的规定。学券制不能保障私立学校给学生平等的教育机会，私立学校在招生上会存在性别、宗教、经济地位、身体状况上的歧视。这种竞争的不公平性会创造出一个双轨的教育体制——一个为满足国家和社区需要的公立教育体制和一个为满足特殊消费群体需要的可以不遵守许多政府规定的私立教育体制。

围绕学券制的平等或公平问题所产生的争议实际上反映了保守主义和自由主义在教育上的不同观点。在自由主义者看来，如果A和B有相同的权利去做一件事时，即称他们是平等的。比如说，如果A和B都支付得起在相同的大学读书的学费时，可说他们有平等的教育机会。而保守主义者所界定的教育平等是指法律意义上的平等。在保守主义者那里，政府的作用是保证法律意义上的平等而非经济上的平等。具体到学券制的问题，保守主义者支持它是因为它把以前只有富人才有条件择校的这种现实改变为穷人也能择校，在法律上保证了人人有择校的权利，这就是平等。而多数自由主义者反对学券制所提供的这种平等。在学券的使用上，追求真正的平等不能只停留在法律意义上，而必须创造条件实现事实上的平等。

四、对查布和莫学券制理论的质疑

1990年以前实施学券制的运动比较平静。但这一年查布和莫的《政治、市场和美国的学校》一书的出版掀起了学券制运动的高峰。然而该书出版后不久，就引起了诸多学者的激烈批评。有对他们研究方法的批评，比如布拉克（Anthony S. Bryk）和李

(Valerie Lee) 主要是对他们的数据分析方法提出了批评，认为他们所使用的度量学校组织特征的指标缺乏科学性，所使用的数据也经过了筛选，对研究结果的解释也是夸张的；也有对理论分析的批评，还有对他们所设计的学券制的可行性和公平性的批评。在这里仅介绍弗雷（Donald E. Frey）对查布和莫理论的批评。

弗雷对学券制理论的批评主要有两个方面。一是美国的私立学校大多数是宗教学校，这一事实阻碍了学券制的有效实施；二是查布和莫所设计的学券制在目的和方法上是不统一的。

（一）美国的私立学校主要是宗教学校

在美国，私立学校主要是由宗教组织控制。弗雷认为这一点对美国实施学券制构成了一个重要障碍。而查布和莫在分析私立学校优于公立学校时，忽略了这样一个事实——即大多数私立学校是附属于宗教机构的，是宗教学校。而宗教学校远不如查布和莫所认为的那样高度自主。查布和莫认为利润动机引起竞争，竞争会促进质量糟糕的学校退出教育市场。但事实上，多数私立学校并不具有利润动机；同时竞争也是有前提条件的。查布和莫认为，在竞争的氛围下，家长会依据学术标准来评价和选择学校。如果一个学校不能满足学生及其家长的需要，学生会转学。但家长为孩子选择宗教学校时在很大程度上是受宗教价值的影响而非依据学术标准。许多研究表明，家长为孩子选择学校考虑的第一要素并不总是学校的学术成绩。埃里克森（Erickson）对家长选择私立学校的因素分析表明家长中只有 20.5％考虑的是学术成绩，22％考虑的是宗教因素，17％考虑的是纪律因素。这一事实使得争取更多数量的学券并不能成为学校提高学生成绩的动机，因为学券可能并不被用来提高学校的教学质量，而是被教堂挪为他用。

由于美国的私立学校多数是宗教学校，弗雷认为美国的宗教学校的运行在某种程度上更接近于公立学校，并不像查布和莫所论述的私立学校那样自主，所以也不会成为查布和莫所设想的有效的教育供给者。

（二）查布和莫的学券计划在目的和方法上是不统一的

弗雷还指出了查布和莫的学券制理论的另一个重要缺陷。查布和莫所设计的学券计划的目的是通过它来提高学校的效率和教学质量，但倡导学券制主要是依据经济学的观点，是因为学券制可以作为实现消费者主权自由的一个有效方法，即在消费者主权的前提下实现个人效用最大化。所以只有当消费者个人效用最大化和学校效率一致时，学券制才能起到应有的作用。在弗雷看来，这在实践上是不太可能的，因为实施学券制所要求的各种条件使得它很难提高学校的效率和质量。

查布和莫的学券计划出于平等的考虑，限制家长增补学券值或从学券中获得回扣。这与弗里德曼所提倡的松散管理的学券计划是有很大不同的。查布和莫对学券的这种限制实际上是违背消费者主权原则和效用最大化原则的。如果说学券制是为了在教育中引入市场压力，在不违背消费者主权原则和效用最大化原则的情况下，学券更可能是一种个人利益最大化的工具，而不是提高学校学生成绩的手段。

弗雷还分析了使查布和莫所建议的学券计划失败的几种可能情况。

1. 家长增补学券的情况

禁止家长增补学券可以防止学校按学生家长收入的不同而分层，因而可以减少教育资源的不平等分配。不过查布和莫所作的这种限制是不符合消费者主权原则的，而倡导学券制者正是把消费者的选择自由作为一种市场压力来促进学校提高效率的。有些家长，特别是经济条件好的家长，情愿为孩子购买更昂贵的教育，因为对这些家长来讲，学校由于学生家庭收入的不同而分成不同的等级是更理想的状况，这样更有利于他们孩子的教育，因而他们会寻求一种机制来阻止对增补学券的限制。其实，这样一种机制原本早已存在。私立学校的运行在很大程度上依赖于捐助，这实际上就是一种隐性的增补学券的方式，而禁止这一点是不合法的，因为政府无权干预教会的事情。

虽然穷人也有增补学券的权利，但穷人可以为宗教学校捐助的能力是有限的，而宗教学校在招生上的政策是有助于富人入学的。这样就会出现学券值高的学区和低的学区，实际上同样是教育资源分配的一种不平等。在这种情况下，也无法用学券来提高学校的效率和教育质量。

2. 家长从学券中得到回扣的情况

家长可以从学券中得到回扣会进一步加剧教育的不平等，因此，查布和莫的学券计划限制这一点。然而禁止家长从学券中得到回扣就像禁止家长增补学券一样困难。尽管可以有严格的法律规定禁止这一点，但学校可以为那些愿意为孩子的教育支付少于学券值的家长提供物质上的好处，比如说为孩子免费提供午餐或晚餐等——这样可以节省学生家长在饮食方面的开支，或为学生提供免费校服——节省学生家长在孩子衣服上的开支，等等。家长靠这种方式来吃学券回扣是难以禁止的，这样家长并没有使用学券来提高教育质量，而是服务于他们的个人利益。由此，无论是家长增补学券还是从学券中得到回扣，实际上都是允许学校在价格的基础上竞争而不是在质量的基础上竞争，结果是使学生消费次优而不是最优的学校教育。

弗雷对查布和莫的学券制理论的批评指出了查布和莫理论的重要缺陷。美国私立学校大多为宗教学校这一点不仅对学券制的实施构成了理论上的障碍，而且构成了严重的法律障碍（这一点将在下一部分中提到）。

查布和莫的学券制理论虽然产生了巨大影响，但由于他们所使用的数据分析方法以及他们对公私立学校的比较研究存在着较多问题，所以在理论上遭到了强烈的批评。而学券制的实验又没有为他们提供充分的证据，所以学校教育的改革并没有沿着市场化的方向顺利进行下去。相反，学校教育的改革依然主要是通过学校内部的操作来实行的，比如通过教师专业化、校本管理等方式进行改革。

总之，对学券制能否在教育改革中取得成功的问题，许多学者提出了质疑。反对学券制的理由主要是从教育的社会目标、实施学券制的成本等方面来考虑的。教育作为一种促进资源流动、收入均等和社会公平的手段的重要性不可忽视，因而要保证教育的社会功能的有效发挥，就不能只关注教育的经济功能的实现。采用成本分析方法是反对学券制实施的重要特征之一，这种成本分析的方法既包含了传统的微观的成本——收益分析，也包含了制度经济学的交易成本分析。从学券制的成本角度来讲，莱文的分析指出了学券制理论的一个主要疏漏——在有关学券制的公共政策的讨论中，过去的研究主要集中于对学券制设定的几项有限成本的考虑。倡导学券制者假定市场机制的运行会使教育成本最小化，却没有对学券制实施的成本进行全面考虑。事实上成本的问题是学券制实施的一个重要障碍。

第四节　美国学券制理论争议的分析

一、学券制理论争议的焦点和本质

围绕学券制这种教育改革措施，美国学术界展开了激烈的争论。从以上关于赞成和反对学券制的评介中，可以看出尽管赞成学券制有各种具体的理由，但最核心的是一种经济学的理论观点，即通过在教育领域中引入市场竞争来提高学校的效率和质量。而反对学券制的理论则更多地注意到了教育这种产品的独特性，尤其注意到了教育的外溢效益和教育在社会资源再分配方面的功能。在具体阐述学券制问题上，赞成和反对学券制的学者虽然采取了不同的研究方法，从不同的角度来论述，但争议的焦点是政府在教育中的作用，而争议的本质是学校教育要不要私有化。

（一）学券制理论争议的焦点

从对美国学券制理论争议的评介中，可以看出争议的焦点是政府在教育中的职能，即政府是应该只资助教育还是应该既资助教育又供给教育。赞成学券制者认为政府的作用只限于资助教育。而反对学券制者则认为由于教育的特殊性，如果政府不供给教育，学校教育的产品将不能满足社会的需要。

从美国的教育发展史来看，在建国之初是私立学校占多数，从19世纪40年代起，公立学校运动开始兴起，作为公立教育之父的贺拉斯·曼领导的公立教育运动推动了美国公立教育体制的形成。此后公立学校成为美国基础教育的主要教育机构，学校教育因而也就由政府机构或非盈利机构来管理。人们也就自然而然地接受了这样一种观点：教育应该是国家的职责。而学券制所涉及的一个根本问题是改变政府在教育中的职能，是对传统的政府资助并管理教育的职能的一种质疑。倡导学券制者之所以会对政府干预教育的有效性提出质疑并不仅仅是由公立学校教育质量下降这一教育现象引起的，还有其他一些客观的历史因素。政府在教育中的职能问题事实上是随着美国社会的发展而引起争议的。

1. 从义务教育的产品性质来看，义务教育是公共物品。公共物品除了具有在第一部分中所谈到的一些基本特征外，还具有一个非常重要的内在特性。这就是：公共物品需求的收入弹性大于1。也就是说，在家庭收入较低时，收入中用于食品等满足生理需要的开支比例较大，而用于非生活必需品即精神需要上（比如作为公共物品的教育）的开支比例则较小，所以这时政府供给教育对社会的发展是非常重要的。但当个人的收入超过一定水平时，对教育等公共物品的需求会越来越大。也就是说，随着社会的进步和生活水平的提高，社会对公共物品的数量和质量的需求越来越高，这时，仅仅通过政府供给教育已经难以满足这种需求了。所以，政府职能的改变是与社会的经济发展水平密切相连的。在经济发展水平较低时，为了实现社会发展对公民所应该具备的起码的文化知识和技术水平的要求，采取政府供给的方式甚至是强制入学是十分必要的。但当经济发展到较高程度时，社会对教育的数量和质量的需求变得多元化，因而要求教育的供给能够满足各种消费群体的需要也是必然的。

2. 在美国，倡导政府在教育中职能的转变还有一个文化的原因。在19世纪末和20世纪初期的美国，由于移民大量地涌入，通过教育来融合各民族文化，传递一个稳定的社会所必须的价值观是教育的重要作用之一。政府通过公立学校来供给教育有利于稳定的民主社会的形成。所以，当时美国被称为“大熔炉”，教育对大熔炉的形成起了非常重要的作用。但在20世纪70年代以后，美国的文化取向发生了重大变化，即从倡导单一的美国文化转变为倡导多元文化并存，各民族可以保留、继承、发扬本民族文化，所以美国现在被称为“色拉碗”（salad bowl）。相应地，教育在文化传递和继承上的作用也发生了变化，即教育应该满足不同民族的文化需要。由此，学券制这种增加消费者选择自由的方式自然得到了倡导。

3. 政府职能的转变也是与一定的教育发展水平相联系的。当教育发展水平较低时，由于作为教育消费者的学生和家长也许不能完全意识到教育对他们未来的价值，所以他们对教育的实际需求很可能小于“应该的”需求，这样父母并不能成为选择教育的最佳人选。鉴于此，政府通过颁布执行义务教育法来资助并提供教育产品，对于保证公民享有一个最起码的教育、保证国家的经济发展和社会进步是必要的。当教育发展水平较高时，人们相对更了解他们对教育产品的类型、数量和质量的需求，因而他们有能力也应该有权利根据自己及其孩子的实际情况做出适合他们需要的教育选择。而学券制的产生在一定程度上适应了这种需要，对学校教育的发展能起到一定的积极作用。

由上可见，学券制所要求的政府职能的转变是有其客观原因的。即是说，完全通过传统的政府资助和供给教育的方式来提供教育产品有一定的弊端。从这种意义上讲，学券制提出政府职能的转变有一定的积极意义，为教育改革提供了新的思路。但政府职能的转变并不一定意味着教育质量和效率的提高，因为在不同的时期，政府参与教育的目的是不一样的。在20世纪90年代，美国教育的目标已不仅仅是促进经济的增长，保证义务教育目标的实现；教育同时还必须为促进社会资源公平的分配做出贡献，为处境不利群体的社会流动做出贡献。尽管倡导学券制者认为它可以促进教育机会均等和社会流动，但学券制的实施更是一个实践问题。比如在实践上要使学券制与义务教育的免费原则相吻合，存在诸多困难；在实践上要使学券制促进教育机会的均等，也必须对学券制做出许多具体的限制，这样又削弱了通过学券制引入竞争机制的作用。美国是个多样化的社会，正是这种多样化，才使得传递一些增强社会凝聚力的、统一的价值观至关重要。总之，义务教育要为每个孩子提供平等的入学机会，教育要作为一种促进社会流动的工具，平等必然是一个重要的考虑因素。因此，政府在教育中的作用应该也必须调整，但不能削弱，更不能取消。

（二）学券制理论争议的本质

从上面的分析可以看出，关于学券制的理论争议，最本质的问题是学校教育要不要私有化。在美国，倡导通过学券制来改革教育是在“以私有化为取向”的背景下展开的，学券制只是教育私有化改革的一项具体措施。在分析学券制的理论争议时，必须在教育私有化的大背景下，才可能更深刻地理解它。

关于教育私有化的含义，在学术界并没有达成一致的看法。前面已提到了这一概念，但并没有给出详细的界定。把学券制的理论争议归结为私有化①问题是基于对教育私有化的如下理解。首先，教育私有化是一个过程而不是一个状态，在这一过程中，不断减少和降低对学校的公共所有权、公共财政投入和公共管理控制。也就是说，教育私有化的核心是私人更多地对学校管理的参与和对学校经费使用的控制。学券制是一种公立学校私有化的方式，并不意味着公立学校一定归私人所有，而意味着通过学券的使用减少政府对公立学校的财政投入和对学校管理的参与。其次，教育私有化的目标主要有：提高学校经营管理的效率，增加教育供给方式的多样性和选择性，提高学校对其消费者的责任感。从前面对学券制理论的分析中，可以明显看出学券制具有以上几个

① 李占鹰：《美国学券制政府争议探析》，北京师范大学国际与比较教育研究所硕士论文，1999.

目标。另外，教育私有化并没有一个统一的模式，可以通过各种模式来实现。比如可以通过转移公立学校所有权来进行私有化，也可以通过增加政府对私立学校的财政支持来实现，还可以通过增加私人对公立学校的支持来实现。学券制则主要是通过后两种方式来实现教育的私有化。基于对教育私有化的以上理解，笔者认为学券制是一种教育私有化的方式，倡导学券制主要是想通过学券制使教育私有化，使学校像企业一样运行。这种教育私有化、学校企业化的思想是学券制的基本思想。而反对学券制者则认为教育是一种特殊的产业，不能像其他部门一样进行私有化或说市场化。这清楚地说明，围绕学券制理论展开的争议，其本质是学校教育要不要私有化。

美国公立教育质量的下降的确有学校过于官僚化、管理机构臃肿等管理体制所引起的问题，倡导学校教育私有化就是反对政府对教育供给的干预，主张靠市场自由调节教育供需。这种改革的指导思路可以在一定程度上改变公立教育中存在的无效的组织特征，有利于公立学校对教育的市场需求做出及时和准确的反映，有利于促进公立教育在满足消费者需求方面更加灵活和自主，从而更好地满足社会经济发展的需要。所以说，不管学券制在实践上对提高教育质量和效率的作用如何，但由它所引发的关于美国教育的资助和供给、政府干预和市场调节等问题的广泛讨论，对美国学校教育改革确实输入了新鲜血液，起到了积极的推动作用。

但正如J. 莫克（John Mocker）所说，学券制的倡导者对市场所拥有的热情似乎像个神话，学券制不是万灵丹。也正如大多数学者所指出的那样，教育是一种公共物品，具有明显的外溢效应。教育中完全引入市场机制并不一定意味着教育质量和效率的提高。教育领域中并不存在完全经济学意义上的市场，只存在教育准市场（quasi-market）。而准市场一般是意味着家长选择和学校自主的相互结合、公共责任（public accountability）和政府规章制度。所以教育完全市场化会阻碍教育社会功能的发挥，教育只能在一定的政府规章制度中运行，同时还必须对社会公众利益负责。

教育不能完全市场化，并不意味着教育不能在一定范围、一定环节和一定程度上引入竞争机制。比如在美国教育改革中，特许学校作为公立教育范围的一种选择，相对于学券制受到了更多的肯定。所以在一定范围内引入竞争会提高教育资源配置效率，同时还能兼顾教育的社会收益的实现。总之，国家干预和市场调节的相互结合是一个动态平衡问题，需要根据社会发展的实际情况和教育在不同时期的目标来调节二者的力度和关系。

此外，需要指出的是，美国学券制的产生和发展与其主流经济学密切相关。亚当·斯密在 1776 年的《国富论》中对国家的作用和政府的动机表示了极大的怀疑，他主张靠“看不见的手”支配社会的经济生活，也是在这本书中他首次提出了学券制的思想。然而 20 世纪 30 年代的经济危机导致了西方经济学的一次重大转变，亚当·斯密的经济自由主义学说让位于凯恩斯的国家干预学说。但 70 年代的经济危机又使得主张自由市场调节的经济学变成了主流经济学。也是在 70 年代后学券制的理论得到了进一步的发展，学券制的运动也获得了越来越广泛的政治支持。在布什总统执政期间，他倾向于新自由主义经济学，采取了市场机制调节经济的策略。在教育问题上，布什建议采取教育私有化，缩小政府在教育领域的权限，用市场机制来调节教育的运行。他对学券制的大力支持也反映了他的自由主义经济思想。而自克林顿执政以来，由于他倾向于新凯恩斯主义经济学，推行国家干预的经济政策。他认为政府在教育中的作用不可忽略，政府除了对教育进行资助，保证公民享有最基本的教育权，还要直接参与教育的供给，以保证教育的社会收益的实现。

历史经验表明，如同其他产业的发展一样，没有市场竞争就没有成功的经济，没有政府有效的干预也不可能有成功的经济，在当今世界的教育领域也是如此。一般来讲，市场是与个人利益相关的“半球”，它与私人物品和服务的分配紧密相连。国家是与公共利益相关的“另一半球”，它与集体利益和公共需要紧密相连。在教育领域中，为了保证私人利益和公共利益同时得到一定程度的实现，政府的干预和市场的调节便是不可缺少的两个方面，只能努力在两者之间寻求一种最佳比例的结合，而不是“有你无我”。

二、美国学券制的发展趋势

学券制在美国得到了极力的倡导和轰轰烈烈的实验，通过把资金拨给学生而非学校的教育资助方式——学券制思想也已经有两百多年的历史了。那么学券制的发展趋势又如何呢？正如对学券制理论争议的广泛存在一样，美国学券制的实施也处于一种尴尬的境地：一方面学券制的实施仍将继续，另一方面学券制的实施又面临诸多短时期内无法克服的困难。可以肯定地说，在美国学券项目的实验仍将继续。原因主要有以下几点。

（1）在美国基础教育改革中，要求决策分权化、通过市场机制来配置教育资源的呼声仍很强烈。无论是在学术界，还是在教育改革的实践领域，仍然有一种强大的动力推动着教育改革分权化、私有化的进行。可以说学券制的改革措施适应了这样一种分权化、市场化的教育改革潮流；同时在理论上讲，由于它同以往的教育改革措施有本质的不同，是一种教育资助方式的改革，所以它可以为学校改革注入活力，可以推动学校改革的进一步发展。

（2）教育一直是美国之梦的重要组成部分。在美国，教育一向被认为担负着推动社会进步、解决社会问题的重要责任。要促进国家经济发展，提高生活水平，教育的问题——在目前尤其是担负大多数美国孩子教育的公立学校的问题不可能被轻易忽视。作为择校主要方式的学券制的问题也将继续受到重视。

（3）学券制实际上是美国这个多元化社会对教育提出的特殊要求。美国是一个有着自由主义传统的国家，是一个多元文化并存的国家。就如对其他商品的消费存在多样化需求一样，美国社会对教育产品的消费需求也是多样化的。学券制的产生实际上反映了美国的自由主义传统和美国社会对教育的特殊需求。所以学券制不可能消失，只能是通过不同形式进行改造，以使学券制既可以在一定程度上促进竞争，提高教育质量，同时也能兼顾到教育的社会收益的实现。

尽管学券制的实施仍将继续，但学券制在美国大规模的实施却存在难以克服的困难。在美国实施学券制除了对学券制理论存在激烈争议和学券制在实践上操作的困难外，还有一个更为主要的困难，那就是学券项目在立法上的困难——政教分离问题。

学券制的合法性问题一直是学券制实施的一大障碍。因为学券制被认为违背了美国宪法第一修正案。美国宪法第一修正案规定了政教分离原则。反对学券制者认为政府对私立学校——大部分是宗教学校的资助违背了这一修正案。表 7-3 列出了 1966—1990 年间一些州关于公共资助非公立的宗教学校的态度的调查结果。

表 7-3　1966—1990 年关于一些州的调查结果

年	州	反对（%）	赞成（%）
1966	内布拉斯加	57	43
1967	纽约	72	27
1970	内布拉斯加	57	43
1970	密歇根	57	43
1972	俄勒冈	61	39
1972	爱达荷	57	43
1972	马里兰	55	45
1974	马里兰	56	43
1975	华盛顿	60	39
1976	阿拉斯加	54	46
1976	密苏里	60	40
1978	密歇根	74	26
1981	哥伦比亚特区	89	11
1982	加利福尼亚	61	39
1982	马萨诸塞	62	38
1986	马萨诸塞	70	30
1986	南达科他	46	54
1990	俄勒冈	67	33

通过上表的数据可以看出学券制在立法上的困难。虽然在20世纪90年代初期对学券制的倡导达到了极点，但学券制在大多数州立法上仍难以通过。1991年学券制在许多州的立法上得到了建议，如亚拉巴马、佛罗里达、佐治亚、爱达荷、艾奥瓦、路易斯安那、马里兰、南卡罗来纳和田纳西等州，但在立法上都没有通过。尤其是在克林顿总统上台后，学券制的合法化道路就更漫长了。由于本章主要是探讨学券制的理论争议，对有关学券制与政教分离原则上的争议不做深入讨论，只是提出这样一个影响学券制实施的主要因素。

此外，学券制在美国实施的困难也可以从利益集团的角度得到很好的解释。在美国反对学券制的力量不仅是巨大的而且是非常团结的、有组织的。由于学券制的实施会导致私人供给教育服务的增加，教师有可能被要求工作更长时间，工作稳定性也无法保障等。因此，全国教育协会（NEA）、美国教师联合会（AFT）、全国小学校长联合会（NAESP）、全国中学校长联合会（NASSP）、督导和课程发展协会（ASCD）等全国性组织联合反对学券制在美国的实施。相反，赞成学券制的力量却是极其分散的。就学校教育领域来讲，虽然许多私立学校赞成学券制，但由于美国私立学校的差异很大，并不是所有的私立学校都赞成学券制。一般来讲，天主教和基督教学校一般比较赞成学券项目。而非宗教的、独立的学校以及清教和犹太教学校对学券项目并不热情，他们甚至担心使用学券带来的公共资金，可能会导致政府加强对他们的控制。有些私立学校有稳定的财源，所招收的学生也主要是高收入家庭的学生。他们根本不需要学券来提供资金，况且学券的数额也远远低于他们所收取的学费。对这种学校来讲，学券只是一种对富人的不必要的补贴（被称为中上层阶级的意外收获）。就学券制理论来讲，由于并不存在统一的学券制，有些人只赞成一种类型的学券制，而反对其他类型的学券制，甚至对应该使用哪一种学券制都存在异议。比如有人建议给每个孩子同等数额的学券；有人则建议学券的数额应该根据具体需要而有所不同——比如受特殊教育的学生应该得到数额更高的学券；还有人建议家长不应该在学券的基础上为孩子再补充额外的教育资金；当申请学券制学校的学生超过学校的容量时，有人建议采取先来先录取的方法，有人则建议采用抽签的方法。这样就使得赞成学券制的力量极其分散，而赞成学券制的群体也是无组织的。所以尽管学券制运动在美国得到了大力倡导，但学券制所面临的现实障碍使学券制的实施仍停留在初始阶段，学券制的大规模实施在目前是不可能的。这说明，在考虑一项教育改革措施的可行性问题时，必须考虑改革可能引起的利益集团之间的斗争，因为这对改革的成功至关重要。

三、结论

平等和效率是市场经济中的一对主要矛盾，在关于学券制的理论争议中，也涉及如何解决这样一对矛盾的问题。倡导学券制主要是着眼于效率方面，而反对学券制则主要是着眼于平等方面。虽然在赞成学券制的理论中，有观点认为学券制可以促进平等，但这主要是从理论上说的。就目前看来，学券制在美国的实施并没有取得预想的成功，学券制并没有促进教育机会的均等和处境不利群体教育状况的改善。

在美国，对学券制的倡导更多地是一种理论上的倡导，而学券制本身作为一项政策建议，要求具有很强的实践性，也就是在操作上必须具备实现学券制目标的条件。但学券制在操作上的困难，使得教育机会更加不均等了，低收入家庭的孩子更难接受到质量好的私立教育。因为实际上利用学券进行择校的机会分配是不均等的。首先，低收入、低教育水平的家长一般比高收入、高教育水平的家长为子女择校的机会少，因为富有的家庭可以把孩子送到离家更远的好学校就读，所以同样数量的学券对贫穷家庭的孩子入学就有了更多的限制。其次，即使择校机会分配是公平的，但低收入家长运用择校权利的能力仍然是低的。因为那些教育水平低的家长收集和使用信息的能力低，对孩子所接受的教育质量缺乏正确的评价（除非这种教育相当好或相当坏），所以结果也还是教育机会的不均等分配。这样通过学券制的方法在实践上使得教育的质量和数量分配可能变得更加不平等。

学券制的倡导者认为学券制会为处境不利群体提供更好的教育。但事实上，学券制若要产生这样的效果只能限制在“穷孩子”中间使用。G. 贝克尔（Gary Becker）认为，“最好的学券制应该限制在低收入家庭中”。这话虽有道理，但若如此，学券制的目的只是减轻贫困而非增加教育选择或促进教育的私有化了。虽然学券制可为低收入家庭的孩子提供教育选择机会，但这样一个计划却把注意力从一个更重要的问题上转移开了：社会需要向低收入阶层增加投资。学券制的倡导者却把这样一个问题转到了为穷人提供有效的私立教育上。

关于学券制能否提高教育质量和效率也值得怀疑。倡导学券制者认为通过大规模进行教育的私有化，以私立学校取代公立学校就可以提高教育的效率。但调查表明，对公立学校的支持仍普遍存在，学券制只能使公立学校边际减少，而公立学校的边际减少并不会明显提高教育的效率。

总之，关于学券制的理论争议很大程度上是围绕经济学理论展开的。但笔者想说明的是，经济学理论并不能解决关于学券制的各种争论。学券制的倡导者简单地套用经济学的理论——建议教育的私有化，认为通过竞争的市场就可以更有效地满足学生和家长的教育需求。但是学券制所引入的竞争并不一定是健康的竞争，不一定能更好地为消费者服务。并且教育的功能也不只是满足学生及家长的教育需要，还必须满足社会的需要，必须促进民主平等社会的达成。在通过学券制改革公立学校问题上，为了促进教育功能的协调发挥，政府必须在许多因素之间保持平衡：平等和效率、政府干预和市场调节等。

第五节　教育选择理论

近年来，在美、英等西方国家，教育选择理论迅速传播，各种教育选择形式破土而出，形成一股择校浪潮。在我国各大城市，社会各界对中小学择校也是议论纷纷。尽管各级教育主管部门不时出台一些限制择校的政策规定，但择校仍在无序发展。鉴于此，认真地探讨一下西方国家的教育选择理论及其实践的经验教训，对我国中小学入学政策的调整也许是有益的。

一、教育选择理论的基本架构

早在20世纪50年代，美国学者米尔顿·弗里德曼倡导的学券制实际上已包含着教育选择理论的若干要素。但是，系统、全面、深入地论述这一理论，则是在90年代初。1991年，美国著名学者、教育经济学家H. M. 莱文（Henry M. Levin）发表了《教育选择经济学》（*The Economics of Educational Choice*），E. G. 韦斯特发表了《公立学校和过重的负担》（*Public Schools and Excess Burdens*），标志着这一理论已渐成熟，成为指导美国及其他西方国家择校及教育私营化的主要理论依据。该理论是在全球经济市场化、文化生活多元化、个人需求多样化以及居民生活水平不断提高而公共教育质量日趋下降的形势下产生的。①

（一）教育选择的本质与内容

西方教育经济学家指出，教育选择最深厚的理论基础，在于人生而自由的最根本的哲学理念和信条，即人人享有政治、经济、文化、安全、言论等自由，享有自由选择政治、经济、文化以及教育的权利。也就是说，教育选择权本质上是一种不可剥夺的基本人权，实施和维护教育选择权，也就是维护人权。

① 李占鹰：《美国学券制政府争议探析》，北京师范大学国际与比较教育研究所硕士论文，1999.

教育选择的内容是十分广泛而复杂的，但基本上包括以下几个方面。（1）对学校类型的选择。各种不同背景的学生及家长可以根据自身的需求，选择进入公立或私立、宗教或非宗教、学术或职业等不同类型的学校。（2）对特定教育计划、教育形式或方式的选择。各个学校的课程设置，特别是选修课可能是不同的；各个学校的校风可能有别；各个学校的办学特色和教学方法也可能差别较大；各个学校校规和校纪也不尽相同。学生及其家长有权根据自己的愿望进行选择，以满足其特定的需求。（3）对学校质量的选择。在各种因素的共同作用下，各个学校的教育质量和办学效益是不同的，有的差别还很大。学生及其家长有权选择不同质量的教育，特别是高质量的教育。①

（二）教育选择的原则

然而，专家指出，教育选择是相对的，而不是绝对的；是有条件的，而不是无条件的。因此，实现有效、有益的教育选择必须尊重以下原则并处理好相应的关系。

1. 个人利益与公共利益兼顾

教育既要满足个人发展的需求，又要满足国家和社会培养公民、推进民族团结和国家发展的需求，二者必须兼顾。政府应尊重个人的选择自由，个人进行教育选择时也应尊重国家和民族的利益，而不应损害它。

2. 自愿与强制兼顾

学生个人及其家长有自愿选择教育的权利。但是，如果这种自由不符合或损害国家或民族的利益，那么政府及有关组织机构就有可能限制个人的选择自由而实施强制选择。例如，学龄儿童不去上学而选择前往工厂做工挣钱时，政府将依据有关法律强迫要求其入学。

① Henry Levin，The Economics of Education of Choice，*Economics of Education Review*. 1991，(2).

3. 愿望与能力兼顾

政府无疑应当尊重个人教育选择的自由和愿望，但个人为实现愿望而进行教育选择时，必须考虑自己的能力。作为政府，也应当在力所能及的范围内，对愿望合理而能力不足的学生个人及其家长予以适当的支持。

（三）教育选择的类型

莱文等教育经济学家认为，教育选择可以分为两大类：市场选择和公共选择。市场选择是主要通过市场机制的运作满足学生及其家长需要的教育选择。其主要实施途径是建立和改进私立学校，推行学券制，实行税收优惠或减免等。公共选择是学生及其家长在公共学校体系范围内做出的教育选择。例如，在学区或更大范围内，学生选择自己喜欢的公立学校；选择学区内的磁石学校*；在学校内选择不同的课程计划或教师；等等。

市场选择和公共选择的主要区别在于，前者突破了计划管理的模式和学生必须就近入学的传统做法，学生可以在公立学校和私立学校之间进行自由的选择；高质量、办学特色鲜明的学校也可以吸引学区外的学生前来就读，从而实现学生与学校的双向选择。与此同时，政府不仅对这种选择在法律上予以保证，而且在财政和其他方面也给予支持。而公共选择则狭窄得很，只是在公共教育体系内部做有限的、低层次的选择。

当然，市场选择并不排除政府必要的干预和宏观调整。例如，政府不仅对实施学券制的学校在课程设置、提高必要信息、禁止种族歧视和保证公民教育方面规定了基本的标准，而且，即使对私立学校，也有相应的最低限度的要求。这种必要的、有限度的政府干预，无疑是教育市场选择得以健康运作的基本保证。

市场选择和公共选择有本质区别，但它们又相互联系，相互促进，共同发展。例如，由于得到强大的公共财政的支持，公立学

---

* 磁石学校指的是以自身独特的设施和专门化课程吸引本学区或学区以外学生的学校。

校的办学条件通常优于私立学校，这就迫使私立学校充分发挥市场调节的作用，努力提高教育投资的效益和办学质量，以获得生存和发展；与此同时，面对着充满生机和活力的私立学校和其他市场选择形式，公立学校如不加大改革力度，其固有的地盘和优势便会一天天缩小，由此增加了他们的危机感、责任感，推动公立教育的改革和发展。

（四）教育选择的方式

赫尔希曼等人提出，使各种组织有效地提供服务并对顾客意愿及时做出反应的方式主要有两个：退出和发表意见。退出指的是从一个提供者转到另一个提供者的行动。当一个人不满意一种产品和服务，而用另一种产品或服务取代它时，或者从一个提供者转到另一个提供者以求购买时，人们采用的这种方式就被称为"退出选择"。这种非情感的转移对生产者提供了一个重要的警示信息：如果他们想生存下去，就必须对顾客的这种选择及时做出反应。相反，发表意见指的是通过抗议、讨论、谈判、投票或其他的途径，以达到获得更好服务和及时反馈的目的。这种选择行动，往往带有更大的个性特点，通常需要个人和群体的密切合作才能达到目的。①

教育选择通常就是采用这两种方式。当学生和家长对所上学校不满意时，他们可能采取退出的方式，转至学区内或学区外的其他学校甚至私立学校就读，也可能选择家庭学校（Home Schooling）。然而，这种选择付出的成本往往很高：到距家很远的学校上学，不仅耗费更多的时间，而且将支付很高的交通费，如将家庭迁往新学校所在地，将支付昂贵的搬迁费。因此，退出选择受到某些因素的制约。但是为了孩子未来的发展，许多家长仍然选择了这种方式。发表意见这种教育选择方式比较方便，应用得更普遍。学生家长通过各种途径参与学校的民主管理，力争使

① Elchanan Cohn，Geraint Johnes，*Recent Developments in the Economics of Education*，Edward Elgar Publishing，1991. p. 265.

学生获得质量更高、形式更多样的教育服务。但是，这种教育选择的效果往往有限，因为它是在原有体制和制度的框架内运作，很少触及深层次的问题。

退出和发表意见这两种教育选择方式彼此并非完全割裂，也是你中有我、我中有你、彼此交织的。例如，在家长们进行退出选择的同时，也可能对所选学校的工作积极发表意见，当家长发表意见成效不大时，他们可能转而采用退出的选择方式。

（五）教育选择的形式

教育选择的形式是多样的，而且在不断发展。欧美许多国家都不同程度地进行了教育选择的实践活动，但美国最活跃、最具代表性，因此本章主要介绍和探讨美国的实践。

1. 公共招生和磁石学校

20 世纪 60—70 年代，体现公共选择精神的公开招生（Open Enrollment）和磁石学校（Magnet School）得到了一定的发展。所谓公开招生，就是允许适龄儿童到居住地以外的公立学校就读。所谓磁石学校，指的是以自身独特的设施和专门化课程吸引本学区或学区以外学生的学校。这些学校的共同特点，就是打破学生只能在居住地入学的传统，学生可以在更大的公共教育系统范围内进行教育选择。

2. 学券制

简单地说，学券制就是给学生家长发放一种证券，学生家长可以使用该证券在政府批准的任何学校中支付其子女上学所需的学费或其他教育费用。实践中，学券更多地用于支付到私立学校上学所需的费用。因此，学券制属于教育市场选择。

20 世纪 90 年代以来，学券制在美国得到了一定程度的发展。全美许多州都较大规模地推行了学券制。尽管美国各州学券的面值大多与生均成本相关，但各州的标准并不一致；与此同时，有的州根据学生家庭收入状况规定了不同的学券面值，有的则只有一种面值。同时，各州对获取学券支持的学生资格的规定也不相同，有的规定只有低收入家庭学生有资格享受，有的则无此规定。

3. 特许学校（Charter School）

特许学校虽然表面看来是一种公共教育选择的形式，但实际上是一种公校私营，带有强烈的市场选择性质。具体做法是：某教育公司或个人志愿组合与地方教育委员会签订合同，接管和运营办学质量差、家长不满意的学校；教育当局按当地生均教育经费标准为承包者提供经费支持，并提出办学的质量要求；承包者制订教学计划和质量指标，全权负责学校的管理，包括选聘教师，确定课程、教学内容、方法以及日常管理，目的是通过引入市场机制，提高公立学校的质量。这种办学形式始于1990年，发展很快，目前全美已有1 700多所，其中成就最突出的当属爱迪生公司，它管理着79所不同类型特许学校的3.8万名学生，分布于全国17个州。①

4. 学费税收减免（TTC，tuition tax credits）

美国的一些州规定，当纳税人为其上私立学校的孩子缴纳学费时，他可以申请一定数额的税收减免，以支持其教育选择。教育经济学家认为，公民已经通过所缴税款支持公立学校了，其子女上私立学校交费，意味着他们将支付双重的教育费用，这是不公平的。TTC一般是根据纳税人的收入税而减免的，且所减数额占学费的比例是固定的，减免的数额有一个上限限制，但通常并不限制每家上私立学校的儿童数。也就是，家中有几个孩子上私立学校，就可获得几份减免。

由上可见，20世纪90年代以来的美国教育选择，主要指的是义务教育阶段的选择而不是非义务教育阶段的选择，主要是政府法律和财政支持下的教育选择而不是完全个人付费的教育选择。

（六）教育选择的目的

20世纪80年代以来，西方公立教育体系的弊端日渐明显：管理体制僵化、投资效益下降、教育质量不高，难以满足知识经济时代的挑战。在这种形势下，发达国家特别强调教育选择，则有

① 赵中建：《教育可以借鉴吗?》，《教育参考》2000年第3期。

其特定的考虑和特定的目的：（1）满足知识经济时代居民日益强烈的多元化和多样化的教育需求；（2）通过教育选择，引入竞争机制，用市场的手段实现教育资源最佳配置，提高教育投资效率；（3）通过学生选择，以及相应的师资及其他教育资源的选择，改革管理体制，提高管理水平，激发教师工作热情，提高教学质量和水平；（4）通过教育选择，加速教育私营化进程，建立适应知识经济时代要求的新的教育体制和模式。

（七）教育选择的直接理论基础

教育选择的最直接的理论基础是经济学中的消费者主权理论。西方经济学家认为，物质生产的最终目的是满足消费者的需求。生产什么，生产什么质量和规格的产品以及服务的主权，最终都取决于消费者，这是经济活动的一项基本原则。

20 世纪 80 年代以来，随着市场经济的原则和机制逐渐深入教育领域，不少人开始把教育视为一种产业而不再是一种纯粹的公益或福利事业。他们认为，教育产业包括产品、服务和学校三部分，① 市场经济中的消费者主权理论也适用于教育事业。消费者主权理论为教育选择提供了坚实的理论基础。

西方教育经济学家指出，既然学校教育是一种产业，学生及其家长便是该产业所提供的服务的消费者，学校与学生及其家长之间便是教育产品的生产者（提供者）和消费者的关系，因此，学生及其家长有权对他们所应享受的教育数量、质量、方式、方法等进行选择，政府应当尊重并满足他们的选择要求。例如，不同学生的家庭可能有不同的哲学和宗教价值，不同儿童有不同的兴趣和发展潜力，不同学生可能有不同的学术或职业要求，等等，学生及其家长有权根据自己的需求进行教育选择，作为教育产品提供者的学校或相关的政府部门，应当尊重并努力满足他们的需求和选择。相反，如果忽视或剥夺学生及其家长的教育选择权利，那么，如同经济领域中的计划管理一样，教育服务必然陷入官僚

① 曲恒昌：《当今世界教育私营化特点探析》，《比较教育研究》2001 年第 1 期。

主义和僵化管理的泥潭，无力迎接知识经济的挑战。

当然，教育消费者主权不是绝对的，学生及其家长必须尊重教育选择的上述若干基本原则。

二、对我国中小学入学政策的思考和建议

近几年来，在我国的大中城市，中小学和初中入学问题成了社会关注且争论极大的一个热点。争论的主要问题是：（1）在坚持按居住地就近入学政策的同时，可否允许部分学生在居住地以外的公立学校就读；（2）选择私立学校的学生是否应当获得政府的财政支持以及以何种方式支持。

西方国家较完整的教育选择理论的正式提出只有十年左右的时间，还不完善。例如，教育市场选择与物质生产的市场选择究竟有哪些异同？原因何在？市场选择对教育公平与效率的关系究竟会带来哪些影响？这些不仅在理论上尚未做出令人满意的回答，而且在实践中也暴露出不少问题。然而，笔者的考察和分析表明，这一理论的确是适应时代需要而产生的，在很大程度上反映了现代教育发展的规律，打开了教育改革的突破口，因而具有强大的生命力。中国国情与美国等西方国家不同，他们的选择理论及其实践当然不能照搬。但是其基本精神是适用于我们的，某些具体做法对我们也有参考价值。

1. 西方教育经济学家指出，在现代社会，人们既享受教育的权利，又有选择教育的自由，这是基本的人权。中国作为一个实行市场经济的社会主义国家，其政府是最广大人民群众最大利益的代表者，理所当然地应当支持广大群众的基本权利，支持教育选择。因此，在当前条件下，在坚持就近入学为主的政策的同时，原则上应当允许部分有特殊需要和相应能力的学生到居住地以外的学校就读。当然，在进行这种教育选择时，必须遵循相应的原则。

2. 20 世纪 80—90 年代后，面对知识经济浪潮、人们需求日益多元化和多样化的严峻挑战，僵化的、质量低下的公立教育难以

应对，教育选择，特别是市场选择应运而生。这清楚地说明，现在的教育选择不是偶发的，它是时代发展的产物，是市场经济高度发展的必然结果，是教育改革深入发展的要求。

3. 西方教育选择的理论和实践表明，教育选择的实质是引入市场机制，激发私立学校与公立学校之间、私立学校之间、公立学校之间开展公平的竞争，争生源、争师资、争资源，从而提高办学效益和质量，而不是将大部分公立学校变成私立学校，实行学校私有化。这清楚表明，教育选择不会改变公立学校的性质，没有什么可怕的。即使是私立学校，在社会主义的中国，其基本功能也是培养社会主义的建设者和接班人，是公益性的。因此，政府允许学生在公私立学校之间进行选择，并对符合标准的私立学校进行一定的财政支持是完全合理的和必要的。

4. 美国等西方国家的实践表明，学券制是一种较好的教育选择形式，可以借鉴采用。学券制既可以用于公立教育的选择，也可以用于公私立教育之间的选择。根据中国现行的管理体制，笔者认为，我国的学券制应不同于美国，具体设想有以下几方面。(1) 同一拨款单位（政府）辖区内的所有义务教育阶段学龄儿童可以在该区内选择任何一所学校就读，政府可按该区生均经费和各校实有学生数支付经费。通常可不支付学生因择校离家过远而产生的交通费等开支。(2) 当学生选择辖区外的学校就读时，原辖区应发给该生一张与本区生均经费等值的学券，择校学生可持此券支付学费，而不管就读学校实际教育成本。如学券价值低于该校生均经费，不足部分可向择校学生索取。因择校而追加的交通费也应由择校生负担。(3) 上述学券既可以用以选择公立学校，也可以选择政府认可的私立学校。(4) 政府部门或其委托的中介机构，应及时、准确、全面地向学生及其家长提供有关学校的信息，以供选择参考。(5) 地方可以制定相应的法规支持和规范学券制，但应限于义务教育阶段的学校教育。这种教育选择会不会导致学生混乱、无序地大流动呢？不会的。因为这种择校将激励各校为争夺生源而改进教学，提高办学质量。当绝大多数学校的质量普遍提高，普通校与重点校的差距缩小时，择校的学生人数只会减少而不会增加，况且，择校通常要支付高昂的交通费和其他费用，并带来某些不便，这些将制约无效或低效的择校。

5. 私立学校是推行教育选择的支点和重要砝码，但我国的私立学校起步不久，良莠不齐，政府应制定法律，采取相应措施予以支持和引导。美国、印度、法国等国私立中小学在校生平均占学生总数的 10％左右，大多数国家在 20％上下，而我国尚不足 1％，有很大的发展余地。

教育选择是引入市场机制、优化资源配置、提高教育投资效益和教育质量的重要途径，也是教育改革的突破口。我国实施教育选择的时机已渐成熟，各级政府应当有步骤地加以推动和引导。

第八章
民族主义教育思潮

第一节　民族主义和比较教育研究

一、民族主义和民族主义研究

研究西方民族主义与教育之间的关系至少有以下几个方面的原因。

第一，民族主义是世界现代化过程的产物，它是现代世界进程中最重要、最引人注目的动力之一，凡现代历史中具有世界性影响的重大政治事态，从宗教改革到法国大革命和拿破仑战争，从德意志统一到两次世界大战爆发以及第二次世界大战后各殖民地帝国的瓦解，几乎无不与民族主义相关。在现实当中，无论是左派右派、民主派独裁者、自由党保守党，乃至纳粹与恐怖分子之流，都不同程度地与民族主义有所关联。无论是怎样一种社会政治的理念和实践，都不可避免地涉及民族主义问题。

第二，民族主义成为学术界持久不衰的研究领域。第一次世界大战引发了民族主义研究的第一次浪潮，出现了海伊斯等民族主义研究者；第二次世界大战后民族主义研究的视野拓宽到了亚非拉的新兴国家，美国的一批政治学家和历史学家所创立的"政治发展"及现代化理论把目光投向这些国家，期望在更广阔的时空中理解民族主义，并建立更有普遍概括意义的民族主义理论，同时，他们更关注民族主义在"国家建设"（nation-building）中所起到的作用，及民族主义在现代化进程中的功能与作用。在政治学家和现代化理论的启发下，一批经济学家和语言学家也投入到这个研究领域，着重从民族主义的角度研究经济发展和语言的现代化，围绕民族主义的研究，新学说新理论层出不穷，如政治发展理论、现代化理论、社会动员、社会传播和民族主义，尤其是痛苦门槛理论。美国政治学家勒纳从现代化理论入手探讨了民族主义的发生原因，提出了"痛苦门槛理论"，认为每个民族在进入现代化的"门槛"之时，原先的社会支撑物和社会结构突然崩溃，这使人们充满了压力与痛苦，但又不可避免，于是人们转向了民族主义，因此民族主义是进入现代化"痛苦门槛"时的一种表达。

随着现代化理论引入民族主义研究的领域，很多学者考察了民族主义在传统社会向现代社会转变中的功能。民族主义把共同体的传统和现代化进程联结在一起。现代化问题是指一个国家在政治、经济、科学技术以及文化等方面的进步及其相应的历史过程。

第三，冷战后民族主义的复兴和研究的热潮。冷战结束后，全球范围内弥漫着民族主义的思绪，而西方世界形成了民族主义的强大语境，民族主义作为一种观念体系在其发源地欧洲得到了复兴。当 20 世纪 80 年代末苏欧政治体制崩溃时，西方一些专家即预计今后影响世界最大的力量将是民族主义。事实也是如此，苏欧政治体制崩溃的第一个直接后果便是民族主义在欧洲的复兴，俄罗斯境内民族主义的风起云涌更引起世界瞩目。必须注意到，民族主义不仅仅在东欧风行，即使在英国，爱尔兰民族主义呈现方兴未艾的态势，而以狭隘民族主义为基础的"新法西斯主义"，在德国和意大利也不同程度地卷土重来，整个欧洲看来被民族主义所笼罩，为民族主义大潮所扫荡。

在欧洲民族主义思潮上升的同时，欧洲一体化却取得了较前更迅速的实质性进展，在欧洲形成了欧洲一体化和民族主义的双重认同。

为此，在学术界，民族主义在世界历史和今后世界格局中的作用很快再次受到西方学者的广泛注意，哈佛大学教授亨廷顿把民主政治归于西方文明，认为东方或其他文明与民主政治无缘；有学者把国家的建设和民族主义作为民主政治生存和稳定发展的一个制度前提。在大学，相应的课程纷纷建立，近年来美国历史学会的会刊组织讨论如何将民族主义整合到大学本科的历史课堂中；学术著作也不断问世，学术会议频繁召开。总之，在学术界普遍形成了一种共识，即不了解民族主义就不能了解近现代历史，更无法了解所谓后现代世界。显然，民族主义在西方人文和社会科学研究中再次成为重点关注对象。

二、当代民族主义与比较教育研究

西方教育学术界在民族主义复兴和研究热潮中，召开了研讨会、发表了大量论文等。笔者近年来在对西方教育史和比较教育研究中注意到大量有关这方面的研究。

在西方，比较教育研究与民族主义的兴起是在同一时空线上的，换句话说，正如民族主义是推动现代教育或教育现代化产生的动力源一样①，它也是比较教育产生和发展的动力。实际上，民族主义研究是 20 世纪 20—30 年代西方学术研究领域内一股潮流，其直接原因在于第一次世界大战，它促使人们对人类残酷行为的反思，民族主义的研究是这种反思的直接结果。民族主义问题的研究也直接影响到比较教育和教育史研究领域。与康德尔（Kandel）同时代的一代学者，如孟禄（Monroe）、赖斯纳（Reisner）、杜威（Dewey）等都对教育与民族主义问题进行研究。在孟禄看来，“近代社会的一个显著的政治特征是民族的发展。19 世纪，教育与这

① 朱旭东：《西方早期教育现代化的比较研究》，《清华大学教育研究》1999 年第 4 期。

种发展间的关系彰明较著"①。他认为至少有三个因素决定近代民族（nationalities），即血缘关系或种族、居住或地理界域和文化，在这个意义上的文化是指共同的思想、共同的风俗、习惯和志向抱负。至于其他许多特殊品格，如共同的语言、宗教、法律经常被视为民族性的重要组成部分，但唯有共同的文化才是区别民族性的准则，因为一种民族可以有多种族的人们，可以有多种语言，可以有不同的宗教信仰。孟禄认为从18世纪后半叶开始，共同文化成为民族性观念中占主导地位的因素，这导致了两种相关的重要认识。第一，共同文化是超越社会、宗教和经济派别的一个特征；第二，发现共同文化是一种人为的产物，而且可以制造，这个生产制造过程就是教育的利用。因此孟禄提出了民族主义教育的工具论。19世纪是民族发展的时期，他致力于从民主高度阐述民族性问题和把教育作为一种手段、工具加以利用，教育作为加强民族的力量和团结的手段的重要性，尤其被德意志人所认可。在孟禄看来，所有现代国家都认识到，教育是培养民族性格基本要素的最有潜力的手段；教育是改变智力迟钝、文化落后民族的手段；教育是使弱小国家变成强大国家，通过它们的文化力量和功勋，确保它们在政治世界中安全的手段。孟禄说："过去两百年期间，人类社会发挥巨大政治作用的两种力量是民主和民族（nationality）。两者中越来越强大和主导的是民族。""随着民主思想和实践的发展，民族的强大力量与宗教思想和实践的自由相融合，或依赖于这种自由，最终通过自由移民而打破了种族的樊篱。"②康德尔的《比较教育》③ 一书以民族主义和民族国家作为建构其比较教育研究的理论基础，民族主义是比较教育研究的一个潜在因素，是各国在民族主义立场上的教育交流和对话的基础。因此，有学者提出了"比较教育研究的民族主义悖论"的命题，即

①② Monroe, Paul, Education and Nationalism, in *Essays in Comparative Education*, New York, 1927, p. 1、p. 178.

③ Kandel, I. L., *Comparative Education*, Greenwood Press, 1933.

研究者和研究对象的民族主义立场和比较教育研究的国际视野的矛盾，一方面比较教育具有跨民族和跨国家的国际视野，强调克服民族主义对研究的影响和制约；另一方面，比较教育研究的目的是为本国的教育改革与发展服务，其研究的结果、解释和运用具有明显的民族主义倾向。① 康德尔在把各国的教育制度置于各自的历史和文化背景中，即民族主义立场上进行解释和分析，即以一国的文化传统和国家利益去评价另一个国家的教育制度。康德尔比较教育的民族主义模式表明，一个国家的教育制度具有深刻的民族主义烙印。这里对赖斯纳的公立学校民族主义动力论和布鲁巴赫的历史主义的民族主义教育论进行研究。

第二节 赖斯纳的民族主义教育思想

在教育史研究中，自 20 世纪初开始研究民族主义与教育的关系以来，一直持续到当代，并在新的历史条件下，研究的焦点集中在教育和民族认同的问题上。而在教育史研究中首先要注意到两位教育史学者对民族主义与教育关系问题的研究，他们是赖斯纳和布鲁巴赫。

一、赖斯纳的公立学校的民族主义动力论

赖斯纳的公立学校的民族主义动力论思想主要体现在他先后于 1923 年和 1930 年出版的《自 1789 年以来的民族主义和教育：现代教育的社会和政治史》② 和《公立学校的演变》③。在赖斯纳看来，教育是公共政策，与经济条件、社会组织和政治管理密不

① 郑富兴：《比较教育研究的民族主义悖论刍议》，《比较教育研究》1999 年第 6 期。

② Reisner，E. H.，*Nationalism and Education since 1789：A Social and Political History of Modern Education*，New York：The Macmillan Company，1923.

③ Reisner，E. H.，*The Evolution of the Common School*，New York：The Macmillan Company，1930.

可分，因此要对学校的活动和管理做出明智的规划，教育者就必须关注学校外的重要生活条件，必须能够从更远的和更有包容性的角度来评价教育程序。他认为，政治家要想建设一个公正、有效、繁荣和爱国的民族（nation），他就应当关注学校并利用它们来影响他的目标。他从比较的观点来评价美国对教育的重视程度，根据他的看法，直到第二次世界大战爆发，美国才充分认识到教育作为一种公共政策的重要性，在这点上，美国与世界其他重要国家还有差距。美国对教育政策并不热衷，尽管他们信奉学校，也对支持学校很大度。赖斯纳也认为，研究其他国家已经建设起来的行政管理制度对于提高美国教育效率具有很强的指导意义，在对美国公共教育的精神和方法进行重建的时候借鉴其他国家相似的政策的应用看来是需要的。赖斯纳正是在比较教育对于一个国家的教育政策制度和实施具有借鉴和指导意义的背景下比较研究 1789 年以来法国、普鲁士、英格兰和美国的民族主义对教育所产生的影响，尽管是一种历史主义的，但对于充分揭示国家的社会、经济和政治生活这些重要因素对于一个国家的教育制度所具有的影响，具有很强的方法论意义。

赖斯纳指出，1789 年以来，尽管只有短短的一个多世纪，但这个时期的重大的影响因素却比以往任何时候更加明显，这些因素是民族主义、民主主义和工业生产的工厂制度。赖斯纳于 1919 年在哥伦比亚大学教师学院任教时出版过教育史方面的课程的大纲，题目是《教育中的民主主义和民族主义》（*Democracy and Nationalism in Education*）。在此书中实际上他已提出了推动教育发展的动力因素是民主主义和民族主义两重因素。值得注意的是，赖斯纳在研究过程中汲取了美国教育史学家库柏莱（Cubberley）的《美国公共教育》（*Public Education in the United States*）和由孟禄主编的《教育百科全书》（*Cyclopedia of Education*）中的材料。著名的教育家克伯屈（William H. Kilpatrick）和康德尔都对他的研究给予了很高的评价。

二、赖斯纳的教育发展的三动力因素论

赖斯纳认为，自法国大革命以来有三次伟大的社会运动成为西方教育产生的必要条件，它们是："（1）作为一种政治组织的形式的民族主义的重要性愈益突出；（2）政府控制选举逐步扩大；（3）由于一系列的重要的机械发明应用于交通、工艺和生产过程和货物流通或分配而导致的经济和社会生活的变革。"① 他把这三种运动概括为"民族主义、民主和工业革命"。他指出，它们在形成发展过程中一方面是相互关联和紧密联系的，相互补充；另一方面它们有时会有冲突，无疑它们是影响整个社会生活的先决条件，同样极大地影响到了公共教育。

但相比较而言，美国和欧洲在它们之间的影响程度上是有区别的，也就是说，民族主义、民主和工业革命在影响整个西方世界的时候，在欧洲的表现方式与在美国是不同的。在欧洲，18 世纪后半叶和 19 世纪前半叶一种新的极其重要的民族主义类型是由法国大革命和拿破仑战争而形成的结果。开始时，这种新的民族主义显然与政治权利的自由主义观念紧密相连，但民族主义不断控制着欧洲政府的政策，民主的誓言在政治反动中夭折；1815 年维也纳会议之后，工业革命导致了欧洲普选权逐步扩大和最终实现普选权。而在美国，建立在普选权基础上的民主的全面发展是 1830 年前的事，也就是说，在民族统一实现和美国生活的工业化以前民主已经形成。如果说西欧国家的民主是工厂工人为了改善劳动条件而确保投票权的努力结果的话，那么美国的民主是边疆开拓大量自由土地以及拓疆生活的纯朴性和自然性的结果，而工业革命对美国制度的影响只是在内战之后才明显感觉到的。看来，欧洲和美国在民族主义、民主和工业革命这三者的功能方面是相同的，但在时间序列、重点表现和效果方面却存在差异。

至于对教育的影响，赖斯纳认为，这三种因素都对公共教育

---

① Reisner，E. H.，*Nationalism and Education since 1789：A Social and Political History of Modern Education*，New York：The Macmillan Company，1923，p. 1.

发挥了不同的显著作用。民族主义要求普及教育，其目的是个体力量的全面发展——生理的、智力的和道德的——这样，由个体组成的国家可以实现它的军事和经济的强大实力；民主要求热衷于教育，其目的是广大的选举者大众可以为承担公民责任和权利做好充分准备；经济或工业革命，它把科学、艺术和管理的先进模式广泛地应用于日常生活的事业中，要求所有人的教育，其目的是他们可以成为有效、具有生产性和勤劳的经济成员，既可以满足个体的需要，又可以增强国家实力。这里他指出民族主义是公立学校建立的动力之一。

但同时，由于普鲁士、法国、英格兰、美国各自的历史条件不同，这三种因素在每个国家的表现形式和所起的作用大小也不一样。普鲁士是一个教育民族主义极端发展的代表；法国表明了民族主义的需求和民主需求之间的共同类型；英格兰的历史所展示的主题是形式保守性社会，工业革命导致了教育的变革；美国却是一个教育的民主主义极端发展的代表。在某种意义上，赖斯纳所研究的是一种历史主义的比较教育研究。

他认为："公立学校（common school）的形成并赋予其形式的最强有力的影响之一是通过法国大革命的事件及其影响所普遍被接受的民族主义原则这种新的发展。"①

三、赖斯纳的民族主义教育动力论

（一）民族主义的发展观

赖斯纳并不认为民族主义原则是 18 世纪末的一件新奇事物，相反它在欧洲是几个世纪政治发展的结果，也是欧洲政治发展的指导原则。早在 16 世纪，民族国家的国王就确立了政治组织的民族形式的优势地位。17 世纪和 18 世纪民族国家在欧洲是政治组织的主要形式，重商主义政策把民族承认为政策的基础，18 世纪开

① Reisner，E. H.，*The Evolution of the Common School*，New York：The Macmillan Company，1930，p. 210.

明君主提出一个民族的经济和军事繁荣最终取决于普通人的幸福和才识，为此必须采取一些措施以改善他们的生存环境和他们的教育。法国大革命把民族公民的家园意识带进了法国人民大众中间，尤其是封建义务的取消，并赋予农民以自由和安全使他们强烈地感受到民族国家的重要意义。

（二）法国革命与爱国主义

赖斯纳认为，爱国主义诞生于法国民族的大众中间，由于法国新政府刚宣布，欧洲的封建君主国家意识到对他们的特权的威胁，就向革命宣战，纠集军队反对法国使其恢复到旧秩序状态，但这种外来的干涉恰恰使法国追求自由的思想与民族自我意识相结合，而正是这种结合掀开了欧洲历史新时代的序幕。① 因为对于大众而言，法国成为他们个人前途攸关的标志，他们的福祉与国家的尊严和独立紧密结合。法国的土壤是自由的天堂，因此将不惜以任何代价维护国家的独立和自由，于是大众的爱国主义情感骤然而生，法国也因此成为现代民族主义的摇篮。

（三）民族主义提出了国家巩固（national solidarity）的教育目标

在赖斯纳看来，革命的领袖们充分认识到时代充满激情的爱国主义的推动力，因此他们强烈地意识到建立教育制度的必要性，一方面通过这种制度可以向大众传递新政权的政治原则，让他们接受新权利的教育，使他们积极参与到大革命中去；另一方面通过对儿童的教育，国家将获得社会控制的新的途径和自身稳定的保证。法国革命中的几届政府虽然没有建立有效运行的教育制度，但有关公共教育的报告递交给了国民议会，提出了教育法案，也通过了法令，所有这一切都预示着 19 世纪注定要出现的民族性国家教育的发展方向。

那么如何通过教育达到国家的巩固呢？赖斯纳指出，革命者看到了人民的持久忠诚依赖于一系列的创造性措施，首先是创立

---

① Reisner，E. H.，*The Evolution of the Common School*，New York：The Macmillan Company，1930，p. 212.

一种共同的文化，所有的法国人民都应当使用相同的语言，由于法国各地，尤其是人口集中的地区使用着像德语、意大利语和巴斯克语等语言，因此大革命的教育计划不约而同地呼吁采纳标准法国语为公立学校中的教学用语，甚至在中等学校中，尽管拉丁语是一种基本语言，但他们也要求把掌握法语和法国文学作为教学的第一个目标。其次，大革命的教育家们强调法国的历史和地理教学以及法国革命的政治原则的教育，如《人权和公民宣言》和《权利法案》等宪法是受教育者需要牢记的。

（四）民族主义为民族性国家教育制度的建立提供了思想基础

赖斯纳认为，普鲁士建立了第一种有效的民族国家教育制度，他甚至评价说，西方历史上首次建立的普通人的完整而有效的教育制度是由普鲁士完成的。① 在法国，拿破仑建立了第一种有效的中等和高等教育行政管理制度，但他不关心大众教育。赖斯纳指出，普鲁士在19世纪前几十年建立了体现国家观念的从本族语学校到大学一体化的教育制度。与法国大革命建立民族性国家教育制度具有异曲同工之处的是，促使普鲁士建立一体化教育制度的动力来自于救亡图存的民族主义。拿破仑对普鲁士的入侵产生的直接后果是促使普鲁士进行全方面的社会的、政治的、经济的以及教育的改革，其目标是使普鲁士获得再生。同时普鲁士的再生是通过爱国主义情感的大浪潮而完成。大众诗人歌颂祖国的伟大；在大学学生组织了爱国社团，最响亮的口号是摆脱拿破仑的专制；哲学家们在民族主义原则中发现了新的意义和价值，他们在把知识分子转变成德意志爱国主义者中起到了很重要的作用。在所有哲学家中最有影响力和忠诚的是费希特。

（五）民族主义为国家教育权的确立提供了合法性

普鲁士于1807年与法国签订梯尔西特和约，丢失了大片领土。在此后的25年内颁布了一系列的法令，建立了一个完整有效的民

① Reisner, E. H., *The Evolution of the Common School*, New York: The Macmillan Company, 1930, p. 217.

族性国家管理制度。构建的教育管理制度保证教育的国家意志(national will)能够在从大学到初等学校的每一级的教学中都得到贯彻，因此在国王的内阁中设了一个宗教、教育和公共健康部，承担着国家教育的最终权力，普鲁士邦分为十个省(provinces)，每个邦都有教育分部省管理中等教育和公立或本土语学校教师的资师培养制度。

总之，赖斯纳的民族主义的教育发展动力论从民族主义的历史发展中提出法国大革命与民族主义的关系，并以普鲁士的民族主义为典型特征，明确提出了民族主义对教育发展所起的推动作用。民族主义为国家教育权的确立提供了合法性；民族主义为民族性国家教育制度的建立提供了思想基础；民族主义提出了巩固国家的教育目标。

第三节　布鲁巴赫的历史主义的民族主义教育论

教育史学家布鲁巴赫主要以历史主义来论证民族主义与教育的关系，每个历史阶段体现出了不同的民族主义特征，如古典时期的爱国主义和忠诚、现代以来的浪漫主义的民族主义和民主主义的民族主义。

一、古典的爱国主义与教育

他认为，“爱国主义是一个更古老的观念。从渊源上说，它指一个共同祖先的血缘联结，它是指对某人祖先所居的土地的热爱……民族主义这个词开始占显著地位的时间是文艺复兴，尤其是法国大革命以来。”民族主义在忠诚的范围方面比爱国主义更广。至于地方的联合，民族主义是通过那些像种族、语言、历史、文化和传统等的联合来体现。

布鲁巴赫指出，在古典时代，教育显然是爱国性的。希腊的男孩接受对城邦国家忠诚的教育，但这种忠诚并不是对希腊全国，而是对雅典或斯巴达。无疑，希腊教育是爱国性的，而不是民族主义的，这本身就是一个城邦国家无力联合去反对马其顿的成功入侵的有力佐证。而这一点在费希特那里成为他关注的一个焦点。罗马的教育也是爱国性的，而不是民族主义的，它进行的是对罗马七丘城市忠诚的教育，而不是对帝国，也不是对拉丁语民族的忠诚的教育。

进行爱国主义教育的形式多种多样。在希腊和罗马，经常在具有地方英雄和神像的城市进行，利用他们口头的或文字记载的业绩，培养地方性的自傲感。较为有效的爱国主义教育是在军营中进行军事训练。在训练完结的时候，青年人通常要进行支持国家的庄严宣誓。在为国家的服务中，胆怯、懦弱不仅是耻辱，而且是不忠不孝。犹太人在圣经时代也以爱国主义教育年轻人。但是，按照布鲁巴赫的观点，正是在犹太人中看到了从爱国主义向民族主义教育转变的早期例子。

民族主义在中世纪和文艺复兴时代处在酝酿的萌芽状态，这既可从政治角度，也可从经济角度去分析。政治上，国王正获得对地方贵族和士爵的绝对统治权，指引他们对中央，最终对民族权威的忠诚。经济上，重商主义作为时代的重要政策只有中央政府强有力的支持才能有生存权利。早期或古典的爱国主义或民族主义没有受到普遍的欢迎，因为重视希腊语和拉丁语学习的教育是上层阶级的特权，只有上层阶级才有机会享受教育的权利。因此，民族主义的因素在18世纪末传播到大众之前只有在欧洲社会的上层阶级中才能体会得到。“像英国伊顿、哈罗、威斯敏斯特这样著名的公学长期以来在英国绅士的子孙中灌输国家的尊严、荣誉和民族命运的意识，尽管他们的课程充满古典的拉丁语和希腊语。”正是这些上层阶级使民族主义在18世纪走向衰落，陷入低谷。

但布鲁巴赫认为他们的良好教育，培育了时代的理性主义。在理性主义的审视下，爱国主义和民族主义被视为不受欢迎的社会习俗。德国戏剧家莱辛写道：“热爱国家充其量不过是英雄的恶癖。”托玛斯·潘恩宣称：“世界是我的国家。”① 赋予这种世界主义精神的教育表达的是卢梭，他提出人类是教育的合理衡量标准以取代民族国家时代显示出来的公民。这种教育的世界主义理想在美国也有其支持者，“美国哲学会”设立奖金悬赏为适应新生联邦共和国的教育制度的最佳论文。在比赛中提出教育制度是“与任何特殊的时间、个人和地点不相干的”，因此“超越于爱国主义的炽热情感”。②

二、浪漫主义的民族主义与教育

1789 年，法国大革命突然出现在世界主义的都市气派的上层阶级世界。法国国王的废黜和斩首令欧洲其他国家的君主惶惶不可终日，惊恐万分，于是组成了民族军队反对革命，阻止令人不安和异端的人权观念的传播。法国的人民大众已经看到了人权的愿景，组织人民军队使人权的美好前景不受阻挠，这是欧洲历史上首次由全体人民参加战争的例子，也是第一次全体人民受到爱国热情的鼓舞，也就是说第一次阶级民族主义让步给了大众民族主义（nationalism of the Masses），这种民族主义的标志是国旗和国歌。在人民大众中汹涌高涨的爱国主义和民族情感的巨大浪潮只是另一股范围更广的运动——浪漫主义的一个重要方面。此时浪漫主义已开始风靡整个欧洲。浪漫主义是理性主义的对立面，理性主义强调理性，浪漫主义强调情感，理性是揭露古代王权的腐败的犀利工具。费希特曾预言，意志而不是理性是现实的基石，由于人理性向情感和意志的重点转移，相应地产生了上层阶级的利益向普通人的利益的转移。如果理性主义培育了精英、上层的利益，那么浪漫主义颂扬普通人的利益，包括他的民间风俗习惯、

① ［美］约翰·杜威著，王承绪译：《民主主义与教育》，人民教育出版社 2001 年版。

② Hansen，A. O.，*Liberalism and American Education in the Eighteen Century*，New York：The Macmillan Company，1926，p. 145.

传奇、音乐和语言。在教育上，把浪漫主义的民族主义融合进课程，既然民族意志的最好表达在普通人的传奇和民间风俗习惯中，那么文学和历史成为课程中的优先地位，事实上 19 世纪文学和历史在课程中占有绝对的地位。语言的重要也得到了确认，出于法国革命的需要，所有法国儿童必须学习相同的母语，充分显示了这种浪漫主义的民族主义思想。在法国大革命期间，提出自由表达共和国的政治观点的需求，因此这个时期的法国使“共和国伦理”的教学成为与“3R”一起的必修课。革命者看到了在大革命中形成的普通主权和自决的原则只有在人民受教育能利用他们时方有效力。自由表达的民族意志源于民族故事和民间传说。

浪漫主义的民族主义的品性不仅呼唤新的课程内容，而且呼吁新的教学方法，这种思想主要体现在普鲁士。普鲁士的民族主义不是革命的结果，而是耶拿战役军事失败的结果。普鲁士民族主义者看到人民顺从于权威已无济于事，因为这种顺从产生的后果是民众对民族国家的冷漠，因此更多的关注在于如何使被动冷漠的民众提高到能够使自由意志的国家的独立公民水平上。① 需要一种新的教学方法塑造这样一种自由个体已经势在必行。费希特之所以竭力推崇裴斯泰洛齐的方法，原因也就在于此，裴氏赋予儿童积极表达他们的自然力的机会，取代那种从外部和强迫地把知识灌输给儿童的方法，新方法寻求唤醒潜在的能力。这种方法在于判断和理性、感知觉，这种方法的民族主义潜能尤其得到费希特的高度重视。“他比任何个人更能在全德意志，而不仅仅在普鲁士激发起民族主义的感情。他的意志哲学和裴氏自我表现的理论相互联系。”② 两者顺乎浪漫主义的模式，两者都是传递民族感情的有效途径。

① Paulsen，F.，*German Education：Past and Present*，*Charles Scribner's Sons*，New York，1908，pp. 238-239.

② Brubacher，J. S.，*History of the Problem of Education*，New York：McGraw-Hill，1947，p. 59.

三、民族主义和民主主义与教育的关系

民族主义教育仅仅致力于培育爱国情感的目标，而且早期民族主义还体现了民主的意义，是一种关注民众的独特观念。民族主义可以唤发起民众的情感，这种情感的唤发导致了一个完整的人，使他的个性全面而丰满，摆脱了以往那种自私和狭隘的观点，他承认每一个人都有潜在的力量，因此民族主义的教育任务在于挖掘民众的独立性、创造性和自立能力。因此对民众的极大关注的民族主义具有明确的民主含义。费希特宣称，真正的民族教育应当解放所有人的道德、智力和身体的潜能，因为他们都是人。这种民族主义与民主主义早期的密切关系在后来变得黯然失色。但是把民族主义归结到民主范畴，民族主义与世界主义教育之间存在某些相似之处。两者寻求人的能力的自由，但是两者在执行纲领的责任放在何处的问题上存在分歧。让教育留给自然或给自由放任主义政策之下的私人主动精神无法大范围地推动世界主义的理想，在自由与不自由之间又陷入了两难境地。声誉卓著的“反社会”的卢梭似乎意识到这一点，为此他愿意为波兰政府拟定一个教育计划，直截了当地主张一个民族教育制度。

个体和民族国家在教育中的关系：从历史角度看，实际问题并不是民族国家是否提供教育，而是个人与国家之间在教育中是什么关系。一开始，主要关心的是个体，个体是目的，民族国家是手段。法国哲学家孔多塞雄辩地说：“这应当是任何民族教育的首要目标；从这个角度而言，这种教育是政府的合法责任。”费希特在其演讲中极力主张民族主义的教育，他和黑格尔都认为民族国家的主要功能是教育性的，并指出个体只有使他们在为民族国家服务中取得成功才能充分发挥他们的潜能。在民族主义竞争的时代，军事防御和贸易中的国际竞争要求个体使他自己从属于民族国家的最高利益。然而这个目标是训练性的，所以“个体从属于民族国家的教育和利用民族国家发挥个体潜能的教育并行不悖”。①

① Brubacher，J. S.，*History of the Problem of Education*，New York：McGraw-Hill，1947，p. 61.

但这种关系认识在逻辑上似乎是矛盾的，为了使这种矛盾得到调和，黑格尔认为国家是一种客观理性的体现，个体自身是非理性的，是一个自我创造物。个体顺利发展的最佳希望在于他自愿使自己服从于民族国家的制度和法律的教育训练。只有这样，才能希望成为真正理性的人。尽管黑格尔在人受教育成为人和人受教育成为一个民族国家的公民之间搞平衡，但这是一种不稳定的平衡。因为19世纪前半叶盛行着强大的浪漫主义、自由主义和人道主义思想，所以民族主义只能屈从于个性发展这种教育理想。当19世纪中叶普鲁士、法国自由民主革命夭折之时，保守政府压制欧洲大陆的自由民族主义，代之而起的是沙文民族主义。在教育上的结果是，民族国家开始对个体取得绝对的占有优势。“这样在法国大革命时代以个体解放、发挥个体潜能的民主运动为善始的自由民主的民族主义到19世纪下半叶演变为以唆使和推波助澜只有通过战争来公断的民族主义冲突的运动而告终。嗣后的世界大战即可明鉴。”①

英国《教育史》杂志在1999年第3期发表了“教育和民族认同”专刊，在发刊词中勒伍认为，对教育史学家而言，没有比民族认同及其与教育的关系更加贴切的研究主题了。② 而此主题也是1998年英国教育史协会的年会主题，这个专刊文章正是此次年会代表们提交的论文。他们指出民族认同对历史研究的意义愈益重要。

当代教育史研究中也不断地涉及民族主义与教育的关系问题。像马斯顿在对历史教学和教科书的内容分析中引用“流毒”(poison) 隐喻来研究教育与民族主义的关系。③ 据历史记载，1923

① Brubacher, J. S., *History of the Problem of Education*, New York: McGraw-Hill, 1947, p. 62.

② Roy Lowe, Education and National Identity, *History of Education*, 1999, 28 (3), p. 231.

③ William E. Marsden, ‘Poisoned History’: a Comparative Study of Nationalism, Propaganda and the Treatment of War and Peace in the Late Nineteenth- and Early Twentieth-Century School Curriculum, *History of Education*, 2000, 29 (1), pp. 29-47.

年世界教育大会的报告中有一位《校长》杂志的记者把教科书的“流毒化史”确定为最关键的问题。马斯顿认为，历史和地理教科书在对其他国家的态度上起到消极影响是肯定的，也是显而易见的。这完全可以从作为一个国家的地位（nationhood）、民族性和民族认同的概念中推导出来，反过来这些概念渗透进了民族主义的侵略形式，把其“流毒”注入到社会和政治态度，最终注入到教育制度。① 像美国独立后有意识地采取措施形成一套统一的共和美国人的文化标准，呼吁建立一个旨在“形成一种民族性”的“美国爱国者联盟”。② 民族主义的毒害力常常产生于作为一个国家的地位、民族认同和民族性等概念。教育制度经常承担注入侵略性民族主义的“流毒”，因而激起跨民族冲突的责任，正是民族主义者精神充溢着学校教育和教材的使用。为此，有学者认为，“在战争的可能原因中，教育占有一种特殊而重要的地位……因为只要它呈现危险的民族主义偏见，它就是一种经常向所有人民灌输偏见的手段。它是现在和未来年代国家争端的种子”。③ 但有学者也提出，一方面，民族主义的教育是战争的重要潜在原因；另一方面，教育能被有效利用为促进和平的手段。④

第四节　民族主义教育研究范式

一、比较教育研究

民族主义和民族认同与教育的关系问题一直是比较教育研究

---

① Smith，A. D.，*National Identity*，Oxford University Press，2003. 1991，pp. 9-11.

② Tyack，D.，Forming the National Character，*Harvard Educational Review*，1966，36，pp. 29-31.

③ Schlesinger，A. M.，Introduction，in A. Walworth，*School Histories at War：Study of the Treatment of Wars in the Secondary School History Books of the United States and in Those of its Former Enemies*，MA：Cambridge，1938，pp. xiii-xx.

④ Scott，J. F.，*The Menace of Nationalism in Education*，New York：Macmillan Co.，1926，p. 258.

的对象。自从康德尔（Issac L. Kandel）① 以民族国家为单位研究比较教育以来，民族主义一直是受比较教育学界关注的焦点。实际上，英国的马修·阿诺德（Matthew Arnold）在1859年和1865年访问了法国和德国之后就提出过关于民族性差异形成的因果观点，但有关民族主义与民族性国家教育制度的形成之间的关系的研究，要属汉斯（Micholas Hans）和马林森（Vernon Mallinson）最突出。汉斯在《比较教育：教育因素和传统的研究》② 一书中继承了康德尔的文化—历史主义模式，并对决定教育的因素进行了界定，他对这些因素进行了划分，见表8-1。

表8-1 决定教育的因素

自然因素	种族因素、语言因素、地缘和经济因素
宗教因素	天主教传统、安立甘传统、清教传统
世俗因素	人文主义、社会主义、民族主义、民主主义

显然，汉斯已经把康德尔的民族性和民族主义的文化—历史主义认识向前推进了，民族主义只是决定教育的一种因素。

马林森在《比较教育研究导论》③ 中认为，比较教育先驱阿诺德和萨德勒（Michael Sadler）尽管没有对比较教育做过严格的界定，但他们的"事情说"（things）却为后代比较教育学者分析教育（制度）形成的因素奠定了思想基础。学校外的"事情"比学校内的事情更重要，并驾驭和解释着学校内的事情的思想表明，一种民族性国家教育制度是一种生命物，它具有潜在的民族生活的运作规律。马林森也同意汉斯的思想，汉斯认为，比较教育的目的"不仅是比较现行的制度，而且要审视最适合于新的社会和经

① 关于康德尔的民族主义与教育的研究在本书的第四章中将详细研究。

② Micholas Han, *Comparative Education: A Study of Educational Factors and Traditions*, London: Routledge & Kegan Paul, 1982. 此书自1949年首次出版以来修订了三次，重印了八次。

③ Vernon Mallinson, *An Introduction to the Study of Comparative Education*, London: Heinemann, 1980. 此书出版于1957年，有四个版本，印刷了七次。

济条件的改革……比较教育以坚定的改革意图密切注视着未来……因此，我们的学科具有功利主义目的的动态特征”。① 汉斯指出，由于他们民族的过去经常由对许多国家相同的因素形成，也由于他们的未来理想是普及运动的结果，因此不同国家的教育问题是相似的，指导他们解决问题方法的原则可以比较，甚至可以认同。从历史的角度分析研究这些因素，对存在问题的具体解决方法的比较就是比较教育的目的。在马林森看来，教育的主要目的是确保文化的延续，每个民族为了取得这种延续性为自身提出的精细任务，即在民族成员中间加强一种利益的一致认同，这种认同倾向于一种共同的目的，一种来自于整个民族的共同努力，倾向于民族的理想。正是那种共同的利益认同，那种共同的目的导致了几个世纪以来固定的精神素质（fixed mental constitution）的建立，汉斯把这种精神素质界定为一个民族的民族性（national character）。

同样，在比较教育学界，关于民族认同与教育问题的研究也很早就开展了。爱泼斯坦注意到了波多黎各（Puerto Rico）的民族认同和语言问题，这主要是 1948 年西班牙语成为波多黎各各级公共学校制度非语言科目教学的媒介，英语成为所有年级传授的特殊科目。原因在于与波多黎各成为美国的一个永久部分的宣誓目标相一致，使人们成为“美国人”的方法就是使他们使用流利的英语。但相反的观点认为，学习英语将不会改革波多黎各人的态度足以使人们成为美国人，仅仅学习英语将不会导致北美人的价值观和准则内化；向每个人提供足够的教育的主要目标应当通过本族语（西班牙）而不是英语来实现；只有他们掌握了那种语言，英语才被利用为“美国化”的工具，波多黎各人才被视为忠诚的美国人。② 波多黎各的民族主义与西班牙语成为学校中官方语言

① Hans，British Journal Educational Studies，Vol. I，No. I，pp. 56-59.

② Erwin H. Epstein，National Identity and the Language Issue in Puerto Rico，*Comparative Education Review*，1967，p. 133.

的大众需求具有很久的关系。既然西班牙语是一种官方语言，在学校中传授英语与民族主义相关的问题也就出现了。

比较教育学家卡扎米亚斯认为，“现代化”一词广泛地运用于有关发展中国家教育的文章中，它至少有两种含义，一是社会和教育变革的过程，二是国家期望的一种社会理想。现代化在很大程度上是根据教育制度的结构、不断扩大的入学率和教育的机会的扩大、有关教育革新、改革和规划的国家政策等的变革来理解的。只要涉及教育在现代化中的“工具”作用，就会关注教育与经济或技术变革的关系，关注吸纳进学校的模式，关注教育制度与社会和职业结构之间的关系。① 现代化包括社会变革的各个方面，实现现代化意味着一整套价值观、态度、思想习惯和世界观与传统不同，意味着个体和社会改革的必要性，这就是现代化的“人的维度”。“这些领域（政治、经济和社会结构）变革的潜在要求是意向（attitudes）的现代化。现代性就是生活的类型。由现代类型构成的行为整体是由思想的框架赋予其凝聚性。”卡扎米亚斯从现代化的角度研究土耳其沿着现代路线建设国家的政策目标，他分析了学生对宗教、世俗主义、命运、民族主义、威权和威权主义等的态度，指出教育现代化在社会变革、国家建设中的作用。土耳其的民族主义与新崛起的国家的民族主义一样是革命意识形态的基本的全面的原则，土耳其的民族主义受到西方的影响，但其发展也是以其特殊的政治和文化环境为条件，首先它确保自由来自于外来统治，并对民族国家的绝对忠诚；其次它要求对政府的共和形式忠诚，建立在人民主权的合法性基础上；再次它容忍内部的民族、种族或意识形态的不同或部分少数集团利益的冲突。土耳其民族主义是统一的和不可妥协的。民族主义与国家主权是一致的，反对外来干涉或传统的统治，尊重个人的自由、个体的自主观点、个人的责任和对自己命运的选择与控制，也就是民族主

① Andreas M. Kazamias，Potential Elites in Turkey：Exploring the Values and Attitudes of Lise Youth，*Comparative Education Review*，1967，p. 22.

义与民主的信仰和价值观制度是协调的。

二、民族主义教育研究范式的基本问题

（一）民族主义、民主和教育的关系研究

在民族主义与教育的关系研究中也常常会涉及其他的一些理论问题，如民族主义、民主与教育之间的关系。当代西方教育学者在教育与民族主义的关系问题上的研究模式也仍然重视它们与民主之间的联系。约翰·怀特（John White）认为，民族神话与民主和教育之间具有非常密切的联系，像麦克劳克林（Mclaughlin）和居思维斯恩（Juceviciene）等学者认为，教育和民主与民族认同的形成关系密切。台湾学者也谈到了道德忠顺、民族主义与民主教育，有学者（Tibbitts）从后极权主义的欧洲角度来研究个人主义、集体主义与教育。① 但有一点是共同的，即民族主义与教育之间还有一个不可回避的问题是民主主义。问题是，民族主义教育在民主自由教育的情景中起到什么关键作用，民族主义教育和民主自由主义教育之间是否可协调？在一个自由的和理性的民主教育中民族神话的地位是否值得辩护？为民主公民做准备是重要的自由主义教育目标，但它与民族感情的培养是否相调和？在一个自由主义民主背景中应当寻求何种程度的教育可以形成民族认同？对此，学者们的回答各不相同。有学者认为，自由主义和民族主义思想并不是不能调和的，但也有学者明确提出，反对把国家建设当作教育目标的观点②，面向新世纪的教育的基本任务是市民的（civic）教育而不是民族主义的（nationalistic）教育，因为民族情感中表现的神话因素在逻辑上与隐含在个人意志自由的核心民主价值观中的理性需要不相一致。民族情感的培育和民主教育之间

---

① David Bridges, *Education, Autonomy and Democratic Citizenship: Philosophy in a Changing World*, New York: Routledge, 1997.

② Enslin, P., Should Nation Building Be an Aim of Education? *Journal of Education* (Natal), 1994, 19 (1).

存在着逻辑上的矛盾。在政治教育目标中，许多自由主义者强调培养民主主义公民的重要地位，而他们并不是都赞同民族情感的培育。自由民主主义者赞同像个人自决、有限政府以及建立在理性而不是武力基础上的政治价值观，但20世纪的民族主义者把个人利益从属于国家的利益，把对国家的忠诚视为个体的最高责任，而教育总是受制于这两种价值观。

在教育与民族主义、民主的关系的研究上还应值得注意的问题是，《现代中国的民族主义与教育》① 一书提出了普及义务教育的观念、民主的观念、现代民族主义的观念和在不同国家(nations)把本族语（vernacular languages）作为文学表达的媒介的崛起之间的关系，作者认为它们之间交织在一起的复杂关系必须进行深入而缜密的研究才能揭示。在中国，这四种因素只是到近代才与现代普及的民族主义类型的变革教育制度相互紧密联系，尤其是民族主义的因素使最广泛阅读的语言成为文学表达的媒介。② 与欧洲相比，要相差三四个世纪。1895年，中国人才开始认识到存在于西方国家的和日本的权力和统一是由于利用了这种类型的教育。他们开始有意识地采纳它，即民族主义。

（二）教育和民族认同的研究

20世纪90年代以来，"认同"——社会的、性别的、社会性别的、种族的和民族的——成为一个关键词，成为学术界和大众争论的焦点。关于认同和认同形成的问题引起了社会学家、政治学家、文化理论家和地理学家们的广泛注意，有关认同的文章已经与现代性和后现代性建立了关系。认同引发的混合性、差异性、不确定性等促使人们重新认识家、离散、边疆、边界、记忆和遗忘等意义，在英国，历史学家们对"英格兰性"、"英国性"这些本来具有的历史规定性和不可争议性的问题进行了广泛讨论。为此，

①② Cyrus H. Peake, *Nationalism and Education in Modern China*, New York: Howard Fertig, 1970, p. 137.

教育史学家们也开始研究教育在民族认同的形成中所起的作用。①由于受到当代女性主义思潮的影响，在民族认同研究中有学者引进了女性主义观点，提出妇女在18世纪末和19世纪初“英国性（Britishness）”建构中作出了很大贡献②，为此古德曼认为在这个时期妇女的教育活动对英国的民族认同形成至关重要，妇女和家庭生活对民族认同的重建很关键，它直接决定了一个民族的善良或邪恶。③古德曼还着重研究了著名的妇女教育活动家伊利莎白·汉密尔顿的有关教育与民族认同关系的思想。

在教育与民族认同的本质和价值问题上，米勒提出了八种相互关系的有关民族的假设，民族认同可以是个体认同的组成部分，但并不意味着个体认同要求一种民族认同；民族是种族社群（ethnic communities），在这个意义上“民族”（nationality）产生不同的种族责任和期望；民族社群（national communities）是由“信仰”所构成，也就是其成员相信其所为时民族才会存在，而不仅根据像种族或语言这样的特征来判断；一个民族的成员享有一定的不同特征，它们可以在特性上不同，也包括文化特点；民族与特殊的地理位置相关；民族必须体现历史的延续性；民族是“主动的”民族必须至少在愿望上是政治社群；形成一个民族社群的人们可以宣称政治自决，尽管它未必要通过一个主权国家。所以有人说，一个民族可以是一个文化社群，但不一定是政治维度上的。

在研究中有学者指出，一个民族并不认同于一个国家。国家是一个法律的和政治的统一体，拥有特殊形式的权威（主权），不

---

① Ian Grosvenor，‘There's no Place Like Home’：Education and the Making of National Identity，*History of Education*，1999，28（3），p. 235.

② L. Colley，*Britons forging the Nation*：1707—1837，London：Vintage，1996，pp. 252-286.

③ Joyce Goodman，Undermining or Building up the Nation? Elizabeth Hamilton（1758—1816），National Identities and an Authoritative Role for Women Educationists，*History of Education*，1999，28（3），pp. 279-296.

同种类的权力资源和严格界定的边界。一些民族没有国家，许多现代国家，从他们的文化异质性角度并不认可为一个民族社会。许多国家是多民族的，他们包括许多民族社群和民族文化。另外，民族应当与民族主义分开，迈克尔·伊格内蒂夫（Michael Ignatieff）把民族主义分成“公民的（civic）民族主义”和“种族的（ethnic）民族主义”，公民的民族主义在品格上是民主的，它把民族视为一个平等的享有权利的公民的社群，在爱国主义上从属于一整套共同的政治践行和价值观。相反，种族民族主义把民族认同视为建立在种族性基础而不是公民资格和法律基础上的认同。公民的民族主义是理性的、灵活的、多元的和富有道德的，而种族的民族主义表现出非理性、狂热主义和威权主义。它在词义上蕴涵着固有的一个民族优越于另一些民族的真正的“民族主义性”（nationalistic）。公民民族主义和种族民族主义还可以从“公民资格”（citizenship）和“作为一个国家的地位（nationhood）”之间来进行区别。公民资格是一个法律概念，指一个国家及其正式成员之间的关系，包括像身份、权利和自由等事情。作为一个国家的地位是指在一个想象社群中成员资格意识，涉及采纳和实践特殊的想象的文化和社群认同。但在伊格·内蒂夫的公民的民族主义中，“作为一个国家的地位”包括“公民资格”，与之并不矛盾。[①]

公民的民族认同的教育含义很广泛。在公民意义上的民族性教育（education for nationality）必须与个人自主和民主公民资格教育紧密相连才能进行。在个人自主方面，公民民族主义与个人认同的“选择性”方面相互协调。发展公民的民族认同教育的一个重要方面是发展学生广泛的批判性反省和理解的能力。[②]

---

① Ignatieff, M., *Blood and Belonging: Journeys into the New Nationalism*, London: Vintage, 1994.

② Tamir, Y., Democracy, Nationalism and Education, *Educational Philosophy and Theory*, 1992, 24, 1.

作为一种历史现象，民族国家已演变了数个世纪，英格兰的伊利莎白、法国的亨利四世和西班牙的菲利普二世都属于现代早期，反映出了一些共同的特征。外交及其政策首次在民族层面来协调，民族文献开始出现并得到广泛阅读，因为本族语已稳固形成并被广泛理解，“民族”教育政策的先驱首次登场，学校教育与作为一个国家的地位的意识形成之间的联系也第一次得到建立。民族认同是在新族群的形成和地理空间的打破而带来的人员的大规模流动的背景下才成为普遍关注的问题。学校教育和学校制度是整个民族主义发展过程中的一个部分，它们事实上成为了作为一个国家的意识的形成和传递的关键手段。教育也被利用为一种否定作为一个国家地位的意识，向拒绝接受的地方人们强加信仰和价值观的工具。

（三）教科书与民族主义研究

在教育与民族主义研究中也会论及教科书和民族性、种族性之间的关系。在《为美国认同而斗争：美国历史教科书中种族集团的处理》① 一文中，福斯特充分认识到了美国社会的多元性，尤其是多种族性构造成为美国历史上的一个持久而显著的特征。美国学校受教育者在种族、文化和语言上的差异在世界上是最巨大的，像芝加哥、洛杉矶、华盛顿特区、纽约、西雅图和旧金山等城市，有一半以上的在校学生都是有色人种。据统计，到 2026 年非白种和西班牙裔学生在美国学校中的入学人数将是这个国家学生总数的 70%。因此，如何最好地教育这些异质性学校人口是教师和教育者面临的最大的挑战。美国学校在历史上一直被视为学生通过学习学校课程培养民族认同意识的基本场所，尤其是历史教师和教科书与此关系最密切。但问题是，应当告诉何种历史？也许更重要的是，告诉谁的历史？不同种族集团的经历如何描述？

---

① Stuart J. Foster，The Struggle for American Identity：Treatment of Ethnic Groups in United Stated History Textbooks，*History of Education*，1999，28（3），pp. 251-278.

是否存在一种共同的美国认同呢？如何存在，那么这种“共同的”民族认同和经历如何在历史课中呈现呢？为此福斯特研究了美国历史教科书编撰的两个世纪的变革，并得出了结论认为，整个美国历史的教科书的内容是以白人、男性的、清教的、中产阶级或上层阶级占主导，并经常构建一种理想化的美国价值观和美国性的臆想，赞美资本主义制度，认同传统的生活方式，加强绝对的爱国主义，对“西方传统”推崇有加。美国学校历史教科书的功能是在年轻人身上灌输统一和爱国主义意识，对国家光荣历史的崇敬。

第九章 多元文化教育思潮

第一节 比较教育的多元文化教育研究和美国多元文化教育的发展历程

比较教育作为教育科学的一个分支学科，若从法国朱利安于1817年发表他的《比较教育的研究计划与初步意见》算起，到现在已经有一百九十余年了。一百九十余年来，比较教育研究在其研究对象的择取上，始终紧跟国际教育理论与实践的潮流。自20世纪60—70年代多元文化教育运动在国际教育舞台上兴起以来，各国比较教育学者对其所进行的研究工作至今仍方兴未艾。作为比较教育研究视域中的多元文化教育国别研究，对多元文化教育与比较教育研究之间的相互关系做出学术背景上的铺陈与交代，将有助于我们更加精确地架构国别多元文化教育研究的理论建模并有效切入其分析要点。因此，本章在正式展开对美国多元文化教育若干重要问题的论述与分析之前，首先对比较教育学史中的多元文化教育与比较教育研究之间的相互关系做简要说明。

一、多元文化教育与比较教育研究

"在研究外国教育制度时，我们不应当忘记，学校之外的事情甚至比学校内部的事情更重要，它们制约并说明校内的事情。我们不能随意地漫步在世界教育之林，就像小孩逛花园一样，从一堆灌木丛中摘一朵花，再从另一堆中采一些叶子，然后指望将这些采集的东西移植到家里的土壤中便会拥有一棵有生命的植物。一个民族的教育制度是一种活生生的东西，它是遗忘了的斗争和艰难，以及'久远以前的战斗'的结果。其中隐含着民族生活中的一些隐秘的作用。"① 这是英国著名比较教育学家迈克尔·萨德勒（M. Sadler）于1900年所发表的一篇题为"我们从对别国教育制度研究中究竟能学到什么有实际价值的东西?"的著名比较教育学论文中的一段脍炙人口的佳句。萨德勒于一个世纪前所发表的这篇里程碑式的比较教育学论文也宣告了比较教育学发展史上一个重要时代——因素分析时代的到来。萨德勒反对孤立地研究教育，提出了民族性概念以及研究校外事物的主张，他期望比较教育研究者在研究别国教育制度时，能够关注教育制度之外的，又是与它有着密切联系的社会文化和民族特性。萨德勒这一具有开创性的比较教育研究思想的提出，使得文化与比较教育从此结下了不解之缘。

（一）文化、多元文化与比较教育研究

倘若要论及多元文化教育与比较教育研究之间的相互关系，恐怕得先从文化、多元文化与比较教育研究的相互关系说起。正如前文所述，萨德勒的比较教育思想开创了比较教育研究因素分析法的先河，也使得文化因素从此被援引入比较教育研究的范围之内。我国著名比较教育学家顾明远教授认为萨德勒所强调的比较教育研究所应当给予关注的"校外的事情主要是指一个国家的民族精神。而民族精神又是文化的核心。也就是说，只有理解了

---

① 王承绪主编：《比较教育学史》，人民教育出版社1999年版，第66页。

一个国家的文化传统，才能理解这个国家的教育制度"。① 萨德勒的得意门生，美国比较教育学巨擘康德尔秉承了其老师的这一思想。康德尔更强调的是比较教育研究中对研究对象所具有的文化民族性的切实关注。"在康德尔看来，必须考虑的是民族文化（national culture）的地位、含义和有效性，它影响到教育管理的性质从而影响到课程制订、纪律和教学方法等问题。"② 康德尔认为比较教育应格外重视对文化民族性进行研究，这种态度，表明了他已将萨德勒所主张的社会文化与民族性是比较教育研究中不可忽视的因素的观点向前推动了一大步。这也从另一个侧面显示了文化与比较教育研究之间的互动关系，经由萨德勒与康德尔这两位大师之间的师徒传递而不断趋于深化。与康德尔同一时代的英国另一位比较教育学家汉斯（N. Hans）也明确指出要以历史的方法分析研究形成各国教育制度的各种因素。他把影响各国教育制度性质的因素分为三类：自然因素，包括种族因素、语言因素、地理和经济因素；宗教因素，包括天主教传统、英国国教传统、清教徒传统；世俗因素，包括人文主义、社会主义、民族主义、民主主义。三类因素中文化因素占了主要地位。英国当代比较教育学者霍尔斯（W. D. Halls）认为："每种教育制度都源自它得以存在的文化环境，'教育'本质上就是一种文化现象。比较教育研究的两个参数是教育与文化。"③ 可见，霍尔斯是把文化视为比较教育研究中不可或缺的一个要素的。尽管自萨德勒以来，比较教育学界对文化研究在比较教育学科建设与发展中所具有的不容忽视的重要地位与作用已经逐渐被认可并日益加强对两者之间互动关系的研究。但是诚如美国比较教育学者霍夫曼（D. M. Hoffman）近期所言："当前，比较教育领域对于有关文化的核心理论问题的诸

---

① 顾明远：《文化研究与比较教育》，《比较教育研究》2000 年第 4 期。

② 朱旭东：《康德尔的比较教育研究范式——民族主义的国家与教育发展理论》，《比较教育研究》2001 年第 9 期。

③ 赵中建、顾建民选编：《比较教育的理论与方法——国外比较教育文选》，人民教育出版社 1994 年版，第 219—221 页。

多争论的关注与参与程度仍显不足。此外，也有众多的事例可以证明，文化在比较教育研究的有关概念的界定、研究范式与理论的完善与发展等方面依旧被排挤在边缘位置。”① 霍氏的观点表征着当前比较教育学界对以往自身研究领域中一些原本不甚清晰与明了的概念与问题进行重新考证与再界定的一种新的研究倾向。在这种新的研究倾向中，各国比较教育研究者所愿意借助的最为得力的工具便是文化。他们期望文化研究可以帮助他们廓清那些模糊不清的概念与问题，从而使比较教育研究变得更加明朗化和科学化。霍夫曼指出：“由于比较教育是一门多元学科（multidisciplinary），因此它与文化学的诸多概念之间存在着一种有趣的联系。这种联系可以预想为是一种对话。在比较教育研究中，有许多难以应付的问题与概念都需要对之进行一些文化概念方面的相关考虑，诸如同一性、学习、教学、制度与发展等。因此，比较教育与文化之间的对话应是具有建设性（productive）而非仅是综合性（synthesis）的。这里面有一个问题就是在这一对话过程中文化研究如何支持和激励比较研究的发展。文化的方法应当是作为一种研究视角，借助它去建构比较教育的研究框架而非仅作为一个被研究的对象。凭借于此，我们便可以获得许多新途径去探寻比较教育领域中那些塑造人类行为的隐晦的、藏匿于表面之下的具有活力的问题与范畴的意义与价值所在。”② 在文化与比较教育研究互动关系不断深入的同时，一种特殊的文化形态——多元文化也逐渐受到比较教育学者们的关注。霍夫曼认为：“当前，与比较教育研究有关的最常用的文化形态就是多元文化主义（multiculturalism）或有关文化的多元性与变化性的理念。”③ 受全球化这一时代背景的影响，多数比较教育研究者均着力于全球多元文化与比较教育研究之间互动关系的研究。英国比较教育学者

①②③ Diane M. Hoffman, Culture and Comparative Education: Toward Decentering and Recentering the Discourse, *Comparative Education Review*, 1999, 43 (4), pp. 464-478.

克罗斯利（M. Crossley）指出："当今比较教育领域的一个新的研究趋势，倘若是系统的而富有创造性的来建构的话，就是其特别恰当的位于一个日益全球化的世界以及跨文化的压力之中，这种压力建立在文化、同一性与差异性的问题基础之上。这无疑会导致诸如对文化、同一性与不同文化背景中的学习、教育改革以及跨文化迁移的教育政策内容等进行研究的热潮。"① 美国比较教育学者托瑞斯（C. A. Torres）也认为："当今，有关公民权利、民主与多元文化的问题已处于世界范围的教育改革讨论的中心位置，这深深地影响着比较与国际教育的学术理论研究与实践活动。近二十年来，多元文化理论在教育领域中日益盛行起来，它不仅作为对学校教育学或民主社会中教育学与政治学互动行为的一种独特的回应，而且也是一种认同教育与文化中所存在的多元同一性所具有的重要性的途径。总之，多元文化主义理论已经同文化与教育的政治意义之间建立了非常密切的联系。"② 从托瑞斯对多元文化与比较教育研究之间互动关系的分析中可以看出，他已经把这两者之间的联系扩展到具有政治意义的领域，诸如公民权利、民主等。这说明多元文化与比较教育和多元文化教育与比较教育这两对研究范畴之间天然便存在着一种水乳交融、不可分割的内在关联。

（二）多元文化教育与比较教育研究

多元文化教育与比较教育研究之间的互动关系受到各国比较教育学者的重视，这既有长期以来文化、多元文化与比较教育研究之间互动关系一脉相承的影响，更主要的是来自于 20 世纪 60—70 年代爆发于西方发达国家的多元文化教育理论思潮与实践运动的强力推动。比较教育研究对多元文化教育问题的关注程度在其初始阶段也是存在着许多不能令人满意的方面。1976 年，时任美

---

① Michael Crossley，Reconceptualising Comparative and International Education，*Compare*，1999，29 (3)，p. 262.

② Carlos Alberto Torres，Democracy，Education，and Multiculturalism：Dilemmas of Citizenship in a Global World，*Comparative Education Review*，1998，42 (4)，p. 421.

国比较与国际教育协会会长的保尔斯顿（R. G. Paulston）曾就此讲道："比较教育研究者在很大程度上忽略了种族多样性与文化差异的教育含义以及民族复兴的过程。如果人们可以前进在对多元种族环境的更大容忍与理解的方向之中，那么比较教育研究还应为此付出更卓绝的努力。"① 不过这种状况在西方一大批知名比较教育学者及多元文化教育学者，诸如英国的埃德蒙·金（Edmund King）、格兰特（N. Grant）、华生（K. Watson）、林奇（J. Lynch）以及美国的保尔斯顿、托瑞斯（C. A. Torres）、霍夫曼、贝克（G. Baker）、班克斯（J. Banks）、盖伊（G. Gay）和贝内特（C. I. Bennett）等的共同努力下很快便得到了改观。英国《比较教育》（*Comparative Education*）杂志于 1983 年出版了一期专刊②，专门探讨有关多元文化教育与比较教育研究的理论与实践问题。著名比较教育学者埃德蒙·金、格兰特与华生等均在其中撰写了相关文章，发表其对这一问题的见解。此后，在《比较教育评论》（*Comparative Education Review*）、《比较教育》（*Comparative Education*）、《比较》（*Compare*）等国家比较教育学界最为重要的杂志上探讨多元文化教育与比较教育研究相互关系的文章也屡见不鲜。世界上在大学中最早开设比较教育课程的美国哥伦比亚大学也于 2000 年出版的《师范学院记录》（*Teachers College Record*）杂志上特辟两期专刊③讨论了有关多元文化教育的一系列理论与实践问题。与此同时，欧美一些著名多元文化教育学者，诸如美国的班克斯、贝内特与英国的林奇等，所撰写的研究多元文化教育问题的专著也相继问世。此外，一些国际知名的多元文化教育学者还相继出访、游学他国，宣传自己的多元文化教育思想与主张，如 20 世纪 80 年代中后期班克斯的英伦之行与 90 年代贝内特的亚洲

① Keith Watson, Educational Policies in Multi-Cultural Societies, *Comparative Education*, 1979, 15 (1), p. 18.

② 详见 *Comparative Education*, 1983, 19 (2)。

③ 详见 *Teachers College Record*, 2000, 102 (5) & (6)。

之行等。凡此种种均极大地推动了多元文化教育与比较教育研究之间互动关系的深化与发展。

20 世纪 90 年代以来，在世界经济贸易一体化浪潮与信息网络技术迅猛扩张的巨大影响之下，文化全球化的出现似乎已经成为顺理成章的事情。但是，“由于世界主要文明的地理政治隔阂，文化差异和文化冲突具有持续的重要性而且的确越来越重要”。① 因此，文化的全球化只能是以一种多元化的态势出现，并循着平等、共存、交流与融合这样一条渗透着宽容精神的运行轨迹发展下去。正如英国比较教育学者华生在新旧千年交替之际告诫人们的那样：“进入新千年，西方强权者应在文化上变得更加敏感起来。现实不容回避，世界上不只存在一种基督文明，还有印度文明、中国文明、阿拉伯文明等。因此必须要承认文化与宗教上的多样性与差异性。”② 华生的告诫中隐藏着一个并不晦深莫测的意图，即在新的世纪、新的千年里，比较教育研究的文化维度一定是以多元为导向的，而这一文化多元的比较教育研究维度势必会在现实中为多元文化教育的理论完善与实践发展提供更加充分合理的“养素”。但是这一过程对许多持“西方中心主义”陈见并操纵着世界经济与政治大权的“西方强权者”而言，恐怕是难以接受或不可理喻的。美国多元文化教育学者阿尔奎斯特（R. Ahlquist）不久前曾就此无奈地表白道：“许多西方人曾经一度难以承认世界是由种族、民族、文化与语言的多样性与差异性组成的：世界人口的70％是非白人，大多数人讲的不是英语，女性占了人口总数的主体。但世界的大权却并非掌握在这些多数者手中。目前，世界上59％的财富集中在 6 个人手中，而这 6 个人全部来自美国。这是当

① ［英］戴维·赫尔德等著，杨雪冬等译：《全球大变革——全球化时代的政治、经济与文化》，社会科学文献出版社 2001 年版，第 457 页。

② Keith Watson, Comparative Educational Research: the Need for Reconceptualisation and Fresh Insights, *Compare*, 1999, 29 (3), p. 242.

代世界一个主要的两难困境。”① 看来即使是在经济、政治、科技、文化与教育的国际交流日趋紧密，要求国际合作与交流均要以平等、互惠、尊重多元与差异为基础的呼声日渐高涨的21世纪这样一个崭新的时代背景之下，多元文化教育与比较教育研究之间互动关系的合理建构也非一件易事。总而言之，从20世纪初至21世纪初这一百年的历史发展过程中，文化、多元文化及多元文化教育与比较教育研究之间互动关系的演化与变革始终是在一条闪烁不定的动态曲线上进行的。总的趋势是，一方面，比较教育研究自身领域内许多概念与问题的界定与澄清脱离不开文化、多元文化、多元文化教育研究所提供给它的必不可少的原料、素材与证明的帮助；而另一方面，比较教育对文化、多元文化及多元文化教育研究的日益借重和深化，也必定会大大推动这些领域自身发展合理性与有效性的不断增强。特别是多元文化教育这一跨越文化与教育两大领域，且与经济、政治、种族、性别等诸多社会领域及国际交流与合作方面的诸多热点问题紧密相关的、已被纳入比较教育研究视野之内并且日渐受其重视的特殊研究对象，其与比较教育研究之间的互动关系在一体化与多元化并存、国际化与民族化共生的历史发展趋势日趋明显的时代背景之下，一定会愈加朝着紧密与复杂的方向发展。在对文化、多元文化及多元文化教育与比较教育研究之间宏大而纷繁复杂的互动关系作一简要的学术背景上的通观概览之后，转而深入分析当今多元文化教育最为典型的代表——美国多元文化教育及该领域中的若干重要问题，就这一学术研究行为而言，前者是比较教育研究者研究国别多元文化教育时所应提供的必要的学术铺垫，而后者则是将这一学术铺垫具体化的必然选择。因此，本章在以上对多元文化教育与比较教育研究之间互动关系的学术背景作一交代与铺垫的前提之下将进一步具体展开对美国多元文化教育若干重要问题的阐释、分

① Roberta Ahlquist, Whose World Is It, Anyway? Multicultural Science from Diverse Perspectives, *Comparative Education Review*, 2000, 44 (3), p. 357.

析与说明。

二、美国多元文化教育的发展历程

正式意义上的美国多元文化教育的出现是在 20 世纪 60—70 年代，它是那一时期美国民权运动（The Civil Rights Movement）的产物。为了更清楚地描述出美国多元文化教育发展的全貌，本章将美国殖民地时期至 20 世纪 60 年代美国多元文化教育正式出现之前这一历史阶段也作为美国多元文化教育发展的一个组成部分，称之为美国多元文化教育发展的萌芽阶段。由此，美国多元文化教育的发展历程迄今为止大体上可以分为三个相互衔接的历史阶段：殖民地时期至 20 世纪 60 年代之前——美国多元文化教育发展的萌芽阶段，20 世纪 60—70 年代——美国多元文化教育发展的起步阶段，20 世纪 80 年代至今——美国多元文化教育发展的深化与扩大化阶段。

（一）殖民地时期至 20 世纪 60 年代之前——美国多元文化教育发展的萌芽阶段

殖民地时期的美国，英国殖民者逐渐压倒其他文化与语言背景的欧洲殖民者，诸如法国人、荷兰人、德国人等，取得了在北美大陆的军事与经济统治地位。面对该时北美大陆语言与文化的多样性状况，英国殖民者采取了一种所谓盎格鲁化（Anglicization）的统治政策。这一政策要求在北美大陆贯彻实施英国的标准与生活方式。这一政策起初是由私人或私有团体出资举办的学校通过教授北美大陆第二代移民英语并培养他们对盎格鲁制度与价值观的忠诚的方式来得以实行的。从 19 世纪 40 年代末期开始，公立学校在北美大陆建立起来，它奉行的是官方的保持宗教与政治中立的原则。但是，由社会创办的各种学校仍服务于文化、政治与经济等各式目标。事实上，在其他的有组织的各种教育形式中其服务的目标也是多种多样的，诸如灵魂救脱、政治观念、道德进步、社会稳定、社会流动、精神约束、职业功效与社会改革等。当一种要求创立美国共同文化（common culture）的呼声传遍美国社会之时，学校教育制度尤其成为来到美国的不同种族移民们所带来的杂乱纷呈的文化流派的承载器。移民儿童讲着不同的语言并具有不同的宗教与文化传统，但他们在学校中所学习的却是标准的英语，并需学会成为主流社会的美国人。盎格鲁的标准是这里的指导准则。所有的教学活动都是用英语进行的，课程也是纯正的有关欧裔美国人的制度、历史、文学与价值观的内容。为了迅速塑造出地道的美国人，学校力求使其所培养的移民儿童对自己的父母及原属国的生活与行为方式感到羞耻。但是移民们对类似此种的教育压迫行为也并非完全逆来顺受。许多移民也极力要求并最终获得了一定的教育自主的权利，诸如在学校中开设本民族的语言课等。例如，在共和国早期的纽约殖民地，一些容纳文化差异性的教育尝试已经出现。19 世纪中期俄亥俄地区成立了德语/英语学校，其他一些移民社区也相继建立了自己本民族语言的学校，诸如荷兰语、德语、瑞典语与意大利语学校等。截至 1900 年，美国大约有二十万儿童在公立小学中接受德语教育，另外还有数量略少一些的儿童在公立小学中接受波兰语、意大利语、挪威语、西班牙语、法语、捷克语、荷兰语等非英语语言的教育。上述事实说明，19 世纪中期的美国已经在公立教育体系中出现了接纳文化多元性与差异性的因素，尽管这一接纳仅仅表现为对非英语语言的有限度的包容性共存。第一次世界大战之前，洛杉矶教育委员会便积极酝酿为其社区所主管的一些亚美尼亚、克罗地亚、法国、意大利、犹太、德国与俄国团体提供必需的教育设施，以便于他们学习本民族的语言与文化。这一优越条件并未能扩展到其他非白人社区的儿童，那些来自非洲裔美国人、墨西哥裔美国人家庭或东印第安社区家庭的儿童那时仍遭受着种族隔离的不公正对待。在 20 世纪 20 年代，一些美国教育家也积极促进跨文化教育（Intercultural Education）的发展，尽管其根源出自于和平主义运动且以国际教育为关注焦点。从总体上看，一战以后特殊语言与多元文化教育计划及国家对文化多样性的容忍度在一股美国化（americanization）的狂潮席卷之下遭受重创。到 1923 年，全美有

34个州只实行英语教育政策。20世纪30年代，受进步主义教育运动的影响，一种要求实施文化多样性政策以便鼓励少数民族学生学习其本民族文化遗产的呼声又高涨起来。进步主义教育者所倡导的传授文化差异性的方法在20世纪30—50年代的许多美国学校中颇为流行。

(二) 20世纪60—70年代——美国多元文化教育发展的起步阶段

"20世纪60年代是美国历史上一段矛盾迭起、冲突连绵的混乱时期，民主、特权、改革以及战争等一系列时代主题宛若一串极不协调的音符，共同谱写出'60年代的美国'这一首杂乱无章的交响乐。"① 20世纪60年代是美国多元文化教育发展历程中的一个分水岭。从这一时期开始，所谓的正式意义上的美国多元文化教育方才真正起步。这一时期许多倾向于平等机会以及与人权问题有关的诉讼、立法和裁决以及一些法院的决定和各种法令均为美国多元文化教育的发展作出了贡献。首先影响到这一时期美国多元文化教育发展的一个案例是1954年的布朗对托比克教育委员会案例（Brown v. Topeka Board of Education），它所关注的焦点是非洲裔美国人学习者的公民权利。这最终导致美国最高法院裁定建立在种族不平等基础上的实行种族隔离的美国学校从本质上来看是不公平的。这一裁决使得布朗对托比克教育委员会案例在帮助美国那些被剥夺了教育权利的群体得到本应属于他们的平等权利方面产生了前所未有的影响。正是在20世纪60年代，所有水平上的教育制度均以各种方式并通过各种观点来呼应公民权利运动所提出的要求。当在教育领域内外的许多人都开始拷问来自于不同文化群体的儿童是否应当拥有在学校教育制度中获得成功的平等机会这一问题时，人们对多元文化主义的兴趣就更加被激发出来。与此同时，不断增多的出版物与研究成果均显示少数族群（The Minority Group）学生与主流群体（The Majority Group）学

① Ronald Lora, *America in the 60's: Cultural Authorities in Transition*, John Wiley & Sons, 1974, p. 171.

生相比，前者的学业成绩要比后者低而其辍学率却要高于后者。20 世纪 60 年代也出现了一种强化与倡导民族尊严、文化异质性的新理念。民族团体开始要求学校进行变革，因为他们确信学校教育是他们获得更大权力的一个重要媒介。民族运动的主要目标就是要求学校课程增加更多的反映民族团体文化与历史的内容，同时也为学校课程注入新的观念、参考系数与价值标准。20 世纪 60—70 年代，在许多社会研究与文学课程中包含着数不胜数的有关文化多样性的内容。1972 年的《民族遗产法》（*The Ethnic Heritage Act*）主张课程内容的变革要建立在各个民族团体的基础之上。尽管如此，民族团体从总体上来看还是处于被动接受的位置上。一般来讲，多元文化教育的肇始要早于这个词语定义的初次出现。直到 20 世纪 70 年代，确切的“多元文化主义”（multiculturalism）一词方才正式出现。它强调人际关系之间的互动。美国多元文化教育在 20 世纪 70 年代阔步前进，并成为一种更加综合的方法。但是正规公立学校以文化多样性的方式来教学在这一时期还很少见，在多数学校中少数族群文化或民族文化也并未取得非常值得欢欣鼓舞的成功。在 1978 年之前，美国许多教育文献的索引中甚至难以见到多元文化教育这一范畴，这说明当时在美国教育类文章中还很少关注多元文化教育问题。这一时期，多元文化教育课程与计划的发展均缺少深思熟虑，这就使得它们难以被正确地教授与执行或在教育制度中被有效地制度化。而 60 年代到 70 年代早期，美国学校所谓的与民族与文化多样性有关的改革最主要的特质，也无非是在学校中多设一些与民族有关的节假日以及以单一民族团体为关注焦点的课程而已。这一时期所开设的民族研究方面的课程通常都是选修性质的，而选修这些课程的学生也主要是来自该课程所要讲述的那些民族群体的成员。在这一时期，女权运动也逐渐兴起，参与这场运动的女权主义者们也将目光投向了教育制度。她们极力声讨学校的课本与课程均由男性把持的不平等现象，要求修改课本中只对男性歌功颂德而对女性历史地位与作用则忽略不计的不合理的内容。她们还要求给予妇女更多的充当学校管理者角色的机会。20 世纪 60—70 年代的女权运动是这一时期美国多元文化教育发展过程中的一个必然组成部分。其他一些处于边缘群体位置的社会成员，在 70 年代也纷纷要求国家给他们提供更多的平等权与基本的人权。这些边缘群体包括残疾人群体、下层公民以及同性恋者等。他们的斗争取得了一定成果。1975 年《为所有残疾儿童教育法》（*The Education for All Handicapped Children Act*）得以通过实施，这一法规要求所有的残疾学生都应在一个最小限制的环境中接受教育，并应被作为受教育群体中的主流成员的一部分，该法堪称是美国残疾学生争取平等教育权运动中所取得的一项最为重要的法律上的胜利成果。

（三）20 世纪 80 年代至今——美国多元文化教育发展的深化与扩大化阶段

进入 20 世纪 80 年代，有关美国多元文化教育的文章与书籍开始如雨后春笋般地涌现。多元文化观得到了许多团体与职业组织的推崇。例如，1983 年，在美国特殊儿童委员会所建议的培养人才的标准中便指出有机会去理解那些与社会中所存在的文化差异性与文化多元主义有关的问题对所有学生而言都是至关重要的。此外，像美国教师教育学院联合会（The American Association of Colleges of Teacher Education）与霍姆斯集团（The Holmes Group）也均提倡文化多元主义。20 世纪 90 年代以来，美国多元文化教育的水平通过教育职业化得到了广泛的提高。而“中小学和大学则是开展多元文化教育的主战场，在美国许多州的各级各类学校都编制了实施多元文化教育的课程，有些州还规定大学教师有义务在自己所教科目中揉进多元文化教育内容。在美国出版的众多教科书和教学法文献中，包含了越来越多的以发展学生对人际差别的正确理解及宽容态度，培养学生用言行实践社会中多元文化主义的能力为目标的教育内容、教育工艺和实践性教学活动。为了在中小学中更好地开展多元文化教育，大学特别注意中小学教师的培养，在有关培训系统开设‘多元文化教育基础’一类课程。在很多大学设有帮助大学生发现自己生理和心理上妨碍学习的障碍的训练中心，并由中心将有关结论和在教学过程中必须采用的建议告知教师，改进教学方式，适应学生需要。为残疾学生提供专门的设备、指南、课程，使他们能与正常人一样学习。在学校之外，大量社会组织、科学团体也在开展多元文化教育，许多学术会议专门研讨文化多元性问题，为了形成对同事的文化差异的尊重，出现了许多专门的培训中心”。① 总之，20 世纪 80 年代以来，美国多元文化教育取得了更加广泛和深入的发展。但是美国社会在改造其教学背景与内容的同时，多元文化教育也仍然需要被完全吸纳入美国主流教育的大环境中去。迄今为止，多元文化教育仍处于美国课程的边缘地带而非核心位置。例如，每当国家财政紧缩时，多元文化教育计划便会首当其冲地遭受到被砍削的厄运。可以说，在经过近三十年的争论与尝试之后，改革美国学校及课程以使其能够反映美国社会种族、民族与文化多样性这一现实的多元文化教育改革计划仍旧被美国绝大多数学校、学院以及大学的主流课程排挤到附属位置。当前，面对美国学生争取平等受教育权运动的蓬勃兴起以及日益明朗的全球化趋势的挑战，美国多元文化教育正处于加速改革的状态之中。

第二节　美国多元文化教育理论的相关核心概念与基本问题

分析美国多元文化教育的发展历程，对其而言是一种宏观历史背景上的关照。倘若要继续深入到这一纷繁复杂的多元学科领域的内部，就不得不面对其中观层面上所含摄的诸多相互关联的核心概念与基本问题。因此，以下将对美国多元文化教育领域中中观层面上的一系列较为重要的相关核心概念与基本问题展开论述与说明。

① 韩骅：《90 年代美国多元文化教育的理论与实践述评》，《比较教育研究》2000 年第 6 期。

一、美国多元文化教育理论的相关核心概念

美国多元文化教育领域中存在着一系列相互关联的核心概念，这些概念几乎都带有跨学科的性质，它们所涉及的学科领域包括教育学、文化学、人类学、民族学、宗教学、价值学以及政治学等。这使得我们在研究有关美国多元文化教育的问题时，往往会在其相关概念，特别是一些核心概念的界定与分析上陷入困境。因此，对这些相关核心概念进行深入细致的分析与合理有效的说明，对研究美国多元文化教育而言就显得尤为重要。

（一）文化、多元文化主义与多元文化教育

在美国多元文化教育领域所包含的诸多相关核心概念中，文化（culture）、多元文化主义（multiculturalism）与多元文化教育（multicultural education）是其中颇为重要的一组概念。文化这一概念在文化学中的地位极为关键和重要。而其现代含义又甚为广泛和复杂，很难简单地对其加以界定。在西方思想史上，“文化”一词源自拉丁语，是动词colere的派生词，其原意是指人在改造外部自然界使之适应于满足食住等需要的过程中，对土壤、土地的耕耘、加工和改良。后来，这一术语产生了转义，罗马著名演说家西塞罗在他的“智慧文化即哲学”这句名言中把文化的转义确切地表达出来了。智慧文化的内容变为指改造、完善人的内在世界，使人具有理想公民素质的过程，于是政治生活和社会生活，以及培育人和公民具有参加这些生活所必需的品质和能力等，在古希腊罗马时代被逐渐列入文化概念，使其外延与内涵都变得更加广泛和丰富。在中国古代思想史上，“文化”一词出现颇早，通常是作为国家所施的文治和教化的总称而使用。如汉刘向《说苑》：“凡武之兴，谓不服也，文化不改，然后加诛。”晋束皙《补亡诗》：“文化内辑，武功外悠。”南齐王融《曲水诗序》：“设神理以景俗，敷文化以柔远”等皆是。19世纪中叶以后，“文化”概念成为人类学家和社会学家们热心讨论的题目。这时，英国的泰勒在其《原始文化》一书中提出了他著名的“文化”定义：“所谓文化或文明乃是包括知识、信仰、艺术、道德、法律、习俗以及包括作为社会

成员的个人而获得的其他任何能力、习惯在内的一种综合体。”20世纪50年代，美国文化学家克罗伯在前人研究的基础上，提出了一个影响深广的“文化”定义。认为现代意义的“文化”概念，应包括五种含义：(1) 文化包括行为的模式和指导行为的模式；(2) 模式不论外现或内涵，皆由后天学习而得，学习的方式是通过人工构造的“符号”系统；(3) 行为模式和指导行为的模式物化体现于人工制品中，因而这些制品也属于文化；(4) 历史上形成的价值观念是文化的核心，不同质的文化，可依据价值观念的不同进行区别；(5) 文化系统既是限制人类活动方式的原因，又是人类活动的产物和结果。中国近代以来，随着西方人文社会学科的传入，学者们对“文化”的定义如西方学者一样众说纷纭。梁启超认为：“文化者，人类心能所开释出来之有价值的共业也。”梁漱溟则认为：“文化是生活的样法。就是吾人生活所依靠的一切。文化之义，应在经济、政治乃至一切无所不包。”在我国比较常用的是对“文化”含义的广义与狭义的两种解释：“从广义上来说，文化指人类社会历史实践过程中所创造的物质财富和精神财富的总和。从狭义来说，文化指社会的意识形态，以及与之相适应的制度和组织机构。”在与学校教育的相互关系层面上，文化可以被界定为是那些塑造着特定文化群体成员的最初与持续的智力、情感以及社会发展的内容、过程和结构的价值与实践活动。文化提供了人类成长与发展的自然产生的条件。当学校教学成为学习者的文化价值与实践活动的产出物时，其所具有的效率与创造性是最大的。就美国文化而言，其社会文化的主流是信仰新教的盎格鲁—撒克逊民族为主体的白人中产阶级文化，同时，由于美国是个移民国家，其他众多民族文化群体的存在，又使其文化呈现出多元化的表现形态。因此，了解美国文化、美国多元文化教育就不能不涉及另外一个重要的核心概念——多元文化主义。多元文化主义是一种哲学理念与运动，它认为一个多元化社会中的种族、民族、性别与文化的多样性应当被反映在它的所有制度化的结构中，尤其是应当反映在教育制度中，包括教职员、行为标准与价值观、课程以及学生等方面。在美国，人们有时主张多元文化主义的根源是在美国宪法制定之时，其制定者所提出的民主多元主义。但是这些制定者的初衷是希望建立并维持一种遍布最初在政治与经济上分成13个州的主流文化。尽管当时有文化多元性的客观存在，但是美国社会的文化基础在18世纪最后的25年仍是由传统的盎格鲁—撒克逊文化占统治地位。今日美国是一个种族、文化与语言多样化的社会。根据哈佛大百科全书之美国民族团体（Harvard Encyclopedia of American Ethnic Groups）的统计，美国是由至少276个不同的民族团体构成的，包括170个不同的土著美洲人团体。此外，美国教育部双语教育与少数民族语言事务办公室已经认证出目前在美国至少有220个语种。

文化认同是建立在那些种族起源、宗教、性别、年龄、社会经济水平、母语、地理环境、居住地以及残疾或特殊情况等所包括的特质与价值基础之上的。每一个团体都有其区别于其他团体的文化模式。美国社会中众多的亚社会团体（subsocieties）所具有的文化要素、文化制度与文化模式均不同于美国主流社会。这些群体在传统上被社会学家与人类学家称为亚社会群体或亚文化群体，因为它们存在于主流社会这一大社会背景之中，并与主流社会共同分享着政治与社会制度以及大文化（macroculture）即主流文化的一些特质与价值。这些文化群体也被称为小文化群体（microculture）即非主流文化群体，以表明它们具有自己独特的文化模式同时分享着主流文化的一些模式。同属于一个亚文化群体的人共同分享着该群体的文化特质与价值，并以此将他们联结在一起。由于所有美国人都生活在一种上述的文化群体或亚文化群体里，绝大多数美国人已经变得非常熟练地根据他们所参加在内的多元亚文化群体的方式来运用多元的方式来观察、评价、信仰及采取行动。当一个人承认自己是一个多元差异性的亚社会领域的成员的程度有所提高时，其个性的流动性、自觉性与稳定性也会随之提高。面对美国社会多元文化并存的现实，多元文化教育在美国的应运而生应是其社会发展的一种必然选择。多元文化教育是一种哲学理念和教育过程。这一理念是建立在包括在美国宪法与独立宣言中诸如自由、正义、平等、公正以及人类的尊严等思想理念基础之上的。多元文化教育作为一种过程发生在学校以及其他教育场所中，在此过程中传授着几乎涵盖所有学科领域的课程知识。它致力于使所有的学生都能够向使美国的组织与制度走向结构平等的目标努力。像所有优秀的教育策略一样，它帮助学生发展积极的自我意识并去发现自我，尤其是在他们所处的多重集团身份环境中。多元文化教育做到这一点所借助的方式就是提供给学生有关历史、文化以及曾经塑造过美国历史、政治和文化的各种团体的贡献等。多元文化教育承认美国的强大与富足是各种团体共同奋斗的结果。它要求大学与其他各级学校的教师的来源应当是有多元种族和多元知识背景的，包括那些从幼儿园到八年级的可以对那些非英语母语学生进行教学的教师。它要求一种把作为美国公民的各团体成员的贡献、观点以及经验等均有机组织到所教课程的概念与内容之中去。它正视包括种族、社会经济阶级、性别、性别倾向以及残疾人群在内的诸多社会问题。此外，多元文化教育还提供那些建构在学生多样化思考方式基础上的熟悉背景中的教学活动。它鼓励学生去调查世界以及国家的问题，以及这些问题是如何影响到他们的生活的。它教授批判性的思维技能以及制定民主决策、社会行为与强化权力的技能。值得指出的是，多元文化教育必须是一个完整的过程而不能被割裂，它的定义中的所有组成元素都应当各就各位，这样它才会是真实有效的。种族研究运动，其来源于 20 世纪 60—70 年代的公民权利运动，也在多元文化教育的发展过程中处于中心地位。在这一运动过程中，非洲裔美国人以及许多其他有色人种团体的人均要求得到学校教育政策及实践上的公正与平等。在美国种族运动期间，许多学校纷纷设立种族研究课程，而许多大学也组建了种族研究系或制定种族研究计划。同时期，一些其他团体（如妇女、残疾人、穷人等）也开始增加自己要求学校教育对他们施以平等与公正的教育权利的活动的力度。正是在 20 世纪 70 年代美国多元文化教育运动开始阔步前进。而在过去的二十年里，多元文化教育已经演变成为一种有人赞成倡导，又有人反对批判的流行教育理念与实践。

（二）熔炉与同化

人们习惯上称美国为一个文化大“熔炉”（melting），意思是说美国文化是各种移民文化熔而为一的结果。熔炉这一概念与美国多元文化教育的关联甚为密切，因为它与当今美国多元文化的社会状况有着颇为深远的历史渊源。最早的把美国视为一个熔炉的文字记录是1782年克里维克尔的《来自一位美国农民的信函》（*Letters from an American Farmer*，1782）。克里维克尔本人就是一个移民，他写了一系列给他早先法国朋友的信件来赞美美国农村生活以及美国人独特的性格。他的脍炙人口的一封名信《美国人是什么?》（*What is an American*?）描写到在北美大陆上那些来自世界各国的人是如何被熔合成一个新的民族的。在移民早期迁往北美大陆时，他们确信自己可以熔合为一个新的民族，但随着移民人数的逐渐增长，以及移民原属国数目的不断增多，他们的这种信心却日渐消退下来。1882年，中国人被排除于可以向北美自由移民的群体之外，美国第一个移民法也随之颁布。直到1924年《民族起源法案》（*National Origins Act*）得以通过，美国正式采取一种强化移民民族性的政策，而非如克里维克尔所熟知的那样去淡化民族问题。经过长期的所谓美国大熔炉的熔冶，一种单一的美国民族性却并未形成，熔合的结果是各个民族团体仍继续保持着自己本民族的特征，同时也受到与其交往的其他民族团体的影响而发生着一定的变化。熔炉不仅未完成熔合，同时也未完成完全同化来自非洲、亚洲、中南美洲或土著美洲的移民的“神圣使命”。因此，在过去的二十余年里，学者们通常是用一种隐喻的手法来描述美国社会不同种族、民族、宗教与文化团体生活在一起的现实状况。这种现实状况的突出表现便是这些团体都保留着自己的文化特性并在与其他团体的交往中互相影响而发生着一定程度上的变化。可见，熔炉对美国早期移民而言，意味着一种自愿的熔合，而对后期的美国移民，特别是那些从非洲、亚洲、中南美洲等地来到美国的移民以及美国本地的土著居民而言，则是一种文化上的同化（assimilation），即将各种后来移民文化美国化。所谓同化，是指某个个体或某个群体被吸纳入另一个个体、群体或社会的社会结构与文化生活中去的过程。同化这一概念是民族问题以及多元文化教育问题研究中必不可少的一个重要因素。戈登（M. M. Gordon）于20世纪60年代初期对同化过程进行了分析，并概括出同化过程的七种类型或七个阶段：（1）文化同化，即将本民族的文化模式转变为东道主社会的文化模式；（2）结构同化，即大规模地加入到东道主社会的小团体俱乐部与组织结构中去；（3）婚姻同化，即大规模的互相通婚；（4）认同；（5）态度接受，即偏见的消失；（6）行为接受，即种族歧视的消失；（7）公民权利接受，即价值与权力冲突的消失。从总体上看，同化可分为个人同化与民族团体同化。个人同化的经历又各不相同，这与每个人的特征有关，诸如社会经济阶级背景，群体特征等。戈登认为，美国东道主社会从殖民地时期起便是由白人、盎格鲁—撒克逊、新教文化占主导地位的。戈登还总结出了同化论的不同哲学基础，主要可分为以下三种。（1）盎格鲁统一论。这一理论要求把移民的民族文化完全同化为盎格鲁—撒克逊的价值标准与行为规范。（2）熔炉论。该理论希望把盎格鲁—撒克逊文化熔冶为一种新的、真正的美国文化。（3）文化多元论。该理论主张后来移民保留下来的文化应当在美国政治、经济与文化生活中占有其应得的重要位置，要将其有机地结合入美国社会文化之中去。从美国历史上看，盎格鲁统一论一直在各种同化理论中占有压倒优势。因此，一直以来美国学校教育便是在实践着盎格鲁统一同化论的目标，也就是说无论任何民族背景的学生在学校里都在接受着统治集团的语言、价值观和行为标准以便于维持共同文化与国家的统一和团结。在这一思想理论中，文化差异被视为是不利因素。对同化主义理论的批判，包括来自多元文化教育者的声音，认为这一理论是不民主、种族中心与不现实的。相反，多元文化者诉诸一种尊重并包括美国各种种族群体语言与文化在内的平等的而非视其为低级的、外来的、偏离了社会结构标准的社会生活与文化生活。此外，多元文化主义者认为倘若致力于实现国家真正的团结统一，美国就必须要重新界定影响着其国家各种公民生活的共同文化。

（三）差异性、多样性与文化认同

差异性（difference）、多样性（diversity）与文化认同（cultural identity）是美国多元文化教育领域中的另一组相关核心概念。这三个概念之间存在着一定的关联性，简而言之，正是由于美国文化中所存在的差异性、多样性才导致了各民族群体对自身文化进行认同这一结果。美国多元文化教育中所述及的差异性通常是与多元主义（pluralism）与多样性有关的。在创造历史与理解主流文化理念的斗争中，批判多元文化主义者发动了来自边缘与被排除地位的呐喊。这些呼声帮助他们去理解到底是什么构成了中心文化价值。凭借这些理解，批判后现代多元文化教育者使用来自边缘的呼声，诸如黑人作家、科学家、音乐家和作曲家以及土著人与女性主义的认识论来创造一种对抗主流文化的思潮或发动解构文化权力的运动。当教师应用这些观点或者学生将它们带入课程，学生们就开始发现他们自己原来的观点仅仅是社会中所有世界观中的一个狭小的组成部分。通过对这些原本被排除在外的呼声的了解，教师与学生在此过程中均扩展了他们认识论的范围，得到了理解与学习去批判与裁定各种争议的新视角。此种形式的教学便建立在差异性这一概念的基础之上。从差异教学法中人们可以获益良多，通过对非西方的、非宗法的、非基督教的或非异性主义者的意识形态与世界观的理解将促使学生与教师以可选择的与反面的方式去看待世界、自我、他人、教育目的以及民主社会的性质等。在美国多元文化教育领域中，多样性这一概念有时可以与差异性通用。多样性指的是人们之中所存在的差异性。尽管在个体之间存在着许多个别差异，但多元文化教育者通常所指的是群体差异。在美国，多样性关注的焦点传统上是种族多样性，造成这一现象的部分原因是由于美国各社会团体之间所存在的巨大经济与政治差异。当代许多多元文化教育者所描述的多样性通常是指向多种多样的种族、民族、性别与经济群体。而其他领域的研究者则又将语言、宗教、能力、年龄、性别倾向等问题纳入多元文化教育的研究领域之中。值得注意的是，在20世纪初期，学校中的多样性问题主要是集中在对欧洲移民的同化上，后来这一行为才逐渐转向了针对来自非洲、亚洲和拉丁美洲等地迁往美国而来的移民。

20世纪中期爆发的跨团体教育运动（intergroup education movement）开始承认美国所存在的种族偏见与歧视现象。民族团体间不平等的社会条件问题在20世纪60年代的公民权利运动期间得到了强有力的申明。在20世纪70年代，许多社会成员，包括那些欧洲裔的美国人，开始承认并珍视自己的民族遗产。同时，讲非英语者、妇女、年长者、残疾人等群体也开始在关于多样性与公共政策的讨论上施加自己的影响力。在20世纪90年代期间，一些宗教团体也极力去增强自身在与多样性有关的诸多问题上的影响力，这些与多样性有关的问题包括性别倾向、关于团体问题的公共争论与政策、肯定性行为、以妇女平等为目标的财政资助、双语教育以及特殊教育等。在多样性的范围扩展到容纳越来越多的团体时，团体内部差异性存在的问题也变得越发清晰起来。在一个团体中，并非其所有成员均具有相同的价值观、文化传统以及行为表现。多样性的理解变得越发复杂，因为这一多样性涉及团体内外的各种冲突。构成多样性的其中一个关键性组成要素便是团体与统治阶级社会之间的关系。多样性居于多元文化教育问题的中心位置。多元文化教育者理解价值并把多样性结合于教育的全过程之中。他们的课程期望以包括各个团体而非以一个单一团体为中心。教师对所有学生均怀有高度的学术期望。并招收各种文化背景的学生以确信他们均能够获得学业成功。在学校的正规与非正规课程中均纳入多样性课程，这也成为一所多元文化学校的必备条件。与此同时，多样性也成为教育中必要的组成部分，学生通过跨团体的方式来学习相似性。他们同时也学习积极地参与到为民主社会作贡献的活动中去，在这样的民主社会中，具有多样性的各种集团共同合作去创造一个更加美好的社会。与差异性和多样性这两个概念紧密相关的是美国多元文化教育中的另一个核心概念——文化认同。文化认同是建立在个体从其所在的各种各样的微观文化群体，诸如种族或民族、宗教、性别、年龄、阶级（社会经济地位）、母语、地理环境、居住地（城市、郊区或农村）以及其他一些特质中所习得的品质与价值观基础之上的。在美国主流文化的大背景之下，个体所属的纷繁复杂的亚文化群体均受到其所分担的文化特质、思想模式、学习方式、价值观及行为特征的决定和影响。个体可以同时从属于许多亚文化群体，其在某一个亚文化群体中所形成的特征可以影响其从其他亚文化群体中所继承的特质与价值。这些亚文化群体间的相互作用便开始决定个体的文化认同并在民族、阶级与性别界限之间处于极为活跃的动态之中。特点鲜明的各种文化群体，诸如非洲裔美国人、拉美裔美国人、亚洲裔美国人以及美洲土著人与统治集团之间的关系可以影响到个体的文化特征。一个民族团体文化的深层特征，诸如价值观与世界观等可以与其文化的表层特征诸如饮食、服饰、音乐等区别开来。这些表层特征看起来似乎已被同化了，而不能反映其所属文化群体的文化或民族传统，但这并不意味着文化的表层特征不具备其独有的文化特性。文化认同既属于自我又是适当变化的，也受社会的限定，它可以为适应不同的环境而进行变化。文化认同是由人种、阶级、性别、民族性、年龄与宗教共同决定的，并在不同时期、不同环境中表现出不同的个性纬度。因此，文化认同会遵循如下的模式运作，即一些个体会选择属于其生活领域的文化表现，而另一些个体则会选择与之不同的而更与其本人的家庭及社会环境密切相关的文化特质。

（四）民族群体与少数族群

民族群体（the ethnic group）是指存在于社会大环境之中的比之要小的团体，这些团体被其他或其自身所在的社会区别开来。民族群体的区别标准一般是一些文化特征上的规定性，诸如语言、风俗与历史等等。通常人们总是把民族群体与种族群体（racial group）混为一谈，事实上这两者之间是存在一些比较鲜明的区别的，前者的界定主要是根据文化的标准，而后者多半是以身体标准为依据，这些身体标准包括肤色、面部特征等。美国民族群体的复杂与繁多是人所共知的，迄今为止全美大约有 270 个左右各不相同的民族群体。民族群体的多样化存在是促成美国社会文化多元化的一个主要原因，也是影响美国多元文化教育历史发展的直接动力源泉。民族群体文化在范围上涵盖了美国文化的全体，即主流文化与非主流文化。显而易见，民族群体的概念范畴是要大于少数族群（the minority group）的概念范畴的。所谓少数族群是指任何一种从已建立的文化标准中“偏离”出去的团体。这种“偏离”可以是也可以不是出于民族的原因。例如，在美国文化对话中有许多美籍非洲人、美籍拉美人、美籍亚洲人及土著美洲人，他们像美籍欧洲人一样参与其中。如果将主流文化群体非常狭义的限定为仅包括白人、盎格鲁—撒克逊人以及新教徒，这不过仅仅包括了美国人口总数的 20%。倘若运用这一主流文化的定义，那么大约有 80%的美国人都将被界定为是少数族群。在这一数目庞大的团体中，将包括大量的具有鲜明文化特征的群体，诸如来自欧洲大陆的其他移民、信奉天主教的美国人、土著美洲人、美籍中国人、美籍非洲人以及美籍墨西哥人等。无论对主流文化下何种定义，各种群体之间的权力关系是明显的。大约 80%的权力位置，诸如国会议员、大学校长、公司董事会成员等是被那些中产阶级白人盎格鲁—撒克逊新教徒的民族团体人员所把持的。这种权力分配与运用通常不是与它所服务的对象的文化与社会需要相对应的。例如，即使是在由来自各种少数民族群体的学生所组成的学校中，其教学活动与内容所宣扬和传授的也仍是欧美的价值观与社会习俗。毋庸置疑，美国是一个变动不居的充满活力与变革的国度，这是与别国所不同的。但是它也有自己的特殊问题，其中之一便是所谓主流文化并非是一个狭隘的概念，在其广泛的定义上，它可以包括绝大多数美国人的文化。少数族群只不过是美国的一种暂时情况而已。

（五）教育平等与教育公正

教育平等（educational equality）与教育公正（education equity）是美国多元文化教育所要追求的两个重要目标，一般意义上的教育平等与公正是指公民在受教育权与参与教育管理权上的平等与公正。美国多元文化教育领域中所讲的教育平等，根据塞卡德（Secada）的定义："教育平等可以含蓄地界定为是群体间教育差异的消失。"① 塞卡德认为当前美国教育中有关教育平等问题的诸多争论与文献溯其根源应是在1967年的科尔曼报告（Coleman Report，1967）之中。尽管塞卡德本人已对教育平等下了一个简明的定义，他也不得不承认与教育平等有关的概念在含义上的局限性与模糊性。一般而言，教育平等通常是通过其反面，教育中的不平等来加以界定的，而这又与群体差异有关，群体差异的限定是凭借一些人口统计学上的特征来进行的，诸如社会阶级、人种、民族、性别、语言背景等。通常，群体差异是通过事实中存在的不平等来加以阐释的。因此，塞卡德对教育平等所下的定义，尽管简明，但并未反映出这一概念在反种族、民族歧视的诸多法令中的多重解释含义。对教育平等问题的合法的建构在美国法律史上具有漫长的历史。克伦肖（Crenshaw）认为，机会平等在反种族歧视法令中有两个鲜明的修辞学含义——扩展与限制（expansive and restrictive），扩展观强调平等是一种结果并寻求为被压迫者创造真实的结果。他们将反种族歧视法令的目标解释为取消从属条件，并寻求借助法院的权力去实现消灭压迫结果的目标。因此，建立在扩展观基础之上的教育平等是强调结果的。而限制观则将机会平等视为一种过程。这种观点认为，反种族歧视法令的目标是阻止未来的不公正而非去矫正历史造成的当前的不公正。因此，建立在限制观基础之上的教育平等是强调过程的。因为反种族歧

① Carl A. Grant & Gloria Ladson-Billings, *Dictionary of Multicultural Education*, Oryx Press, 1997, p. 99.

视法令既包括扩展观又包括限制观，所以教育平等可以指这两者而言。这一教育平等的双重含义建议政治家及政策制定者可以声明支持教育平等，这是通过制定建立在扩展观或限制观基础上的政策来进行的。克伦肖所建构的关于平等问题的扩展观与限制观的理论框架，为探索合法的以及与政策相关的教育平等的理念与行为及其具体的贯彻实施提供了理论支持。教育平等是一个动态的概念，它伴随时间而变动。也即无论是强调过程还是强调结果都会伴随新观点进入教育过程之中而发生重大的变化。如果从概念对比上而言，教育公正应是教育平等继续深化而衍生出来的一种必然结果。教育公正在广义上是指平等的状态或质量以及与公平、权利、正直、诚实及正义等同义的意思。在美国多元文化教育领域中，教育公正在使用上与平等的教育机会相对照，机会被视为是一种必需，但不能令人满意的是，获得教育公正的步骤在当前的美国并未完全出现。例如，可以提供给所有的儿童以平等入学的机会，但真正的教育公正还不只是让所有的儿童入学，而且还应在课程上与教学中重视并认可儿童在文化与个性上的差异。在一个具备教育公正的教室里，教学活动将可以适应所有儿童所面对的由发展差异而造成的学习中的挑战，教师不应草率臆断所有儿童都有相似的中产阶级、主流文化的背景经历，也不应依靠这些东西去制造所谓的学术成功。换言之，平等的机会仅仅是通向教育公正的第一步，更为重要的是在平等教育机会的前提下的平等的教育对待。当前，在美国教育与社会结构上的不平等正在被越来越多的人所承认和接受。事实上，大量数据显示，富人与穷人之间的差距比起其他国家而言，在美国更加明显。因此，一种行之有效的教育公正的定义应当是学生可以得到平等获得有意义的、真实学习经验的机会，这一学习过程容纳了来自不同背景的所有学习者，这些学习者无论其背景如何，均可从中受益。教育公正包括在最少限制的环境中进行学习的权利，在这一环境中，个体的需要与潜力都可得到满足与发挥。同时教育公正也包括学生在一种不因学生的民族、语言、宗教、性别、阶级、家庭背景、生活条件、身体与精神状况或性别倾向而遭受歧视的环境中学习。这种学习环境是所有教育机构都必须努力通过政策与实践去获得的一个目标。概而言之，教育公正可以表述为：给个体与团体权利以公正与尊重，尽管是处于一个从根本上看是不平等的、分层的、充满偏见的主流文化之中，这仍将可以积极地发展一种无论是对个人还是对社会而言都是以平等公正为核心的民主价值观。因此教育公正是一个充满变革的行为和过程，它要不断面对各种障碍诸如种族主义、性别主义等，这些均阻碍了权力与机会分配的平等，同时它也要不断去认定、揭露、剔除那些保持着不平等的压迫制度。

二、美国多元文化教育的基本问题

研究美国多元文化教育，不仅需要分析、澄清和界定该领域中纷呈的相关核心概念，也需要深入了解和探究其所包括的一系列基本问题，诸如多元文化教育的方法、维度、课程建构方法与设计原则、教学与学习方式、教师培养以及政策与改革等。

（一）美国多元文化教育的方法

当前，根据美国多元文化教育学者斯利特（C. E. Sleeter）的观点，美国多元文化教育的方法主要有以下几种。第一种方法，是对特殊的、文化上有差异的学生的教育。它旨在帮助有色人种的学生、低收入家庭的学生和接受特殊教育的学生掌握和吸收知识，并在现存的社会中获得成功。这种方法认为，美国与西方文化为公民提供了大量的机遇，并且表明在文化发展中处于领先地位。那些学业未成事业未就的学生，更希望在他们的文化背景与学校之间架设起座座桥梁，以便使学校课程成为更有用的东西。可以称为“桥梁”的东西包括基于学生学习方式的教育策略、相关的文化材料、用学生的母语来授课以及其他方式的补习计划等。第二种方法是人际关系法。它试图通过课堂的教学与活动，在不同民族的成员之间培养起积极的人际关系，增强每一个学生的自我意识。在这里，教师所关注的主要是学生的相互感受和交往。

人际关系课包括消除成见、比较个体之间的异同，以及学生所属的种族团体对社会的贡献等内容。人际关系方法对教师之所以有吸引力，是因为他们把整个美国社会看成是公平和开放的。他们认为，学生之间的不和谐，如种族性谩骂、活动场上的分离状态等，乃是误解和虚妄的成见导致的结果。因此，他们相信，只要向学生提供有关各不同种族、民族和社团情况的正面教育，增加实际接触的机会，这种不和谐状况就会得到消除。第三种方法，是单一群体研究方法。这种方法的名称是一个概括性语词，涵盖了集中研究许多特定社团的项目，如种族研究、劳工研究、妇女研究和残疾人研究等。这种方法旨在通过某一团体的历史、文化和贡献，以及它如何在社会中与占统治地位的社团合作或如何受其压迫的教育，来唤起这个社团的成员的觉醒。第四种方法，是多元文化方法。这种方法旨在重新建构整个教育过程，提高质量和促进社会文化的多元化发展。它所倡导的课程内容，是围绕着美国不同的种族和民族，不分男女，残疾人以及不同的社会阶层而重新组织起来的。第五种方法，是多元文化和社会重构主义方法。这种方法建立在前述的几种方法，尤其是单一团体研究方法和多元文化方法的基础之上。它强调要教育学生去分析社会中的不平等和压迫现象，以便帮助他们发展采取社会行动的技能。虽然上述五种方法具有很强的代表性，但是美国多元文化教育是异常复杂的，因此，其所需求的以及能够满足其需求的方法也必定是多种多样的。方法问题在美国多元文化教育的诸多基本问题中理应是处于中心位置的，因为方法的得当与否不仅直接关系着美国多元文化教育实践效果的好坏，而且也影响和制约着美国多元文化教育其他问题的处理与解决。可以预见，关于美国多元文化教育方法的研究与探讨工作必将会随着美国多元文化教育的发展长期地延续下去，并在此过程中得以不断地改进和完善。

（二）美国多元文化教育的维度

多元文化教育不仅仅是在内容上与种族、民族、文化与性别等群体密切相关，它在知识建构与偏见减少等方面也是与上述方面相关的。班克斯认为："多元文化教育是一个广泛的跨学科的领域，这一领域有五个相互关联的维度。在多元文化教育贯彻实施的过程中，教育者们应以这些维度为标志，它们是：(1) 内容同化；(2) 知识建构过程；(3) 偏见减少；(4) 公平的教学法；(5) 授权式的学校文化与作为一种社会制度的学校。"① 内容同化所要应对的是教师使用来自不同文化和群体的例子与内容来阐释他们学科领域中的核心概念、原则、概括与理论的程度。知识建构过程所要描述的是教师帮助学生理解、调查并决定一个学科中固有的文化思想、参考框架、观点和偏见是如何影响该学科中知识建构的程度。偏见减少所要描述的是儿童种族态度与策略的特征，这些特征可以用来帮助学生发展更民主的态度和价值观。任何一个学科领域的教师都可以分析自己的教学程序及风格以决定他们反映多元文化问题的程度。当教学方法能促进来自不同种族、民族、文化、性别与社会阶级团体的学生都获得较好的学术成就时，这就是一种公正的教学法。一种公正的教学法的成功施行需要各种各样的教学风格与方式，这些教学风格与方式与学习群体的一系列广泛的学习与文化特征相一致。当公正教学法在课堂上得到成功应用时，教师使用具有文化灵敏度的教学活动来促使来自不同种族、民族和文化群体的学习者获得学术成功。授权式学校文化与作为一种社会制度的学校要求学校的文化与组织必须要经过学校全体教职员的共同考察。全体教职员也必须要参与重建学校的过程。这种方法的成功实施将可以提高全体学生获得学术、社会与文化成功的可能性。学校中的一切要紧密联结在一起，成为一种类似社会制度的有机结构整体，要有效改革学校中的权力关系。上述五个维度在美国多元文化教育的实施过程中是必须兼顾，缺一不可的。这五个维度严密结合构成了美国多元文化教育周密的内容体系。

① James A. Banks & Cherry A. McGee Banks, *Multicultural Education: Issues and Perspectives*, Allyn & Bacon, 1997, p. 21.

（三）美国多元文化教育的课程建构方法与设计原则

尽管美国社会是由众多不同的种族、民族、宗教与文化群体所组成的，但在美国学校的许多课程、课本以及其他教材中，反映这些多元群体所拥有的多样性的内容却并不多见。相反，绝大多数课程内容还是以白人、盎格鲁—撒克逊、新教徒文化作为其关注焦点的。课程内容过于偏重主流文化，容易使来自主流社会的白人学生更加养尊处优，忽视乃至漠视其他非主流文化，这对于他们在美国这个多元文化社会中的长远发展是极为不利的。可见，建构一套较为完善的多元文化教育课程体系不仅对美国社会非主流文化群体的学生而言是甚为必要的，就是对主流文化群体的学生也是大有裨益的。当前，在美国多元文化教育的课程建构中，最常见的方法有以下四种。第一种是贡献法（contributions approach）。这种方法将美国非主流民族文化群体中广为传唱和颂扬的民族英雄的事迹像以往美国主流文化社会所推崇的主流社会的英雄人物的事迹一样插入到学校已有的课程内容之中。此外，各种异彩纷呈的民族文化特质也被广泛吸纳入原有的学校课程体系中来。诸如民族饮食、舞蹈、音乐、工艺等。这些非主流群体中的民族英雄事迹以及民族文化特质是被作为对美国社会文化历史发展的一种贡献而选收入美国学校课程体系之中的。这种贡献是所有美国学生，无论其是来自主流社会还是非主流社会，都应当予以充分关注和学习研究的。第二种是添加法（additive approach）。这种方法主张将反映民族文化特色的内容、概念、主题和观点在不改变原有课程体系的基本结构、目的与特征的前提下添加入其内部之中。可以发现，添加法的实施，已经在一定程度上对美国学校原有的课程体系进行了适当的结构调整。但是，由于这种方法的力度仅限于添加这一层面上，因此它无法达到唯有课程体系重建才能达到的那种可以有效排除掉受来自主流文化群体的历史学家、作家、艺术家以及科学家对这种添加在取舍上所造成的主观影响的程度。第三种是变革法（transformation approach）。这一方法在本质上不同于前两种方法。它主张对学校已有的课程体系进行根本的变革，即对其进行基本结构的调整。在此前提下，它促使学生以多元民族文化观来重新审视学校课程中的概念、主题以及问题等。在这一方法实施过程中，学生对多元民族群体文化进行深入探究的兴趣与积极性都会得到相应的增长，同时学生对美国多元文化的实质与表现形态的判别与理解的能力也会得到逐步的提高。第四种是社会行动法（social action approach）。这种方法不仅包含了变革法，而且增加了许多具有质的区别的要素。这些要素主要体现为学生需要作出与课程体系中的概念与问题相关的决策并采取行动。这一方法为教学活动所赋予的主要目标就是培养学生的社会批判与社会改革精神，并传授给他们一些与此相关的必备的决策技能。此外，这一方法还将倾力帮助那些遭到主流群体排挤的民族群体可以完全地参与到美国社会的变革中来，从而使得美国能够更加接近其获得民主理想的目标。

从总体上看，美国多元文化教育课程建构的这四种方法存在着渐次递进的内在关联。贡献法是其他三种方法能够得以实施的基础，而从添加法、变革法一直到社会行动法则是在贡献法这一基础上不断深化、递进的一系列必然结果。美国多元文化教育的课程建构不仅需要具备一系列行之有效的方法，而且还应有一整套系统规范的课程建构设计原则来指导这些方法的具体实施。目前，美国多元文化教育的课程建构主要遵循以下一些基本的设计原则而进行："（1）多民族的观念应该渗透到全部的学校环境之中；（2）课程应该考虑到少数民族学生的学习风格；（3）多元文化的课程应该有助于发展学生良好的自我意识；（4）课程应有助于学生全面地理解少数民族的文化和民族特征；（5）多元文化教育的课程应当使学生理解在人类社会中观念与现实常常会发生冲突；（6）课程应该分析和澄清美国社会中民族的选择；（7）课程应该有利于学生形成民族多元化的价值观、态度和行为；（8）多元文化课程应该帮助学生提高他们社会参与与决策的技能；（9）多元文化教育课程应该培养学生跨民族交往的技能；（10）多元文化课程应该综合的、系统的体现在学校的全部课程之中；（11）多元文化教育的课程设计要体现出多学科渗透的特点；（12）课程应该帮助学生解释和评价不同民族群体的观点及其在历史上的冲突；（13）课程应为学生提供机会，使他们感受不同民族的审美体验；（14）课程应把少数民族的语言作为主要的内容并鼓励学生使用母语；（15）对学生的评价程序应该考虑到少数民族学生的文化背景。”① 显而易见，上述这些美国多元文化教育课程的设计原则在其课程建构方法中均已得到了鲜明的体现。这表明美国多元文化教育的课程改革自20世纪80年代以来已经取得了较为可喜的理论成果与实践经验。

（四）美国多元文化教育的教学与学习方式

美国多元文化教育在教学方面的一大目标便是客观公正地教授给学生有关各种民族群体的文化理论与实践知识，既不过分抬高主流文化的地位，也不过分贬低非主流文化的地位。为了达到这一目标，美国多元文化教育在其教学与学习方式上主要体现出以下几点表现形态。首先，教师与学生在教学与学习过程中不仅重视各种显性文化因素，也充分关注隐藏于纷繁复杂的显性文化因素背面的诸多隐性文化因素。因为，倘若在多元文化教育的教学与学习过程中，总是以牺牲隐性文化因素为代价而换取对显性文化因素的执意看重，那么学生最终所掌握和理解的各种民族文化的知识便是支离破碎和浮于表面的，这样所导致的直接后果便是对主流文化的盲目肯定和对非主流文化的草率否定。其次，在多元文化教育的教学与学习过程中，教师积极鼓励学生对各自的家庭生活、社区生活乃至族群生活进行批判性反思。这样做的原因是，即使同是来自一个文化族群的学生，他们在家庭、社区以及族群等方面的文化生活经历和感受也可能是存在很多差异的。因此，教师在课堂上主动引导学生思考并述说各自所切实经历过及感受到的家庭、社区与族群中的文化生活体验，这样会使师生双方加深对不同民族群体文化内涵与现象的真实理解。这一方法

① 万明钢：《美国多元文化教育课程设计原则综述》，《民族教育研究》1995年第3期。

在更大程度上所鼓励的是一种建构主义的多元文化教育教学与学习方式，它在流动性上是与当前的文化与社会理论的发展一致的。再次，美国多元文化教育在教学与学习过程中所运用的是容纳文化多样性，消弭文化界限的方法。这种方法以淡化各种多元文化群体间的政治过节为实施要点。教师与学生在运用这一方法时均尽力避免主流文化与非主流文化之间所经常出现的冲突与摩擦，尽可能排除各种文化之间的对抗，而使它们在一个相对平等的地位上展开对话与交流。最后，是多元文化式的教学与学习方式。这一多元文化教育的教学与学习方式以直面美国社会中“文化霸权”的现实并协调师生之间在教学与学习活动中所出现的因美国社会各种文化之间不平等地位所造成的矛盾作为自己的典型特征。在美国多元文化教育的教学过程中，教师比较难以处理的一个问题就是课程内容中的文化霸权现象。当教师教授给学生有关主流文化凌驾乃至强迫非主流文化屈从于自己的学习内容时，往往会招来那些来自非主流文化群体学生的对抗。因此，在运用这一方法时，师生双方首先要承认美国社会所存在的文化霸权现象而对学生造成的精神压力和心灵伤害这一客观现实。同时，学生在学习过程中也要尽力克制自己对教师及教学内容因其以往对自己所造成的民族文化感情上的伤害而形成的惯性式抵抗情绪与行为。倘若这一方法运用得当，那么整个教学与学习过程便应当是在一种多元文化平等对话与交流的融洽气氛中进行的。而这种各种文化平等互融的学习气氛，恰恰也是美国多元文化教育所追求的目标之一。总而言之，美国多元文化教育的教学与学习方式始终是围绕着尊重各民族文化的多样性与开展多元文化的平等交流这样一个主题来统筹运作的。

（五）美国多元文化教育的教师培养

教师培养问题历来是美国多元文化教育领域中的一个核心问题，能否培养出合格的多元文化教育教师，关乎着美国多元文化教育事业的成败。美国《时间》杂志 1990 年载文指出：在 21 世纪，美国的民族团体在数量上将第一次超过白人。在 20 世纪 70—

80年代这20年里，美国的许多学区，特别是那些曾经经历过在学生中取消种族隔离与变革的学区均将教师培养与发展作为展示学校教育中所存在的民族歧视问题的一条重要策略。尽管人口构成成分的变化已经改变了学生群体的复杂性，但在美国目前的教师行业中，白人教师数量不断增多的局面仍未得到根本的改观。此外，截至20世纪80年代，美国补充新教师的数量一直在减少，而学区的大量教师在多元文化教育方面没有或接受过很少的培训，但他们却仍在堂而皇之地教授着与日俱增的来自少数民族群体的学生。从20世纪70年代早期开始，美国多元文化教育者们就开始设计该领域教师的发展设想。多元文化教育者认为这一领域是复杂的，因此教师培养与发展需要具有延展性与系统性。教师必须要发展一种关于文化多样性，对文化差异的接受性以及对服务于少数族群文化社区以及将多元文化教育转化成课堂行为的承担性的知识基础，一些学者就此讨论了美国多元文化教育教师培养与发展阶段的划分问题，例如，“贝克将之分为获得、发展与包括在内三个阶段，卡贝罗（Cabello）则将之分为意识、知识、获得以及技能与反映的应用等阶段”。① 美国多元文化教育者斯利特（Sleeter）认为，尽管教师培养并非通过一种线性的方式（即学会使用多元文化教学策略，其可以帮助提高个体的意识）来经历这些阶段，这些阶段也会为教师培养与发展活动的建构与序列化提供指导。教师必须首先意识到与支持一种可满足多元文化教育需要有关的一系列基本问题，然后再获得实质性的知识并学习使用新的策略。

盖伊提出多元文化教育教师培养的内容包括获得关于美国各种团体的文化模式、价值体系、交流与学习方式、成长与发展的心理与社会文化过程、历史经验与文化创造的知识等。这也包括学习多元文化教育的基本概念与哲学基础，以及各种各样的用于

① Christine E. Sleeter, *Keepers of the American Dream: A Study of Staff Development and Multicultural Education*, The Falmer Press, 1992, p. 32.

课堂教学与他们自身持续不断的职业学习的资源等。此外，它也包括关于对发生在课堂上的文化冲突的精确解释并评价其自身的教学风格与语言行为等的课堂动态知识。盖伊认为多元文化教育教师应发展以下一些态度：他们需要对自己对文化多样性理解的局限性有清醒的认识；他们要认识到固定模式是正常的，差异存在于不同的模式与真实的文化模式之间，多样的文化模式与观点是合理的；他们应当发展对自己的价值与观念的意识，接受儿童的文化定位的行为，而不草率评价其为错并发展一种与教授民族多样性有关的安全意识；等等。在美国多元文化教育教师的培养过程中，教师应当发展许多技能，这些跨文化交流的技能要求教师需学习各种不同的口头与非口头交流的文化系统。此外，教师还必须学习评价与发展多元文化课程，并需训练和掌握使用教学工具方面的诸多技能，因为这些教学工具在多样的文化组织中是非常有效的。与此同时，教师还应当发展对少数族群社团的敏感性并将其运用于与学生家长合作。对美国多元文化教育教师而言，获得第二语言知识的技能与帮助儿童发展第二语言或方言的技能以及课堂管理与维持课堂纪律的技能也是至关重要的，因为掌握这些技能不仅可以阻止在多元文化教育过程中许多恶劣问题的发生，还可以帮助儿童学习去富有建设性的解决问题。在美国，多元文化教育教师的在职培训往往时间很短，一般是一天或更少，通常这些培训是集中在取消种族隔离计划颁布实施的时间内进行。分配给这一培训计划的资源也很有限，同时学校的管理者们对此也漠不关心，缺乏理解。对培训结果的评价往往也是浮于表面。另外，多元文化教育教师培训组织者所常犯的一个重要问题就是在培训多元文化教育教师上更多的是去关注内容而忽视有效的教师培训过程。多元文化教育教师的培训不应仅把焦点放在对教学与管理技能的培训上，还应当包括培养教师对广泛的社会与教育问题的意识，并发展其对被压迫团体的同情感以及愿意与其共事以扩大其共同利益的良好意识。此外，教师培养与发展还应应用广泛的社会政策，诸如取消种族隔离政策等。同时多元文化教育教师培训不仅着眼于改变教师，也应着眼于改变机构。例如许多多元文化教育者均大力倡导重建学校、课程、对学生进行再种族隔离的组织方式、证明少数民族学生弱智的考试方式、教学策略、学校与社区间的关系、语言政策与计划以及学校教师的种族与性别构成等。当前，美国教师队伍是由自愿选择进入教师教育这一行列的人员所构成的，他们需通过一系列传统的教师资格考试与认证程序，如国家教师考试、职前技能测试等，并需要在大学待上相当一段且目前仍在延长的他们还可以支付起学费的学习时间。这一教师任用与选拔过程是建立在偏见基础之上且与多元文化教育相悖的。目前，美国教师正越来越多地由白人来担任，并且完成教师认证资格的时间也在不断延长，这使得中产阶级这一具有支付这一学费能力的阶层将有可能逐渐占据美国教师队伍的主体。而有色人种的教师教育学生的比例正在逐年下降，在21世纪初期有色人种教师教育学生比例将是全国教师总数的5%。造成这一现象的原因很多，诸如使用具有文化偏见的考试方式如NTE（National Teachers' Exam）等；其他领域机会的增多；教师职业的低社会地位；有色人种学生付不起教师教育的学费；以及取消学校种族隔离后，原本属于有色人种的教师位置让位于白人；等等。尽管有色人种教师未必就比白人教师在多元文化教育领域干得更出色，但他们具有遭受过种族歧视的亲身经验，他们也深信完全取消种族歧视与不平等的斗争还将长期持续下去，他们对少数民族学生抱有比白人教师对其更高的期望，而且他们与这些学生的联系也较白人教师为多。显而易见，美国需要多样化的教师队伍，这一多样化包括民族、社会阶级背景、性别、语言与残疾等。尽管美国当前教师队伍人员多样化构成不足的问题已经十分严重，但这一问题的有效解决却绝非指日可待。解决这一问题，需要采取多种措施诸如教师教育计划应当缩短有色人种学生的培养年限，以减轻其经济负担；取消一些带有种族偏见的教师教育资格认证的考试内容；承认并奖励有色人种教师所具有的特殊优势，诸如多种语言的运用、对有色人种学生学习能力的坚定信心、对自己文化背景中的家庭与社会知识的了解等等。与此同时，社会也应当鼓励有色人种学生就读教师教育专业，目前，他们中的多数人往往热衷于医学、法律与工商业等。总而言之，所有的美国教师，无论是来自怎样的文化背景，都需要接受多元文化教育方面的训练。不同团体的教师需要互相学习其他团体的文化，并主动去了解种族主义是如何运作的，压迫又是如何在学校中被制度化的等与多元文化教育紧密相关的一系列核心问题。美国多元文化教育教师的培养离不开其社会制度与学校的变革，这其中学校的变革是关键。因为多元文化教育教师的培养需要在一个宽松的政策背景与学校环境中方可顺利进行。

（六）美国多元文化教育的政策与改革

在美国多元文化教育领域中，联邦的有关政策目前主要集中在帮助身体有残疾的和在文化上有多样性需求的学生提供平等的在学前教育、初等教育以及中等教育领域中的受教育机会方面。而州一般是服从于联邦多元文化教育政策的领导，将其在这方面的资金投入到用于贯彻联邦政策指导下的多元文化教育事业中去，尽管有些州在此方面做的已经超出了联邦政策的指导范围，这主要是表现在多元文化教育的课程建设方面。联邦政府存有州在贯彻其有关教师培养及给予学生平等受教育机会方面的记录。许多州都在尽力使本州教育能够更鲜明地反映出文化的多样性，为所有学生提供平等的教育机会，以此表明其在执行联邦命令方面的忠实程度。联邦与州在多元文化教育方面的这些政策主要表现在通过向原有课程体系中增添新内容为表现形式的课程改革中。

美国多元文化教育的政策研究一般能够提供给研究者的是州一级水平上的精确数据，根据米切尔（Mitchell）在1988年所作的一次问卷调查的结果显示：当时美国有27个州已经启动了多元文化教育计划，28个州设有一个专人负责本州的多元文化教育事务，27个州有本州的多元文化教育教师资格证书制度，25个州要求对学校原有课本进行筛选，21个州制定了有关多元文化教育方面的特殊法律或政策。就总体而言，全美大部分州的教育委员会在20

世纪80年代末均已建立了正规的多元文化教育计划。但是，只有很少的一些州制定了长期的多元文化教育目标。如果州教育委员会期望通过制定多元文化教育政策的形式来提高学校在该方面所取得的成就，并帮助学生和教师取得对文化多元性的更好理解与欣赏；那么他们就不得不制定有关多元文化教育发展的详尽的、长期的政策和规划。因此，美国多元文化教育政策下一步的工作应当是作为表达文化多样性与提供给学生平等受教育机会的多元文化教育政策在具体运用中应当是被作为对所有的教育改革进行审视的透镜。当前美国多元文化教育的教学与课程方面的情况已经在前文中作过论述，在此主要再分析说明一下美国多元文化教育中学校改革的有关情况。美国的学校教育从其本质上而言是属于地方分权制的，因此多元文化教育方面的学校改革通常是由地方驱动的。在美国一些大都市的中心地区，那些在多元文化教育方面尚处于危机之中的学校首先参加了重大的、系统的学校改革。例如，纽约市东哈莱姆学区（哈莱姆为美国纽约市的一个区，居民大都为黑人）便是其中之一，这一学区以拥有全美最贫穷和最混乱的一条街道而闻名。就是在这里，26所小型的、新的公立学校已经在遵循多元文化教育政策指导之下建立起来。从1973年到1987年，一种可选择性意义上的学校在这里迅速增多并变得日渐制度化。尽管学业成绩统计不能测试出这一变化对学校教育中所具有的公正性与多样性的影响，但是还是可以发现多元文化教育意义上的学校改革可以促进东哈莱姆学区的来自美籍拉美人与美籍非洲人贫穷学生学业成绩的提高。在1974年，这里仅有15%的学生在阅读能力上达到了年级水平，而到了1988年，这一比例已经上升到了62%。值得一提的是，美国于20世纪80年代成立的国家多元文化教育委员会（The National Association for Multicultural Education）已正式成为对学校教育实践进行专门指导的一个正规组织。美国多元文化教育学校改革的顺利实施除了需要联邦、州与地方政府在政策、资金、人力等各方面提供大力的支持之外，还需要具备一些理论与观念方面的准备条件。这些条件包括以下几方面。（1）多元文化教育学校改革应是反种族主义与反偏见的。班克斯认为多元文化教育的核心就是反种族主义与反偏见的观念。在学校改革中，如果改革行为仅仅浮于学校工作的表层，而不能深入到种族主义与种族偏见的内核，便很难取得实质性的变革结果。（2）多元文化教育学校改革应当对所有学生均具有提高其教育水平的天分与能力的认可这一观念显示出确定无疑的信心。通常美国学校中的许多教师均认为那些来自从属文化群体的学生在提高其受教育水平方面具有很少的经验或文化能力。因此，学校改革首先要推翻这一陈习陋见，对所有学生的教育潜力给予充分的认可。（3）多元文化教育学校改革应当运用批判教学法的参考系数。批判教学法与多元文化教育之间存在着天然的内在关联。多元文化教育课程的一个目标便是帮助学生养成决策与采取社会行动的技能。当学生以一种批判思维去观察社会及周围环境和事物时，学生的决策与社会行动能力便会随之增强，因此多元文化教育的学校改革要鼓励教师采用一种批判教学的方式来帮助学生逐步增强其进行决策与采取社会行动的能力。（4）多元文化教育学校改革应当促使那些与学校教学与学习活动紧密相关的人员，包括教师、家长与学生等，参加入学校改革的过程中来。通常，学校的改革很少让教师、家长与学生参与其中，改革的进行往往是听命于校务委员会、州以及联邦的指导。但是仅有这些是远远不够的，事实证明教师、家长与学生参与到学校改革过程中来会为学校改革的顺利进行提供许多合理的、多样化的建议与方案。这些有时往往会对改革的进程起到不容低估的推动作用。（5）多元文化教育学校改革应当建立在对所有学习者均抱有高度期望并树立严格标准的基础之上。在学生中间，不可否认的存在着诸多面临着困境的学生，这些困境包括贫穷、暴力、种族主义与残疾等。因此，多元文化教育的学校改革不能对这部分学生另眼相看，出于平等的考虑，对他们也应抱有同其他学生一样的学业期望，并限定同一的严格标准。正视这一点是非常重要的，因为目前美国学校中有许多处于上述困境群体中的学生遭到中途辍学的厄运，这显然与他们所应得到的平等的受教育权是不相对称的。总之，美国多元文化教育的政策与改革能否与美国社会一贯主张的以平等为核心的民主理念保持一致，并如实反映出诸多多元文化教育者所倡导的为所有人争取平等的文化与教育权利及社会地位的奋斗目标，目前还很难断言，这只能是通过长期的观察与验证方能作出某些结论的一桩事情。

第三节　美国多元文化教育的思想理念基础——分析与反思

研究美国多元文化教育的发展历程、相关核心概念与基本问题，是一种宏观与中观层面上的分析，倘若要进一步理解与把握其本质内涵，则必须继续深入分析为其提供了一系列理论依据的思想理念基础。就美国多元文化教育的思想理念基础而言，若从不同的视角来加以划分可以简要地归结为以下几个领域：美国多元文化教育的文化人类学思想理念基础、美国多元文化教育的文化价值哲学思想理念基础、美国多元文化教育的新教伦理学思想理念基础与美国多元文化教育的共和政治学思想理念基础等。美国多元文化教育的思想理念基础位于其整个建构体系的中心地带，也是其他构成元素得以衍生的根本源泉。对美国多元文化教育的思想理念基础这一微观领域进行深入分析并对其加以反思，将有助于我们更理智地反观美国多元文化教育宏观与中观层面上的问题，从而在宏观、中观与微观分析相结合的前提下更准确地领会美国多元文化教育诸多表现形态所蕴含的本质含义，并对其未来的发展作出合理的展望与预测。

一、美国多元文化教育的思想理念基础分析

在论及美国多元文化教育所要追求的终极目标时，美国许多著名多元文化教育学者，诸如班克斯、斯利特与贝内特等，都曾异口同声地表明，这一终极目标便是真实奉行美国人所推崇与倡

导的民主理想，并最终将美国社会缔造成为一个真正的民主社会。可以说，这一终极目标便是美国多元文化教育的根本价值观，而这一价值观也是在诸多思想理念的基础之上夯建而成的。美国多元文化教育的思想理念基础倘若从其为美国多元文化教育的理论与实践所提供的"营养要素"的侧重点不同的视角来加以划分，可以简要归结为以下几个领域：美国多元文化教育的文化人类学思想理念基础、美国多元文化教育的文化价值哲学思想理念基础、美国多元文化教育的新教伦理学思想理念基础与美国多元文化教育的共和政治学思想理念基础等。

（一）美国多元文化教育的文化人类学思想理念基础

"文化人类学是人类学的主要分支，它从文化的角度研究人类，'文化'是其关键性概念。其中心任务是：解释人群文化行为的相同处和相异处；描述不同文化的特征和稳定、变化、发展的不同过程。形成于19世纪下半叶的欧洲。最初主要研究原始民族的习俗和生活，对欧洲以外的许多民族做了实地调查研究。20世纪30年代以后，开始研究当代欧洲和美洲社会的文化现象。1920年以后，在美国的文化人类学中，加入了新的内容，应用的范围有所扩大，成为包括民族学、考古学、语言学、民俗学、社会人类学等内容的学科名称。"① 文化人类学的主要代表人物是英国的马林诺斯基（Bronislaw Malinowski）与布朗（Radcliffe Brown）和美国的本尼迪克特（R. Benedict）等。自20世纪20年代起，著名文化人类学家马林诺斯基对巴布亚新几内亚群岛上土著人展开研究，文化人类学的理论和研究成果在民族学领域被广泛运用，并为多元文化教育提供理论依据。第二次世界大战爆发后马林诺斯基为躲避战火迁居美国并在耶鲁大学任教，直至1942年于美国病逝。马林诺斯基在美国度过的人生的最后岁月里，曾致力于美洲大陆的文化人类学研究，为美国文化人类学研究的发展作出了卓

① 覃光广、冯利、陈朴主编：《文化学词典》，中央民族学院出版社1988年版，第158页。

越的贡献。马林诺斯基认为："种族之间的关系应基于某种新的共同权利的原则：一种特权和义务的共享，一种合作的协同与繁荣，其中的政治、法律和教育机制应经历深刻的变迁。人类学家一方面信奉所有种族，白种、棕种和黑种人的权利，以及所有少数民族享受同等待遇的权利；同时也承认传统的价值、文化多样性的价值，无论是一种文化自身还是多种文化交汇。不能用武力、财力和法律强制力把一种文化强加于其他文化。一厢情愿式的传教士精神至少应该节制。在保守反应和每个民族认识到自身文化的整合价值的意义上，民族主义正如火如荼地传遍整个世界。作为白人种族的成员，我们对此负有主要责任。因为我们一直在向其他种族和民族施舍我们的宗教、我们的教育和许多其他精神恩惠，并带着一个含蓄的许诺：一旦他们接受了我们的文明，就能与我们平起平坐。而这个许诺并未兑现。现在我们开始看到，一边讲白人的负担，一面让别人为我们肩挑背扛，这是何等危险。我们用人类皆弟兄和以教育求平等的概念含蓄地许诺了一切。但一遇到财富、权势和自决权，我们就拒别人于千里之外。人类学家进场发言是否为时太晚？即使在高层和强者的会议桌边给他一席之地，他的忠告是否还有多大价值？这固然是个问题。但人类学家不能再三缄其口却是另一个问题。人类学家的奉劝是，把最大限度的自决权交给每一个文化群体，甚至每一个少数民族。作为一名对当今深受压迫，或至少是处于贫弱地位的种族深切同情的科学道德主义者，人类学家为所有人要求平等待遇，为每个不同群体或民族要求充分的文化独立。文化作为一种生活方式，作为一个民族追求、品位和兴趣的类型，不能被指定、控制和立法；它应该被赋予发展和与外界影响交汇的最佳条件，同时又能在充分自主的条件下保持其自身的平衡和发展。"① 马林诺斯基的观点表明，在文化人类学的研究视域中，人类在种族、民族以及文化上的多

① ［美］B. 马林诺斯基著，黄剑波等译：《科学的文化理论》，中央民族大学出版社 1999 年版，第 179—181 页。

样性与差异性的存在是其天赋的不可用强力加以剥夺的正当权利。多元种族、民族以及文化之间应当是平等共存的，它们在各自保留其独有的自主权利的前提下去追求一种共享的平衡发展状态。与马林诺斯基颇有同感的另一位著名文化人类学家本尼迪克特也认为："人都是平等的，没有种族上的高低贵贱之分；文化也都是人类行为的可能性的不同选择，无所谓等级优劣之别；文化的所谓原始与现代的差别，也并非意味着落后与先进这类评价，各文化都有自己的价值取向，有自己与所属社会的相适能力。"① 因此，她主张一种文化相对主义，但更提倡文化间的交流，交融和互相的理解。显而易见，以马林诺斯基与本尼迪克特等文化人类学家关于文化人类学研究的思想理念为代表的文化人类学的种族、民族与文化观，是一种以多元平等为价值取向的种族、民族和文化观。而这种多元平等的种族、民族与文化价值观恰恰又为稍后兴起的美国多元文化教育运动提供了绝好的理论依据与思想理念基础。时至今日，美国多元文化与比较教育学者霍夫曼以及英国比较教育学家埃德蒙·金等仍对文化人类学研究对比较教育以及教育领域中的多元文化研究的特殊理论价值十分重视。他们均撰文指出比较教育对其领域中原有概念体系的修正研究不能缺少文化人类学这个必要的参考维度。美国多元文化教育学者贝内特在其代表作《综合多元文化教育》（*Comprehensive Multicultural Education*）一书中，也曾多次引证文化人类学的理论成果与研究案例作为其说明美国多元文化教育理论与实践状况的有力参考标准。可见，文化人类学在种族、民族与文化这三个向度上的研究成果为美国多元文化教育的理论与实践发展奠定了坚实的思想理念基础，而文化人类学对美国多元文化教育的影响也不仅是历史和现实的，更将是长远的。

① ［美］露丝·本尼迪克特著，王炜等译：《文化模式》，生活·读书·新知三联书店 1988 年版，译者前言第 3 页。

（二）美国多元文化教育的文化价值哲学思想理念基础

美国多元文化教育的另一个思想理念基础是文化价值哲学。文化价值哲学是19世纪中叶以来兴起的价值学的一个分支，它是“以人类的全部文化为基础，从认识论和价值论两个方面确定人的本质及其思维真理性的一种新的哲学体系”。① 我们知道，在美国之所以会出现多元文化教育这样一种特殊的教育形式，就是因为美国社会是一个多元文化的社会。而多元文化之间所存在的差异与共通之处归根结底还是由各种文化在价值观念上的区别与相似所造成的。“价值观念可以说是构成文化之基础的整合因素，是社会文化的‘无形的骨骼’。文化可以说是一系列有机组织起来的价值观念，这种价值观念支配着某一社会团体的习以为常的行为。价值观念是文化的内核，是文化的最重要的组成部分之一。在这个意义上，文化就是一种价值观念体系。”② 由此可知，文化价值哲学在文化价值观上为美国多元文化教育提供了颇为完备的思想理念基础，而这一文化价值观意义上的思想理念基础更加具体的来讲就是一种“文化自觉”的价值观。“文化自觉是指生活在一定文化中的人对其文化有‘自知之明’，明白它的来历，形成过程，所具的特色和它发展的趋向。自知之明是为了加强对文化转型的自主能力，取得适应新环境、新时代文化选择的自主地位。文化自觉是一个艰巨的过程，首先要认识自己的文化，理解所接触到的多种文化，才有条件在这个已经在形成中的多元文化的世界里确立自己的位置，经过自主的适应，和其他文化一起，取长补短，共同建立一个有共同认可的基本秩序和一套各种文化能和平共处，各施所长，联手发展的共处守则。”③ 这种文化自觉的价值观体现在美国多元文化教育领域中，便是不同种族、民族之间，在教育过程中，不仅要彼此容忍文化上的差别，而且从办学思想到教学

① 司马云杰著：《文化价值论》，山东人民出版社1990年版，总序第5页。
② 袁贵仁著：《价值学引论》，北京师范大学出版社1991年版，第84页。
③ 费孝通：《跨文化的“席明纳”》，《读书》1997年第10期。

内容，从教育方法到评价标准，从师资培训到人才选择，从教育政策到教育改革，大家都要努力做到互容互谅，互尊互重，互相学习，共同进步。可见，文化价值哲学为美国多元文化教育所提供的理论依据，更多的是在多元文化对各自文化价值的一种自我发觉、自我肯定和自我认同的文化价值观的层面上加以实施的。美国文化学者巴格比（P. Bagby）认为："正是观念和价值，为文化间的差异提供了基础。就是在观念和价值的领域中，我们于地方共同体群的文化里发现了最广泛的同一性，于不同群体的文化之间发现了最尖锐的差异性。"① 美国多元文化教育发展过程中所出现的一系列理论与实践上的症结，溯其根源都可在美国社会多元文化所具有的价值观之间所存在的差异性与同一性之中找到根本原因。而这其中最为关键的一个原因便是每一种文化"文化自觉"价值观的定位与深浅的不同。当主流文化在其"文化自觉"的价值观倾向于霸权文化的定位时，那么所造成的一种必然结果就是主流文化对非主流文化的一种压迫和后者对这种压迫的奋力反抗。而当主流文化在其"文化自觉"的价值观倾向于平等对话的定位时，主流文化与非主流文化之间的关系就易于调和与保持融洽。而这些毫无疑问的会对美国多元文化教育理论体系的建构产生深层次的影响，因为美国多元文化教育所固守的一个根本理念就是多元文化在共通与守异原则上的平等共存，并将这一理念扩散至美国教育的方方面面。从这一分析视角上来看，文化价值哲学应当是构成美国多元文化教育思想理念基础的一个必要组成部分。

（三）美国多元文化教育的新教伦理学思想理念基础

"新教伦理学是西方文化学对基督教新教价值观的界说。主要

① ［美］菲利普·巴格比著，夏克等译：《文化：历史的投影》，上海人民出版社1987年版，第131页。

是关于个人在世上勤奋工作、节俭和讲究效率的价值观。[①] 德国社会学家马克斯·韦伯（M. Weber）在其《新教伦理学和资本主义精神》（1904—1905）一书中提出，新教伦理学是欧洲资本主义新教徒团体在经济上成功的重要因素。韦伯的理论正确与否迄今为止仍广受争议，莫衷一是。就美国多元文化教育而言，在这里所指的为其提供思想理念基础的乃是美国新教伦理学。美国新教伦理学与欧洲大陆的新教伦理学具有天然的血亲关系，但已经过美国本土化的过程，从而已从本质上不同于欧陆的原初的新教伦理学。在19世纪末20世纪初，伴随着世界自然科学的发展和社会科学的变迁，美国基督新教伦理也发生了重大变化。这突出表现在伦理学从宗教走向哲学，清教主义逐渐让位于实用主义，美国人所特有的伦理概念和标准逐渐形成了。在美国新教伦理的内核由清教主义向美国本土哲学实用主义所发生的潜移默化的转变过程中，那些可以为后来的美国多元文化教育运动提供思想理念基础的因素也便从中孕育而生了。这些因素包括：真理是多元的、宇宙是不完整的、个性是必须要得到充分尊重的、平等和自由是公民所应享有的天赋民主权利等。这些因素从19世纪与20世纪之交萌生，历经两次世界大战战火的冲刷与洗礼，直至二战之后，在美国的发展依旧劲头不减。只是发生了一些微妙的变化，这些变化使得美国的新教伦理在二战方歇的50年代将其矛头直指公民的人权与生存权以及生存标准等问题，从而为20世纪60—70年代在公民权利运动的直接影响下爆发的美国多元文化教育运动奠定了及时而深厚的思想理念基础。美国当代著名伦理学家罗尔斯（J. Rawls）认为："社会的每一个公民都应享有平等的自由权利，而这些人人平等的自由权利要在'社会正义原则'指导下合理地获得。不论是个人利益的追求还是社会职责的奉献，都是社会伦

---

① 覃光广、冯利、陈朴主编：《文化学词典》，中央民族学院出版社1988年版，第709页。

理问题。"[1] 可见，罗尔斯的理论已经凸显了当代美国基督新教伦理政治化转向的某些趋势。从1630年温斯罗普（J. Winthrop）带领英国清教徒移民满怀着重建一座"山巅之城"（a city upon a hill）的热望远涉重洋、历尽艰辛来到北美大陆那时起，美国新教伦理便始终倡导让世界上所有寻求自由、民主与平等的人都来到这座"山巅之城"以共创理想、共享荣光的崇高志愿。直至今日，美国人还始终坚持着这里永远是世界上一切渴望获得真正的幸福与自由的满怀伤心与疲惫的人们的理想家园的自我信念。这些闪烁着人类理性光辉的志愿与信念，无疑是从北美殖民地初创时期的欧洲清教徒移民那里一脉相承并经美国本土化后的当代美国基督新教伦理思想与理念的精华。在美国新教伦理学绵延数百年的发展历程中，始终贯穿其中的一条思想主线就是在宗教热情掩映下的对个体及个性自由、平等、独立发展的一种强烈渴望与不懈追求。而这恰恰与美国多元文化教育力求实现多元文化与教育平等和谐发展的基本理念不谋而合。美国新教伦理学深厚的理论积淀与丰富的实践经验，无形之中为其多元文化教育的合理有效发展奠定了坚实的思想理念基础。诚如美国多元文化教育学者阿普豪夫（J. K. Uphoff）所言，作为美国多元文化教育运动直接导火线的"20世纪下半叶在美国爆发的公民权利运动其根源正是深扎于美国的数量繁多的教会之中，而宗教对许多美国人而言恰恰是他们生活中不可或缺的要素，它也是美国人及美国社会陷于困境时的强大动力源泉"。[2]

（四）美国多元文化教育的共和政治学思想理念基础

美国是一个典型的实行总统共和制的资本主义民主国家，其共和政治学的思想理念主要体现在美国历史上最为重要的两份政治文件——《独立宣言》与《美国宪法》中。前者曾被马克思誉为

---

① 董小川著：《儒家文化与美国基督新教文化》，商务印书馆1999年版，第202—203页。

② James A. Banks & Cherry A. McGee Banks, *Multicultural Education: Issues and Perspectives*, Allyn and Bacon, 1997, p. 111.

是世界上最早的一部“人权宣言”，而后者则以西方国家最为完备的一部资本主义宪法的声名享誉世界。众所周知，美国多元文化教育兴起的直接动因便是20世纪60—70年代爆发于美国的民权运动，而民权运动的斗争焦点则又集中在以平等、人权、民权等问题为代表的政治领域。因此，美国多元文化教育在另一重意义上也可称做一场以争取多元文化与教育平等权为目标的政治运动。许多多元文化教育学者诸如班克斯、斯利特与贝内特等人在论及美国实施多元文化教育的必要性时也多以如此方与美国民主精神相一致作为其最有力的论据。由此可见美国多元文化教育与其共和政治学思想理念关联之密切。想必稍通美国历史的人都不会对下面美国独立宣言中的一段脍炙人口的佳句感到陌生：“我们认为下述真理是不言而喻的：人人生而平等，造物主赋予他们若干不可让与的权利，其中包括生存权、自由权和追求幸福的权利。”① 这是美国人几个世纪以来始终奉为立国圭臬的政治信念，它不仅向全体美国人而且向全世界人庄严宣告，美国是一个崇尚自由与平等的国度，在那里任何人都可以自由地追求和享有应属于他本人的天赋权利。在美国宪法的制定目的中也同样开宗明义地昭示出与独立宣言中这一段告白同气连枝的美国民主政治理想：“我们合众国人民，为建设更完善的联邦，树立正义，保证国内安定，筹设共同防务，增进公共福利，确保我们自己和子孙后代永享自由的幸福，特为美利坚合众国制定本宪法……”② 美国独立宣言与美国宪法所提供给美国多元文化教育的是一个极为坚厚的思想理念基础，美国多元文化教育所提倡的种族、民族、文化与教育平等，尊重各少数民族及其文化的差异性与多样性，所有美国人不分人种、民族、经济背景、文化属性均享有平等的发展权利与成功机

① ［美］戴安娜·拉维奇编，林本椿等译：《美国读本：感动过一个国家的文字》（上），生活·读书·新知三联书店1995年版，第49页。

② 王建华等编译：《美国历届总统就职演说精选》，江西人民出版社1995年版，第424页。

会的种种理论要素，均可以在以美国独立宣言与美国宪法为代表的美国共和政治学学说中找到直接的理论依据。美国多元文化教育运动所主张的一个核心奋斗目标，就是把美国建设成为一个真正民主文明的国度，更充分地体现美国民主理念的真实内涵。要达到这一目标，势必要清除隐藏于美国社会文化教育领域中的诸如种族主义、文化歧视、阶级压迫等有违美国民主理想的各种毒瘤和隐患，于是多元文化教育运动的所有斗争行为也便具有了十足的政治合理性。然而，为何一种努力尝试恢复美国建国以来一脉相承的民主理想本色的美国多元文化教育运动，在美国却并未能够得到本国政府的大力支持反而只是被置于无关紧要，充其量不过是为其主流文化教育充当配角的地位呢？这恰好从一个侧面说明，美国社会现实中的民主政治理念与其所宣扬的民主政治理念之间并非是一一对应的，那种不同种族、民族与文化之间毫无芥蒂的真实的平等与民主在现实的美国社会中迄今为止还尚未完全实现。这也正是美国多元文化教育至今仍在努力追求的一种奋斗目标。尽管如此，美国共和政治学为美国多元文化教育提供的思想理念基础，仍是后者在美国社会得以生存及健康发展的必不可少的强大理论支持与动力源泉。

二、美国多元文化教育的思想理念基础反思

上文从文化人类学、文化价值哲学、新教伦理学与共和政治学等不同视角分析了美国多元文化教育的思想理念基础。倘若再对美国多元文化教育的这些思想理念基础进行集中反思，便不难发现，美国多元文化教育的多维思想理念基础其实均聚焦于某些共同的理论要素，这些共同的理论要素，本章在这里将其划分为三个方面：美国多元文化教育思想理念基础的平等要素、美国多元文化教育思想理念基础的和谐要素与美国多元文化教育思想理念基础的开放要素等。本章对美国多元文化教育思想理念基础所进行的反思也是围绕着其所具有的这些典型的理论要素展开的。

（一）对美国多元文化教育思想理念基础之平等要素的反思

美国多元文化教育思想理念基础之平等要素乃是其诸理论构成要素中的核心要素，在平等要素得以体认的前提下才谈得上和谐与开放要素的实现。与此同时，这三个要素又是一种三位一体的关系，只有平等要素的核心地位，而没有和谐要素与开放要素对其的必要辅弼，平等要素的中心作用也不能充分体现出来。因此，从美国多元文化教育思想理念基础诸构成要素的整体功能上考虑，平等、和谐与开放这三个理论要素是缺一不可的。若就正式意义上的美国多元文化教育发展而言，20 世纪 60 年代至 90 年代之前，美国多元文化教育思想理念基础中的平等要素主要着眼于“内平等”问题，即美国国内的多元种族、民族、文化与教育的平等问题。尽管这种“内平等”层面上的美国多元文化教育思想理念基础中的平等要素，汲取了诸如文化人类学、文化价值哲学、新教伦理学及共和政治学等多种学科领域中有关平等问题的思想理念的精华，但是其与美国主流阶层、主流文化与教育所主张及施与美国多元文化教育的那一意义上的“平等”之间，仍存在着难以抹平的界限。美国多元文化教育所主张的“内平等”显然是力图使美国国内处于从属及边缘位置的种族、民族及其文化与教育，能够取得与主流群体及其文化与教育平起平坐的地位。而美国主流群体及其文化与教育所认肯的平等，乃是在美国各种非主流群体及其文化与教育自愿纳入到主流群体及其文化与教育中来，主动接受其同化前提下的平等。换言之，美国多元文化教育所主张的“内平等”，是保留自身独有种族、民族、文化与教育特质前提下与主流群体及其文化与教育和平共存的平等，而美国主流群体及其文化与教育所主张的是一种非主流群体及其文化与教育顺从于其同化前提下的平等。正是由于这两种不同立场上的“平等”观之间对抗性矛盾的存在，使得美国多元文化教育“内平等”的目标迄今为止仍未得到真正意义上的实现。与此同时，进入 20 世纪 90 年代，伴随着世界经济全球化与一体化进程的加快及网络信息时代的到来，美国多元文化教育思想理念基础中的平等要素在保持其“内平等”含义的同时，又加入了追求“外平等”的时代内容。面对世界文化日趋多元化发展的历史潮流，美国文化企图实现其一家文化独霸世界的野心注定已不可能实现。汤一介先生认为：“21世纪后的相当长的一个时期在全世界范围内文化的多元化发展应是主导的趋势。”① 当今，美国多元文化教育所主张的“外平等”的理念，其立足点主要是放在开展美国文化与教育与别国特别是与第三世界发展中国家文化与教育的平等对话与交流上。在“外平等”的理念上，美国主流文化群体与美国多元文化教育学者之间达成了比在“内平等”理念上更多的共识点。这主要是因为即使是比美国主流阶层在对外文化与教育交流方面“平等”得多的美国多元文化教育学者，也还是不可避免地带有美国文化与教育所惯有的“霸权色彩”。他们代表美国与他国所进行的有关多元文化教育方面的跨国对话与交流，往往是带着对他国进行指导而非学习的“传教士”心态进行的。可见，美国多元文化教育思想理念基础中的“外平等”理念，与别国的文化与教育理念之间也存在着一种对抗性的矛盾。因此，在对美国多元文化教育思想理念基础中的平等要素加以反思的过程中，我们可以渐次发现这一平等要素在“内外”两个层面上分别与美国国内的主流阶层及其文化与教育理念之间以及别国社会的文化与教育理念之间均存在着一时难以调和的矛盾关系，尽管美国多元文化教育思想理念基础中的这一平等要素蕴藏着许多来自其多重理论来源中的有关平等的思想理念的精华。但是，这些错综复杂的矛盾关系的最终解决恐怕还需付出巨大的努力并需经过漫长的等待。

（二）对美国多元文化教育思想理念基础之和谐要素的反思

毋庸置疑，美国多元文化教育是追求多元种族、民族及其文化与教育之间的平等共处与和谐互容的。而这一目标又恰恰是其思想理念基础中之和谐要素的一种必然外显形态。正如前文所述，

① 乐黛云、[法] 李比雄主编：《跨文化对话》(2)，上海文化出版社1999年版，第49页。

由于美国多元文化教育在平等这一思想理念基础的核心构成要素上的内外两个层面均存在一系列难以调和的矛盾，这就势必会影响其他理论要素作用的发挥。就和谐要素而言，由于受平等要素内外层面诸多矛盾关系的制约，其在和谐的内外向度上所表现出的一种典型态势就是“同中之和”而非“不同之和”。所谓“同中之和”，是指美国多元文化教育思想理念基础之和谐要素在其内外两个向度所要达到的和谐，必须是多元种族、民族及其文化与教育之间趋于同一的前提下方才可以实现。也就是说这种“和谐”，无论是对美国国内还是对美国国外而言，是在认同美国主流文化价值观的先决条件下的“和谐”，而非各种族群及其文化与教育（这里特指美国国内的少数族群及其文化与教育以及美国国外的社会群体及其文化与教育）在与美国社会主流群体及其文化与教育在价值观上出现不同甚至冲突时仍将可以出现的那种“和谐”，也即“不同之和”的“和谐”。这也正是众多美国多元文化教育学者尽管其本身一方面在不遗余力地主张多元种族、民族及其文化与教育的平等与和谐，而另一方面又反复强调这一多元种族、民族及其文化与教育之间的和平共处是为了更充分地诠释美国民主理想的本质内涵以及更有利于创造美国民主社会的更加美好的未来这一根本目标服务的真实原因所在。显然，美国多元文化教育思想理念基础中的和谐要素还仅仅停留在和谐状态的低级层面，倘若它意欲上升到更加高级的层面，那么就必须打破“同中之和”的桎梏走向“不同之和”的新高，也即达到东方哲学尤其是中国哲学所力倡的“和而不同”的境界。美国文化学者墨子刻先生认为：“和而不同，也即承认不同，但是要和，这是世界多元文化必走的一条道路，否则就要出现纷争……到极端状态，那只能毁灭。而这样的思想需要让更多的人知道，特别是应该让西方人知道，因为西方人那里没有‘和而不同’这个东西。”① 墨先生的语气尽管略显激动，但也确实道出了西方文化特别是美国文化价值观中

① 《编辑手记》，《读书》2001年第4期。

的一种“霸权主义”的痼疾，在这种霸权主义文化价值观的影响下，无论是在美国国内还是在美国国外，多元种族、民族及其文化与教育倘若希望与美国主流群体及其文化与教育取得平等地位，保持和谐关系，那么最为根本的前提就是它们必须要认同甚至追随美国主流群体的文化与教育价值观，否则这一平等和谐的意愿是难以真正得到实现的。老子讲“知和曰常，知常曰明”①。意思是说凡事知道了“和”的道理也便明白了宇宙间的一般规律，而把握住宇宙间的一般规律人才会变得聪慧明智。孔子讲“君子和而不同，小人同而不和”。② 意思是说循仁处世的君子能够做到与天地万物及周围人群的和谐共处，但不会忘失自己心中“仁”的准则去苟合于“同”；而小人则循利欲而待人接物，他可以附同任何事物及人群，但他与周围的事物及人群是貌合神离、难以和谐共融的。因此，美国多元文化教育思想理念基础中的和谐要素目前所处的一种主要状态既非老子所讲的“知和”，也非孔子所讲的“和而不同”，而是一种“强行求同，苟同不和”甚至“无同无和”的令人堪忧的状态。这种状态的根本转变亟须美国社会主流群体彻底扭转其文化价值观中的霸权思维倾向，暂且不论他们所主张的文化价值观是否为真理，即使是真理，也未必便是世界上唯一的真理，即使是世界上唯一的真理，也未必便可以为世界上任何一个民族、社会、国家都可以接受。“强行求同”或热衷于貌合神离的“苟同”，其结果必将是“天下大乱”而非“天下大同”。简而言之，当前美国多元文化教育思想理念基础中的和谐要素在理论水平上还远未成熟，还只是一种带有没有任何商量余地的附加条件式的和谐，而这一附加条件无论是对内对外都是一致的，即美国主流文化价值观的不可动摇的霸权地位。

（三）对美国多元文化教育思想理念基础之开放要素的反思

美国自其殖民地时期起，便是一个以开放著称的国度。但是

---

① 《老子》第五十五章。

② 《论语·子路》。

美国的开放性在其成为一个世界强国尤其是成为一个超级大国以后，伴随着其“救世主”与“传教士”心态的不断加强，已经逐渐在泯灭着其宽容大度的一面而却在不断增强着其强权独霸的一面。美国多元文化教育思想理念基础中的开放要素从其多重的理论来源中汲取了诸多合理的开放性养料，同时也难以摆脱被美国特有的开放性理念中所蕴含的霸权性等不合理因素污化的厄运。就这一开放要素的合理性而言，它主张美国文化与教育要包容来自不同种族、民族文化教育群体的差异性与多样性，赋予其保留自己特色的权利并允许其在一定的时空范围内独立地自我发展与完善，同时，在对别国文化与教育的态度行为上，它也努力希望能够从跨国文化与教育间的有效交流与合作中切实借鉴到有利于其自身发展的各种经验与教训。与此同时，这一开放要素的不合理性与欠缺性也是不言而喻的。首先，对美国国内的少数族群及其文化与教育而言，当今美国多元文化教育所能提供给他们的无论是理论上还是实践中的开放都是有所限制的，多元文化教育在当今美国教育中所占的地位也是无足轻重的，而它所得到的来自政策、师资、资金以及其他教育资源方面的支持与援助还远远满足不了其实际需求。其次，就美国多元文化教育的对外开放而言，其主导思维还是一种向往灌输美国主流文化与教育价值观的霸权思维，因此这种对外开放显然是不具有平等对话与海纳百川的交流诚意与谦和态度的。正如华盛顿大学教授桑博所指出的那样：“今天的美国人并没有放弃他们遗传的传教士心态，相反，随着美国成为唯一的超级大国，美国人的自豪感和使命感比之以往更有过之。总统因此而频频谈论美国的全球领导作用，国会也希望把美国的价值观推广到全人类。简言之，这种救世的使命感，这种传教士的心态，现已成为美国的国家特性，而这又恰恰是美国同其他国家发生摩擦的根本原因。”① 凡此种种事实均说明，美国多元文化

① 黄明哲等著：《梦想与尘世：二十世纪美国文化》，东方出版社 1999 年版，第 236—237 页。

教育思想理念基础中的开放要素其开放程度是要受到美国主流文化价值观的约束的。尽管几十年来，美国多元文化教育在其对内与对外两方面的开放性均在不断增大，但服从于美国主流文化价值观的要求这一对其开放性起根本决定作用的束缚始终未被解除。毋庸置疑，平等和谐的开放只能是求同存异的，倘若在开放中人为地标定出主次、领导与被领导等等级身份标准，那么就注定会降低彼此开放的诚意，并限制住开放的深度与广度。而美国多元文化教育思想理念基础中的开放要素，目前，恰恰是处于这样一种境地之中，尽管它试图具有更大程度上的开放性，但又不能不受到美国主流文化价值观在根本问题上对其所施加的严格控制。总之，通过对美国多元文化教育思想理念基础在文化人类学、文化价值哲学、新教伦理学与共和政治学等多维视野中的分析，以及对这些多维的美国多元文化教育思想理念基础所共同聚焦的用以构成这一思想理念基础的几个理论构成要素，即平等要素、和谐要素与开放要素等所进行的反思，我们可以比较清晰地发现，美国多元文化教育的思想理念基础是一个异常复杂而又矛盾重重的研究领域，这其中既孕育着有助于美国多元文化教育健康、合理发展的有利因素，又滋生并蔓延着阻碍着美国多元文化教育健康、合理发展的不利因素，而且从美国多元文化教育几十年来的发展历程观察，不利因素的力量要远远胜于有利因素的力量，这也从一个侧面暗示着，美国多元文化教育思想理念基础的成熟与完善必将是一个漫长而又充满艰辛的过程。

第四节　美国多元文化教育未来发展所面临的主要挑战与机遇

从前文的论述与分析中不难发现，当今的美国多元文化教育还处于一个相对稚嫩的发展阶段，其在理论体系的建构与实践过程的操作上均存在着相当多的问题和环节有待解决与完善。这也使得美国多元文化教育在其未来的发展进程中面临着重重挑战，同时也有望捕捉到一些弥足珍贵的发展机遇。

一、美国多元文化教育未来发展所面临的主要挑战

多元文化教育在美国的发展始终是伴随着各种纠缠不清的反对、攻讦以及挑战。新的世纪，美国多元文化教育的发展也不会一帆风顺，同样会面临着诸多挑战，这些挑战主要表现在以下两个方面。

（一）来自批判多元文化教育者的攻击

多元文化教育作为一种改革运动，它所应对的是易于引起高度争论与政治化的问题，诸如民族主义与不平等问题等，因为它面对社会中的严肃问题，对许多个体与群体而言又是在挑战固定的社会制度、标准与价值，所以在它的形成发展过程中是很容易遭致强烈的批判的。美国有关多元文化教育的批判主要分为保守派与新保守派。他们对美国多元文化教育的批判意见主要是：他们认为在美国发展多元文化教育将有可能重新解释国家的历史，这便会有助于分裂国家并阻止少数民族的年轻人发展其加入国家公民文化的必备技能。美国教育质量问题历来受人关注，为改进不断下降的教育质量，美国主张提高教学的基本技能。而多元文化教育则被其批判者视为是将教育改革的注意力从提高基本的教学技能上转移开的一种“原动力”，而这将有可能毁掉美国以提高其教育质量为核心目标的教育改革的前程。同时批判者还认为多元文化教育对培养学生自我意识与其民族态度方面用心太多，远胜于帮助学生去掌握基本技能。批判者主张学校应当帮助所有的学生发展其加入国家主流文化所需要的态度、技能与知识；学校应当促使学生去掌握民族国家的占主流的理想化的价值以及发展使用国家语言与文化的能力；如果民族团体希望他们的孩子学习本民族的文化与语言，这些应由民族团体本身而非通过学校等公立机构来进行。他们还主张，应当在公立机构诸如学校等，与私立机构诸如民族机构的功能之间划分出重要的区别界限。此外，一些较为激进的批判意见则认为多元文化教育是为美国精英阶层

统治者保持种族制度的一种有害的工具。凡此种种对美国多元文化教育的攻击与非难，均对美国多元文化教育的未来发展造成了强劲的挑战。

（二）“内外交攻”的发展环境

美国多元文化教育在其当前及未来相当长的一段时期内，将会处于“内外交攻”的发展环境之中。就其内部发展环境来看，尽管迄今为止多元文化教育在美国的发展已经取得了一定成就，但其在美国整体教育环境中仍被排挤于边缘地带而非中心位置。比较醒目的多元文化教育的成果往往只是在学校课程中增加一些有关少数民族的饮食、风俗、艺术等的特殊文化内容而已，或是增加一些为少数民族学生安排的与其民族传统有关的民族节假日。涉及教育实质问题的多元文化教育政策与改革计划几乎很少出台。此外，美国多元文化教育还需面对的“内患”有：众多数学和理科教师对多元文化教育的迷惑而引发的对多元文化教育的抵制，多元文化教育教科书由于其难以迎合大众文化且利润微薄而导致出版商对这类出版物的印制出版热情不高和动作迟缓，多元文化教育课程改革的差强人意与教学方法的单调乏味以及多元文化教育教师力量的匮乏及师资水平的低劣，等等。而美国民众固有的盎格鲁—撒克逊民族优势心理以及美国主流文化中心主义的遗存则又在无形之中阻碍了多元文化教育在质的层面上的飞跃与突变。上述种种美国多元文化教育发展的内环境状况均对其未来的发展构成了严峻的挑战。而就美国多元文化教育发展的外环境而言，从 20 世纪 70 年代到 80 年代，学者们曾经进行了有关多元文化与全球教育的个案研究。今天，原来的那些观点与看法又遇到了全新的挑战，全球化的速度正日益加快，与之相伴随的多元文化研究也逐渐升温。但是对多元文化教育而言，最应瞩目的应是多元文化教育对全球化发展所应作出的回应。诸如在对世界多元主义、人权、殖民主义及其在第三世界国家的遗存的影响、全球共存、全球生态互联网、国际理解与民族观、国际学习、环境生态危机与核武器、人口与财富流动等一系列领域多元文化教育都应有所答复，这也是美国多元文化教育在21世纪继续发展所必须解决的新问题。可见，美国多元文化教育在其未来发展进程中所面对的来自“外环境”的压力与挑战也是相当严峻的。因此，“内外交攻”的发展环境将是未来美国多元文化教育发展进程中所面临和需要应对的一个重大挑战。

二、美国多元文化教育未来发展所面临的主要机遇

机遇总是与挑战并行，而它又总是会垂青那些有准备的“头脑”。尽管美国多元文化教育的发展面临重重挑战，但亦非毫无机遇可寻。据美国国家人口预测统计局1997年统计的数据结果显示，美国非拉美白人人口数将会由1990年占全国人口总数的76%下降到2050年的52.5%。与此同时，其他人口群体的人口数将在这一时期内呈现增长趋势，其中美籍拉美人的增长率最高，将从1990年的9%增长到2050年的22.5%，美籍黑人将从1990年的12.3%增长至2050年的15.7%，美籍亚洲人及太平洋岛国人将从1990年的3.0%增长至2050年的10.3%，而美洲土著人也将从1990年的0.8%增长至2050年的1.1%。① 少数族群人口数的增长以及人口多样性的增多与欧洲裔美国人人口数的下降两相对比预示着在未来的美国社会中，传统的盎格鲁—撒克逊新教文化占主导地位的影响力将会有所下降。美国人口构成比例的巨大变化主要是由日益涌入美国的移民造成的，移民也同时将其本国的语言、文化与风俗习惯带入美国，从而削弱了美国盎格鲁—撒克逊文化的绝对统治地位。另外到2050年美国的净移民数将会达到3.92亿，比1990年增加了50%。伴随着美国主流群体人数比例的递减与少数族群人数比例的递增，美国将越发成为一个史无前例的多元化国家。今天，美国有25%的学龄儿童来自少数族群而到2020年，美

① Kenneth Cushner, *International Perspectives on International Education*, Lawrence Erlbaum Associates, Publishers, 1998, p. 262.

国有色人种学龄儿童的比重将超过该学龄儿童总数的三分之一。①美国人口构成结构及比例的变化以及少数族群学龄儿童人数的持续增长，均为美国多元文化教育的未来发展提供了较为有利的驱动条件和机遇。21世纪是一个充满魅力、令人憧憬的时代，少数民族人口的迅速增长以及世界经济、文化一体化趋势的加强，越来越要求未来公民具备多元文化知识和跨文化的全球技能。今天，越来越多的国家已经意识到实施全球一体化教育的重要性，开始向全球一体化教育方向发展。美国自然也不可例外，美国为培养公民的“全球意识”成立了专门的课程发展与管理全球教育委员会，把全球一体化教育总结为：“学习有关跨国间的种种问题；学习有关制度、生态、文化、经济、政治和科技之间的交叉联系；通过他人的眼光、心理、心态来看待事物；另外，还包括了解个人与集团对生活有不同看法时，他们所应该具备的一般需要与愿望。该委员会还提出了全球一体化教育的一般原则：（1）所有的教师、学生都应该有机会与不同于自己伦理与文化背景的人一起学习与工作；（2）应该把全球一体化教育看成是跨学科性的，包括科学、艺术、人文、数学、外语和社会研究等学科，并且应从刚入学的儿童就开始灌输全球意识；（3）课程应该包括各国间相互影响的增加对个人与社会的影响，课程也要反映各国的相互依赖性；（4）应该通过教学材料来阐明世界体系中各国不断变化着的作用，突出世界性组织数量不断增加这一事实及其重要性。”② 显而易见，在美国政府着意培养其公民“全球意识”并施行全球一体化教育的大背景下，多元文化教育的外发展前景也便会随之拓宽，尤其是在全球化浪潮的强力推动之下，美国多元文化教育进行跨国对话与交流的机会必定会日益增多。费孝通先生早在十一年前学界朋友为其举行的八十寿辰欢聚会上，曾说了四句话：“各美其美，美人之

① Christine I. Bennett, *Comprehensive Multicultural Education: Theory and Practice*, Allyn and Bacon, 1999, p. 17.

② 滕星、苏红：《多元文化社会与多元一体化教育》，《民族教育研究》1997年第1期。

美，美美与共，天下大同。”显示出他致力于世界文化能够在积极的对话与交流中做到自我认识、相互理解、相互宽容，确立世界文化多元共生的理念，促进天下大同的到来的良好心愿。历史与现实均已表明，也只有如此方能比较顺利地从经济全球化过渡到文化上的多元一体，最终进入“和而不同”的境界。费先生对世界文化发展的这一展望与希望不仅道出了未来世界文化多元一体化发展的必然趋势而且也指出了达到这一目标的基本方式和途径。这也从一个方面预示着，作为世界超级大国的美国，其多元文化教育所倡导的多元文化与教育平等共存、独立互容的基本理念在21世纪是有广大的发展空间的，而且，这也应当是美国所应表现出来的义不容辞的大国风范。总之，当前美国国内的社会现实与外部国际环境日新月异变革的诸多趋势均为美国多元文化教育在新世纪取得较大发展提供了难得的机遇，尽管将机遇转化为现实并非易事，但机遇的出现却必将会为美国多元文化教育的发展助上一臂之力。

美国，一个建国史尚不足二百五十年的古老而又年轻的国家。说其古老，是指它的文明源头可以追溯到古希腊西方文明的“摇篮时代”；说其年轻，是指它作为一个独立国家的历史仅仅不过二百余年。无论它古老还是年轻，美国留给世人的印象是扑朔迷离的。它仿佛一位天才的短跑健将，常常以闪电般的速度冲过终点，而让观众无暇顾及它冲刺过程中动作的协调与奔放；它又恰似一位日暮残年的老者，拄着拐杖一人蹒跚独行于秋风萧瑟的荒野之中，让人在倍感凄凉之余又难以割舍掉那一丝淡淡的悲壮。正是在这样一个“镜花水月”般的国度，一个当今世界卓然独立的超级大国，会聚了来自世界各地的数以亿计的五彩斑斓的移民，他们把自己特色各异的文化、语言、民俗、艺术以及教育也带入了美国，他们对美国曾经寄予了厚望而且至今仍对其“痴心不改”，尽管他们在美国的境遇并非如其所想象的那般如意，甚至全然相反。无论岁月如何变更，那些已然融入了美国社会的曾经倍受种族、民族歧视与压迫，被残酷地剥夺了文化、教育独立与享有权的非洲裔、亚洲裔、拉美裔、土著的“美国人”们仍在始终不渝地争取着本应属于他们的天赋权利：平等的人权、生存权、文化权与教育权等。本章在前面所论述与分析到的有关美国多元文化教育的若干问题，也仅仅是以一名比较教育研究者的身份，从其所属研究领域所特有的研究视野出发对美国多元文化教育这一异常庞博复杂的研究领域所作出的微不足道的一点探索，倘若能够为那些曾经充满希望地生活在美利坚国土上和那些仍在这片土地上实践其理想的来自四面八方的可爱可敬的人们的神圣事业略微献上一点“不成敬意的敬意”与“不足笑纳的笑纳”，笔者便已感到莫大的满足了。

第十章
教育与全球化思潮

今天，从通过互联网漫游全球、与外国友人的频繁交往、了解异国文化艺术到接收卫星转播节目，人们已经日益从身边的变化意识到全球化的影响。在西方乃至全世界的人文社会学科理论界，全球化已经成为一个主要的议题。20 世纪 80—90 年代至今，全球化问题激起了现代西方社会学者的争论，全球化理论沛然而兴，也在教育理论界引发了关于全球化与国民教育制度重建、国家标准与市场竞争、课程内容和教学等问题的讨论，自 20 世纪 80 年代以来，形成了蔚为壮观的教育与全球化的思潮。教育与全球化思潮着力于研究全球化进程如何在世界范围内影响民族国家的教育政策制定和教育实践。本章将首先简介全球化现象和全球化理论，继之梳理教育与全球化思潮的三种代表性观点，然后归纳教育与全球化思潮的三个研究维度，对其关于教育与全球化的基本观点予以评述。

第一节　全球化和全球化理论

知识不仅为人解惑，也为人们提出更多的新

问题。认识教育与全球化思潮，必须首先了解全球化和全球化理论。关于全球化的理论众说纷纭，纵览这些研究，它们都集中讨论以下几个关键性问题：什么是全球化？全球化的起源？全球化的特征？全球化的影响有哪些？

一、界定：什么是全球化

（一）全球化概念的来源

自 20 世纪 90 年代以来，全球化已经成为一个影响社会生活方方面面——包括经济、政治和文化——的现象。围绕这一现象的研究层出不穷，在社会理论领域形成的全球化理论群百家争鸣，然而对于全球化的定义却莫衷一是。

追究“全球化”的内涵，须先寻找这一概念的缘起和辨析其与相关概念的差异。

实际上，“全球的”（global）一词在 400 年前就出现了。① 但是“全球化”（globalization）一词首先出现于 20 世纪 60 年代。② 1961 年版的韦氏词典是第一部定义全球化和全球主义（globalism）的字典。③ 作为一种学术术语开始被使用，则始于 1985 年哈佛大学商学院教授莱维特（Theodore Levitt）用以描述资本主义自由市场的发展引起的经济和金融变革现象。④

厘清全球化的概念，还需对相关的“国际主义”（internationalism）和“国际化”（internationalization）进行辨析。

---

① 《韦伯斯特新大学辞典》（第 9 版，美国马萨诸塞州韦伯斯特出版公司 1991 年出版）中所收每个英文单词一般都注有该词最初出现的年代。该辞书第 521 页上注明，global（全球的），1676 年出现；globalism（全球主义），1943 年出现；globalize，globalizing（全球化），1994 年出现。

② *The Economic*（4/4/59）使用“globalised quota”描述意大利增加的汽车进口量。

③ Waters，M.，*Globalization*（*2nd edition*），New York：Routledge，2001，p. 2.

④ 转引自 Stromquist，P. N.，*Education in a Globalization World*：*The Connectivity of Economic Power*，*Technology*，*and Knowledge*. New York：Rowman and Littlefield Publishers，Inc.，2002，pp. 19-20。

有研究者指出，“国际主义”是通过政府间行为促进全球和平事业，其核心是民主，与全球化的自由市场理念不同。① 而“国际化”则与“全球化”关系更密切，是促使各国人民了解国际事务，得以在国际环境中生活的理念，但是仍然强调各国内部的民族认同感。② 英国学者 P. 斯科特（Peter Scott）认为：“国际化与全球化并不是顺次或者累计的关系，而是辩证的关系。具体而言，全球化决非古老的国际主义的重现，也不是国际化的最高发展阶段。从某种意义上而言，新的全球化是古老的国际化的竞争对手。”③ 因为国际化表现为不同国家或者不同文化之间的交流，国际化的最终目的并不在于像全球化那样表现为建立世界范围内统一的模式或者一元化的世界，相反却以主权国家或者不同文化的存在为前提。两者的联系表现在随着国际化的不断深入，国际化的范围可能超越国家与文化的框架，逐渐发展上升至区域范围内或者全球范围内的交流和合作。

（二）关于全球化起源的论述

从历史角度而言，全球化的形成，其实有一个复杂的源流，只是流行的话语掩盖了全球化的历史。由于对全球化的定义不一，关于全球化起源的说法亦纷纭。人们目前认同的全球化仍然以经济全球化为基本形式，或称之为资本导向的全球化（capitalled globalization）。

关于全球化的起源，有三种观点。

一是认为全球化与人类文明史相伴相生，随着基督教的普及

---

① Phillip W. Jones，Globalization and Internationalism：Democratic Prospects for Word Education，in Stromquist and Monkman，eds.，pp. 27-42.

② 参见 Simon Marginson and Marcela Mollis，The Door Opens and the Tiger Leaps'：Theories and Reflexivities of Comparative Education for a Global Millennium，*Comparative Education Review*，2001，45（4），pp. 581-615。

③ Peter Scott，*The Globalization of Higher Education*，Open University Press，1998，pp. 123-124.

而具有数百年的历史。[1] 这种观点认为，全球化实际上是贯穿于人类社会发展历史的强有力的社会力量。[2] 曼（Mann）认为，全球化是一个历史过程，经济的全球化和制度的全球化由来已久，每次的融合都被后来的地方多元力量所取代，然后又继之以新一轮的全球多样化。[3] 因此，政府政策的趋同和集中化历来与地方政策执行的多样分化交织在一起，贯穿于人类社会的整个历史，也必然影响到教育的发展。

第二种观点的代表是世界体系论，认为全球化始自 16 世纪，是现代化的产物随着资本主义和工业经济的兴起而产生的全球经济。这种观点认为欧洲的移民运动和大西洋两岸的贩奴贸易都是全球化之端倪。欧洲工业运动之后，国际贸易额剧增。以从原殖民地剥夺原材料向原宗主国返回产品的形式进行的贸易活动仍然是国际贸易的一种形态。[4] 吉登斯也认为全球化是资本主义和现代化的结果，始自 400 年前由于资本积累和消费规模的扩大而使资本主义经济向全世界蔓延。[5] 例如，在 1840—1920 年间，大约 6 000 万人从欧洲迁向世界各地；通过殖民体系，迄 1913 年为止，大约

---

① 参见 Roland Robertson，Social Theory，Cultural Relativity and the Problem of Globality，in Anthony D. King，*Culture，Globalization and the World-System：Contemporary Conditions for the Representation of Identity*，Minneapolis：University of Minnesota Press，1997，pp. 69-90。

② 参见 Perry Anderson，*Passage from Antiquity to Feudalism*，*London：Verso*，1996；Roland Robertson，*Globalization：Social Theory and Global Culture*，London：Sage，1992。

③ Michel Mann，*The Sources of Social Power*；*Vol. 1*，*A History of Power from the Beginning to A. D.* 1760，New York：Cambridge University Press，1997.

④ 参见 Immanuel Walerstein，World-Systems Theory，in An thony Giddens，Jonathan H. Turner，*Social Theory Today*，Stanford：Stanford University Press，1987，pp. 309-324。

⑤ Giddens，A.，*A Contemporary Critique of Historical Materialism*，London：MacMillan，1981，pp. 182-202.

1/3 的欧洲资本流向海外，欧洲国家占有了全世界 85％的土地。①

第三种观点将全球化的肇端限定在 20 世纪 70 年代以后，主要标志是 1971—1973 年的石油危机促使科技寻找新的能源取代石油，也促使西方国家采用新自由主义的政治经济政策，并逐渐在全球范围内形成以新自由主义为主流的政治经济意识形态。这种观点认为此时的全球化进程具有与以往的国际交往不同的特点，即以推广生产过程的“后福特式”变革、信息社会、文化全球化或者后现代文化为基本特点。② 20 世纪中期以来，全球化出现的新形态主要是跨国公司（transnational corporations）的垄断行为，现在世界实力最强大的 100 个经济实体中有半数是跨国公司，而不是国家。③ 同时，全球化还经历了技术和政治两方面的变化。其一，电子通信技术使跨国公司能及时直接控制大宗贸易，并且在短时间内实现资本流动。其二，政治方面，国家对资本运作和外来投资的限制减少，国家内部经济逐渐融入全球自由市场，而一些国际贸易组织和国际条约更加速了这一全球化进程。例如，欧盟（European Union）和北美自由贸易区（North American Free Trade Area）就在其地区范围内推动了资本、商品、服务和投资的自由流动。世界银行（World Bank）、国际货币基金组织（International Monetary Fund，IMF）和世界贸易组织（World Trade Organization）也成为私人资本流向全世界的组织工具。

毋庸置疑，不论始于何时，全球化对世界各国的经济、社会、文化和教育都产生了深远的影响。1998 年，奥斯陆会议以“全球化：谁的时代?”（Globalization：on Whose Terms?）为主题，自

---

① 参见 Fitzsimons，P.，Changing Conceptions of Globalization：Changing Conceptions of Education，*Educational Theory*，2000，50（4），p. 505。

② 参见 Krishnan Kumar，*From Post-Industrial to Post-Modern Society*：*New Theories of the Contemporary World*，Oxford and Cambridge，England：Basil Blackwell，1995；and Frank Webster，*Theories of the Information Society*，London and New York：Routledge，1995。

③ 参见 Editorial Introduction，*International Review of Education*，2001，No. 3-4，p. 164。

此以后，在世界范围内逐渐形成对全球化进程的反思和批判。

（三）全球化的特征

20世纪70—80年代以来，关于全球化的话语在全世界流行，集结成浩繁的“全球化理论丛”。对全球化特征的描述不一，归纳起来，“全球化理论丛”主要从以下几个方面概述全球化的特点：全球化与经济，全球化与政治，全球化与文化。

1. 经济全球化：全球化经济特征

很多理论研究者从生产关系和社会形态变更的视角分析全球化的经济特征，例如，早期的后工业主义理论强调经济生产以服务产业为主导和以知识为主要动力。信息社会理论强调通信技术和计算机技术在后工业变革中的作用，认为继基于蒸汽机的第一次工业革命、基于电子产业的第二次工业革命之后，基于计算机技术的第三次工业革命业已到来。① 后福特制理论从论述全球社会的“生产力”转移到关注“生产关系”，认为现代形成全球生产特征的后福特制生产，是以灵活短线生产多样化产品为特征，取代了福特制工业生产流水线的生产组织机构。②

在经济政策层面上，全球化与世界范围的经济重建有密切关系。全球性的经济重建始于20世纪70年代新自由主义经济政策在多个国家的盛行。当时，资本管理盈利率大幅度削减，工人争取增加工资的运动正高涨，而国外的企业竞争迫使这些国家的国内企业不得不降低产品价格。经济增长幅度降低，政府入不敷出，无法维持社会公共福利开支，纳税人就开始抨击政府机构、福利接收人和受到政府资助的机构，于是福利国家的合理性和存在价值受到质疑。政府便开始重建其经济制度，以缓解这一系列政治经济危

① 参见 Marc Uri Porat，Global Implications of the Information Society，*Journal of Communication* 1978，28，pp. 70-80. Yoneji Masuda，*The Information Society as Post-Industrial Society*，Washington，D. C.：World Future Society，1981. David Lyon，*The Information Society*：*Issues and Illusions*，Cambridge：Polity Press，1988。

② 参见 Manuel Castells，*The Rise of the Network Society*，*Oxford*：*Blackwell*，1996。

机，从而在世界范围内形成普遍趋势的“经济重建”（economic restructuring），也形成了全球化经济的以下几点特征。①

（1）在新的国际劳动分工和国民经济整合（economic integration of national economies）的背景下出现的经济全球化，如出现共同市场（common markets）和贸易协议（trade agreement）。

（2）在国家之间建立起来新的交换关系，在国家内部（尤其是在信息和服务部门产值高出制造业的发达国家）的阶级和社会生产部门之间建立起新的交换关系和管理机制。

（3）贸易国际化程度加深，表现在即时流通市场信息和在国家之间实现资本流动。②

（4）劳动力市场的重构：计件工资代替计时工资，工会的权力受到劳动立法的约束。

（5）由于劳动力冗余，市场竞争激烈，劳动力保障减少，以及所谓“团队工作”策略的制度化（institutionalization of “team concept” strategies），资本—劳动力之间的矛盾弱化。

---

① 参见 Roland Robertson and Habib Haque Khondker，Discourses of Globalization：Preliminary Considerations，*International Sociology*，1998，13（1），pp. 25-41；Ray Kiely，Globalization，Post-Fordism and the Contemporary Context of Development，*International Sociology*，1998，13（1），pp. 95-116；Peter Beyer，Globalization Systems，Global Cultural Models and Religion（s），*International Sociology*，1998，13（1），pp. 79-94；Andrew Sayer and Richard Walker，*The New Social Economy：Reworking the Division of Labor*，Cambridge and Oxford：Blackwell，1992。

② 1991 年，美国投资者在海外掌握着 2.3 万亿美元的总资产，到 2000 年，这个数字增加到 6.2 万亿美元。而在美国的海外投资从 1991 年的 2 万亿美元增长到 2000 年的 8 万亿美元。自 1990 年到 1999 年，每年在全球流动的“外国直接投资”（“foreign direct investment”）从 200 万亿美元增长到 900 万亿美元。国际结算银行（Bank of International Settlements）在 1998 年的统计数字显示，每天在外汇市场上的交易数额就已经达到 1.5 万亿美元。对许多国家而言，国际金融市场的波动对其国民经济的影响非常大。1998 年的俄罗斯，1997—1998 年的东亚，1995 年的墨西哥和 1993 年的欧洲国家都受到了国际金融投机者的国际资本冲击而出现了经济危机。同时，全球化也意味着商品、服务和金融资本在越来越一体化的国际市场上流通。但是也有研究表明，各国仍然对这些国际资本和商品的流通有所限制，现在远不能实现全球单一市场。参见 Timothy Taylor，The Truth about Globalization，*Public Interest*，2002，(147)，pp. 24-44.

(6) 从生产的福特制（Fordist model）模式转变到一种以灵活雇佣劳动力、低成本生产、产品与生产信息的全球流动为特征的新的后福特制（post-Fordist model）生产模式。

(7) 产生除工业机械以外的新生产工具，如使用计算机微芯片、机器人和自动机器，从而导向高技术信息社会。

(8) 劳动力内部的两极分化，一端是极少那部分拥有高新技术、工资丰厚的工人，另一端是大部分技术含量低、工资微薄的工人群体。

(9) 服务部门的规模和重要性增加，而第一和第二生产部门的规模和重要性则降低。

(10) 除"新兴工业国家"（newly industrialized countries）外，发展中国家和发达国家之间的鸿沟加大。

经济重建无疑对工人和消费者的角色提出新的要求。首先经济重建的这些要素影响到就业，这关涉教育的一个主要职能——为就业做准备。后福特制生产模式要求工人具备新的生产技术、适应新工作的能力和在国际劳动力市场取得优势的竞争力。另外，学校在接受企业资助的同时，也在学生的课堂学习和课外活动中加入商业元素逐渐培养学生的消费者意识，以接受日益全球化的消费意识。

2. 民族国家的角色转换：全球化的政治特征

影响民族国家政治改革的主要意识形态是新自由主义和新保守主义的思想。新自由主义崇尚市场的力量，主张缩小政府职能，减少政府的公共开支，放松政府对企业的调控，认为市场经济增长的外溢效应（spill-over）能帮助穷人，或者私人的慈善捐赠能解决政府遗留下的社会问题。新保守主义者强调在知识、价值观方面加强国家强有力的控制。在其意识形态的影响下，"经济重构"逐渐从一个侧面反映出深刻的财政危机，削减预算影响了公共部门的发展，造成福利国家政府职能的转变和社会服务、卫生、房产和教育等领域的私有化。因此，福利国家不能对所有公民施予福利，即使高科技能解决很多经济问题，但是它不能直接提高大多数劳动者的生活水平，技术水平较高的工人和技术水平低下的工人之间的差距仍在不断拉大。一方面，民族国家内部劳动力渐趋分化；另一方面，共同市场和资本的全球一体化流动牵引着民族国家向国际化的方向发展，其机构发展和政策制定越来越受到新的世界秩序的制约。

正因为这些变化，不少学者在政治层面上提出民族国家的势微和跨国家机构的强大、文化的杂糅、国际贸易的扩展、超越国界的社会网络和“时空压缩”。[①] 全球变革者认为，在全球经济时代，民族国家的权力被大大削减，其职能缩小成四种制度因素之间的协调机构。这四种制度因素分别是跨国资本、全球政治机构（如联合国与其他国际性非政府组织）、国内需求（以稳固政府存在的政治合法性）和政府内部需求和利益。[②] 如D. 赫尔德（David Held）所说：“生产、金融和其他经济资源的国际化毫无疑问地使任何一个国家政府对其国内经济发展的控制力削弱……多国企业可能有其位于某个国家的总部，但是它们的目的在于在全球范围内盈利，其总部位于的国家对于其战略发展影响甚微。”[③] 显然，

---

① 参见 Manuel Castells，The Information Age：Economy，Society，and Culture，vol. 1，*The Rise of the Network Society*，Malden，MA：Blackwell，1996；Ann Cvetkovich and Douglas Kellner，*Articulating the Global and the Local*：*Globalization and Cultural Studies*，Boulder，CO：Westview，1997；Mike Featherstone，*Global Culture*：*Nationalism*，*Globalization and Modernity*，London：Sage，1990；Paul Hirst and Grahame Thompson，*Globalization in Question*，Cambridge：Polity，1996；Anthony D. King，*Culture*，*Globalization and the World System*：*Contemporary Conditions for the Representation of Identity*，London：Macmillan，1991；Eleonore Kofman and Gillian Youngs，*Globalization Theory and Practice*，New York：Pinter，1996；Rob Wilson and Wimal Dissanayake，*Global/Local*：*Cultural Production and the Transnational Imaginary*，Durham，NC：Duke University Press，1996；Roland Robertson，*Globalization*：*Social Theory and Global Culture*，London：Sage，1992；Malcolm Waters，*Globalization*，London：Routledge，1995。

② 参见 Nicholas C. Burbules and Carlos Alber to Torres，*Globalization and Education*：*Critical Perspectives*，New York and London：Routledge，2000，p. 10。

③ 参见 David Held，*Political Theory Today*，Stanford：Stanford University Press，1991，pp. 214-216。

经济一体化促成一个“没有边界的世界”，同时也缩减了各国政府自主控制其经济发展和界定国民经济目标的能力。在新全球经济中，产品和公司的国民性（nationality）难以确认。① 既然民族国家的主权在一定程度上失却，政府的自主决策权受到制约，作为一种诠释“统一”和“认同”的“公民”概念内涵——包括其职能、权力、义务和地位——被弱化。② 但是更多的研究者指出，事实上，民族国家在全球化时代处于政治文化和经济的分化和集中趋势的张力之间，并没有被削弱主权，而是采取适宜的政策。③ 他们认为民族国家的重要性非但没有削弱，反而增强，只是其权力和职责发生了转移。因此，尽管对民族国家的作用和地位尚存争议，但是民族国家在全球化时代的角色转变和相应的政治变迁已成共识。

3. 全球文化和本土文化的辩证关系：全球化的文化特征

在文化全球化的旗帜下，全球蔓延的大众文化和随之而来的新文化殖民主义倾向、文化杂糅和文化抵制形成全球化时代的文化景观。④ 需要指出的是，文化全球化不仅意味着世界文化的流动和向市场化的意识形态的趋同，也意味着一些排斥这种市场趋向文化的世界潮流。如宗教原旨主义者，环境保护主义者和女性主义者都以各自的方式反对自由市场化在全球的蔓延。他们的努力

---

① 参见 Stuart Holland，*Towards a New Bretton Woods：Alternatives for the Global Economy*，Nottingham：Spokesman and Associates Research in Economy and Society，1994；Robert B. Reich，*The Work of Nations*，New York：Vintage Books，1991。

② 参见 Capella，Juan-Ramon，Globalization，A Fading Citizenship，in Nicholas C. Burbules and Carlos Alberto torres，*Globalization and Education：Critical Perspectives*，New York and London：Routledge，2000，pp. 227-251。

③ 参见 Anna Yeatman，Tends and Opportunities in the Public Sector：A Critical Assessment，*Australian Journal of Public Administration*，1998，57（2），pp. 119-130。

④ 参见 Michael Featherstone，*Global Culture：Nationalism，Globalization and Modernity*，London：Sage，1990。

也在全球范围内形成了一种诠释知识内容和价值的思潮。

全球性的传播媒介（如有线电视、卫星电视和因特网），商业文化（如麦当劳、耐克），人们通过旅游实现的全球自由流动，发达的通信技术和世界性的体育赛事、文化活动和宗教信仰都使某种本土文化逐渐成为全球性的文化。但是各个地方的本土文化并不是被动地全盘吸收这些外来异文化，而是强化本土文化、选择性地消除异文化的渗透。这种本土文化和全球文化之间既呈现趋同性，又表现出多样性的辩证关系，被称为“全球—本土化”（glocal）。① 如凯尔纳（Kellner）所说：“当今社会的文化是一个非常复杂和充满矛盾的领域，因为全球文化渗透到地方文化中，这两极在融合中形成新的文化形式，形成文化的‘殖民’（colonization）和‘抵制’（resistance），在全球同质（homogenization）的表象下又蕴含着地方的多元文化形式和文化认同。”②

全球化的经济、政治和文化特征又分别与全球范围内的教育变革紧密联系，在教育研究者的视域中形成全球化与教育思潮，这将在本章另外一部分详细叙述。

（四）定义全球化

考察全球化的词源、起源和基本特征，可以认为，全球化理论丛将目光集中在 20 世纪 70 年代以来出现的全球性现象，因此将具有这种共识的代表性的全球化定义罗列于下。

现代许多的西方学者认同经济合作与发展组织（OECD）的定义，将全球化界定为经济全球化。随着全球化过程的深化和影响范围的扩大，人们对它的理解越来越深入——它不仅是经济领域的全球联结，更包括了在政治、文化和技术甚至军事领域内同时

---

① 参见 Robert Arnove and Carlos Alberto Torres, *Comparative Education: The Dialectic of the Global and the Local*, Lanhan, MD: Rowman and Littlefield, 1999。

② Douglas Kellner, Globalization and New Social Movements: Lessons for Critical Theory and Pedagogy, in Nicholas C. Burbules and Carlos Alberto Torres, *Globalization and Education: Critical Perspectives*, New York and London: Routledge, 2000, pp. 299-322.

进行的、复杂的互动过程，全球化的“身影”几乎映射在现代人类社会的方方面面。罗伯特·罗兰认为全球化表现为“不断增强的相互依存”、“远距离行动”、“时空压缩”（time-space compression）和“全球意识”（global consciousness）。[①] 对于时空压缩可以有三种分析。（1）发达的交通运输业和电子通信技术使人们在世界各地的旅行和搜集信息十分便捷，从而缩小了全球范围的物理距离；（2）时空压缩意味着各地之间——不论距离多么遥远——日益增强的社会联系。[②]（3）时空压缩还描述了这样一种现代奇观：各个地方被并没有在当时当地存在的人们所占有，也就是说，意象（images）、劳动力、观念或者人们的专业技能可以弥散全球，而这些意象、劳动力、观念或者人们的专业技能已经剥离了实在的人而独立存在。[③]“全球意识”（global consciousness）指的是人们越来越多地关注全球事务，他们的谈话中频频出现诸如国际经济、国际赛事、全球气候变暖、世界和平等话题，他们的自我意识和社会身份认同也在不自觉中随之发生变化。这意味着人们认识到自己生活在一个迅速变迁和不确定的时代，各个地方的命运都与世界其他地区的政治、经济、文化事件息息相关。[④]

英国社会学家安迪·格林（Andy Green）将全球化定义为“资本、商品、劳动力、服务和信息的日益加剧的跨国流动”。[⑤] D. 赫尔德等通过对关于全球化的现有定义进行综述，从广度、强

---

① Roland Robertson, *Globalization: Social Theory and Global Culture*, London: Sage, 1992.

② 参见 Anthony Giddens, The Consequences of Modernity, in John Tomlinson, *Globalization and Culture*, Cambridge: Polity Press, 1999。

③ 参见 Manuel Castells, The Rise of the Network Society, vol. 1 of *The Information Age: Economy, Society and Culture*, (2nd ed.), Oxford: Blackwell, 2000。

④ 参见 Robert Holton, *Globalization and the Nation-State*, London: Macmillan, 1998, p. 1。

⑤ Andy Green, Presentation in International Symposium: Economic Globalization and Education Industry, 2004 April, Beijing.

度、速度和影响四个时空维度形成了全球化新的综合性定义——“一个（或者一组）体现了社会关系和交易的空间组织变革的过程——可以根据它们的广度、强度、速度以及影响来加以衡量——产生了跨大陆或者区域间的流动和活动、交往以及权力实施的网络”。①

二、全球化理论

全球化可以是一种争鸣、现象和一种视角，关于全球化的研究广泛、多元、跨学科而且争论频频。近年来以全球化为研究对象并对世界各国的教育理论、教育改革和实践产生重大影响的社会研究理论主要有新自由主义、批判理论和后现代主义理论，分别侧重全球化对世界各国的经济政治和文化诸方面的影响，以下对其基本观点逐一介绍。

（一）新自由主义

新自由主义是相信“自由市场”和“自由贸易”能够为全世界带来经济繁荣、政治民主和人权的政治经济理论。② 其理论起源于亚当·斯密，后经由弗里德曼、哈耶克等发展，自 20 世纪 70 年代以来，被英国撒切尔政府、美国里根政府和加拿大穆朗尼（Brian Mulroney）政府先后奉为治国方略。新自由主义理论主张政府减少对经济和社会事务的干预，强调自由市场对发展国家经济的主导作用。它有三个理论要点：（1）解制（deregulation），缩减政府监控经济和金融市场的职能，使经济完全以自由市场模式运作；（2）私有化（privatization），提升私营部门在社会生活中的比重和作用；（3）自由化（liberalization），将多数的经济领域向自由市场

① ［英］戴维·赫尔德等著，杨雪东等译：《全球大变革——全球化时代的政治、经济与文化》，社会科学文献出版社 2001 年版，第 22 页。

② 参见 Harris，R & Seid，J. M.，Critical Perspectives on Globalization and Neoliberalism in the Developing Countries. *Journal of Developing Societies*，2000，16（1），p. 1。

开放，减少关税，鼓励外国投资。①

作为一种经济模式，新自由主义也是理解并倡导全球化的一种理论。对于新自由主义来说，全球化等同于“自由市场资本主义扩散到全世界各个国家”②。有这样一个公式形成新自由主义者对全球化的共识：私有化＋解制＋全球化＝涡轮资本主义（turbo-capitalism）＝繁荣。③ 他们相信，市场能为所有的国家提供公平的竞争机会，个人的市场选择是理性的，不应受到政府限制。新自由主义精神领袖、两次普利策奖得主弗里德曼用“黄金甲胄”来形容全球化：

“一个国家若想披挂这全球化的‘黄金甲胄’，就要自觉遵从以下‘黄金定律’：使私营领域成为经济发展的发动机，降低通货膨胀，保持货币稳定，减小政府官僚机构规模，维持收支平衡，减少对进口和外来投资的限制，取消配额和国内垄断企业，增加出口，使国有企业和设施私有化，为资本市场解制，使货币实现自由兑换，鼓励国内市场竞争，祛除政府腐败行为，银行、通信系统向私营部门开放。将这些部分拼接起来，就组成了一件合身的‘黄金甲胄’。”④

事实上，弗里德曼的“黄金定律”已经在发达国家如美国、欧洲国家、新西兰和日本被广泛运用，成为现代资本主义社会的通行政策，也影响着发展中国家的政治经济政策。一般而言，这一变革包括政府职能市场化、政府行为法治化、政府决策民主化以及政府公共权力的多中心化趋势。⑤ 在这些政策的鼓励下，跨国公

---

① 参见 Stromquist，P. N.，*Education in a Globalization World*：*The Connectivity of Economic Power*，*Technology*，*and Knowledge*. New York：Rowman and Littlefield Publishers，Inc. 2002，p. 26。

②④ Friedman，T.，*The Lexus and the Olive Tree*：*Understanding Globalization*. New York：Farrar-Straus-Giroux，1999，pp. 86-87.

③ 参见 Luttwak，E.，*Turbo-Capitalism*：*Winners and Losers in the Global Economy*，New York：HarperCollins，1999，p. 25。

⑤ 参见毛寿龙、李梅著：《有限政府的经济分析》，上海三联书店 2000 年版，序言。

司和国际机构更将全球经济推向一体化。到1999年为止，就已经有大约四万家大型公司称得上跨国公司（transnational corporations，TNCs），① 到2000年，大约四百家跨国公司拥有全球三分之二的固有资产，控制着全世界70%的贸易额。② 国际货币组织（The International Monetary Fund，IMF）、世界银行和其他国际组织通过资金调控世界经济结构，在全球经济中扮演着越来越重要的作用。

（二）批判理论

借助全球化的东风，新自由主义对全球化的赞美不遗余力，而批判理论则对现代全球资本主义体系大加挞伐，剖析其对社会带来的负面影响。渊源于马克思主义的批判理论试图建立一个系统全面的社会理论来评论主流社会的意识形态，解释社会政治方面的重大问题。③ 最近，批判理论发展为"新批判理论"（New Critical Theory），"致力于将现今涌现出来的批判理论整合为一种多层面的解放运动"。④

批判理论也是论述全球化的主要理论。对于批判理论来说，全球化并不会带来新自由主义者所谓的公平、民主、解放或者繁荣。相反，全球化加速了社会分化，使不公平现象更为严重，例如科滕（Korten）所说的贫富两极分化日益加剧——"全球经济带来的大部分收益并没有分配给穷人，而是被富人占据。1997年联合国发展计划署的发展报告（Human Development Report）声明，

---

① 参见 Moghadam，V.，Gender and the Global Economy. in Ferree，M. Lorber，J. & Hess，B.，*Revisioning Gender*，Thousand Oaks，CA：Sage，pp. 128-160。

② 参见 Stromquist，P. N. & Monkman K.，*Globalization and Education：Integration and Contestation Across Cultures*，New York：Rowman and Littlefield Publishers，Inc.，2000，p. 6。

③ 参见 Kellner，D.，*Critical Theory，Marxism，and Modernity*. Baltimore：The Johns Hopkins University Press，1989，p. 1。

④ 参见 Wilkerson，S. W. & Paris，J.，Why a New Critical Theory? in Wilkerson，S. W. & Paris，J.（Eds）. *New Critical Theory：Essays on Liberation*，New York：Rowman and Littlefield Publishers，Inc.，2001，p. 1。

1960年全球增加的财富中，占总人口数20%的最富有的人所占有的份额是最贫穷的20%的人们所占有份额的30倍。这个比率在全球经济时代不断增长，1991年达到60倍，1994年达到78倍。”①

国际关系同样存在着不平等现象。大型国际组织，例如世界贸易组织，利用其经济实力影响它们所投资、生产和销售的国家的经济、社会和政治的发展。同时，它们为发展中国家提供高达数十亿的结构调整贷款（Structural Adjustment Loans，SALs），条件是这些国家提供廉价劳动力和生产原料，消除对外来投资的各种关税限制，通过“解制”允许国外投资者和国际组织控制其经济。批判理论家科滕（Korten）将这种诱致性全球化比喻为“癌症”：全球资本主义经济体系“将全球的生活空间殖民化，毁灭生灵，使人们流离失所，让民主机构瘫痪，以满足一种贪得无厌的物欲生活”②。同时，女性主义也批判全球化带来的性别不平等。女性主义研究者的研究显示，与男人的生活状况相比较，新自由主义经济造成女性贫穷状况的加剧和生活质量的降低。③ 女性主要仍在传统的低工资行业中谋职，如纺织业、成衣业、餐饮业和各种服务行业。④ 相对于男性来说，女性在需要更多教育的技术领域比男性进入全球通信网络、全球金融市场和全球管理层的机会更少。⑤

① Korten，D.，*The Post-Corporate World：Life After Capitalism*，San Francisco：Berrett-Koehler Publishers，1999，p. 79.

② Korten，D.，*When Corporations Rule the World*? San Francisco：Berrett-Koehler Publishers，1995，p. 12.

③ 参见 Rakowski，A. C.，Obstacles and Opportunities to Women's Empowerment under Neoliberal Reform，in Harris，L. R. and Seid，J.（Eds），*Critical Perspectives on Globalization and Neoliberalism in the Developing Countries*，Boston：Brill，2000。

④ 参见 Moghadam，V.，Gender and the Global Economy，in Ferree，M.，Lorber，J. & Hess，B.（Eds），*Revisioning Gender*，*Thousand Oaks*，CA：Sage，1999，pp. 128-60。

⑤ 参见 Scholte，A. J.，*Globalization：A Critical Introduction*，New York：St. Martin's Press，Scholarly and Reference Division，2000，p. 38。

总之，批判理论揭露全球化的种种弊端，顺延马克思批判资本主义的思路，认为无止境的财富积累使资本主义把它的触角伸向世界的每一个角落。①

为了解决全球化带来的这些问题，批判理论尝试提出解决方案。例如，一种思路是回归到全球化以前的社会状况，维持经济健康发展，生态平衡，维护文化和民主秩序。② 另外一种思路是继续全球化，这是基于另外一种理论基础。③ 但是不可否认的是，事实上全球化仍然向新自由主义主张的方向发展。

（三）后现代主义理论

后现代主义理论与从宏观视角分析全球化的新自由主义和批判理论都有所不同，它更着眼于“差异”、“他者”、“多样化”和“地方化”。④ 后现代主义出现于20世纪60年代初，始见于建筑、文学、绘画等艺术领域。⑤ 如果我们说新自由主义和批判理论从经济、政治和社会视角分析全球化，那么后现代主义更重视从文化的角度剖析全球化，如詹姆森（Jameson）所说，后现代主义是“晚期资本主义的文化逻辑（cultural logic of late capitalism）”⑥。

后现代主义是社会政治经济文化变革的结果。由于通信技术

---

① 参见 Harris. R. & Seid，J. M. Critical Perspectives on Globalization and Neoliberalism in the Developing Countries，*Journal of Developing Societies*，2000，16 (1)，p. 1。

② 参见 Mander，J. and Goldsmith，E，*The Case Against the Global Economy and the Turn to the Local*，San Francisco：Sierra Club Books，1996。

③ 参见 Scholte，A. J.，*Globalization*：*A Critical Introduction*，New York：St. Martin's Press，Scholarly and Reference Division，2000，p. 38。

④ 参见 Cvetkovich，A. & Kellner，D.，Introduction：Thinking Global and Local，in Cvetkovich，A. & Kellner，D (Eds)，*Articulating the Global and Local*：*Globalization and Cultural Studies*，Westiew Press，A Division of HarperCollins Publishers Inc.，1997。

⑤ 参见 Kellner，D.，*Critical Theory*，*Marxism*，*and Modernity*，Baltimore：The Johns Hopkins University Press，1989，p. 167。

⑥ Jameson，F.，Postmodernism or the Cultural Logic of Late Capitalism，*New Left Review*，1984，(146)，pp. 53-92.

的发展，形成全球通信网络，在全球化进程中逐渐出现全球文化和地方文化的融合，形成多元文化景象。后现代主义认为，在这个日益互相依存的时代，民族国家正在失去其重要性。后现代主义主张解构理性中心（1ogocentic）的文化，希冀在全球建立多元的文化身份认同，抵消同一性，赞成碎裂的地方文化。J. 汤姆林森（John Tomlinson）引入“去地方化”（deterritorialization）的概念描述了全球化时代的文化状况：一个地区的文化迁移到世界其他地区，一个地区的人们也受到全球多种文化的影响。当然，“去地方化”是一个不平等的过程：强势文化总是更多地影响弱势文化。① 阿帕多拉伊（Appadurai）认为，今天的全球文化和经济应该被理解为一种复杂的、重叠的和互相剥离的秩序，而不是一种“中心—边缘”模式，因而可用“人景观”（ethnoscapes）、“媒介景观”（mediascapes）、“技术景观”（technoscapes）、“金融景观”（finanscapes）和“意识形态景观”（ideoscapes）来区分全球文化的碎裂。②

后现代主义被批评为无视社会的整体性，而仅仅关注社会的不连续性。③ 沃特斯（Waters）利用“麦当劳化”（McDonaldization）这一概念指出，所谓的文化碎裂其实裹着“美国化”或者“西方化”的实质。④ 另外，有研究者指出，后现代主义限于关注差异，却忽视了权力运作的真正机制，也忽视了社会不平等这一主要社会问题。⑤

---

① John Tomlinson, *Globalization and Culture*, Cambridge, Oxford: Polity Press, 1999, p. 122.

② Appadurai, A., *Theory, Culture & Society*. London, Newbury Park and New Delhi: Sage, 1990, pp. 295-310.

③ 参见 Cole, M., *Education, Equality and Human Rights*, London: Routledge, 2000。

④ Waters, M., *Globalization* (2nd edition), New York: Routledge, 2001.

⑤ 参见 Stromquist, P. N., *Education in a Globalization World: The Connectivity of Economic Power, Technology, and Knowledge*, New York: Rowman and Littlefield Publishers, Inc., 2002。

不论是新自由主义，还是批判理论，抑或是后现代理论，都以其鲜明的观点和立场影响了教育理论研究，成为教育与全球化思潮三种价值取向的理论基础。

第二节　教育与全球化思潮的三种理论取向

全球化理论是一个庞杂的理论群，各种理论从不同的视角分析全球化的经济、政治、文化和技术诸方面。对于教育与全球化的研究也覆盖了广泛的内容，包括全球资本主义经济对公立教育机构的影响；新自由主义市场导向的教育政策；超国家机构（supranational institutions），如经济合作与发展组织，对国民教育体系的影响；新的全球文化对地方社区和身份认同重建的影响；等等。在全球化理论的影响下，教育与全球化思潮锁定的核心问题如下：（1）全球化过程如何影响民族国家的主权和对国民教育制度的自主权，又在何种程度上改变了相关的教育政策和教育实践？（2）全球化如何通过要求教育体制纳入某些教育改革措施和教育活动而改变了教育制度？要回答的几点疑问：（1）如何定义“全球化”？（2）经济重建（economic restructuring）如何影响了世界各国的教育制度？（3）全球化如何影响了世界各国的政治结构，继而影响其文化和教育？（4）是否有一个国际性的教育组织有能力取代民族国家成为在课程、教学以及制定学校政策研究和评估政策等方面形成新的霸权？（5）全球化对世界各国和各个地区的影响力是否都一样？

如前所述，经济全球化的内涵如此广泛，其基本特征可归入经济、文化和政治三个领域，这三个领域与教育理论和实践最为相关的全球性变革可概括如下：从民族经济主导到全球经济勃兴；从单一“共同文化”（common culture）到多元文化（multiculture）并存；在超国家组织和国家内部利益集团的内外夹攻下，民族国家主权从确立权威到民族国家的意识形态功能受到质疑（所谓全球主义者的“民族国家终结论”）。可以这样认为，经济全球化对西方资本主义社会的影响在于彰显经济在国家发展中的优势地位和多元文化政策在协同社会过程中的必要性，教育制度的经济功能、社会文化和政治功能较之从前已经有所不同。

概览 20 世纪 80 年代以来教育与全球化思潮，呈现出关于全球化教育政策和教育实践的三种价值取向的理论：拥抱全球化的教育全球主义，倡导全球多元化的多元主义，批判认识全球化的变革论。这三种理论都对以上五个问题做出了各自的回答。

一、教育全球化思想：新自由主义和新保守主义

20 世纪 70 年代以来，在世界范围内的教育改革中，被推崇为蓝本的是英美国家新自由主义和新保守主义联合导向的教育改革运动。其中内含的新自由主义和新保守主义便成为全球性教育改革的理论基础。

英美国家的教育政策和实践并非一个单一维度，迈克尔·阿普尔（Michael Apple）使用一个概念——非中心化的整体（decentered unity）——来形容美国教育改革的中心化和非中心化双重趋势。以美国为例，论述新自由主义和新保守主义的政治倾向在教育领域的影响。阿普尔认为，全球时代美国的教育政策包括两方面：一方面，将教育和经济密切联系起来，提高教育标准、严格考试、为学生就业做准备；另一方面，加强西方传统的课程教学内容的比重，重视宗教、英语和美国文化。第一方面被视为是新自由主义的市场倾向，第二方面被视为新保守主义的倾向，但都是为了应对随着全球化经济而来的全球竞争压力；前者是因为忧虑失去国际竞争能力，后者是担忧来自亚非拉美的文化渗透。① 新自由主义崇尚市场的力量，认为市场能公平有效地分配资

① Michael Apple, Between Neoliberalism and Neoconservatism: Education and Conservatism in a Global Context, in Nicholas C. Burbules and Carlos Alberto Torres, *Globalization and Education: Critical Perspectives*, New York and London: Routledge, 2000, pp. 57-77.

源。其教育私有化模式削弱了教育的文化人文功能，而左翼政治阵营提倡的“新保守主义”则试图保留教育的这些传统目标，却在事实上屈从于“新自由主义”的“择校”和“灵活性”（flexibility）举措。

新自由主义对教育的最大影响在于它把市场这只看不见的手引入了教育领域，新自由主义将教育卷入全球市场有两点理由：满足经济全球化对技术劳动力日益增长的需求和解决公立学校中出现的诸多问题（市场经济的积极支持者认为，市场能将竞争引入学校教育，促使其提高水准、提升效率和减少成本）。① 新自由主义认为学生是教育消费者，也是未来社会的人力资本，这是学校教育的服务对象和培养目标，而公共机构（包括公立学校）向教学专业人员和政府负责任，而不是直接服务于教育消费者，必然低效；所以应该以市场机制运营学校，主张“消费者选择”（consumer choice），认为将教育等同于商品和由学生自主选择学校是“民主”的保障。（在这里，“民主”由一个政治概念转成经济的概念，也就是在自由市场中保证个体的选择权，而国家政府的相关职能消退。）② 这种观点支持下的新自由主义教育改革包括“学券制”（voucher）和择校（choice），同时将效率和投入—产出分析作为教育变革的引擎，把学校投放到市场竞争中去。③ 目前，在许多国家和地区（包括西方发达国家、东欧、中国、阿拉伯国家、中部非洲和拉丁美洲国家等）的教育重建（educational re-structuring）主要模式——分权和集权（decentralization and cen-

---

① 参见 Stromquist，P. N. & Monkman K.（Eds.），*Globalization and Education*：*Integration and Contestation Across Cultures*，New York：Rowman and Littlefield Publishers，Inc.，2002。

② 参见 Michael W. Apple，*Ideology and Curriculum*（2nd *edition*），New York：Routledge，1990。

③ 参见 John Chubb and Terry Moe，*Politics*，*Market and America's Schools*，Washington，D. C.：Brookings Institution，1990；Martin Carnoy，Globalization and Educational Retorm，*Melboune Studies in Education*，1998，39（2），pp. 21-40。

tralization）、择校和私有化——都反映了新自由主义的意识形态。①

新保守主义者强调在知识、价值观方面加强国家强有力的控制，其主张的政策包括国家课程、国家考试、高学术标准、西方传统教育和爱国主义教育。② 政府对教师的要求更在多种层面上体现了新保守主义的倾向。教师的工作更加标准化、理性化和被管制（policed）。例如，美国很多州对教师在教学过程和教学结果方面都有要求。这些措施被认为将使教师"去技术化"（deskilling），加大其工作强度，而且使其自主性和应受到的社会尊重都被削弱。③

新自由主义和新保守主义这两股看似互相矛盾的社会政治经济改革思路又创造性地结合在一起。统一规划的标准、内容和监控被认为是实现学券制、择校等市场化措施的首要条件。④ 因为市场理性就是基于消费者选择（consumer choice）的逻辑，⑤ 能保证好学校有足够的生源，而糟糕的学校被淘汰，从而提高了整体教育质量，因此新自由主义和新保守主义在一定程度上是互相加强的。⑥

新自由主义认为，全球化带来的变革将更加公平（equitable）和符合正义（justice）。这种极力主张全球化的世界一体论思想将全球的空间转化成一种线性的时间模式——即将欧美的或者西方

① 参见 Holger Daun，*Educational Restructuring in the Context of Globalization and National Policy*，New York and London：Routledge Falmer，2002。

② 参见 Alan Hunter，*Children in the Service of Conservatism*，Madison：University of Wisconsin Institute for Legal Studies，1988；E. D. Hirsch Jr.，*The Schools We Want and Why We Don't Have Them*，New York：Doubleday，1996。

③ 参见 Michael Apple，*Teachers and Texts*，New York：Routledge，1988。

④ 参见 Michael Apple，Between Neoliberalism and Neoconservatism，in Nicholas C. Burbules and Carlos Alberto Torres，*Globalization and Education：Critical Perspectives*，New York and London：Routledge，2000，p. 72。

⑤ 参见 Geoff Whitty et al.，*Devolution and Choice in Education*，Bristol，PA：Open University Press，1998。

⑥ 参见 Michael Apple，*Cultural Politics and Education*，New York：Teachers College Press，1996，pp. 22-41。

现有的教育体制当作现代的、最佳的模式，而其他地区和国家的教育体制处于初级发展阶段，必然模仿西方教育体制模式，对其亦步亦趋。也就是说，西方现有的教育体制是其他地区和国家的教育发展的唯一全球性范式。

有研究者指出，应该区分新自由主义和政治经济的全球化过程。① 在全球化背景下的教育和新自由主义之间存在某种关系，但是两者不能等同，而且，以不同的视角透视两者的关系，会得出不同的观点。有研究者认为全球化过程迫使各国政府采纳新自由主义教育政策，另有研究者认为新自由主义促成全球化和使其合法化，并且日益将第三世界的教育体制纳入世界一体的教育体制。② 但是，不可否认，新自由主义和全球化密切相关。新自由主义为经济的全球化扫清道路，全球化又促使各国政府接受新自由主义的理念。可以说，新自由主义就是当今全球化的意识形态。新自由主义话语为各国政策调整提供了合法性依据，也摒除了其他意识形态在塑造各国政府社会政治经济和教育政策中的作用。③

二、倡导全球多元化的教育后现代主义和教育多元文化主义

教育全球化的主要逻辑是经济全球化、国家政府职能的改变影响全球的教育体制和教育政策。但是全球化是否在事实上削弱了民族国家的主权，是否因此而必须采取“新自由主义”的教育

① 参见 Raymond A. Morrow and Carlos Alberto Torres，The State，Globalization，and Education Policy，in Nicholas C. Burbules and Carlos Alberto Torres (eds)，*Globalization and Education*：*Critical Perspectives*，New York：Routledge，2000，p. 40。

② 参见 R. S. Pannu，Neoliberal Project of Globalization：Prospects for Democratization of Education，*Alberta Journal of Educational Research*，1996，42 (2)，pp. 87-101。

③ 参见 Karen Monkman，Mark Baird，Educational Change in the Context of Globalization，*Comparative Education* Review，2002，46 (4)，pp. 497-510。

政策以在国际竞争中取得优势，还有待进一步研究。另外，全球化带来的不公平、贫穷、社会歧视和身份认同的模糊等问题也引起了研究者的注意。有研究者提出伴随信息化的全球资本主义（informational global capitalism）出现的“第四世界”也成为了全球化的现象，这种第四世界包括非洲撒哈拉以南地区、拉美和亚洲的农村偏远地区，也包括美国等发达国家的城市贫民区。① 这些地区的居民没有掌控自己命运的能力，吉登斯所谓的“反思性生活方式”只能被少数人享有。因此，教育研究者指出，以全球化名义开展的教育改革势必在官方政策话语和那些从未参与到全球化进程中、受到漠视的“第四世界”群体之间形成越来越深的鸿沟。② 基于后现代理论对知识、文化、差异和碎裂化的主体性（fragmented subjectivity）的认识，教育研究中的后现代主义和多元文化主义反对全球教育一体化的理论，提出全球的教育将走向个体化和多元化。③ 后现代主义和多元文化主义密切相关，又各有侧重。

从后现代主义的视角来看，全球化已经通过大众传媒、网络技术将世界不同的文化传统传播到世界各地，形成了多元文化的景观。也就是说，全球化使各种异文化都有可能成为某个地方的当地文化。④ 全球经济和文化要求形成新的政治文化认同，在教育领域，后现代主义研究者认为开放教育和远程教育（open and

---

① 参见 Manuel Castells, *End of Millennium*, Oxford: Blackwell, 1998, pp. 164-165。

② 参见 Raymond A. Morrow and Carlos Alberto Torres, The State, Social Movements, and Educational Reform, in Robert Amove and Carlos Alberto Torres (eds), *Comparative Education: The Dialectic of the Global and the Local*, Laham, MD.: Rowman and Littlefield, 1999。

③ 参见 Ghosh, R., New Perspectives on Multiculturalism in Education, *McGill Journal of Education*, 1995, 30 (3), Fall。

④ 参见 Turner, B. S., Globalization and the Postmodernization of Culture, in Beynon, J. & Dunkerley, D. (eds), *Globalization: The Reader*, New York: Routledge, 2000。

distance education）是促进全球化的引擎，因为它对现代教育体制（大中小学校、学科分类）提出了致命的挑战。因此，个体游离于被西方科学理性和客观主义控制的现代社会之外，不受一时一地的限制，不局限于特定的规范，在赛伯空间组成的虚拟世界（作者比之为“散居空间”，diaspora space）里自由塑造多元化的自我认同，从而通过“非地方化”（dislocation）过程使人们脱离充斥着西方科学理性和宏大叙述（grand narratives）的世界，神游于信息和通信技术提供的全新的社会网络。但是他们的叙述植根于英美和澳大利亚等发达国家，在不发达的国家，信息技术资源完全不可能成为公平分配的资源，让所有人都享受“散居空间”。①

在这样一个“散居空间”中，什么是知识？知识从哪里来？这些认识论的基本问题受到了后现代主义的重新诠释。传统意义上的知识是客观的，价值中立的，并且由专家生产。基于这种认识论，传统的教育认为真理永恒，只有一种学习知识的方式，将学生视为从教师那儿被动地接受知识的客体。但是，对于后现代主义而言，知识总是在一定的社会、政治、文化和历史条件下产生的，因此必须在相关的条件中理解知识，②“知识不仅反映现实，而且反映学习者的主观意识”；③所以，人们发现真理不是唯一的，可以用多样的视角来观照世界。后现代主义者还发现知识和权力之间的关系，为知识赋予了政治性和主观性：知识为统治阶级服务，反映在社会上占主导地位的白人、中产阶级和男性的世界观。④基于这种认识论，学生不再是知识的被动接受者，而是学习

---

① 参见 Richard Edwards and Robin Usher, *Globalization and Pedagogy: Space, Place and Identity*, London and New York: Routledge, 2000。

② 参见 Usher, R. & Edwards, R., *Postmodernism and Education: Different Voices, Different Worlds*. New York: Routledge, 1994。

③ Banks. J. A., The Historical Reconstruction of Knowledge About Race: Implication for Transformative Teaching. *Educational Research*, 1995, 24 (2), p. 15.

④ 参见 Coder, L., *What Can She Know? Feminist Theory and the Construction of Knowledge*. Ithaca: Cornell University Press, 1991。

过程中占中心地位的主动的学习者。这种知识观和认识论影响了发达国家和发展中国家的课堂教学，其中影响最大的是多元文化主义和多元文化教育。

后现代主义为多元文化教育提供了理论基础。后现代主义认为多元文化教育可以使人们意识到民族文化的多样性，并正确对待后现代社会的平等问题。自20世纪70年代以来，多元文化主义逐渐成为影响世界多个国家教育政策的意识形态。① 其主旨简要言之，就是“异人异事”(different things to different people)。②“差异”和“身份认同”是后现代主义讨论多元文化教育的关键词。后现代主义认为，学生来自社会背景不同的家庭，学校则将其家庭背景的差异固化。③ 而多元文化教育旨在尊重文化的多元性和为每一个学生提供平等的受教育机会，让他们都接受良好的教育，使其有能力消除社会中存在的种族、阶级和性别不平等现象，为自己的生活负责任。④ 班克斯指出多元文化内容自20世纪60年代末以来就在美国大中小学的课程中占有越来越重要的位置。例如，在中小学校，近二十年来的教材中融入了更多的多元种族文化的教学内容。美国著名大学如加州大学伯克利分校（University of California at Berkeley)、明尼苏达大学、斯坦福大学也将多元文化教育作为一门核心课程。但是课堂教学内容的变革非常缓慢，要

---

① 参见 Banks，J. A.，*Multicultural Education：Characteristics and Goals in Multicultural Education*. Allyn and Bacon，1993，pp. 3-31；Greene，M.，The Passions of Pluralism：Multiculturalism and the Expanding Community. *Educational Researcher*，1993，January-February，pp. 13-18。

② Ghosh，R.，*Redefining Multicultural Education*，Canada：Harcourt Brace & Company，1996，p. 1.

③ 参见 Ghosh，R.，New Perspectives on Multiculturalism in Education，*McGill Journal of Education*，1995，30 (3)，Fall。

④ 参见 Thomas，E.，The Role of Culture in the Education and Schooling：An Introduction. *Culture & Schooling：Building Bridges between Research，Praxis，and Professionalism*. Chichester：John Wiley & Son Ltd.，2000，p. 93。

通过多元文化教育为每一个孩子提供平等的教育机会，尚需更多努力。①

三、批判认识全球化的变革论

顺延马克思对资本主义的分析，针对全球资本主义的批判教育理论既承认全球范围内教育变革在一定程度上趋同，也批判分析全球化。例如，奥尔曼（Allman）提出，全球资本主义和日益加剧的时空压缩使资本主义体系中的劳资关系加剧了商品生产和分配的不公平，使劳动力生产条件恶化。她主张用马克思主义分析主流教育学，形成“批判革命性实践”（critical revolutionary praxis），还特别提倡将马克思主义融入保罗·弗莱雷的批判教育学，以此质疑资本主义全球化。②

批判教育理论家常用社会学和人类学的视角分析全球化，将全球化界定为一系列理论，为研究者提供分析、理解现代经济文化、技术变革和世界各地人们现时代不同经历与体验的思考工具，也将其认为是一种过程和现象，它必须有强大的动力，被实施、被再创造和被服务，而且它依赖地方、国家和全球三者之间的互动关系，指出全球化并非完全“同质化”、一体化，而是在不同的地区表现为不同的形式；也就是说，全球化不是一种自发的重塑地方、将世界各地同质化的不可阻止的力量。③ 因此，“跨越国界的改革和各种组织构成了全球化；全球化并非一个被动的扩散（diffusion）的过程，而是一个积极的（active）甚至是具有扩张性

① 参见 Banks，J. A.，Multicultural Education：Development，Dimensions，and Challenges，*Phi Delta Kappan*，1993，pp. 22-28。

② 参见 Paula Allman，*Critical Education Against Global Capitalism*，Westport，CT：Bergin and Garvey，2001。

③ 参见 Parlo Singh，Globalization and Education，*Educational Theory*，2004，54（1），pp. 103-117。

(aggressive) 的社会变革的过程"①。而且全球化总是植根于一定的政治文化环境，例如，斯普林（Spring）着重考察"全球文化传播中的意识形态图景"(concept of ideoscapes in the global cultural flow)，把全球化定义为"涵盖全球范围内的观念、技术、传媒和货币的集合。……全球化意味着不断的变化，也意味着观念的内涵总是依附于历史、语言和政治环境"②。

批判理论引用马克思主义理论对全球资本主义现象进行批判，他们提出资本主义在全球扩张的同时，更多的产品和服务随之商品化，市场逻辑必然也反映到社会关系中，因而教育不可避免受到影响。市场成为知识生产传播的主要推动力，学校教育则成为一种被全球资本主义生产、传播和消费的商品，而不再是为了寻求和理解真理而创造知识的活动。③ 而所谓"教育改革的全球化"，是一种影响全球多个国家的国民学校体系发展和运营的强大力量，也就是新自由主义的政治经济力量，但是这种力量并没有在事实上达到其所鼓吹的"全球化"理想。④

在批判理论的视野中，新自由主义的"全球文化"意味着"世界文化越来越趋同"，这实际上指的是一种从人力资本和经济发展视角考察教育的文化，即新自由主义主张的"市场—个人主义"的教育模式。⑤ 这种培养教育模式有一个重要概念："机会均等"(equality of opportunity)，批判理论家将其解读为在劳动力市场上竞

---

① Davies Scott and Guppy Neil, Globalization and Educational Reforms in Anglo-American Democracies, *Comparative Education Review*, 1997, 41, pp. 435-459.

② Joel Spring, *Globalization and Education Rights: An Intercivilizational Analysis*, Mahwah, NJ: Lawrence Erlbaum Associates, 2001, p. 8.

③ 参见 Jean-Francois Lyotard, *The Postmodern Condition: A Report on Knowledge*, Minneapolis: University of Minnesota Press, 1985。

④ 参见 Astiz, M. F., Wiseman, W. A., and David P. B., Slouching towards Decentralization: Consequences of Globalization for Curricular Control in National Education Systems, *Comparative Education Review*, 2002, 46 (1), p. 66。

⑤ 参见 Joel Spring, *Globalization and Education Rights: An Intercivilizational Analysis*, Mahwah, NJ: Lawrence Erlbaum Associates, 2001, pp. 7-10。

争、累计财富和使用这些财富消费产品的平等权利，指出其故意忽略了教育平等中的重要内涵——社会权利分配和消费者选择权的分配。① 而且，新自由主义改革倾向剥夺了个体的个性，使其作为单一身份的消费者接受教育，而无视其种族、阶级和性别，是一种“数字化的特殊主义”（arithmetical particularism）。② 而择校又在事实上造成阶级和种族的社会分化。③ 同时，将决策权力下放到私营部门，会缩减为提升大众教育质量而进行的共同行为的范围。④

需要指出的是，批判理论紧扣在教育中的阶级、种族和性别不平等现象，揭开新自由主义教育改革的“为社会全体提供平等受教育机会”幌子。⑤ 他们认为，现行学校体系使社会中存在的不公平现象始终存在，⑥ 全球化则加剧了社会不平等现象。批判理论家认为，特许学校和学券制等举措并不能像新自由主义者所说的提升教育质量，确保教育平等；相反，择校有可能加剧社会分层。⑦ 新自由主义政策倡导下的标准化考试意图促进学生学业。而批判理论家认为，来自富有家庭的孩子比来自贫困家庭的孩子更

① 参见 Miriam Henry, *Policy Approaches to Educational Disadvantage and Equity in Australian Schooling*, Paris: International Institute for Educational Planning, 2001, pp. 32-33。

② 参见 Stephen Ball, *Education Reform*, Philadelphia: Open University Press, 1994。

③ 参见 Kevin Smith and Kenneth Meier, The Case Against School Choice, Armonk, New York: M. E. Sharpe, 1995; Michael Apple, *Cultural Politics and Education*, New York: Teachers College Press, 1996。

④ 参见 Geoff Whitty, Sally Power, and David Halpin, *Devolution and Choice in Education*, Bristol, PA: Open University Press, 1998, p. 58; Jeffery Henig, *Rethinking School Choice*, Princeton: Princeton University Press, 1994, p. 222。

⑤ 参见 Walter Feinberg and Jonas F. Soltis, *Thinking about Education-School* and Society (3rd edition), Teachers College Press, 1999。

⑥ 参见 McLaren Peter, *Life in Schools: An Introduction to Critical Pedagogy in the Foundations of Education (2nd edition)*, New York: Longman, 1994。

⑦ 参见 Apple, M. W., Comparing Neo-liberal Projects and Inequality in Education, *Comparative Education*, 2001, 37 (4), pp. 409-423。

能在标准化测试中获得好成绩。因而标准化测试被认为是缩小了课程内容要求，并不能帮助儿童学会学习。① 他们甚至更尖锐地提出，现行的基于市场的教育改革无非是“一种比传统学校更精细地区分不同种类学校和受教育者的方式”②。例如，从 1982 年到 1993 年，拉丁美洲贫困人口从 78 000 000 上升到 150 000 000，尤其是阿根廷、乌拉圭和委内瑞拉等国的贫困人口增幅巨大。③ 例如，阿根廷城市在贫困线以下的人口从 1980 年的 5%上升到 1990 年的 16%。④ 贫困状况使拉丁美洲的教育状况堪忧。20 世纪 90 年代，该地区的整体教育水平下降，15 岁以上人口的文盲率达到 14%，而在 20 世纪 70 年代这个数字是 7.4%，80 年代则为 6.1%。1995 年，小学辍学率达到 35%，大约 20%的中学生留级。⑤ 教育不平等现象同样存在于发达资本主义国家。例如，在美国，白人和其他有色人种之间的种族不平等现象依然存在，非裔和拉丁裔美国人相对来说不能获得与白人同等的教育服务和受良好教育的条件。⑥ 在芝加哥，约 33%的非裔和 24%的拉丁裔美国人处于贫

---

① 参见 Dei，G J. S. et al，*Reconstructing 'Dropout'：A Critical Ethnography of the Dynamics of Black Students' Disengagement from School*，Toronto：University of Toronto Press，1997。

② Whitty，G.，Power，S. & Halpin，D.，*Devolution and Choice in Education*，Buckingham：Open University Press，1998，p. 42.

③ 参见 Londono，J. L. & Szekely，M.，*Distributional Surprises after a Decade of Reforms：Latin America in the Nineties*. Occasional Papers of the Office of the Chief Economist. Washington，D. C.：Inter-American Development Bank，1997。

④ 参见 Korzeniewicz，R. P. & Smith，W. C.，Poverty，Inequality，and Growth in Latin America：Searching for the High Road to Globalization. *Latin American Research Review*，2000，35 (3)，p. 9。

⑤ 参见 Puiggros，A.，World Band Education Policy：Market Liberalism Meets Ideological Conservatism. NACLA Report on the Americas，1996，no. 6，Vol. XXIX. May/June。

⑥ 参见 Stromquist，N. P.，*Education in a Globalization World：The Connectivity of Economic Power，Technology，and Knowledge*，New York：Rowman and Littlefield Publishers，Inc.，2002，p. 92。

困状况中，芝加哥公立学校中90%的学生都是有色人种。可以说，公立学校是这些有色人种家庭的唯一选择。①

批判理论历来关注教育中的性别不平等问题。批判理论认为，现代学校教育强化了传统的男权意识、阶级意识和中产阶级价值观。尤其是女性仍在受教育权和接受教育的质量诸方面承受不公平待遇，女性被认为不能胜任学业。② 贫困家庭无力供所有的孩子读书时，往往让女孩辍学，而让男孩继续就读。因而女童接受教育的机会较小。例如，2000年数据统计，发展中国家130 000 000辍学儿童中60%是女童。③ 在高等教育领域，女性在学生和教员中占的比率有所上升，但是有研究者指出，女性通过接受高等教育而带来的就业优势并不及男性，相比之下，女性进入高等教育领域的比率仍然低于男性。④ 而且，女性主要从事大学中的兼职工作，全职工作人员中，女性只占三分之一。⑤ 有批判教育理论研究者概述比较了全球化时代的四个东南亚国家与地区（泰国、新加坡、中国香港特别行政区和马来西亚）在高等教育领域担任高级管理职务的妇女的工作经历。他们指出，在中层管理人员中，男性与女性的比例是5∶1，而高级管理人员的比例在全球范围内高达20∶1。⑥ 他们认为，要在全球范围内提升高等教育领域的妇女工

---

① 参见 Lipman，P.，Toward an Analysis of the Political Economy of Chicago School Policy. Paper presented at the annual meeting of the American Education Research Association，New Orleans，2000，April 24-28。

② 参见 McLaren，P.，*Life in Schools*：*Introduction to Critical Pedagogy in the Foundations of Education*，New York：Longman，1994。

③ 参见 Annan，K.，*We the Peoples*：*The Role of the United Nations in the 21st Century*，New York：United Nations，2000。

④ 参见 Williams，T.，Long，M.，Carpenter，P. and Hayden，M.，*Entering Higher Education in the* 1980*s*. Canberra：AGPS，1993，p. 31。

⑤ 参见 Benjamin，E.，Over-reliance on Part-time Faculty：An American Trend，*International Higher Education*，2000，no. 21（Fall），pp. 7-9。

⑥ 参见 Carmen Luke，*Globalization and Women in Academia*：*North/West*，*South/East*，Mahwah，NJ：Lawrence Erlbaum Associates，2001，p. 4。

作地位，需要“各个阶层和种族的妇女共同努力”，这又要求将性别平等制度化。① 同时，新自由主义政策意图缩减政府的公共开支，这必然导致忽视教育中的性别问题研究。有研究证明，在全球化背景下，教育愈趋追求效率和营利，国际性组织也缩减了对性别教育项目的资助，从 1986 年到 1997 年，相关资助缩减了三分之一。②

总之，对于批判理论家而言，全球化就是工业资本主义的产物，资本主义的种种矛盾并没有消除。教育被利用为将统治阶级的意识形态合法化、维持不公平现象的工具。批判理论家主张教给学生真正的知识，并让那些由于种族、性别和阶级而处于社会劣势的群体获得更多知识，以改变现有的社会不公平现象。③

教育全球主义、教育多元文化主义和批判理论都明确标示了各自对全球化的理解和判断。虽然新自由主义是当前政治经济的主流学说，但是后现代主义和批判理论以批判的视角反思全球化的负面作用，力图寻找解决全球化带来的公平、正义和安定等社会问题。在教育领域，当前的学校教育，从幼儿园到大学，越来越趋向市场化，主导的概念也是效率和效能。教育目标在新自由主义的市场理论下发生变化。批判理论批评自由市场运作教育带来的不公平现象。而后现代主义则直接影响了自 20 世纪 70 年代以来的多元文化教育。那么，这三种理论视角致力研究的聚讼之点有哪些？采取了哪些研究方法？从哪些维度展开论争？这些都是了解教育与全球化思潮需要廓清的结构性问题。

---

① 参见 Carmen Luke，*Globalization and Women in Academia：North/West，South/East*，Mahwah，NJ：Lawrence Erlbaum Associates，2001，p. 240。

② 参见 Giving Less：The Decline in Foreign Aid，*Washington Post*，November 1999，25，p. 1。

③ 参见 Greene，M.，*The Dialectic of Freedom*，New York：Teachers College Press，1988；McLaren，P.，*Life in Schools：Introduction to Critical Pedagogy in the Foundations of Education*，New York：Longman，1994。

第三节 教育与全球化思潮的研究维度和主要研究问题

有研究者认为，教育界关注对全球化的研究，是从关注新兴通信科技对知识的影响和大学在生产知识和新技术的过程中的作用开始的。① 近二十年来，西方教育理论界对全球化在教育领域的广泛影响进行深入探讨，文献中涌现出大量新的研究课题，如全球化背景下的技术培训、高等教育与全球化、全球与地方教育文化研究、信息管理（information management）、移民与教育、跨国教育、第三世界国家教育，等等，不一而足。另外，伴随经济全球化而来的知识经济浪潮对各国教育制度的质量和内容都提出了新的要求。如迈克尔·波特在他的《国家竞争优势》（*The Competitive Advantage of Nations*）中指出，战后的全球经济时代，许多国家竞争发展的演化是生产要素型—投资型—创新革新型，在这一过程中，劳动力的智力知识水平越来越重要，这必然导致各国教育改革中对教育优异（excellence）的追求。②

经过20世纪最后十余年的辩论和反思，教育研究者对全球化的基本态度达成一定程度上的共识：即使“全球化”已经成为一种应新的世界秩序而产生的推进变革的“意识形态话语”（ideological discourse），也并不意味着可以全面接受“全球化”，应该了解全球范围内与教育相关的各个领域的变革趋势，洞悉其对某国和某个地区教育政策和实践的影响，提出多种改革方案，并从中选择最佳措施。这意味着某种单一教育改革方案并非普适全球，放之四海而皆准。基于这种立场，近年来的西方教育学者着眼于三个研究维度，力求客观呈现全球化对教育的影响，以及

① 参见 Nelly P. Stromoquist and Karen Monkman, *Globalization and Education: Integration and Contestation across Cultures*, Lanham, MD: Rowman and Littlefield Publishers, Inc., 2000。

② 参见 Michael E. Porter, *The Competitive Advantage of Nations*, Simon & Schuster, 1990。

影响世界各国的教育政策和教育活动。

下面将 20 世纪 90 年代以来围绕教育与全球化为研究主题的西方教育文献分为三个研究维度：（1）全球层面的教育研究和改革——风行世界多个国家的教育理论和教育改革；（2）国家层面的教育改革——以民族、国家或者某一地区（如欧盟、亚洲）为分析单位和个案研究的对象，探究全球化施加于该国或地区的教育体制的影响。（3）亚国家层面的教育实践——从各国搜集实证资料，举证教育体系内部各个层次（level）或范型（modality）在全球化背景下出现的变化，如对国民教育、高等教育和成人教育等领域进行分析。

这三个部分的分野并非绝对，三者之间交叉论述频繁，又各有重心和关键问题，形成教育与全球化思潮的理论网络。

一、全球层面的教育研究和教育改革

全球化起初是以一种经济和技术现象作为研究对象，而较少从教育或者文化的视角加以审视。教育学术界关注全球化，也是从关注新技术对知识的影响和大学在生产新技术过程中的作用开始的。教育和全球化的交叉带来新的研究课题：国际机构研究、技术培训、分权（decentralization）、文化研究、课程重建（restructuring curricula）、信息管理（information management）、移民、劳动力、跨国教育研究和高等教育在全球经济中的作用。继而，教育理论研究者开始关注第三世界国家教育受到的全球化冲击。① 这些研究剖析全球层面具有共性的教育改革，都回避不了对民族国家教育权力的研究，在此基础上集中探讨学校财政、管理、课程和私有化这几个普遍性的教育问题。

---

① 参见 Nelly P. Stromquist and Karen Monkman, *Globalization and Education: Integration and Contestation across Cultures*, Lanham, Md: Rowman and Littlefield Publishers, Inc., 2000。

(一)关于民族国家教育权力转移的研究

1. 全球化和民族国家的教育权力

教育和全球化思潮的核心问题是民族国家在全球化中的角色和权力的转移。国民教育制度的建立使教育必然处于民族国家的荫庇之下，其主要目的就在于培养有能力的公民，教与学都在某种程度上受到国家的控制、管理、认可和财政支持。① 在全球经济和后工业社会的影响下，经济民族主义时代的三大支柱——民族国家经济、共同文化和强制性的集权等级制度发生变化，因此教育制度促进民族经济、维护共同文化的国家功能正在改变。民族国家的教育制度能够承受全球化的冲击，西方学者对此多有争论。聚讼之点在于，国家对于教育的控制权限是否正在缩小还是增强？或者是在部分放权的同时尚存"保留地"？

新自由主义者和后现代主义者持"民族国家瓦解论"。在新自由主义的政治经济理论中，世界的市场竞争迫使各国政府减少公共开支，这也包括缩减教育开支，于是政府对教育的责任和权力随之减少，也不再将教育视为一种公共产品，而纳入私人商品。因此，新自由主义倡导公立学校的私营化，通过学券制赋予学生家长"择校权"。② 他们认为，民族国家作为基本的政治组织单元将不复存在，国家经济也将融入一体化的世界经济中去，国家政府无力控制其教育，各个国家的教育体系将接受国际组织指定的全球统一标准，从而失去民族特征。③ 例如，罗伯特·赖特在《国家的作用》中，分析了经济全球化对民族国家的影响：经济由"高产量"到"高价值"的转型使"符号分析人员"成为国运所系——

---

① 参见 Nicholas C. Burbules and Carlos Alberto Torres, *Globalization and Education: Critical Perspectives*, New York and London: Routledge, 2000, pp. 3-4。

② 参见 Black More, J., Level Playing Field? Feminist Observations on Global/Local Articulations of the Re-gendering and Restructuring of Education Work, *International Review of Education*, 1997, 43 (5), pp. 439-461。

③ 参见 K. Ohmae, *The Borderless World: Power and Strategy in the Interlinked World Economy*, New York: Harper Business, 1990。

在全球经济时代，一个国家的边界以内将只剩下构成这个国家的人民，而每一个国家的基本资产不过是其公民的技能和见识。① 他们认为，通过国际组织和全球经济发展的驱动，全球化使政府缩小教育权限，降低公共支出，引入市场选择，这影响了关于教育的评价、财政、评估、标准、教师培训、课程、教学和考试等方方面面的政策。② 民族国家不仅面临国际力量的压力，而且也受到国内地方经济的离心力。③ 后现代主义者也认为在文化碎裂的全球化时代，全球化预示着国家教育和国民教育制度的瓦解。④ 甚至有研究者认为，全球化时代的民族国家将成“虚拟”，意即民族国家不再致力于国民生产，而是培养其国民和制定宏观经济政策。⑤

批判教育理论家坚决反对新自由主义和后现代主义关于民族国家行将消失的观点。他们认为，虽然政府（包括美国）在教育领域的权力被一再限制，但是政府并没有消失。以美国为例，中央政府和州政府仍然有权力控制课程内容和实施，并用标准化考试测试学生的学业成就和学校的办学质量，同时监督教师的工作。⑥ 格林也指出各国政府仍然影响着教育国际化、市场化和通过学校

---

① 参见 Robert B. Reich, *The Work of Nations*, New York: Vintage Books, 1991。

② 参见 Geoff Whitty and Tony Edwards, School Choice Policies in England and the United States: An Exploration of their Origins and Significance, *Comparative Education*, 1998, 34 (2), pp. 211-227。

③ 参见 K. Ohmae, *The End of Nation State: the Rise of Regional Economies*, New York: Free Press Paperbacks, 1991。

④ 参见 Andy Green, *Education, Globalization and the Nation State*, London: Macmillan, 1997, p. 3。

⑤ 参见 R. Rosecrance, The Rise of the Virtual State, *Foreign Affairs*, July/August 1996, 72, pp. 45-75。

⑥ 参见 Stromquist, N. P. & Monkman K., *Globalization and Education: Integration and Contestation Across Cultures*, Lanham, MD: Rowman and Littlefield Publishers, Inc., 2000。

教育培养公民的过程。①

民族国家的力量究竟是否被全球化削弱？是，也不是。

是，因为日益激烈的全球经济竞争使各个国家注重提高各自的全球经济竞争力，却忽视了国内政治经济的稳定和社会凝聚力。② 同时，因为民族国家不得不吸引在全球范围内流动的大量资本，就会随之调整公共开支和货币政策，使之向全球金融资本的利益倾斜，相对减少维护工人和消费者利益的政策。也就是说，全球化促使民族国家充当促进经济发展、达到国际货币基金组织和世界贸易组织等跨国组织和跨国企业的经济标准以吸引外资的角色，而不是主要承担传统意义上维护国民身份认同、促进一国内部民族和谐等社会职责。另外，民族国家是生产地，鼓励来自国内外的投资，同时民族国家也意识到，国民经济的繁荣不一定完全依赖于国内生产，于是民族国家致力于研究、发展、设计和建设金融服务，以此吸引国外资本。于是，民族国家成为谈判的实体，利用其外交商业手腕以国内资源营利。于是，国家政府的权力渐渐让渡给跨国、国际性组织或者下放到地方，从而丧失了民族国家政府原来应有的作用。这种局面促使民族内部问题和种族之间的问题交给地方来处理，而民族国家的职责仅仅是培育一种允许个人增加个人物质财富的经济环境，从而在民族国家内部形成新的社会分层、在民族国家之间形成新的社会关系，同时也形成了反对民族国家这种政策取向的社会运动。

如果说民族国家的权力不会被全球性的组织完全取缔，是因为民族国家仍然强有力地控制着资本投资的场所和人们学习全球技能的地方。彼德·埃文斯（Peter Evans）认为："全球性企业和金融机构为了最大限度地盈利，尤其是从智力资本中牟利，他们需要有效的国家机构和秩序良好的公民社会，这是拥有稳健的市

---

① 参见 Green，A.，*Education*，*Globalization and the Nation State*，New York：St. Martin's and Basingstoke，UK：Macmillan，1997。

② 参见 Castells，M.，*The Information Age*：*Economy*，*Society*，*and Culture*，Oxford：Blackwell，1997。

场、稳定的政治秩序和对人力资源进行长效投资的基本条件。”埃文斯援引罗德里克（Dani Rodrik）1996 年的研究成果提出，国际经济和民族国家权力的消弭并不存在必然关系。罗德里克对经济合作与发展组织和发展中国家的研究发现，一个国家的制度能力（institutional capacity）与这个国家参与全球化的能力呈正相关而不是相反。① 20 世纪 80—90 年代的一些研究也表明，亚洲新兴工业国家（newly industrialized countries，NICs）的政府干预体制是其经济迅速发展的关键因素。② 虽然这些国家的政府干预措施在亚洲金融危机之后有所变化，但是，国内外投资都需要国家的宏观调控来降低投资风险，需要公共教育培养大量高素质劳动力，也需要团队合作进行技术创新。弱小无能的国家政府造成的社会成本远远超出这些“民族国家虚无论”者的想象。一个运作良好的政府能以宏观社会经济政策调整经济运行机制，吸引投资和高技能劳动力。而没有效率的国家政府根本无法做到。

不论民族国家的教育权力是否被削弱，争论者都会参照国际机构对各国教育的影响力，因此，国际机构与世界各国的教育改革成为研究民族国家教育权力转移的相关课题。

2. 国际机构与世界各国的教育

有研究者强调，影响民族国家教育权力的转移的全球制度性因素有两个：市场和跨国组织。它们不仅影响正规教育制度（formal schooling），而且影响着地方文化的建构（construction）

① 转引自 Martin Carnoy，Diana Rhoten，What Does Globalization Mean for Educational Change? A Comparative Approach，*Comparative Education Review*，2002，46（1），p. 4。

② 参见 A. Amsden，*Asia's Next Giant*，New York：Oxford University Press，1989；P. Evans，*Embedded Autonomy*：*States and Industrial Transformation*，Princeton，NJ：Transformation，1995；World Bank，*The East Asian Economic Miracle*：*Economic Growth and Public Policy*，New York：Oxford University Press，1993。

或者重建（reconstruction）。① 其中跨国组织（或称之为国际性组织）对促进全球性的教育改革具有重要影响。

在比较教育研究中有大量文献研究各国教育领域中的非政府组织机构的作用。② 他们关注的是非政府组织机构如何在国际层面上影响教育，其焦点在于分析非政府因素（nongovernmental actors）和非政府组织如何参与到教育领域的跨国合作与改革的过程中。

非政府组织在第二次世界大战之前一直是以国家为主体的权力政治的边缘主体，近年来跻身社会政治经济活动诸方面有以下原因：新技术的发明和多种社会需求要求非政府组织填补国家留下的社会服务的空白；妇女权利运动、环保运动、人权运动和和平运动等社会运动促使非政府组织的力量日益壮大。与教育有关的主要国际组织或者国际合作项目有以下一些。

联合国教科文组织学校联合项目（Associated Schools Project of UNESCO，ASP）：到 2001 年为止，大约有 168 个国家的 6 600 所学校是这个项目的成员。ASP 的宗旨是促使其成员增进知识和理解世界问题和世界文化。③ 同时，ASP 还资助一些有关项目，例如始自 1998 年的“波罗的海计划”。这个计划联合波罗的海沿岸 9 个国家的 200 所学校，致力于帮助学生了解该地区环境状况，也助于他们理解人类互相依存所必须的科学、社会和文化。

夸美纽斯计划：夸美纽斯（COMENIUS）项目是欧盟的苏格

---

① 参见 Nelly P. Stromquist and Karen Monkman，*Globalization and Education*：*Integration and Contestation across Cultures*，Lanham，MD：Rowman and Littlefield Publishers，Inc.，2000。

② 相关主题的研究，参见 Archer，David，The Changing Roles of Non-governmental Organizations in the Field of Education，*International Journal of Educational Development*，1994，14（3），pp. 223-232；Arnove，Robert and Rachel Christina，NGO-State Relations：An Argument in Favor of the State and Complementarity Efforts，Klees，Steve，NGO's：A Progressive Force or Neoliberal Tool，all in Current Issues in *Comparative Education* 1998，1（1）。

③ www.unesco.org/education/asp.

拉底计划（SOCRATES）的一部分，始自1995—1996年，大约有来自30多个国家的1 200所学校参与。其中的合作内容不仅包括全球教育课程的编制，还包括多元文化教育、职业学校课程中的人权教育以及在6个国家9所学校中开展的以欧洲和全球教育为教学内容的教师在职硕士培训项目。①

泛欧洲全球教育大会（Europe-Wide Global Education Congress）计划：这是最近欧洲提出的一项旨在2015年之前推广欧洲全球教育和提高其质量的整体规划方案。② 这项计划是2002年11月在荷兰举行的泛欧洲全球教育大会提出来的。根据这项计划，全球教育包括发展教育、人权教育、可持续发展教育、和平教育和跨文化教育。③

"跨越边界的教室"计划（Classrooms Across Borders Project）：这是一个由欧盟资助的全球教育学校联合会（School Association for Global Education）发起的计划，它联合巴尔干地区和科索沃地区11个国家共同交流教学方法和教材，旨在阻止种族狭隘和地区冲突。例如2001年7月，该计划组织了夏令营，让学生们交流语言、文化和理想。

国际教育资源网络（International Education and Resource Network，iEARN）：大约有来自90多个国家的400 000学生参加了这个资源网络。它不仅提供与全球教育相关的教学资源，而且每年召开教师工作会议，为教师提供交流机会。

非政府组织对教育的促进自20世纪70年代以来就不断加强。例如20世纪70年代建立的国际成人教育学会（International Council of Adult Education）就促进了保罗·弗莱雷的成人教育理念的推广，推动各国政府加强成人识字教育。90年代，国际非政

① www. europa. eu. int/comm/education/socrates/comenius.

② www. globaleducationeurope. net.

③ 参见 Anne Baker，Europe-Wide Global Education Congress，*Global TeachNet*，January/February 2003，p. 1。

府组织对教育领域的干预力度增强，尤其是围绕“全民教育”的主题，四个主要的国际组织“国际儿童基金会（UNICEF）”、“联合国教科文组织（UNESCO）”、“世界银行（World Bank）”和“联合国发展计划署（UNDP）”决定联合召开“世界全民教育大会”。90年代中期，英国乐施会（Oxfam）组织发起促使政府提供免费的高质量公共教育运动；教育国际（Education International）为教师工会和教师力争权利；乐施会、行动援助（ActionAid）和教育国际等非政府组织还共同领导了全球反童工运动。2000年达喀尔世界教育论坛更集中各个非政府组织，就全球教育问题展开广泛讨论和提出对策。

大量国际性非政府组织（NGO）的出现，形成“跨国促进网络”（transnational advocacy networks，TANs）和“跨国社会运动”（transnational social movement，TSMs），其中包括全球性的非政府组织，公民联合会（citizens associations）和工会（trade unions），其特殊之处在于，它们意图建立全球性的组织机构并致力于利用全球性的因素来推动各国内部的改革。① 这种意图被描述成建立世界性的政治体系，即一种“全球公民社会”（global civil society）。② 在这些国际性机构的积极推动下，类似于平等、自由和人权的观念都在全球化中形成“动人的符号”。例如，通过比较中国、伊斯兰国家、西方国家和印度等国正式立法文件中教育权

① 参见 Karen Mundy and Lynn Murphy，Transnational Advocacy，Global Civil Society? Emerging Evidence from the Field of Education，*Comparative Education Review*，2001，45（1），pp. 85-86。

② 参见 John Boli and George Thomas，Constructing World Culture：International Nongovernmental Organizations Since 1875，Stanford，CA：Stanford University Press，1999；Jackie Smith，Transnational Social Movements and Global Politics：Solidarity Beyond the State，Syracuse，NY：Syracuse University Press，1997；Ronnie，Lipschutz，Reconstructing World Politics：The Emergence of Global Civil Society，in Rich Fawn and Jeremy Larkins（eds），*International Society after the Cold War*，New York：St. Martin's Press，1996，pp. 101-131。

力的历史形成，斯普林提出，各国已经接受1948年的世界人权宣言提出的“每个人都有接受教育的权利”这一全球性的教育理念，以建立其学校体系。同时，这一全球性的教育理念也随着不同国家的社会历史文化传统而在其立法文件中体现不同的内容。①

（二）全球性的教育改革和实践：教育市场化和国家化趋向

从对全球化的描述来看，全球化的动力主要来自西方发达国家，他们的教育改革模式为世界大多数国家所仿效。英美国家的学校教育改革措施——学券制、特许学校和磁石学校尚受到争议，就已经在许多发展中国家开始实施。② 因此他们的教育改革在全球具有相当的代表性。研究证明，这些国家的政府并没有在全球化的冲击下消亡，事实上，这些国家也正努力在全球经济网络中的市场经济力量与国家调控权力之间寻找平衡，因此在近三十年来的教育改革中，我们不难发现他们的教育市场化趋向和国家化趋向并存，其中的控制机制仍然来自民族国家。

1. 教育市场化趋向

（1）教育分权

在教育体制中引入市场机制的主要举措就是分权，即把财政、人员调配和政策制定等权力下放到各个教育机构，以投入竞争、吸引“消费者”为导向，包括刺激教育市场行为，确立教育市场机制和教育市场规范，让家长和社区参加学校管理，削弱教师工会的权力、让各个学校自主制定教师的聘用资格，等等。以教育筹资体制的转变为例，20世纪80年代始，美国联邦政府教育基金取消，国家教育经费支持由分项拨款改为一揽子拨款，鼓励学校自主多渠道筹措教育经费。

---

① Joel Spring, *Globalization and Education Rights: An Inter-civilizational Analysis*, Mahwah, NJ: Lawrence Erlbaum Associates, 2001, p. 19.

② 参见Goeff Whitty, Creating Quasi Markets in Education, *Review of Research in Education*, 1997, 22, pp. 30-48。

（2）教育选择

自20世纪70—80年代以来，学校教育改革理念从私营领域借来诸如“顾客”（client）、“学券制”（voucher）、“问责制”（accountability）、“效率”（efficiency）以及“附加值”（value added）等概念，且不论这些概念在教育政策的制定中是否有实效，但是首先就反映了教育政策制定者将学校教育等同于在市场运作机制下运行的企业。这种观点认为，教育选择权是协调教育内部因素的第一步，它调和了教育服务提供者（学校和教师）和教育消费者（学生和家长）之间的关系。学校的目的在于吸引优秀的学生，而学生和家长则希望在实力雄厚的学校就学。①

例如，美国的择校制度便是把美国公立教育体制和管理方式从过去的“政治行政模式”转化为“经济市场模式”的一种尝试。1988年英国教育法的一个重要内容是给予家长选择学校的更大自由，以此来约束学校的质量，学校质量有保障，才能吸引更多的学生，而学生的人数又与政府的拨款直接挂钩。

从全球人力资源流动的趋势来看，越来越多的中产阶级劳动者在全球劳动力市场中工作，向全球性企业“出售”他们的技能、经验和知识以获取更高利润，他们不再愿意为街区、州或者国家政府纳税，而是希望拥有可跨国使用的私人保险、福利和为其子女选择国外名牌私立学校、学院和大学的权利。为教育消费者提供多样化教育选择的改革是大势所趋。

（3）公立学校私营化

自20世纪70年代中期始，私立教育就与新自由主义政策结下不解之缘。自从1976年英国首相詹姆斯·卡拉汉（James Callaghan）在一次演讲中提出中小学教育的私有化，这一举措被继任的撒切尔夫人和美国里根政府付诸实践。其出发点是认为公立学校效率低下，不能满足科技和经济发展的要求，而私立学校

① 参见 Steven Jordan，Nancy Jackson，Educational Reform and the Politics of Change，*McGill Journal of Education*，2003，38（3），p. 501。

模式则被视为推动学校竞争、改进学校问责机制（accountability）和提高公立学校质量的良方。① 推崇私立教育，势必促使公立学校私有化。

根据市场竞争理论，私营化能促进教育资源配置的最优化，促使学校教育为教育消费者提供最好的服务。公立学校私营化即个人、社会、企业等非政府组织举办公立学校或者积极参与公立学校运营的趋势，实质上是把私人企业的微观经济改革引入教育微观层面上的改革，把公立教育机构转变为自主管理的中小型企业，在市场竞争中优胜劣汰。在英国，1988 年教育法规定开设城市技术学院，这种以偏重技术等应用性学科的学院约 20%的办学经费由当地企业赞助。美国的特许学校（Charter School）也运用市场方式重建了美国公立学校制度，以提高教育质量和效率，满足各种教育需求。

公立学校的私有化有三种途径。其一，营利性的公司直接举办学校教育。例如，美国著名的教育产业公司优势学校公司（Advantage Schools，Inc.），爱迪生学校公司（Edison Schools，Inc.），诺贝尔学习社区（Nobel Learning Communities）和特赛拉克特集团（Tesseract Group）。英国大型教育产业公司有诺德·安吉丽亚（Nord Anglia）和英国教师中心（Centre of British Teachers，COBT，一个年收入达9 200万美元的非营利教育托拉斯）。② 企业型大学（entrepreneurial universities）也应运而生。其二，金融机构为公司提供基金，帮助它们进行教育市场活动。最大的国际金融机构如 IMF 和世界银行就为发展中国家提供数十亿美元促使他们开展教育私有化的改革。另外，特许学校和学券制教育改革也旨在促进学校之间的竞争。虽然这些教育改革至今仍

① 参见 West，E. G.，Education Vouchers in Principle and Practice：A Survey，*World Bank Research Review*，1997，2（2），pp. 83-103。

② 参见 Stromquist，N. P.，*Education in a Globalization World：The Connectivity of Economic Power，Technology，and Knowledge*，New York：Rowman and Littlefield Publishers，Inc.，2002，p. 50。

有争议，但是学校教育作为公共机构的观念已经开始变得薄弱。

公立学校私营化和教育分权、教育选择的举措使英美自由主义国家的国民教育制度更倾向于形成以消费者为导向的“需求者”体系，给曾经备受政府约束的教育体制“松绑”。这样以来，教育不仅在内容上通过培养现代人才、创新科技促进经济发展，并且在自身运作和实践中贯彻市场原则和市场精神——为多元化的“消费者”服务。

2. 教育国家化趋向

如果说“去中心化”、“分权”的教育市场化是向下弥散的掣力，那么教育国家化的趋势便是英美自由主义国家为维持国家与社会系统的平衡而牵引向上的拉力。国家对其基本教育政策的调整主要在宏观决策、质量管理这两个维度上加大力度。

（1）宏观指导教育发展方向

自20世纪80年代以来，英美政府出台多项有关教育的法令和纲领性文件，为教育明确发展目标和方向。以美国为例，从里根政府的《国家处在危险中——教育改革势在必行》到老布什政府的《美国2000年教育战略》及至克林顿政府的《2000年目标》和小布什总统年初宣布的基础教育纲领《绝不让一个孩子掉队》，言辞间流露出对国家在全球经济浪潮中力量在削弱的思虑和对教育寄予的希望。《国家处在危险中——教育改革势在必行》尤其将教育在国民经济、社会生活和培养国民素质以及争取国际竞争地位中的作用提到空前的高度，把教育改革的目标定位于提高美国在国际上的竞争力。《国家为培养21世纪的教师做准备》这份文件强调教育“是经济发展、机会平等、实现国家理想的基础”。

英国《1988年教育改革法》规定了全国统一课程，其中包括“基础学科、学习方案和评估标准”等要素。国家课程的建立并非单纯出于经济目的或只是为了提高教育质量；而是民族国家面对全球经济浪潮，深感国家的传统地位岌岌可危，因而倚重教育重塑国家意识的旗鼓。所以，在国家课程中，弘扬国家优秀传统、培育民族意识的历史、语文等课程远比信息技术课程更为重要。

（2）确保教育质量

英美两国首先从提高对学生和教师的要求、建立统一教师评估指标体系入手提高教育质量。美国《2061 计划》探讨了美国青少年为适应下世纪科学技术和社会发展与变化所需要具备的基本素质，并且针对这些素质的培养设计了具体的教育试验方案。《国家处在危险中——教育改革势在必行》让人们意识到，教师的素质于国家、于社会至关重要，于是教师的质量开始以水平考试的形式进行评估、认证和公开化。在职教师和师范毕业生必须通过国家教育部或者同一级别机构如教育考试中心（Educational Testing Center）和"全国专业教学标准委员会"（National Board for Professional Teaching Standards）举办的相应水平考试。

在英国，《1988 年教育改革法》规定必须提高教师师资培训要求，援引 1984 年颁布的教师职前培训标准，制定新的培训课程。1992 年的英国教育法公布新的教育督导制度方案，将责任和行动评估指标引入教师评估体系，把教育机构的责任、教师的工作业绩和学生的学习成就联系起来。新自由主义政府认为，这能督促教师提高教学水平、让学校之间的竞争规范化，并且，国家的角色从封闭式的教师职业垄断组织转变为有具体行动指标调控的透明的组织，在教育标准和教育质量方面实现了中央集权的需要。

在全球化的冲击下，各个民族国家仍然是主动采取应对措施的能动者（agent），它们采取的措施，不论是教育市场化还是强化国家的教育权力，这些措施以及相关的政治经济措施都不是以瓦解民族国家自身为目的。以新右翼政府采取的新自由主义教育政策为例，其市场化措施和通过国家课程、国家考试加强中央管理的措施在事实上造成了非多元化、权力集中化的后果：利用多元化的语言在市场中提倡"消费者选择"，倡导了一种没有阶级的同质的消费者社会，形成以经济为上的经济原教旨主义的一元消费文化社会，这对于受压制的阶级和穷人家的儿童来说，是灾难性的。中央调控的措施借效率和责任（efficiency and accountability）

之名，实际上剥夺了妇女、有色人种和其他边缘人群制定与他们自己的文化、历史和日常生活有关的课程内容的机会。①

可以预见，在未来一段时间内，在这些因应全球化挑战的权宜措施的弹性保护范围内，民族国家将继续存在，只是在全球化的社会浪潮中调整了自己的角色。而民族国家的继续存在，意味着国民教育制度的合法性得到确定，以上种种变革不会从根本上取缔民族国家和国民教育制度，只是在形式上对其进行调整。

二、全球化对民族国家和地区教育的影响

全球化作为一种社会现象，本身就不具备同质性，在不同的国家和地区有不同的表现形式。“全球化对民族国家和地区教育的影响”这一研究视角着重分析全球化的宏观经济政治变革通过作用于民族国家和地区权力组织而对学校教育产生的影响，例如安迪·格林（Andy Green）（1997）和阿谢姆·普拉卡什（Aseem Prakash）（1999）② 的研究就是此类研究中的力作。这个研究维度更关注“全球化”与“本土化”的关系，基于不同国家地区的历史文化和教育背景，着重分析其在全球化进程里“同中求异”的个性。

全球化是一个多层次、多维度的基于经济变革的过程，是一个在国际组织影响下进行制度调整的过程，也是在跨国公司投资影响下的经济变革过程。虽然在跨国层面上，这些影响都表现为一致的模式，在国家整体政策层面上就发生了变异，在各国国内各地方层面上实施便更纷呈异彩，正如罗格·戴尔（Roger Dale）和苏珊·罗伯逊（Susan L. Robertson）所说，“虽然全球化有趋同的主线贯穿其中，但是全球化过程并没有横扫一切，将一切囊括

① 参见 Michael Apple, *Education and Power*, London: Routledge, 1995。

② 参见 Andy Green, *Education, Globalization, and Nation State*, New York: St. Martin's Press, 1997; Aseem Prakash and Jeffrey A. Hart, *Globalization and Governance*, London: Routledge, 1999。

到同一模式中去”。① 教育研究者们认为虽然在跨国层面和国际层面展开的教育改革对教育机构、教学等各个方面都产生了巨大影响，但是他们认为这种影响在亚国家层面的各个地方的表现是多元的，其结果往往出乎意料。对于非西方社会来说，国家的教育不仅仅是在代际传播文化的形式，也是在本土文化与西方文化的冲突与融合中求索民族认同得以生长的土壤。即使在发达国家内部，经济全球化对于各国教育的作用效果也不一样，表现为各国对教育培训机构的不同干预政策，例如，英国和美国倾向于采用放任主义政策（laissez faire）；而德国和日本则需要保护国内工业直至其进入国际市场；新加坡和韩国不仅需要国家培养技术劳动力，其教育政策还和工业贸易政策紧密挂钩。因此在全球化背景下，还应深入分析这些国家教育制度变革的渊源背景和各自特色。

（一）地区性跨国机构在全球化中的作用和对教育的影响

有研究者以欧盟、北美自由贸易协定区和亚太经合组织（Asian Pacific Economic Cooperation）为个案，研究地区性机构对全球化的影响。他们认为，这些地区性组织的宗旨是调整国家间市场的投资，从而影响了该地区各国的社会基础结构，尤其是人力资源的培养，即教育与培训机构，因此这些机构是全球化与民族国家之间的中间人，也是全球化的促进者。但是，它们在促进全球性教育计划的同时，并没有防止各国在实施这些教育计划的过程中出现多元化的趋势。也就是说，尽管有统一的教育规划，但是仍然在各国演变成形式多样的实践。②

（二）欧美国家的教育改革

如果说历史上的强势文化从来就对世界其他国家地区的文化形成辐射作用，那么欧美国家的文化教育在现代全球化进程中就处于相对优势。但是，据研究者的分析，其内部并非呈现

①② 参见 Roger Dale and Susan L. Robertson, The Varying Effects of Regional Organizations as Subjects of Globalization of Education, *Comparative Education Review*, 2002, 46 (1), pp. 10-36。

完全的同质性。民族国家仍然在教育领域居首要地位，因为安迪·格林等研究者的研究表明，并没有一个泛欧洲的教育模式(pan-European model)。

虽然欧洲各国的经济呈现相同的发展趋势，但是各国的教育体制仍然保持了各自的特色。虽然全球化为欧洲带来了趋同的发展方向，例如，提升标准（raising standards)、关注义务后教育(post-compulsory education)、终身学习和效率管理（efficient management)，但是各级教育仍然有其国家的、民族的特色。英国教育社会学家安迪·格林的新作《欧洲教育和培训体系中的趋同与分化》反映了20世纪80年代早期至90年代晚期欧洲十五个欧盟国家的教育和培训图景，对其政策文件、原始数据和相关文献进行广泛深入的分析研究，证明欧洲国家的教育培训体制在很多方面趋向一致，但是仍然存在各自的特点，这些特色植根于各国不同的文化背景和政治经济需要。① 还有研究者通过对西班牙、法国、哥伦比亚和美国教育改革的研究提出，在全球蔓延的"分权"教育改革在各个国家都没有实现其理想的模式，而是在各个国家呈现适应其社会政治经济发展的分权（decentralization）和集权(centralization）的混合模式。② 有更具体的项目通过对法国、美国、英国和哥伦比亚四国的质性研究和对其他39个国家和地区的定量研究，分析全球化（包括经济全球化和制度的全球化）如何引起学校治理的分权以及这种改革引起的课程管理模式、课程实

① Andy Green，Alison Wolf and Tom Leney，Convergence and Divergence in European Education and Training Systems，Institute of Education，University of London，1999.

② 参见 Diana Rhoten，Education Decentralization in Argentina：A 'Global-Local Conditions of Possibility' Approach to State，Market，and Soliety Change，*Journal of Education Policy*，2000，15，pp. 593-619；Astiz M. Fernanda，W. Alexander，and David P. Baker，Slouching towards Decentralization：Consequences of Globalization for Curricular Control in National Education Systems，*Comparative Education Review*，2002，46（1），pp. 66-88。

施和课堂教学的变化，提出分权和集权是交织并行的两种改革趋势；并论证实行中央集权教育制度的国家，如法国，倾向于采取分权的教育改革，而实行分权教育制度的国家，例如美国，则采取集权的教育改革措施，力图将两种政策杠杆结合起来，互补短长。①

如前所述，世界各国的中学后教育（post secondary education）普遍呈现职业化倾向：大学变得更加职业化，而不是传统的以承担自由启蒙思想为主要责任。② 在英美以市场导向的“企业型大学”影响全球的浪潮下，很多国家的政府和大学根据各自经济现状和执政党纲领采取适应各自高等教育发展的政策。例如，欧洲国家（如法国、芬兰和挪威）的大学更倾向于采取处于“自由市场资本主义”（free-market capitalism）和“大政府干预”（big-government regulation）这两种机制之间的中间道路。它们试图抵制大学的管理主义倾向，将传统的学术价值和实用的管理模式结合起来。③ 汉斯（Hans de Wit）认为，高等教育的国际化是通过政府或者私人基金会资助的去海外学习和调研等途径实现的。他通过比较，指出美国和欧洲高等教育国际化之间存在以下几个差异：（1）美国高等教育国际化驱动力是外交政策和国家安全，而欧洲高等教育国际化的驱动力是欧盟内部的政治经济合作；（2）课程改革目标不同，美国高等教育更重视全球意识和跨文化意识的培养，而欧洲高等教育注重学术专精；（3）美国着重将其课程全球化，在本科

---

① 参见 Astiz M. Fernanda, Wiseman, W. Alexander, and David P. Baker, Slouching towards Decentralization: Consequences of Globalization for Curricular Control in National Education Systems, *Comparative Education Review*, 2002, 46 (1), pp. 66-88。

② 参见 U. S. Department of Education, *Digest of Educational Statistics 2000*.

③ 参见 Jan Currie and George Subotzky, Alternative Responses to Globalization from European and South African Universities, In Stromquist, N. P. and Karen Monkman (eds), *Globalization and Education: Integration and Contestation Across Cultures*, New York and Oxford: Rowman and Littlefield Publishers, Inc., 2000, pp. 123-147。

教学中加入海外学习承诺，而欧洲则注重在高等教育机构之间建立联系并开展以研究生为主的学生交流；（4）美国高等教育的国际化缺乏整体的规划，高等教育机构各自为政，各种国际交流活动、项目散见于各个高等教育机构，而欧洲则整合了这些多样化的高等教育国际化活动、项目和组织。汉斯对产生这些差异的原因解释如下：（1）美国趋向将本科课程中的基本科目国际化，而欧洲则将一些学术专业国际化；（2）美国和欧洲在中小学的外语数学教育和跨文化教育方面的重视程度不一样；（3）对外语、国际关系的研究和重视不一；（4）政府对高等教育的管理调控程度不一样。①

（三）亚非拉发展中国家的教育改革

20 世纪的最后四分之一个世纪经历了显著的教育改革。自 20 世纪 70 年代早期开始，以提高公立学校效率为宗旨的教育改革延续至今，涵盖了“学券制”、“特许学校”、“教育重建”、“学校改善”、“择校”等改革措施。这一改革运动始自英美等西方发达资本主义国家，后延续至东欧，现在也普遍影响了发展中国家，形成世界银行在其网站上宣称的“全球教育改革”。②

莫罗（Morrow）认为，全球化时代发展中国家的教育政策调整都为一个目标服务：那就是为外国资本创造稳定的投资运营环境。③ 国际性组织为特定的教育结构调整措施提供资助，这使发展中国家的教育决策倾向于市场化而不是公共决策，例如，一些从

① Hans de Wit，*Internationalization of Higher Education in the United States of America and Europe：A Historical，Comparative，and Conceptual Analysis*，Westport，CT：Greenwood Press，2002.

② World Bank，Global Educational Reform，http://wwwl. worldbank. org/education/globaleducationreform，2003.

③ 参见 Raymond A. Morrow and Carlos Alberto Torres，The State，Globalization，and Education Policy，in Nicholas C. Burbules and Carlos Alberto Torres（eds），*Globalization and Education：Critical Perspectives*，New York：Routledge，2000，p. 43。

发展中国家教育发展视角出发的研究指出，发展中国家愿意选择受到世界银行、联合国教科文组织资助的政策研究项目，然后在教育改革中实践。这种经过筛选和命题的教育改革被视为霸权的殖民。① 罗滕（Rhoten）对拉丁美洲国家教育改革的研究证实了这一点，并强调这些国家的教育改革也受到各自长久以来的经济能力和社会结构的制约。② 路易斯·本维尼斯特（Luis Benveniste）以阿根廷、智利和乌拉圭的国家教育测试（national assessment）政策为例，指出全球化的教育改革措施在不同国家都经过了“过滤”——其间政治利益、政治关系和各国社会政治结构都是重要的影响因素。③

（四）亚洲新兴的发展性国家（developmental states）教育理论

诚如《教育与国家发展》的作者法格林兰和沙哈所指出的，现代国民教育制度对发达国家政治发展有积极作用：学校教育管束政治规范和价值观，政治精英与学校的等级（如美国）或者与学校类型（如英国）有关，并且教育在西方民族国家的建立中起了确立民族意识的作用。而当这些在西方社会内生的教育制度冠以普世皆明的“现代性”，被战后新建立的国家和发展中国家照搬使用，就难免有“淮北为枳”、适得其反的效果。在发展中国家，

---

① 相关主题的研究参见 Martin Carnoy and Carlos Alberto Torres，Educational Change and Structural Adjustment：A Case Study of Costa Rica，in Joel Samoff（eds），*Coping with Crisis*：*Austerity*，*Adjustment and Human Resources*，London and New York：Cassell，1994，pp. 64-99；Joel Samoff and Suleman Sumra，From Planning to Marketing：Making Education and Training Policy in Tanzania，in Joel Samoff（eds），*Coping with Crisis*：*Austerity*，*Adjustment and Human Resources*，London and New York：Cassell，1994，pp. 134-172；Jonathan A. Fox and L. David Brown，*The Struggle for Accountability*：*The World Bank*，*NGO's and Grassroots Movements*，Cambridge and London：MIT Press，1998。

② D. Rhoten，Education Decentralization in Argentina：A ‘Global-Local Conditions of Possibility’ Approach to State，Market，and Society Change，*Journal of Education Policy*，2000，15（1），pp. 593-619.

③ Luis Benveniste，The Political Structuration of Assessment：Negotiating State Power and Legitimacy，*Comparative Education Review*，2002，46（1），pp. 89-118.

学校社会化的程度较发达国家高，但是知识和竞争水平却远不及发达国家；在培养和筛选精英方面，发展中国家的教育与精英的政治参与和政治发展之间的联系也不紧密。由于独立前的旧教育体系的影响，发展中国家通过教育来达到政治整合与国家政治意识确立的目的更是难以实现。例如，尼日利亚南部是遗留下来的西式殖民教育体系，北部是本国新确立的教育体系，国内这种差异造成了政治融合的最大障碍。作者总结说："必须在一定的社会文化背景中看待教育与政治之间的关系。"发展中国家，或者说后发国家要想让教育促进本国政治、经济和文化的发展，就不应该将对教育现代化的理解窄化为模仿发达国家的教育体制模式，而应在借鉴的基础上建立适应本国国情、推进本国发展的教育制度。发展性国家教育理论就把东亚新兴工业国家作为西方教育现代化的另类模式，丰富了教育现代化的内涵。从这个意义上来说，教育的全球化可以界定为适应各个现代民族国家社会经济、政治和文化发展的国民教育制度的合理化发展过程，而不是一些既定的具体指标和模式的实现。

发展性国家教育理论家们通过对东亚新兴工业国家的研究，认为在全球化背景下，完善国民教育制度的建设，强化干预教育的国家手段，是国家发展和教育发展的良性道路。安迪·格林是持此观点的代表人物。他认为，超国家组织目前只具有微弱的民主合法权，尚没有取缔民族国家的能力，它们的活动仍基于各个主权国家之间的协商和利益妥协。文化多元化是经济全球化背景下不争的事实，国民教育制度仍然为整合社会、增强国家的内聚力乃至奠定稳定的国际秩序继续发挥积极作用。国家只是转变了干预策略——从直接管理监控到通过设立宏观目标、质量调控和以绩效为本的自主等手段实行契约管理（contractual governance）。大卫·阿史顿等人的论著《东亚发展中的教育和培训》也研究了新加坡、韩国等发展性国家的教育技术培训、经济发展和政策制定之间的关系，反对新自由主义"市场是提供培训的最有效机制"的观点，强调经济增长可以通过国家的四种政策性措施得以实现——即有力的管理和立法机制，高效的技术统治（technocracy），建立独立于社会政治体系的经济政策体制和一系列旨在长期发展的政策手段以贯彻经济政策。而亚洲几个发展较快的国家或地区的国民教育体系以及将教育和培训与快速发展变化的全球经济联系起来的政治经济政策，正是其经济发展的不二法门。①

三、全球化对各国教育体制内部各个层次的影响

如前所述，全球化对教育的影响不仅体现在国家应经济全球化的要求而动，互相借鉴教育政策，也体现在国际性组织支持某些教育实践在世界各国的推广，如联合国教科文组织等推进了普及识字率、普及入学率、推进教育公平和教育质量、推行终身教育和全民教育、促进和平教育和人权教育、运用科学技术辅助教学以及推广为了生态持续发展的教育等。同时，英美国家的新自由主义教育政策影响了世界上很多国家，这种强调市场机制调控教育、缩减政府对教育的权责和资金投入、借鉴企业运作模式管理公共学校教育的政策理念表现为学券制、特许学校、公校私营和解制（deregulation）等教育举措。对这些举措，世界上很多国家都对其作出回应——或接受或拒斥。②

因此，全球化对各国教育体制内部各个层次的影响具有趋同和趋异的两种态势，在促进各国教育体制改革的理念层面上有共识，但是国家政府和教育之间的关系受到各国历史、政治和经济多方面因素的影响，一个国家内部不同层面的教育体制与国家的关系也不同，因此在具体措施方面各有千秋。下面主要论及世界各国国民教育、高等教育、成人继续教育在全球化影响下的变革，

---

① 参见 David Ashton，Francis Green，Donna James，and Johnny Sung，*Education and Training for Development in East Asia*：*The Political Economy of Skill Formation in East Asian Newly Industrialized Economies*，New York：Routledge，1999。

② 参见 Geoff Whitty and Tony Edwards，School Choice Policies in England and the United States：An Exploration of Their Origins and Significance，*Comparative Education*，1998，34（2），pp. 211-227。

各国趋异的教育改革也将在下文论述。

(一) 国民教育制度

实际上，教育市场化和教育国家化并不是两极对立、非此即彼的两种改革方向；相反，它们都是英美自由主义国家在全球化浪潮的冲击之下为维护其国家利益而采取的保护机制。概括起来，我们可以从国民教育制度的四个要素——国家资助的基础教育体系；国家控制基础教育的课程设置和考试制度；国家提供教师培训和教师资格认证；国家负责教育督导和教育质量审查——来透析全球化背景下西方各国采取的教育政策，呈现以下四个趋势：从国家资助到资金来源多样化；课程的科学化、职业化和本土化趋向；教师培训机构和教师资格认证机构专业化和多元化；教育的管理主义和市场为本的治理模式。

1. 教育财政

财政层面上，大多数国家政府不得不缩减对教育的公共开支和敦促教育体系为其发展另寻财源。在劳动力市场，各国政府必须培养大量高素质的劳动力以吸引国外资本，这意味着必须提高劳动力受教育的平均水平。正因为现代经济是知识密集型经济，而且各国政府采取鼓励个人收入不均等的政策，因此较高的教育水平和个人较高的收入以及经济的发展关系密切。对受过良好教育的劳动力的需求推动了高等教育的发展，对高素质廉价劳动力的需求也增加了妇女的受教育机会。这些日益增长的教育需求与减少教育支出相矛盾。

现代学校的教育资源主要来自民族国家。但是，在新自由主义的经济模式中，政府缩减对教育的开支，要求教育机构在其他经济资源中寻找财政支持。① 在新自由主义教育改革中，国际金融组织

① 参见 Stromquist，N. P. & Monkman，K.，*Globalization and Education：Integration and Contestation Across Cultures*，New York：Rowman and Littlefield Publishers，Inc.，2000；Harris，R. & Said，J. M.，Critical Perspectives on Globalization and Neoliberalism in the Developing Countries，*Journal of Developing Societies*，2000，16（1）。

如国际货币基金组织和世界银行都起着重要作用。这些国际借贷机构为发展中国家提供有附加条件的贷款，以建立全球经济为名，施加给发展中国家各种教育结构调整政策，使这些国家采取缩减教育经费开支（和其他公共事业开支）以支持私营部门的政策，造成“教育经费缩减，教师工资增幅低和对扫盲工作的忽视”。①

同时，为了满足全球经济对高素质劳动力的需求，私营企业自然将教育视为对未来的投资。② 有研究显示，截至 2000 年，美国的私营企业对教育的投资已经创收达 20 亿美元。③

2. 课程和教学

近年来，为全球经济生产和国际竞争提供灵活的劳动力的中小学课程改革也在全世界普遍开展。

在全球蔓延的自由市场意识形态必然影响到课程改革。全球化时代的教育是为了培养高素质的工人。从后福特主义视角来看，后福特制经济要求高等教育培养具备高技术能力和创造力的工人，同时也对中小学教育的内容提出了改革要求。这使职业和学术的分轨制再次受到青睐，于是课程从以儿童为中心转向以经济—职业教育培训为中心。例如，英国和澳大利亚就采取了这种改革措施，在中小学教育中，课程与市场之间的关系日益密切。许多学校增加了关于技术和职业培训的课程。“在课堂上，与市场联系较少的课程，如历史，相对于数学和科学，就比较不受重视；与市场联系较少的教学法，如批判理论倡导下的课堂讨论，就不如问题

---

① Stromquist，N. P. & Monkman，K.，*Globalization and Education：Integration and Contestation Across Cultures*，New York：Rowman and Littlefield Publishers，Inc.，2000，p. 30.

② 参见 Carnoy，M.，Globalization and Educational Reform，in Stromquist，N. P. & Monkman，K.（eds），*Globalization and Education：Integration and Contestation Across Cultures*，New York：Rowman & Littlefield Publishers，Inc.，2000。

③ 参见 Stromquist，N. P.，*Education in a Globalization World：The Connectivity of Economic Power，Technology，and Knowledge*，New York：Rowman & Littlefield Publishers，Inc.，2002。

解决的方法受关注；对于少数民族和妇女问题的关注就不比数学和阅读。”① 这种培养倾向被认为使学习者获得能力和技术，但是缺失了自主学习和主动参与公共事务的动力和能力。②

全球化背景下的另一个课程改革趋势是越来越关注科技、数学和教育测量的教学。③ 迅速增长的信息技术和其他科学工业，以及日益激烈的国际竞争促使各国将其精力投入到科学和数学教育。国际性组织如国际教育成就测量协会（International Association for Evaluation of Educational Achievement）、经济合作与发展组织和世界银行都持有关于教育和效率的相同观点，并将其观点通过各种贷款项目散播给诸多国家。应国际文化交流和理解的需要，出现了跨文化教育和全球教育。④ 将“国际教育”作为通识教育课程的基础内容，培养学生的“全球意识”（global mindedness）以促成“全球对话”为目的，也是一个重要的趋势。⑤

另外，信息技术的使用一方面可以通过远程教育扩充教育的规模，使课程进一步本土化；另一方面可以通过计算机辅助教学提供高质量的教育。虽然信息技术刚刚开始在教育领域中应用，但其为世界各地学生提供教育机会的可能性使其在教育领域的发展前景不可限量，如促使国际教育（international education）和全

① Stromquist and Monkman，Stromquist，N. P. & Monkman，K.，*Globalization and Education：Integration and Contestation Across Cultures*，New York：Rowman & Littlefield Publishers，Inc. 2000，p. 13.

② 参见 Victor Soucek，Public Education and the Post-Fordist Accumulation Regime：A Case Study of Australia，1995（26），pp. 127-159。

③ 参见 Carnoy，M.，Globalization and Educational Reform，in Stromquist，N. P. & Monkman，K.（eds），*Globalization and Education：Integration and Contestation Across Cultures*，New York：Rowman & Littlefield Publishers，Inc.，2000。

④ 例如 Julia A. Kushigian 主张建立公民的世界大同概念（cosmopolitan conception of citizenship），提出要在通识教育课程中纳入“国际研究”（international studies）的内容。（Julia A. Kushigian，*International Studies in the Next Millennium：Meeting the Challenge of Globalization*，Westport：Praeger，1998.）

⑤ 参见 Julia A. Kushigian，International Studies in the Next Millennium：Meeting the Challenge of Globalization，Westport：Praeger，1998。

球远程教育（global distance education）的出现。

3. 教师和教师培养

后福特主义驱动下的新自由主义教育政策对教师的专业化和职责（accountability）也提出了改革要求。首先，这些改革有冠冕堂皇的幌子：将学生奉为顾客，教师应该对学生负责任。于是传统意义上的教师专业化要求教师和研究者对教育负责任的内涵受到挑战。但是这种新的问责制目标很模糊：究竟谁是教师应该服务的“顾客”——学生还是未来的雇主？究竟由谁来评价教师的工作？① 对新自由主义政策持批评态度的研究者认为，这种新自由主义教育政策要求教学和课程标准化（standardization）、使教学去技术化（deskilling），这种对教育专业化的要求无异于置教师教学于机械的工业生产模式，遵循着政府对教育的控制逻辑，目的是让教师因循政府的政治经济政策培养适宜的技术工人。②

英国发展教育署（Development Education Association，DEA）认为，将公民教育引入学校教育和改革教师教育能将学生培养成全球性的公民，方能充分运用新课程培养未来全球的公民。为此，DEA 形成了一个专门在教师职前培养项目（Initial Teacher Education）中培养全球公民意识的章程（charter）。③

韦尔蒙德（Welmond）以贝宁共和国的教师为研究对象，透过教师身份认同（teacher identity）这个微观视角分析全球化对教育的影响。韦尔蒙德强调，教师的身份认同总是随着其所在的环

① 参见 Young，M.，Rethinking Teacher Education for a Global Future：Lessons From the English，*Journal of Education for Teaching*，1998，24（1），pp. 51-62。

② 参见 Michael W. Apple，*Official Knowledge*：*Democratic Education in a Conservative Age*，New York：Routledge，1993；Michael W. Apple and Anita Oliver，Becoming Right：Education and Formation of Conservative Movements，in Carlos Albeto Torres and Ted Mitchell（eds），*Sociology of Education*：*Emerging Perspectives*，New York：Sunny Press，1998，pp. 91-120。

③ 参见 John Huckle，Global Citizenship in Initial Teacher Education，a discussion paper written for the Development Education Association，2001，http://john. huckle. org. uk/publications. htm。

境而不同，而由全球认同的——毋宁说是西方国家认同的——教育模式所规定的教师角色和职能与当地教师所处的工作环境和需要承担的职责格格不入。通过详尽的资料阅读和细致的访谈工作，韦尔蒙德提出，应该植根于贝宁本土文化和社会经济状况和教育状况，为教师的身份认同拟定相宜的内涵和要求。韦尔蒙德还强调，不能因为教师身份认同在全球和地方的认识上产生冲突，便在地方教育改革中完全抵制那些可能会带来良好教育结果的全球教育改革模式。①

4. 教育管理

在新自由主义政策观中，市场是实现效率、质量和创新的理想机制，因此，市场机制涌入教育领域成为革除教育痼疾的有效途径。新自由主义全球模式下最引人注目的教育改革就是教育管理的分权（decentralization of educational administration）。教育管理分权的目的是使地方有更多的教育决策权，学校能自主控制课程、教学方式和选择适合本校发展的管理模式，以便提高学校运营的效率。

与新自由主义模式相适应的教育管理方式是“管理主义”（managerialism），强调解决问题的灵活性和多途径。“管理主义”的内涵是“将重建（restructuring）、问责制（accountability）、效绩（performance）和教育活动的测量（measurement of educational activities）作为解决社会问题（包括教育问题）的方式”。② 国民教育体系的质量越来越在国际层面上互相比较，而且比较的标准往往由数学、科学课程、测试和教育标准来衡量。测试和标准通过测量知识生产和评价教育与教育管理者的工作，成

① Michel Welmond, Globalization Viewed From the Periphery: The Dynamics of Teacher Identity in the Republic of Benin, *Comparative Education Review*, 2002, 46 (1), pp. 37-65.

② Stromquist, N. P., *Education in a Globalization World: The Connectivity of Economic Power, Technology, and Knowledge*, New York: Rowman and Littlefield Publishers, Inc., 2002, p. 40.

为促进问责制（accountability）的途径之一。如今的学校管理在很大程度上都以问责制、标准化测试（standardized testing）和效绩为本的薪酬（performance-based rewards）为基础。在发达国家和发展中国家，这些教育改革措施都是新自由主义理念的体现。以英国的教育体系为例，英国现在的学校正从科层制的治理模式（form of governance）转向基于竞争和消费者选择的准市场（quasi-market-based）的治理模式。① 与其他商品类似，学校也依赖广告和年度产品手册来销售他们的教育项目。公立学校不仅向学生家长销售他们的教育产品，而且也面向一些公司，为学校提供资助的公司可以在学校推销他们的商业理念甚至产品。当然这些措施也受到批评——例如，批判理论研究者认为，这些措施并不能够全面反映一所学校的状况。②

综上所述，在国民教育制度中，全球化同时影响了公立学校和私立学校，首先是通过影响民族国家而影响国家权力在公立学校体制中的角色，改变公立学校制度的国家性质和权力分配机制，同时促进了私立学校的蓬勃发展，而私立学校的发展又促使公立学校模仿前者的办学模式，在办学体制等方面发生变化。

（二）高等教育制度

归纳起来，世界各国的高等教育改革有如下几个趋势。

1. 国际化（internationalization）

近年来国际性教育组织和项目，如联合国教科文组织、经济合作与发展组织、世界比较教育学会（World Council of

---

① 参见 Henry，M.，Globalization and the Politics of Accountability：Issues and Dilemmas for Gender Equity in Education，*Gender and Education*，2001，13（1）pp. 87-100。

② 参见 Stromquist，N. P.，*Education in a Globalization World*：*The Connectivity of Economic Power*，*Technology*，*and Knowledge*，New York：Rowman and Littlefield Publishers，Inc.，2002；Sweetland，S.，Human Capital Theory：Foundations of a Field of Inquiry，*Review of Educational Research*，1996，55（3），pp. 41-59。

Comparative Education）和福布莱特项目（Fulbright program），在国际上发挥了越来越多的作用。它们制定的教育标准在许多教育领域被视为国际通行的指标，例如，经济合作与发展组织建立了“认证小组”（certification teams），应发展中国家和这些国家的教育机构的邀请，评估这些国家研究性大学。而它们的评估结果被援引为这些大学获得本国政府拨款、认可和机构评估的重要依据。这些国际性教育组织不仅在重塑发展中国家大学模式的过程中发挥了重要作用，而且“提供信息并促进国际比较性、全球性研究”。① 另外，高等教育领域也出现了专门研究全球化的项目，例如，美国西佐治亚州立大学于 2001 年建立的一个“全球研究”项目（Global Studies Program），这个项目旨在从传统的以民族国家为研究单位转向以地方的、草根（grassroots）和社区文化或者国际组织为研究单位，使学生全面认识全球化和理解自己在这个互相依存的全球社会中的位置，帮助他们解决在全球社会生活中遇到的问题。将这个全球研究项目纳入社会科学中，具有跨学科性。②

在各国国内，推进国际化的主体也逐渐从政府转向“政府—高校合作型”。20 世纪 70 年代之前，由于高等教育发展主要受政治、外交或国防政策的影响，国家或政府实际上成为实施高等教育国际化的主体。例如，19 世纪中期以后，俄国、日本和中国等国家学习和引进西方高等教育模式，建立近代高等教育制度的过程便是直接在国家主导下有计划、有目的地进行的。直到 20 世纪 70 年代，无论是在发达国家还是在发展中国家，有关高等教育国

① Burkart Holzner and Mattew Harmon，Intellectual and Organizational Challenges for International Education in the United States：A Knowledge System Perspective，in J. N. Hawkins，C. M. Haron，M. A. Kazanjian，G. W. Merkx and D. Wiley（eds.），International Education in the New Global Era，Los Angeles：International Studies and Overseas Program，1998，p. 36.

② 参见 Patricia J. Campbell，Paul E. Masters，Amy Goolsby，Global Studies：Hurdles to Program Development，*College Teaching*，2004，52（1），pp. 33-38。

际化的各种活动，如留学教育等，基本上都是由国家直接拨款资助，属于国家对外交流或外交政策的一个组成部分。可以说，这一时期是“国家—政府主导型”的高等教育国际化。80年代，随着全球化进程的进一步深入，高校逐渐成为推进国际化的主体，高等教育国际化的各种活动主要集中于院校层次展开。高等教育国际化开始向“政府—高校合作型”、特别是“院校自主型”转变。首先，经济全球化为高等教育国际化扫除了许多政治上的障碍，为不同国家和地区高等教育的交流与合作开辟了广阔的空间。其次，大多数国家的高等教育国际化不再像冷战期间那样，直接受国家外交政策和国防需要的制约。随着院校自主权的不断扩大和市场竞争机制的引入，制定有关院校国际化发展战略，积极开展各种国际化活动成为提高院校教学科研质量的重要手段。再次，由于许多国家对公立院校实行法人化或民营化改革，或减少私立院校经费投入等原因，高等院校不得不通过大量招收全额自费留学生和跨国合作办学等手段自筹经费，增加学校收入。

2. 市场化（marketization）和商品化（commodification）

全球性的教育实践，如创业精神（entrepreneurialism）、管理主义（managerialism）和私有化（privatization）越来越明显地在高等教育领域显现。具体而言，越来越多的高等教育机构以企业运营的机制办学，并且面临财政压力必须以各种方式筹资。同时，它们也开始承担越来越多的社会经济责任——尤其面临全球经济的冲击，世界各地区和各个国家都期望高等教育为其提升竞争能力。因此企业型的大学成为当前世界上多数大学的一种主要的制度变革形式。① 这种企业型的大学具有这样一些特征：与高科技产业联系紧密，教职人员承担起争取外来资金投入的职责、服务于

① 参见 Clark，Burton R.，*Creating Entrepreneurial Universities*：*Organizational Pathways of Transformation*，Oxford：Pergamon/Elsevier Science，1998；Sheila Slaughter and Larry L. Leslie，*Academic Capitalism*：*Politics*，*Policies and the Entrepreneurial University*，Baltimore and London：John Hopkins University Press，1997。

新的知识生产组织形式（new organizational forms of knowledge production），采取“管理主义”的管理模式（managerialist mode of governance），因此让整个大学的管理层和教学研究层面都呈现出类似市场的行为（market-like behavior）。甚至还有所谓“文凭制造工厂”式大学不择手段扩大在发展中国家的国际学生生源，招收这些国家的中产阶级家庭的学生，赚取高额学费。有研究者强烈批评这种全球竞争性的市场导向的大学模式，认为它违背了大学精神和民主制度化的管理模式，削弱了高等教育服务于当地社区发展、社会公平和公众利益的职能。这种市场的盈利行为与大学的学术自由、批判性思考、同行评审和兴趣驱动的研究等传统精神相冲突。例如，由于本科生教育的市场产出值不高，因此对其的投入降低，导致公立研究型大学的本科教育规模和质量下降，从而导致教学和研究的分离。①

3. 追求生产效率（productivity and efficiency）

在高等教育领域，技术和管理主义也在全球范围内对教育内容和形式产生了重要影响。大学不再像传统意义上的大学那样仅仅培养追求真理的人，而是为劳动力市场培养高技能的人才，因此更加关注其“顾客”和“消费者”。在大学中蔓延企业文化，追求效率，力争在竞争中取胜。在这样一种文化里，大学就较少地关注种族、阶级和性别研究等关乎社会公平的问题。教师团体的国际交流和合作日益频繁。有研究者通过比较美国、英国、澳大利亚和加拿大等国 20 世纪末全球经济时代的大学和 19 世纪工业社会条件下的大学，得出结论：虽然这些国家的政治文化各不相同，但后工业社会的政治经济全球化业已使这些国家 19 世纪建立起来的大学模式发生变化。因为全球化建立起来的激励机制鼓励培养某些职业而冷落其他职业准备，所以这些国家政府对大学生的人

① 参见 Clark，Burton R.，Common Problems and Adaptive Responses in the Universities of the World：Organizing for Change，*Higher Education Policy*，1997，10（3/4），pp. 291-295。

均投资减少，其大学政策偏重科技，实行“学术资本主义”(academic capitalism)，相对忽视基础性研究，对科技研究、科技方面和接近市场的课程投入较大，也倾向于采取一定的组织形式和措施削弱学术机构和教职员的自主权。①

（三）对成人教育和继续教育的影响

全球经济竞争提升了对劳动力技术和劳动力素质的要求，但是全球市场压力同时要求政府控制公共支出，这便降低了各国政府通过公共教育提升劳动力技术和劳动力素质的能力。一个解决方案就是终身学习（lifelong learning）——这意味着教育成本由雇佣者、个人和社区共同分担，全球继续教育应运而生。由于通信技术和互联网络技术高度发达，远程教育适时弥补了公共教育的式微，满足了那些需要获取国外学习资源的教育消费者的要求。支持这种教育形式的意见认为：能吸引大量生源，扩大招生率（以英国开放大学的全球招生规模为例），使专家能为更多的学习者服务，适应全球性的教学课程——如环境教育、和平研究以及商贸。② 也有相应的反对意见指出，通过电子媒介传播知识有认知方面的局限：知识被分裂，教育中的批判反思精神消失殆尽，危及地方社区教育文化的整合等，也有发展中国家视之为发达国家的文化侵略。③

综上所述，在全球范围内的教育变革在各国呈现的形式并非千篇一律，而是随着各国所处的政治经济环境和它们面临的地方、国际和地区的变革压力不同而不同。尽管教育改革在全球范围内有趋同的理念和模式，但是因应全球化采取的教育改革在不同的地方、国家和地区都有所不同；另外，各国教育改革的实施可能因为忽视教育实践的文化背景而产生了与前定的教育目的完全不

---

① 参见 Sheila Slaughter and Larry L. Leslie, Academic Capitalism: Politics, Policies and the Entrepreneurial University, Baltimore and London: John Hopkins University Press, 1997, p. 55。

②③ 参见 Robin Mason, *Globalising Education: Trends and Applications*, London and New York: Routledge, 1998, pp. 4-5, pp. 8-10。

同的结果，甚至影响教育实践的质量。①

第四节 对教育与全球化思潮评析

一、评析教育与全球化思潮的理论研究

(一) 研究单位和研究问题

由对教育与全球化思潮的评述，可见全球化与教育之间的关系的肯綮在于全球化的政治经济和民族国家之间的关系。影响全球教育变革的四种制度因素分别是跨国资本、全球政治机构（如联合国与其他国际性非政府组织）、国内需求（以稳固政府存在的政治合法性）、政府内部需求和利益，民族国家的政策——包括教育政策——都围绕这四个因素制定，以协调这些施加于政府的外在和内在压力。于是，民族国家不再是政治社会研究乃至教育研究的唯一单位，而被置于全球、区域和地方多个层面之间加以审视。全球化现象也影响了研究者从事教育研究的主题、研究方法和表述传播观点的方式。全球化引起教育研究者对阶级、种族、性别和教育与政府关系这些议题的兴趣，因为这些议题都关涉多元文化和教育中的认同问题（identity）、后殖民主义、社区的分散性和新的社会运动。

(二) 研究的视角多元化

综观教育与全球化思潮，研究者们都集中用制度的、经济的和知识的视角透视教育与全球化现象。

1. 制度研究的视角

教育研究者不仅从经济全球化着眼，更不约而同地从制度研究的视角关注全球范围内教育改革。面临经济全球化的挑战，各国政府通过采取相应措施调整财政、劳动力和工业政策，使政府的一举一动都考虑到世界市场体系的建立，从而形成“制度全球

① 参见 Roger Dale, Globalization and Education: Demonstrating a ‘Common World Education Culture’ or Locating a ‘Globally Structured Agenda for Education’, *Educational Theory*, 2000, 50, pp. 427-448。

化”（institutional globalization）的趋势。这种全球化的特征是各国政府的政策和制度的互相影响和同构，在包括教育、健康和社会福利等公共政策领域确立相近的目标和建立相似政策执行方案。① 新制度主义（neo-institutionalism）进一步明确提出教育制度同构（institutional isomorphism）的概念，认为教育制度现代化已经造成各国国内和各国教育制度的同质性。② 研究普通学校教育发展的学者也提出，普通学校教育在全世界范围内的普及，正是制度的全球化过程和现代社会促使制度同质化的表现。③ 但是不能说，这个过程是一个没有任何矛盾、顺利的全球推广过程，现代教育体制的出现总是伴随着各种阶级、种族和政治冲突，从而造成各个时空的不同教育形态。④

2. 经济学视角

“经济全球化”（economic globalization，即通过国际竞争和合作，联合各国劳动力市场形成的全球经济市场）中，市场竞争、技术变革和跨国公司是这一全球经济的推动力。贸易和投资通过跨

---

① 参见 John W. Meyer，John Boli，George M. Thomas and Francisco O. Ramirez，World Society and the Nation State，*American Journal of Sociology*，1997，103（1），pp. 144-181；Aaron Benavot Yun-Kyung Cha，David Kamens，John W. Meyer and Suk-Ying Wong，Knowledge for the Masses：World Models and National Curricula，1920—1986，*American Sociological Review*，1991，56（1），pp. 85-100；John W. Meyer，The World Polity and the Authority of the Nation-State，in Albert Bergensen（eds），*Studies of the Modern World System*，New York：Academic Press，1980，pp. 109-137。

② 参见 W. Cummings，The Institutions of Education：Compare，Compare，Compare! *Comparative Education Review*，1999，43（4），pp. 413-437；F. Ramirez and J. Meyer，The World Institutionalization of Education，in J. Schriewer（eds），*Discourse Formation in Comparative Education*，New York：Lang，2000。

③ 参见 John Boli，Francisco O. Ramirez，and John W. Meyer，Explaining the Origins of Mass Education，in Philip Altbach and Gail Kelly（eds），New Approaches to Comparative Education，Chicago：University of Chicago Press，1980，pp. 145-170；John W. Meyer，Francisco O. Ramirez，and Y. Soysal，World Expansion of Mass Education：1870—1980，*Sociology of Education* 1992，65，pp. 128-149。

④ 参见 Martin Carnoy and Henry M. Levy，*Schooling and Work in the Democratic State*，Stanford，CA：Stanford University Press，1985。

国网络进行，超出了单个民族国家的控制范围，同时也促使各国国民经济制度的趋同化，迫使他们减少跨国经济可能面临的障碍。世界市场和多国市场的形成促使资本、劳动力、商品和信息在全球的大规模流动。现代国家对教育的资助旨在培育具有竞争力的劳动力市场和激活国内经济，人力资本开发的国家政策更是现代大多数国家教育政策的推动力。因此，经济学的视角也成为教育与全球化思潮的一种重要分析手段。①

3. 知识的视角

全球化是重组世界经济的重要力量，而知识和信息越来越成为世界经济的主要来源。如果知识和信息由各个国家和地方生产，又对全球经济产生巨大影响，那么全球经济又如何反过来影响教育机会和教育体制？全球经济和意识形态正对世界各国的教育改革起到重大影响，那么地方上，各个国家的教育改革对全球经济重建有何影响？这些教育改革在何种程度上代表了国际机构的意愿？

有一点毋庸置疑，如果知识对全球化有重大影响，那么全球化也应该对知识的传递起到重要作用。在发达国家的课堂教学中，全球化似乎并没有产生明显的作用。除了使用因特网和多媒体教学之外，教学方法和国家课程的内容并没有大幅度变动。被视为全球性教育改革特征的教育管理的“去中心化”（decentralization）也对课堂教学作用了。这是对教育改革的肤浅认识，世界经济重建和关于如何进行教育改革的意识形态在全球范围内的蔓延对世界各国的教育产生了深远影响——不仅仅是分权和私有化、择校与问责制、或者测试与评估，而且对知识传播方式也产生了影响。

---

① 参见 Bruce Fuller and Richard Rubinson，*The Political Construction of Education*：*The State*，*School Expansion*，*and Economic Change*，New York：Praeger，1992；Francisco O. Ramirez and John Boli，The Political Construction of Mass Schooling：European Origins and Worldwide Institutionalization，*Sociology of Education*，1987，pp. 2-17；Martin Carnoy，*The New Global Economy in the Information Age*：*Reflections on Our Changing World*，University Park：Pennsylvania State University Press，1993。

尽管课堂中的知识传播是知识创造的重要方式，而课堂教学在全球化进程中没有发生很大变化，但是课堂仅是产生知识的一个方面，而且全球化在潜移默化并且必然会改变课堂知识的传递。衡量全球化和教育改革之间的关系，应该从知识传播的角度，在地方、国家和国际等多层面研究全球化及其意识形态如何影响整个学校教育体系。

（三）教育与全球化研究的深入

在关于全球化和教育的研究文献中，有三个弱项。

其一，滥用全球化的概念。例如，全球化应该是一个表述过程的历史概念，但是在教育研究文献中却常常被当作某一种地方教育活动发生的宏观而模糊的背景。也就是说，忽视了全球化作为一个历史过程所具备的特征，从而将全球化和教育之间的关系简单化。① 正因为全球化和教育之间关系的内在机制没有理顺，因此对于研究过程中的一些逻辑关系出现语义重复，例如，全球化引起教育结构的重建是因为教育结构重建是全球化的一个特征。

其二，全球化往往被视为是一种独立作用于国家和地方的强大力量，因此大量的教育文献都是描述各国和地方如何回应全球化的影响。忽视了全球化和地方之间的互相影响，重在描述“何谓全球化”，而忽略了“如何形成全球化”。应有更多的研究解释全球化和地方之间如何互动，各个国家和地方是如何参与并推进或者阻挠全球化的进程。

其三，将国际教育交流等同于全球化，尽管这些国际教育活动并不在全球范围内发生作用，也没有参与到全球化的进程中。目前已经有一些社会理论研究试图廓清国际主义（internationalism）和全球化、国际化和全球化、以及世界体系理论和国际化与全球化之间的关系，但是在教育研究范围内这些关系仍不

① 参见 A. Appadurai，Disjuncture and Difference in the Global Cultural Economy，in *Modernity at Large：Cultural Dimensions of Globalization*，Minneapolis：University of Minnesota Press，1996。

明确。

全球化进程中的教育理论研究是透视全球化与教育关系的思维分析工具。工欲善其事，必先利其器。针对以上不足，使这一思维分析工具更为犀利的途径有三个方面：一是厘清教育研究中的全球化、国际化和多边主义（multilateralism）等概念；二是廓明政治、经济和文化的全球化进程对教育理论研究的目的、研究内容和研究方法的影响；三是梳理教育理论研究的多层次研究模式，分别界定在全球层面、国家层面和地方层面上的研究目的、研究内容和研究方法，并在这些层次之间达成互动，形成对全球化和教育的全面认识。

二、关于教育与全球化的几点思考

（一）全球化与教育目的转变

全球化与教育的关系遵从以下逻辑：全球化对民族国家的影响—全球化对国民教育制度的影响，也就是说，全球化通过作用于民族国家这一近当代历史上承担教育政策制定和实施的基本单位而对教育发生影响，同时，全球化也通过对民族国家这一教育研究的基本单位发生作用而对教育研究的视域发生作用。

从个人层面上而言，全球化时代以前的教育更多地是满足个人的发展和需要，同时帮助个人适应某个社区文化，这种本土意义上的社区具备同质性、相近性和熟悉性（familiarity），而全球化时代的教育扩大了这个社区的内涵和外延，超出了传统的家庭、地区或者国家的范畴。在日益多元化的社会中国际流动性增加，媒体和技术造成一种全新的塑造认同感和依附感的机制，需要进行有效管理（governability）。教育目标因此变成：培养学生的灵活性和适应能力（flexibility and adaptability）；学习与来自其他文化背景的人相处和培养在多种文化背景下得以诠释自身的“认同意识”（identity）；帮助多元文化民主社会中的公民理解、接受多元化的世界，同时也被这个世界所接受。

从社会层面上而言，公共教育在传统的资本主义秩序中主要目的是培养守纪律又可靠的劳动力。而新的全球经济需要的是罗伯特·赖克（Robert Reich）所说的“符号分析人员”（symbol analysts），也就是劳动力中最富创造力和活力的群体。① 这种需求造成了职业结构的分化。举例来说，服务行业分工精细，成为主要就业部门，需要接受高层教育的管理层（managerial）、专业性（professional）和技术性（technical）工作需求增加，形成“白领无产阶层”（white-collar proletariat），同时底层基础性工作的需求也增加，临时性工作逐渐取代全职工作。因此，教育的目的成为培养能快速学习并且有团队工作精神的创造性人才。

（二）全球化和地方化的悖论

通过述评可见，在国际层面上，国际性组织对各国教育政策的统一规划和各国教育政策制定的多元化；在国内层面上，各国教育政策理念的一致性和地方教育政策实施的多样性。

无疑，全球化直接影响了民族国家的政策制定和执行，给民族国家资助决策多样化的国内政策所留的余地越来越小。但是各国实际执行的政策仍然因为各自不同的国民特性（national characteristics）——包括传统、文化、环境和现代国家的新职责等因素——而具有各自的不同。可以说，全球化推动了“制度一体化”（institutional uniformity），但是全球化的实际过程仍然印刻着地方的多元化特点。在教育政策话语中，地方、国家和全球之间的关系被重构，由于日益频繁的国际联系和新近形成的全球教育政策研究者群体，目前许多国家似乎都采取了某些相同的教育政策，但是教育政策的制定和实施仍受到地方和国家历史文化的制约，这些所谓的全球化教育政策应用到不同的国家和地方的教育体制时，都被相应地调试、修改和重情境化（recontextualization）。②

“全球化”在价值取向上趋向一体化，对各国教育也提出了

① Robert B. Reich，*The Work of Nations*，New York：Vintage Books，1991.

② 参见 Stephen Ball，Big Policies/Small World：An Introduction to International Perspectives in Education Policy，*Comparative Education*，1998，34（2），pp. 119-130。

“一体化”、“全球性”的改革要求。但是，人类社会的整体利益并不是直接地、同等程度地表现为某一民族国家的特殊利益。由于政治制度的不同和经济发展程度的不同，各个民族国家在整个全球体系中处于不同的地位甚至是对立的地位，这就造成了不同民族国家的特殊利益，因为不同民族国家的特殊利益，各民族国家教育就有了自己的特殊价值取向。比如：“全球化”教育在培养目标上强调培养“世界公民”，而民族国家的教育则在培养目标上强调培养国家的公民；“全球化”教育在教育内容上强调“双语教育”，但对一个贫穷的发展中国家来说，“双语教育”的人力物力从何而来？“双语教育”对于他们来说又有何近期利益？“全球化”教育在人才政策上强调人才特别是高级人才的全球流动，而民族国家的教育在人才政策上则需要保护人才，限制人才流动到其他国家和地区。在目前条件下，各民族国家必然一方面追求教育的“全球化”价值取向，另一方面，还要考虑本民族教育的特殊价值取向，并在教育的“全球化”价值取向和本民族教育的特殊价值取向之间寻求平衡，使自己的教育得到发展。

主要参考文献

中文

E. 阿约滕德·约洛伊：《教育领域中的从属与相互依赖关系》，《教育展望》1985年第2期（总第54期），中文版第6期。

［德］T.N. 波斯特莱斯维特主编：《最新世界教育百科全书》，河北教育出版社1991年版。

［瑞典］T. 胡森、［德］T.N. 波斯尔思韦特主编：《国际教育百科全书》，贵州教育出版社1990年版。

埃克斯坦、诺亚：《比较教育的从属理论：一种新的简单化的立论》，《教育展望》1985年第2期（总第54期），中文版第6期。

艾华、李银河：《关于女性主义的对话》，《社会学研究》2001年第4期。

［美］艾伦·布鲁姆著，缪青、宋丽娜等译：《走向封闭的美国精神》，中国社会科学出版社1994年版。

［巴西］保罗·弗莱雷著，顾建新等译：《被压迫者的教育学》，华东师范大学出版社2001年版。

鲍晓兰主编：《西方女性主义研究评价》，生活·读书·新知三联书店1995年版。

本诺·桑德：《教育与从属性：比较教育学的作用》，《教育展望》1985年第2期（总第54期），中文版第6期。

蔡一萍、王政、杜芳琴主编：《赋历史研究以社会性别》，妇女史学科建设首届读书研讨班专辑。

陈彩云：《从"平等"、"社会性别"到"公民资格"——西方女性主义的理论转向》，《妇女研究论丛》2002年第4期。

陈振明等著：《“西方马克思主义”的社会政治理论》，中国人民大学出版社 1997 年版。

成有信主编：《教育政治学》，江苏教育出版社 1996 年版。

戴雪红：《父权制与当代资本主义批判——女权主义的理论透视》，《妇女研究论丛》2001 年第 6 期。

戴雪红：《失去目标的女权主义运动——“平等与差异的二难困境”初探》，《妇女研究论丛》2002 年第 5 期。

［美］丹尼尔·贝尔著，高铦译：《后工业社会的来临》，商务印书馆 1987 年版。

［美］丹尼尔·贝尔著，赵一凡等译：《资本主义的文化矛盾》，生活·读书·新知三联书店 1989 年版。

杜洁：《西方马克思主义女性主义》，《妇女研究论丛》1997 年第 4 期。

冯钢著：《非西方社会发展理论与马克思》，浙江人民出版社 1992 年版。

冯增俊著：《比较教育学》，江苏教育出版社 1996 年版。

［英］弗里德利希·冯·哈耶克著，邓正来译：《自由秩序原理》，生活·读书·新知三联书店 1997 年版。

弗里德曼著，高榕、范恒山译：《弗里德曼文萃》，北京经济学院出版社 1991 年版。

龚放：《从属理论：一种值得重视的教育思潮》，《高教研究与探索》1994 年第 2 期。

顾明远、薛理银著：《比较教育导论——教育与国家发展》，人民教育出版社 1996 年版。

贺璋瑢：《后现代女性主义的思想渊源浅析》，《世界历史》2002 年第 5 期。

［美］华勒斯坦等著，刘锋译：《开放社会科学：重建社会科学报告书》，生活·读书·新知三联书店 1997 年版。

黄忠敬：《女性主义与课程中的性别问题》，《教育科学》2003 年第 3 期。

［英］霍布豪斯著，朱曾汶译：《自由主义》，商务印书馆 1996 年版。

卡洛斯·E·奥利维拉：《拉丁美洲的教育是从属性的吗?》，《教育展望》1985 年第 2 期（总第 54 期），中文版第 6 期。

李强著：《自由主义》，中国社会科学出版社 1998 年版。

李小江、朱虹、董秀玉主编：《批判与重建》，生活·读书·新知三联书店 2000 年版。

李小江、朱虹、董秀玉主编：《性别与中国》，生活·读书·新知三联书店 1994 年版。

李小林：《后殖民主义视野中的女性主义批评》，《妇女研究论丛》2003 年第 1 期。

李银河主编：《妇女：最漫长的革命》，生活·读书·新知三联书店 1997 年版。

李英桃：《西方女权主义国际政治理论述评》，《美国研究》2001 年第 4 期。

梁巧转：《英国妇女参与管理研究现状与启示》，《妇女研究论丛》1996 年第 3 期。

梁荣迅著：《社会发展论》，山东人民出版社 1991 年版。

刘军：《"妇女领域"研究述评》，《史学理论研究》2001 年第 2 期。

刘军：《论美国妇女史研究中的政治倾向》，《史学理论研究》2001 年第 1 期。

刘军：《美国妇女史学的若干理论问题》，《世界历史》1999 年第 1 期。

刘军：《女性主义方法研究》，《妇女研究论丛》2002 年第 1 期。

刘军宁著：《保守主义》，中国社会科学出版社 1998 年版。

刘霓：《女性主义社会科学研究的方法与特点》，《国外社会科学》1997 年第 4 期。

刘霓著：《西方女性学》，社会科学出版社 2001 年版。

刘云杉：《教师话语权力探析》，《南京师大学报》（社科版）1997年第3期。

陆伟芳：《对19世纪英国妇女运动的理论考察》，《妇女研究论丛》2003年第2期。

路易·贝克：《以发展为主题的文本和背景》，《教育展望》（中文版）2000年第4期。

罗斯玛丽·帕特南·童著，艾晓明译：《女性主义思潮导论》，华中师范大学出版社2002年版。

[英] 玛丽·沃斯通克拉夫特著，王蓁译：《女权辩护》，商务印书馆1996年版。

马忠虎：《"第三条道路"对当前英国教育改革的影响》，《比较教育研究》2001年第7期。

马忠虎：《冲突与融合：英国近现代教育发展的文化分析》，北京师范大学2000年博士学位论文。

马忠虎：《新保守主义政治思潮对英国教育改革的影响》，《比较教育研究》1998年第4期。

[法] 米歇尔·福柯著，谢强等译：《知识考古学》，生活·读书·新知三联书店1998年版。

闵东潮：《Gender（社会性别）在中国的旅行片段》，《妇女研究论丛》2003年第5期。

邱仁宗等编：《中国妇女与女性主义思想》，中国社会科学出版社1998年版。

瞿葆奎主编：《教育学文集·英国教育改革》，人民教育出版社1993年版。

瞿葆奎主编：《教育学文集·印度、埃及、巴西教育改革》，人民教育出版社1991年版。

全国比较教育研究会编：《国家教育纵横——中国比较教育文选》，人民教育出版社1994年版。

[美] 萨拜因著，刘山译：《政治学说史》（下），商务印书馆1990年版。

盛宁著：《人文困惑与反思——西方后现代主义思潮批判》，生活·读书·新知三联书店1997年版。

时春容：《美国教育中性别歧视的改变》，《妇女研究论丛》1995年第2期。

石伟平：《西方新自由主义和新保守主义对英国当前教育改革的影响》，《教育研究》1996年第7期。

石元康著：《当代西方自由主义理论》，上海三联书店2000年版。

史静寰：《关于女童教育的几个理论与实践问题》，《比较教育研究》2000年增刊。

史静寰：《教材中的性别问题研究》，《妇女研究论丛》2001年第1期。

宋林飞著：《西方社会学理论》，南京大学出版社1997年版。

谭兢嫦、信春鹰主编：《英汉妇女与法律词汇释义》，中国对外翻译出版公司1995年版。

[巴西]特奥托尼奥·多斯桑托斯著，杨衍永等译：《帝国主义与依附》，社会科学文献出版社1999年版。

万明钢、沈晖：《文化视野中的性别角色与性别行为研究述论》，《妇女研究论丛》2000年第5期。

汪利兵：《当代英国教育的市场化改革研究》，《比较教育研究》2001年第6期。

汪利兵：《公立学校私营化：英国“教育行动区”案例研究》，《比较教育研究》2001年第1期。

王长纯：《超越“边缘与中心” 促进中国比较教育理论的新发展：阿尔特巴赫依附论的因革观分析（论纲）》，《外国教育研究》1999年第6期。

王承绪主编：《比较教育学史》，人民教育出版社1999年版。

王如哲著：《比较教育学》，五南图书出版公司1999年版。

王义高主编：《当代教育思潮与各国教改趋势》，北京师范大学出版社1998年版。

王振华、陈志瑞主编：《挑战与选择——中外学者论“第三条道路”》，中国社会科学出版社 2001 年版。

王政：《“女性意识”、“社会性别意识”辨异》，《妇女研究论丛》1997 年第 1 期。

王政：《女性的崛起——当代美国的女权运动》，当代中国出版社 1995 年版。

王政、杜芳琴主编：《社会性别研究选译》，生活·读书·新知三联书店 1998 年版。

王正毅著：《世界体系论与中国》，商务印书馆 2000 年版。

韦禾：《社会性别：教育研究的新视角》，《全球教育展望》2002 年第 5 期。

吴小英：《当知识遭遇性别——女性主义方法论之争》，《社会学研究》2003 年第 1 期。

吴小英：《女性主义社会研究述评》，《国外社会科学》2000 年第 2 期。

萧新煌编：《低度发展与发展——发展社会学选读》，巨流图书公司 1985 年版。

熊家学、邱正文著：《当代世界主要政治思潮》，中国国际广播出版社 1996 年版。

［英］休·塞西尔著，杜汝楫译：《保守主义》，商务印书馆 1986 年版。

徐大同主编：《西方政治思潮》，天津人民出版社 1991 年版。

徐辉著：《浅析西方教育理论中的女性主义思潮》，《比较教育研究》2000 年第 2 期。

徐育苗主编：《当代西方政治思潮评析》，武汉出版社 1992 年版。

薛理银著：《当代比较教育方法论研究》，人民教育出版社 2009 年版。

雅克·维洛索：《从属性和教育：是再生还是阴谋?》，《教育展望》1985 年第 2 期（总第 54 期），中文版第 6 期。

鄢可然、顾洁：《从“他史”、“她史”到“两性史”》，《妇女研究论丛》2001年第5期。

杨昌勇、胡振京：《论女性主义教育研究的方法和方法论》，《教育理论与实践》2001年第5期。

杨思伟著：《当代比较教育研究趋势》，师大书苑有限公司1996年版。

杨雪冬、薛晓源主编：《“第三条道路”与新的理论》，社会科学文献出版社2000年版。

[美]伊曼努尔·华勒斯坦著，路爱国、丁浩金译：《历史资本主义》，社会科学文献出版社1999年版。

[美]伊曼纽尔·沃勒斯坦著，尤来寅、孙立田等译：《现代世界体系》第1卷，高等教育出版社1998年版。

[美]伊曼纽尔·沃勒斯坦著，尤来寅、孙立田等译：《现代世界体系》第2卷，高等教育出版社1998年版。

[美]伊曼纽尔·沃勒斯坦著，尤来寅、孙立田等译：《现代世界体系》第3卷，高等教育出版社2000年版。

尹保云著：《什么是现代化——概念与范式的探讨》，人民出版社2001年版。

[美]约瑟芬·多诺万著，赵育春译：《女权主义的知识分子传统》，江苏人民出版社2003年版。

曾昭耀：《从战后拉美国家教育发展史看发展中国家教育危机》，《拉丁美洲研究》1989年第2期。

占盛丽：《大学中的妇女学和女性主义教育研究》，北京师范大学2000年硕士学位论文。

张立平：《当代美国女性主义思潮述评》，《美国研究》1999年第2期。

张文军：《后现代女性主义教育学评述》，《比较教育研究》2002年第2期。

赵中建、顾建民选编：《比较教育的理论与方法——国外比较教育文选》，人民教育出版社1994年版。

郑新蓉:《西方女性主义教育学概述》,《中华女子学院学报》1999 年增刊。

钟婉娟:《美国女性参与教育管理状况的分析》,《教育理论与实践》2003 年第 12 期。

朱勃、王孟宪编译:《比较教育——名著与评论》,吉林教育出版社 1988 年版。

英文

Addi-raccah, Audrey & Hanna Ayalon, Gender Inequality in Leadership of Teachers, *British Journal of Sociology of Education*, 2002, 23 (2).

Ahonen, Sirkka, From an Industrial to a Post-industrial Society: Changing Conceptions of Equality in Education, *Educational Review*, 2002, 54 (2).

Alexander, R. , Women and the Educational Establishment, *Journal of Teacher Education*, 1975, 26 (4).

Altbach, P. G. & Kelly, G. P. (1978). *Education and Colonialism*, New York: Longman.

Arnove, R. F. , Comparative Education and World System Analysis, *Comparative Education Review*, 1980, 24.

Avery, Patricia G. and Constance Walker, Prospective Teachers' Perceptions of Ethnic and Gender Differences in Academic Achievement, *Journal of Teacher Education*, 1993, 44 (1).

Bailey, B. L. , Scantlebury, K. , Letts, W. J. , It's Not My Style: Using Disclaimers to Ignore Gender Issues in Science, *Journal of Teacher Education*, 1997, 48 (1).

Barbara A. Schram, What's the Aim of Women's Studies, *Journal of Teacher Education*, 1975, 26 (4).

Biklen, Sari Knopp (1995). *School Work-Gender and the Cultural Construction of Teaching*, New York and London:

Teacher's College Press.

Boli, J., Ramirez, Francisco, O. & Meyer, John W. (1985). Explaining the Origins and Expansion of Mass Education, *Comparative Education Review*, 1985, 29.

Bowles, S., and Gintis, H. (1976). *Schooling in Capitalist American: Education Reform and the Contradictions of Economic Life*. New York: Basic Books.

Bowman, M. J., An Integrated Framework for Analysis of the Spread of Schooling in Less Developed Countries, *Comparative Education Review*, 1984, 28.

Boxer, M. J. (1998). *When Women Ask the Questions: Creating Women's Studies in America*, Johns Hopkins University Press.

Brown, P. and Hopkin Davies, Sexism in Education: A Review of the ERIC Date Base, *Journal of Teacher Education*, 1975, 26 (4).

Butts, B. Freeman. (1973). *The Education of the West: A Formative Chapter in the History of Contradicn*, McGraw Hill Book Company.

Campbell, P. B. and Sanders, Uninformed But Interested: Findings of a National Survey on Gender Equity in Pre-service Teacher Education, *Journal of Teacher Education*, 1997, 48 (1).

Carnoy, M. (1974). *Education as Cultural Imperialism*, New York: David Mckay.

Carnoy, M. & Levin, Henry M. (1985). *Schooling and Work in Democratic State*, Stanford University Press.

Chitty. (1989). *Towards a New Education System: The Victory of the New Right*? London: the Falmer Press.

Cirincione-Coles, Kathryn, The Administrator: Male or

Female? *Journal of Teacher Education*, 1975, 26 (4).

Clayton, Thomas. Beyond Mystification: Reconnecting World-System Theory for Comparative Education, *Comparative Education Review*, 1998, 42.

Clifford, Geraldune Joncicich. (1975). *The Shape of American Education*, New Jersey: Prentict-Hall, Inc.

Coleman, M., Gender and the Orthodoxies of Leadership, *School Leadership & Management*, 2003, 23 (3), 325-339.

Davies, B., Agency as a Form of Discursive Practice: A Classroom Scene Observed, *British Journal of Sociology Education*, 1990, 11 (3).

Decorse, B., Cynthia, J. & Vogtle, S. P., In a Complex Voice: The Contradictions of Male Elementary Teachers' Career Choice and Professional Identity, *Journal of Teacher Education*, 1997, 48 (1).

Dillabough, Jo-Anne, Gender Politics and Conceptions of the Modern Teacher: Women, Identity and Professionalism, *British Journal of Sociology of Education*, 1999, 20 (3).

Edith, J., A Case Study of Implementing Equal Opportunities: Sex Equity, *Journal of Education for Teaching*, 1987, 13 (2).

Eisler, R. (1988). *The Chalice and the Blade: Our History, Our Future*, Harper & Row publishers.

Ellenburg, F. C., Elementary Teacher: Male or Female, *Journal of Teacher Education*, 1975, 26 (4).

Evans, E. J. (1997). *Thatcher and Thatcherism*, Routledge.

Fantini, M. D., Sexism: A Commitment to Solution, *Journal of Teacher Education*, 1975, 26 (4).

Fuller, B., Haiyan Hua, and Conrad W. Snyder. Jr.,

Focus on Gender and Academic Achievement, When Girls Learn More than Boys: The Influence of Time in School and Pedagogy in Botswana, *Comparative Education Review*, 1994, 38 (3).

Galtung, J., A Structural Theory of Imperialism, *Journal of Peace Research*, 1971, 8 (2).

German, Frank O' (1986). *British Conservatism: Conservative Thought from Burke to Thatcher*, London and New York: Longman.

Grant, C. A. & Ladson-Billings, Gloria (1997). *Dictionary of Multicultural Education*, Arizona: ORXY Press.

Gray, J. (1986). *Liberalism*, England: Open University Press.

Griffin, G., Teaching as a Gendered Experience, *Journal of Teacher Education*, 1997, 48 (1).

Halsey, A. H. et. al. (1997). *Education: Culture, Economy, and Society*, New York: Oxford University Press.

Harding, S. (1991). *Whose Science? Whose Knowledge: Thinking from Women's Lives*, Buckingham: Open University.

Hayek, Friedrich A. Von (1960). *The Constitution of Liberty*, The University of Chicago Press.

Heckman S. (1990). *Gender and Knowledge: Elements of Postmodern Feminism*, Cambridge: Policy Press.

Henriquez, P., Beyond Dependency Theory, *International Social Science Journal*, 1983, 35 (2).

Hillary, A., Motivating Oneself to Learn and Teach in a Nonsexist Way, *Journal of Teacher Education*, 1975, 26 (4).

Hlebowtsh, P. S. & Kip Tellez, Pre-service Teachers and Their Students: Early Views of Race, Gender and Class, *Journal of Education for Teaching*, 1993, 19 (1).

Howard, S. and Kathryn Garton, Wanted: A Feminist Perspective in Teacher Education Courses，*Journal of Teacher Education*，1975，26（4）.

Husen，T. & Postlethwaite，T. N. （1994）. *The International Encyclopedia of Education* （2nd *ed.*），New York：Pergamon.

Irizarry，R. L.，Over-education and Unemployment in the Third World：The Paradoxes of Dependent Industrialization，*Comparative Education Review*，1980，24（3）.

Jackson，A. Y.，Multiple Annies：Feminist Poststructural Theory and the Making of a Teacher，*Journal of Teacher Education*，2001，52（5）.

Johnston，J.，McKeown，E. & McEwen，A.，Choosing Primary Teaching as a Career：The Perspectives of Males and Females in Training，*Journal of Education for Teaching*，1999，25（1）.

Jones，M. G.，Gender Issues in Teacher Education，*Journal of Teacher Education*，1989，40（1）.

Judith，W.，Courses for Teachers on Sex Differences and Sex Typing，*Journal of Education for Teaching*，1983，9（3）.

Kaplan，L.，Survival Talk for Educators：Sexism and Teacher Education，*Journal of Teacher Education*，1975，26（4）.

Katz，M. B. （1987）. *Reconstructing American Education*，Cambridge：Harvard University Press.

Kaufman，R.，Westtland，C. and Engvall，R.，The Dichotomy Between the Concept of Professionalism and Reality of Sexism in Teaching，*Journal of Teacher Education*，1997，48（2）.

Kelly，C. A.，Gender and Inquiry：An Investigation into Identifying and Defining the Role of Inquiry in Higher-order Thinking, *European Journal of Teacher Education*, 1999, 22 (1).

Khayatt, D., Sex and the Teacher: Should We Come Out in Class, *Harvard Educational Review*, 1997, 67 (1).

Laird, S., Reforming "Women's Truth Profession": A Case for "Feminist Pedagogy" in Teacher Education, *Harvard Educational Review*, 1988, 58 (4).

Lawton, D. (1992). *Education and Politics in the 1990s: Conflicts or Consensus?* London: the Falmer Press.

Lê Thành Khôi, Aid to Education: Cooperation or Domination? *Prospects, Quarterly Review of Education*, 1976, 6 (4).

Lee, P. C. and Gropper, B. N., A Cultural Analysis of Sex Roles in the Schools, *Journal of Teacher Education*, 1975, 26 (4).

Lundeberg, M. A., You Guys are Overreacting: Teaching Prospective Teachers about Subtle Gender Bias, *Journal of Teacher Education*, 1997, 48 (1).

Mark B. Ginsburg. (1995). *The Politics of Educator's Work and Lives*, New York and London: Garland Publishing, Inc.

McCune, S. D. and Matthews, M., Rate Yourself and Your Institution: A Checklist, *Journal of Teacher Education*, 1975, 26 (4).

McCune, S. D. and Matthews, M., Eliminating Sexism: Teacher Education and Change, *Journal of Teacher Education*, 1975, 26 (4).

Mclean, M., Educational Dependency: A Critique, *Compare*, 1985, 13 (1).

McMillin, M. R., Leadership Aspiration of Prospective Teachers? A Comparison of Men and Women, *Journal of Teacher Education*, 1975, 26 (4).

Miller, J. H., Gender Issues Embedded in the Experience of

Student Teaching: Being Treated Like a Sex Object, *Journal of Teacher Education*, 1997, 48 (1).

Montecinos, C. and Nielsen, L. E., Gender and Cohort Differences in University Students' Decisions to Become Elementary Teacher Education Majors, *Journal of Teacher Education*, 1997, 48 (1).

Munthe, E., Professional Uncertainty \ Certainty: How (Un) certain are Teachers, What are They (Un) certain about, and How is (Un) certainty Related to Age, Experience, Gender, Qualifications and School Type? *European Journal of Teacher Education*, 2001, 24 (3).

Mzzrui, A., The African University as a Multinational Corporation: Problems of Penetration and Dependency, *Harvard Educational Review*, 1975, 45 (2).

Noah, H. J. & Eckstein, A. (1988). Dependency Theory in Comparative Education: Twelve Lessons from Literature, in J. Schriewer and B. Holmes (eds.), *Theories and Method in Comparative Education*, Frankford: Verlay Peter Lang.

Noddings, N. C. (1984). *A Feminist Approach to Ethics and Moral Education*, Berkeley, University of California Press.

Osborn, R. H., Women's Studies Programs: Successful Input to Nonsexist Learning, *Journal of Teacher Education*, 1975, 26 (4).

Poole, M. & Isaacs, D., The Gender Agenda in Teacher Education, *British Journal of Sociology of Education*, 1993, 14 (13).

Prentice, A. & Theobald, M. R. *Women Who Taught*, University of Toronto Press.

Ravitch, D. (1983). *The Troubled Crusade: American Education: 1945—1980*, New York: Basic Books, Inc.

Reitman, S. W., Institutional Sexism, the Contemporary Teaching Crisis and Teacher Education, *Journal of Teacher Education*, 1975, 26 (4).

Reitman, S. W. (1981). *Education, Society, and Change*, Boston: Allyn and Bacon, Inc.

Sadker, M., Sexism in Schools, *Journal of Teacher Education*, 1975, 26 (4).

Sadker, D., The Feminist Movement: Not for Women Only, *Journal of Teacher Education*, 1975, 26 (4).

Sica, A. & Harland Prechel, National Political-Economic Dependency in the Global Economy and Educational Development, *Comparative Education Review*, 1981, 25 (3).

Sikes, S. G. E., Themes of a Critical \ Feminist Pedagogy: Teacher Education for Democracy, *Journal of Teacher Education*, 1997, 48 (1).

Singh, M. G., Taking the Standpoint of Women in a Teacher Education Course, *Journal of Education for Teaching*, 1993, 19 (1).

Skelton, C., A Study of Gender Discrimination in a Primary Programme of Teacher Training, *Journal of Education for Teaching*, 1987, 13 (2).

Skelton, C., Male Primary Teachers and Perceptions of Masculinity, *Educational Review*, 2003, 55 (2).

Spring, J. (1993). *American Schools: 1962—1992*, New York, Longman.

Spring, J. (1993). *Conflict of Interests: The Politics of American Education*, New York, Longman.

Sunnari, V., Training Women for the Role of "Responsible Other" in Primary Teacher Education in Finland, *European Journal of Teacher Education*, 2003, 26 (2).

Thomas S. Popkewitz. (1987). *Critical Studies in Teacher Education — Its Folklore, Theory and Practice*, the Falmer Press.

Thornton, M., Reducing Wastage Among Men Student Teachers in Primary Courses: A Male Club Approach, *Journal of Education for Teaching*, 1999, 25 (1).

Tinus, J. J., Gender Messages in Education Foundations Textbook, *Journal of Teacher Education*, 1993, 44 (1).

Warwick, D. P. & Haroona Jaloi, Teacher Gender and Student Achievement in Pakistan, *Comparative Education Review*, 1994, 38 (3).

Weiler, K., Reflections on Writing a History of Women Teachers, *Harvard Educational Review*, 1997, 67 (4).

Weiner, G. (1994). *Feminisms in Education: An Introduction*, Open University Press, Buckham Philadelphia.

Welch, A. P., Knowledge and Legitimation in Comparative Education, *Comparative Education Review*, 1992, 35 (3).

Zittleman, K. and Sadker, D., Gender Bias in Teacher Education Texts: New and Old Lessons, *Journal of Teacher Education*, 2002, 53 (2).